제재의 국제정치학

제재의 국제정치학

Politics of Economic Sanctions

임갑수 지음

필자가 2013년에 공저한 『안보리 제재의 국제정치학』이 '유엔제재'를 다루었다면 이번에는 금융제재와 산업별 제재를 중심으로 하는 미국과 EU 등의 '독자제재'를 다루었다. 특히, 가장 강력한 독자제재를 부과하고 있는 미국의 제재 정책과 이행을 상세히 살펴보면서 제재가 대외경제·산업 정책의 중요한 부분으로 부상하고 있는 현상을 다루었다. 이와 함께 가장 대표적인 제재부과 사례로 북한, 이란 및 러시아에 대한 제재를 들여다보았다.

한울
아카데미

차 례

머 리 말

필자가 공저한 『안보리 제재의 국제정치학』이 출간된 지 10년이 지났다. 당시 탈냉전 이후 대량파괴무기(WMD) 확산, 테러리즘 및 내전 등이 국제사회의 주요 안보 이슈로 부상하면서 이를 다루기 위해 이른바 '제재의 10년'이라고 불릴 정도로[1] 유엔 안보리 제재가 급격히 늘어난 상황을 배경으로 안보리 제재의 작동 배경과 이행을 살펴보았다.

1990~2000년대까지 안보리는 WMD 확산, 내전, 테러리즘, 인권 등을 이유로 모두 12개의 제재 프로그램을 채택했는데, 이라크, 구유고, 리비아, 캄보디아, 아이티, 앙골라, 시에라리온, 르완다, DR 콩고 등이 대표적인 사례이다. 당시에는 제재 대상이 국가였으며, 제재를 부과한 주된 사유도 국제평화와 안전을 위협하는 행위였으므로 유엔 헌장 제7장에 따른 안보리 제재가 중심을 이루었다.

당시 미국과 유럽연합(이하 EU)의 독자제재는 대부분 안보리 제재를 보완하기 위한 수준에 머물렀다. 유엔 안보리 제재와 별도로 부과되는 독자제재는 미국의 중남미 지역 마약 카르텔 등을 대상으로 한 제재 등에 국한되었다.

그 뒤 20여 년이 지났으며, 제재와 관련해 큰 상황 변화가 발생했다. 우선, 유엔 안보리

1 David Cortright and George Lopez, *The Sanctions Decade: Assessing U.N. Strategies in the 1990s*(New York: Lynne Rienner, 2000), pp.1~274(요약본은 https://carnegieendowment.org/2000/04/18/sanctions-decade-assessing-un-strategies-in-1990s-event-50 참조).

를 중심으로 한 '다자적 제재'보다는 미국과 EU를 중심으로 한 '독자제재'가 크게 활성화되었다. 주된 이유로는 안보리 제재를 채택하는 과정에서 5개 상임이사국 간 이견이 발생해 안보리에서 제재 결의를 채택하기가 쉽지 않고, 설령 제재 결의를 채택하더라도 제재의 범위와 수위가 약화되어 별도의 독자제재로 이를 보강할 필요가 커졌기 때문이다.

독자제재가 유엔 안보리의 다자적 제재를 압도한 대표적인 사례가 이란 핵합의(JCPOA: Joint Comprehensive Plan of Action)이다. 안보리가 결의 2231호를 통해 JCPOA를 승인하면서 이란에 대한 안보리 제재를 대부분 해제했음에도 불구하고, 미국의 이란에 대한 독자제재가 복원되어 이란은 여전히 강력한 제재 압박에 놓여 있다. 미국이 일방적으로 JCPOA에서 탈퇴하면서 자동적으로 제재가 복원되도록 설계한 '스냅백(Snap-back)'이라는 개념이 논란이 되기도 했다.

둘째, 미국의 독자제재 중 의회가 별도의 제재법령을 제정하는 사례가 증가해 제재 부과 및 이행에 있어 의회의 영향력이 확대되었다. 예를 들어, 2010년 '포괄적 이란제재법', 2016년 '북한제재강화법', 2017년 '적성국제재법' 등 이란, 북한, 러시아 등 특정 국가를 대상으로 하는 제재 법률이 다수 제정되었다. 이는 제재 설계 및 이행 등에 있어 의회의 역할이 확대됨을 의미하는 동시에 제재 부과, 이행, 면제 및 해제 등에 있어 행정부의 자율적 공간이 줄어들고 있음을 의미한다.

셋째, 미국과 EU의 제재 부과 및 이행에 있어서 공조와 협력이 더욱 강화되어 '독자제재의 소(小)다자화' 경향이 두드러지고 있다. 미국과 EU는 그간 이란과 북한의 WMD 확산 문제는 물론 '글로벌 마그니츠키 인권법' 이행과 중국 신장·위구르 지역에서의 강제노동 등 인권문제에 대해 제재를 부과하고 이행하는 과정에서 공조를 강화해 왔다.

그러다가 2022년 2월 러시아의 우크라이나 침공에 따른 대(對)러시아제재에서는 미국과 EU가 거의 한 몸으로 움직여 '제재연합'을 구성하고 있다. 러시아에 대한 제재에는 EU뿐만 아니라 한국, 일본, 캐나다, 호주, 뉴질랜드와 중립국인 스위스도 동참하고 있는데, 러시아에 대한 금융제재에는 전 세계 GDP의 60%, 전 세계 외환보유액의 90%, 전 세계 투자액의 80%를 차지하는 국가들이 참여하고 있다.[2]

넷째, 제재의 유형도 변했다. 유엔 안보리 제재를 중심으로 한 '제재의 10년' 기간에는 의도하지 않은 인도주의적 피해를 줄이기 위해 이라크식의 전면적 금수보다는 직접 행위에 책임이 있는 개인과 단체에 대한 스마트 제재가 중심이었다.

그러나 최근에는 특정 국가를 중심으로 사실상 전면적 제재가 다시 부활하고 있다. 다만, 새로운 제재 방식은 특정 산업을 중심으로 한 산업 부문별 제재(sectoral sanction)라는 차이점이 있기는 하다. 이란과 러시아에 대한 제재는 이들 나라의 주요 외화수입원인 원유와 가스 분야를 중심으로 하고 있고, 더 나아가 이와 연계된 금융 및 운송 분야에 대한 부문별 제재가 부과되었다.

북한에 대해서도 주요 수출품인 석탄, 철광석, 해산물, 의류 및 해외노동자 파견 분야에 대한 부분별 제재가 강화되어 왔다. 산업별 제재에 더해 특정 개인 및 단체에 대한 스마트 제재도 추가되면서 사실상 전면적 제재 못지않은 수준으로 진화하고 있다.

특히, 눈여겨봐야 할 점은 독자제재 중에서도 달러화의 패권적 지위를 활용한 금융제재가 지속 강화되어 왔다는 점이다. 미국 재무부가 2021년에 펴낸 금융제재 보고서에 따르면 2000년 912건에 불과했던 금융제재 지정 대상은 2021년 9421건을 기록해 약 933% 증가했다.[3] 금융제재 대상도 2000년 쿠바, 이라크, 리비아, 이란 등의 69개 기관 및 단체에 머물렀으나, 2021년에는 러시아, 북한, 이란, 이라크, 시리아, 베네수엘라 등의 단체와 기관을 중심으로 176곳에 이르렀다.

최근 한국 언론에서도 많이 다루었듯이 이란과 러시아가 국제금융 결제 시스템인 '스위프트(이하 SWIFT)'에서 축출되고, 미국 및 유럽의 자본·금융 시장에서도 배제되는 등 금융제재의 수준과 범위가 지속적으로 강화되어 왔다.

---

2 Carla Norrlöf, "The Dollar Still Dominates: American Financial Power in the Age of Great-Power Competition," *Foreign Affairs*, Feb 21, 2023, https://www.foreignaffairs.com/united-states/dollar-still-dominates(검색일: 2023.3.2.).

3 The Treasury, "2021 Sanctions Review," October 2021, https://home.treasury.gov/system/files/136/Treasury-2021-sanctions-review.pdf(검색일: 2022.5.12.).

마지막으로, 제재가 한 국가의 대외경제 및 산업 정책의 일부분이 되고 있다는 점이다. 흔히, 경제 책략(Economic Statecraft)이라고 하는 것인데, 국가안보 및 외교 정책 목표를 달성하기 위해 제재 등의 경제적 수단을 적극 사용한다는 의미이다.

관세 및 무역에 관한 일반협정(이하 GATT) 제21조도 "회원국들이 자신들의 필수적인 안보 이익을 보호하기 위해 필요하다고 간주하는 조치를 취할 수 있다"는 안보예외 조항이 있으며, WTO 서비스무역일반협정(GATS), 무역 관련 지식재산권협정(TRIPS), 투자협정 등에도 국가안보를 위한 예외 조치를 허용하고 있다.

국가안보를 이유로 대량파괴무기(이하 WMD) 개발에 전용될 수 있는 민감한 이중 용도 품목·기술이나 군사용 물품 등 특정 물품과 기술의 이전을 규제하는 것도 허용된다. 대부분의 서방 선진국들이 WMD 비확산 및 재래식 무기 관련 수출 통제를 하고 있고, 핵공급국 그룹(NSG), 호주 그룹(Australia Group), 미사일기술 수출통제체제(MTCR) 등 비공식적인 수출통제체제를 운영하고 있는 이유이다.

최근에는 이러한 제한적인 수출 통제를 넘어 제재 자체가 경제산업 정책의 중요한 부분으로 기능하고 있다. 특히, 미국과 EU는 중국과 러시아를 대상으로 하는 경제 관련 법안에 수출 통제 및 투자 제한 등의 '제재' 요소를 다수 포함했다. 이는 산업통상 정책에서 국가안보를 중요한 요소로 고려함에 따른 결과인데, 특히 코로나 사태와 러시아의 우크라이나 무력 침공을 거치면서 이러한 경향은 더욱 가속화하고 있다.[4]

이런 경향의 기저에는 경제적 탈(脫)동조화(economic decoupling)와 정치적 분절화(political fragmentation) 현상이 자리 잡고 있다. 지난 20세기가 세계화를 기치로 내건 다자주의(multi-lateralism)의 전성기였다면 앞으로의 국제정치는 안보 이익과 가치를 공유하는 국가들 간 소(小)다자주의(mini-lateralism) 중심으로 재편될 것으로 보는 전망이 대다수이다.[5]

앞으로 전개될 국제정치 지형을 상징적으로 보여준 대표적인 사례 중의 하나가 2023

---

4 "Efficiency be dammed," *The Economist*, January 14th-20th 2023, pp.17~19.

5 "How to survive a superpower split," *The Economist*, April 15th-21st 2023, pp.49~51.

년 2월 23일 특별 유엔총회 투표 결과이다. 당시 우크라이나 전쟁의 조속한 종결과 러시아군의 즉각적인 철군을 요구하는 유엔총회 결의안에 141개 국가가 찬성하고, 7개 국가가 반대했으며, 32개 국가는 기권했다. 반대한 국가는 벨라루스, 북한, 에리트레아, 말리, 니카라과, 러시아, 시리아로 이들 국가는 예측 가능한 투표 행태를 보여주었다.

눈에 띄는 것은 중국, 인도, 남아공, 베트남, 쿠바, 러시아 인접국 및 아프리카 국가 상당수가 기권 또는 투표에 불참했다는 점이다. 위의 투표 결과가 보여주는 대로 당분간 국제정치의 분절화는 계속될 것이다. 경제안보의 중요성이 강조되고, 국제사회의 분절화가 진행될수록 수출 통제 및 이를 위반한 기업들을 제재하는 2차적 제재 등의 제재 요소가 대외경제 정책에서 더욱 중요한 역할을 할 것이다.

필자는 제재 분야에서 위와 같은 새로운 경향을 다루기 위해 이 책을 집필했다. 필자가 2013년에 공저한 『안보리 제재의 국제정치학』이 안보리 제재를 중심으로 한 다자제재를 다루었다면 이번에는 독자제재를 중심으로 다루었다. 특히, 가장 강력한 독자제재를 부과하고 있는 미국의 독자제재와 금융제재를 상세히 살펴보면서 제재가 대외경제 정책의 중요한 부분으로 부상하고 있는 현상을 다루었다. 이와 함께 가장 대표적인 제재 부과 사례로 북한, 이란 및 러시아에 대한 제재를 들여다보았다.

결론 부분에서는 유사 입장 국가 간 소그룹을 형성하는 국제정치의 블록화 현상이 가시화되고 있는 상황에서 제재가 사실상 대외경제 및 산업 정책의 중요한 부분으로 기능하고 있는 현상을 짚어보았다. 이러한 배경에서 주요국의 독자제재가 증가하고 있으므로 제재의 효과성 논쟁에 몰입하기보다는 제재가 더욱 효과를 발휘할 수 있는 조건에 집중할 필요성을 제기하고, 우리도 제재를 외교안보 및 대외경제 정책의 중요한 부분으로 다룰 것을 제언했다.

제1장

유엔 안보리의 대북제재

유엔 안보리는 1966년 남(南)로디지아(Southern Rhodesia, 현재의 짐바브웨)에 대한 무역제재 결의 채택 이후 현재까지 30개의 '제재 레짐'을 설치했다. '제재 레짐'이란 안보리 산하에 해당 제재위원회(sanctions committee)가 설치되어 해당국에 대한 제재를 체계적으로 운영·관리하는 형태를 의미한다. 이 중 27개가 특정 국가를 대상으로 한 것이었고, 3개는 알-카에다, 알-샤바브(Al-Shabaab), 그리고 탈레반 등 테러단체 및 무장세력을 대상으로 한 것이었다. 2023년 1월 현재 기준으로 총 14개의 제재 레짐이 운영되고 있다. 북한제재와 함께 우리에게 친숙한 리비아와 이란제재위원회는 각각 2003년과 2015년 결의에 따라 해체되었다.[1]

2013년 필자가 공저한 『안보리 제재의 국제정치학』에서 유엔 안보리 제재에 대해 상세히 설명했으므로, 이 장에서는 안보리 제재 관련 일반적인 사항을 재차 다루지는 않고 북한제재에 중점을 두어 설명한다.

유엔 안보리는 북한의 핵 및 탄도미사일 개발을 이유로 2006년부터 2017년까지 10개

---

1 유엔 안보리 홈페이지, "Terminated Sanctions Regimes," https://www.un.org/securitycouncil/sanctions/terminated-sanctions(검색일: 2022.5.30.).

표 1-1_ 유엔 안보리 제재 결의

1차 핵실험	→ 결의 1718호(2006)	5차 핵실험	→ 결의 2321호(2016)
2차 핵실험	→ 결의 1874호(2009)	중거리 탄도미사일 발사	→ 결의 2356호(2017)
장거리 미사일 발사	→ 결의 2087호(2012)	ICBM급 미사일 발사	→ 결의 2371호(2017)
3차 핵실험	→ 결의 2094호(2013)	6차 핵실험	→ 결의 2375호(2017)
4차 핵실험	→ 결의 2270호(2016)	ICBM급 화성 15형 발사	→ 결의 2397호(2017)

의 제재 결의를 채택했다. 10개의 결의 중 북한의 여섯 차례에 걸친 핵실험에 따른 제재는 결의 1718호, 1874호, 2094호, 2270호, 2321호, 2375호이다. 북한의 탄도미사일 발사에 따른 안보리 결의는 1695호, 2087호, 2371호 및 2397호 등 4개이다. 2013년 결의 2087호부터 제재 결의에 부속서를 첨부, 자산 동결 등 제재 대상자와 통제 물품을 명시하고 있다. 간단히 표로 정리하면 〈표 1-1〉과 같다.

안보리의 북한제재 결의는 핵무기와 탄도미사일 분야에만 국한된 것이 아니다. 안보리 결의 2094호는 부속서에 화학무기 관련 통제 품목을 추가했고, 결의 2270호부터 북한이 생물무기와 화학무기 프로그램을 포기하도록(shall abandon) 강제했다.

안보리의 마지막 북한제재 결의는 2017년 12월에 채택되었으나, 그 이후에도 안보리 북한제재위원회가 개인, 단체, 선박, 항공기 등을 수시로 제재 대상으로 지정해 제재를 강화하고 있다.

북한제재위원회는 설립 근거인 안보리 결의 1718호(12항)를 따서 '1718 위원회'라고도 불리는데, 안보리 15개 이사국으로 구성되어 있으며, 주요 임무로는 제재 예외 승인, 제재 대상자 및 품목 추가 지정 및 결의 이행에 필요한 안내서 작성 등의 업무를 맡고 있다. 2023년 3월 현재 P5 국가와 알바니아, 브라질, 에콰도르, 가봉, 가나, 일본, 몰타, 모잠비크, 스위스, 아랍에미리트가 위원국으로 활동하고 있다.

참고로 2023년 3월 기준 75개의 단체 및 기업, 80명의 개인, 59척의 선박이 제재 대상으로 지정되어 있다.[2]

북한제재위원회를 보좌하는 전문가 패널(Panel of Experts)은 결의 1874호에 의해 설치되어 현재 전문가 8명(출신국: 안보리 상임이사국 및 한국·일본·싱가포르)으로 구성되어 있는데, ① 제재위 임무 수행 지원, ② 제재 이행 관련 회원국·유엔 기구 등이 제공하는 정보의 취합·조사·분석, ③ 제재 이행 효과성 제고를 위한 행동 권고, ④ 보고서 작성 및 안보리 제출 등의 업무를 맡고 있다.

1. 안보리 북한제재의 진화

안보리의 북한제재는 2016년 안보리 제재 결의 2270호를 기점으로 기존 스마트(targeted) 제재 중심에서 산업 분야별(sectoral) 제재로 진화했는데, 2016년 1월 북한의 제4차 핵실험은 이러한 방향 전환에 일종의 분수령이 되었다.

안보리 결의 2270호는 개념적으로 기존 개인 및 단체 중심의 스마트 제재에서 포괄적·산업별 제재로 전환해 북한의 주요 대외경제 활동, 즉 수출입을 통제해 북한의 외화 확보를 차단하는 방향으로 강화되었다.

즉, △무기 및 WMD 거래, △확산 네트워크, △해운·항공 운송, △대외교역, △금융거래 등 분야에서 기존 제재 결의상 조치들을 강화한 것은 물론, WMD 개발 자금원을 차단하기 위한 강력한 수준의 조치들이 다수 포함되었다.[3]

북한산 광물(석탄, 철, 금 등)의 수입을 제한한 결의 2270호(2016)부터 북한 해외노동자의 고용 금지 및 북한으로의 원유 및 정제유 공급을 제한한 결의 2397호(2017)는 광범위한 산업별 제재를 부과했다.

후에 자세히 설명하겠지만, 이러한 산업별 제재로 인해 북한 수출의 약 90%(가치 기준)

---

2 유엔 안보리 홈페이지, "Sanctions List Materials / 1718 Sanctions List," https://www.un.org/securitycouncil/sanctions/1718/materials(검색일: 2023.2.1.).

3 한국 외교부 보도자료(2016.3.3.): 「유엔 안보리 대북한제재 결의 2270호 채택, 비군사적 조치로는 가장 강력하고 실효적인 제재결의」.

가 감소하고, 북한 경제는 2017년과 2018년에 각각 마이너스 3.5%, 마이너스 4.1%를 기록한 것으로 나타났으며, 특히 중국 통계에 따르면 북한의 대(對)중국 수출은 2017년 17억 달러에서 2018년 2억 1500만 달러로 대폭 감소한 것으로 나타났다.[4]

2016년 1월 북한의 제4차 핵실험은 비단 안보리 제재의 질적 방향 전환뿐만 아니라, 한국 정부의 개성공단 철수 등 강력한 대응을 불러왔으며, 미국은 이를 계기로 '북한제재강화법'을 제정했다. 제6장(미국의 대북한 독자제재)에서 자세히 설명하겠지만, 2016년 2월에 제정된 '북한제재강화법'은 기존의 일반법 및 대통령 행정명령 형태의 제재 조치들에 직접적인 국내법적 근거를 제공했다.

이 법은 북한의 WMD 프로그램, 인권, 사이버 안보 침해 등 광범위한 분야에서 의무적(mandatory)으로 제재를 부과해야 할 사안과 행정부의 재량에 맡기는(discretionary) 사안으로 나누어 제재 대상 행위를 체계화하고, 제재 내용을 구체적으로 명시했다.

2. 안보리의 대(對)북한제재 내용

2006년부터 2017년까지 채택된 대북한 안보리 제재 결의의 분야별 내용을 정리하면 다음과 같다.

1) 무역

북한의 수출 금지

북한은 다음 품목의 직간접적 수출, 공급, 판매 및 이전이 금지되어 있다.

4 중국 세관, www.customs.gov.cn/customs/302249/302274/302277/indx.html(검색일: 2022.5.30.).

- 모든 광물류, 석탄·납·납광석·철·철광석·금·은·동·니켈·아연·티타늄·바나듐광·희토류·토석류.
- 해산물, 조업권 거래, 섬유, 조형물(statues).
- 식료품 및 농산품, 목재류, 기계류, 전기 기기, 선박.

단, 석탄의 경우 WMD 및 여타 금지 활동과 무관하고, '북한 밖을 원산지로 하고 오직 나진항에서 수출되기 위한 목적으로 북한을 통해 운송되었음'을 확인한 거래의 경우에는 예외가 인정된다. 이는 러시아산 석탄을 북한의 나진항을 통해 수출하는 경우를 상정한 것이다.

북한의 수입 금지

다음 품목은 북한으로의 직간접적 수출, 공급·판매·이전이 금지되고 있다.

- 콘덴세이트(condensate), 천연가스 액체, 항공유: 항공유의 경우, 북한으로의 복귀용 및 북한에서 자국으로 복귀하는 운항 목적으로 민항기에 대해 공급·판매하는 행위는 허용된다.
- 산업용 기계류, 운송 수단, 철강 및 여타 금속류: 운송 수단에는 신규 또는 중고를 불문하고 모든 선박이 포함된다. 또한, 결의 2397호 채택일 현재 운항 중인 북한 민항기의 안전을 유지하기 위한 부품은 예외가 인정된다.
- 사치품: 7개 분야〔보석 제품, 운송 수단, 고급 시계, 크리스털 제품, 레크리에이션 스포츠 장비, 양탄자 및 태피스트리(500달러 이상 가치), 자기 또는 본차이나로 된 식기류(100달러 이상 가치)〕를 예시적으로 명시했으나, 이에 국한되지는 않는다.

북한의 수입 제한

정유제품은 2018년부터 연간 최대 50만 배럴로 수입이 제한되고, 원유는 안보리 결의

2397호 채택일인 2017년 12월 22일부터 연간 400만 배럴(약 52.5만 톤)로 수입량이 제한되고 있다. 참고로 한국의 2021년 원유 수입량이 9억 6000만 배럴이었음을 감안하면, 북한의 열악한 경제 규모와 상황을 알 수 있다.

2) 해외 북한 노동자 송환

안보리 결의 2375호부터 북한 노동자에 대한 고용허가를 금지했으며, 이에 따라 신규 고용과 기존 노동자의 계약 연장을 금지했다.

결의 2397호는 채택일인 2017년 12월 22일부터 기존의 북한 노동자와 이들을 감시하는 안전감독 주재관들을 24개월 내, 즉 2019년 12월 22일까지 모두 북한으로 송환하기로 결정했다. 다만, 회원국 국민인 경우 또는 국내법·국제법상 송환이 금지된 경우에는 예외로 했다.

3) 무기류

첫 제재 결의인 1718호부터 모든 재래식 무기 및 관련 물자가 금수되었고, 무기 및 관련 물자 제공·생산·유지·사용 관련 기술훈련·자문·서비스 등의 지원도 금지된다. NSG(핵)·MTCR(미사일)·AG(생화학무기) 등 국제 수출통제체제상 물자 및 기술과 함께 북한제재위원회가 별도로 지정하는 이중 용도 품목도 금수된다.

특기할 사항은 결의 2270호부터 이른바 '캐치-올(Catch-all)' 규정을 도입했다는 것인데, 북한의 재래식 군사능력 또는 WMD 개발에 기여할 수 있다고 판단되는 모든 품목에 대해 북한으로의 직간접적인 공급, 판매, 이전을 금지했다. 참고로 '캐치-올' 조항은 글자 그대로 '모든 것을 잡는다'라는 의미로 제재 대상 리스트에의 포함 여부를 불문하고, 회원국의 수출 당국이 북한의 군사능력에 기여한다고 판단되는 모든 물자의 수출 및 이전을 규제하는 것이다.

북한이 보유한 무기의 수리 및 성능 개선 등을 위한 북한행(行)·북한발(發) 무기 운송도 금지되며, 무기와 관련 물자의 제공·생산·유지·사용에 관련된 모든 서비스의 제공이 금지된다.

안보리 결의 2270호는 여기에 추가해 모든 무기류 및 핵·미사일(위성 포함) 개발에 기여할 수 있는 교육·훈련 제공도 금지했다. 교육훈련 과목에는 △고급 물리학, △고급 컴퓨터 시뮬레이션 및 관련 컴퓨터 과학, △지리공간 항법(geospatial navigation), △핵공학, △항공우주 공학, △비행 공학(aeronautical engineering), △재료과학, △고등 화학·기계·전기·산업공학 등이 모두 포함된다.

안보리 결의 2321호는 핵·탄도미사일 관련 프로그램에 기여할 수 있는 과학·기술 협력도 금지하고 있다. 이에는 △탄도미사일 발사 관련 기술, △핵 과학 및 기술, △항공우주 및 비행 공학·기술, △고등 제조생산 기술 및 방법론 등이 포함된다.

4) 금융제재

무역 금수는 금융제재 조치와 결합될 때 가장 큰 효과를 가져온다. 이 때문에 안보리의 북한제재 결의도 금융제재를 강화하는 방향으로 진화되어 왔다.

안보리 결의 2375호를 포함한 북한제재 결의는 북한에 대한 금융제재를 포함하고 있는데, 제재 대상 개인·단체의 회원국 내 자산 동결, 확산 관련 금융거래 및 송금 서비스 제공 금지를 큰 축으로 하여 무역금융을 금지하고, 은행망을 폐쇄하도록 했으며, 북한과의 합작사업을 금지했다.

결의 1874호(2009)부터 WMD 및 재래식 무기의 수출입과 관련된 일체의 금융거래가 금지되었으며, 결의 2094호부터는 안보리 결의에 반하는 행위들에 대한 금융서비스의 제공을 금지했다.

결의 2094호와 2270호는 북한의 WMD 프로그램, 제재 대상 활동, 또는 제재회피 활동에 기여할 수 있는 모든 금융서비스와 대량 현금 다발(bulk cash)을 포함한 재정적 또는 기타 재원의 이전을 금지하고 있다. 아울러 2094호부터 북한과의 무역에 공적·사적 금융지원(수출신용, 보증, 보험 제공 등)을 제공하는 행위를 금지했다.

결의 2270호는 회원국 관할권 내 북한 은행(지점, 사무소, 자회사) 폐쇄 및 신규 개설을 금지했고, 회원국 내 금융기관(지점, 사무소, 자회사, 은행계좌)의 북한 은행과의 합작사업 및 북한 은행의 지분 매입과 환거래 체결을 금지했다. 또한, 회원국 금융기관들의 북한 내 신규 지점, 자회사 또는 대표사무소 개설 및 북한 금융기관 내 계좌 개설을 금지했다. 단, 인도적 지원을 수행하는 데 필요하거나, 북한 내 대사관 운영 및 유엔기구 활동 등을 위해 필요한 경우에는 제재위의 사전 승인을 받도록 했다.

결의 2371호부터 북한 단체 또는 개인과의 합작사업(joint ventures) 및 협력체(cooperative entities)의 설립·유지·운영을 금지했고, 북한 금융기관을 대리하여 활동하는 개인들을 회원국에서 추방하도록 했다. 기존 합작사업 또는 협력체의 경우에는 제재위의 승인을 받도록 하고, 승인을 받지 못할 경우 결의 2371호 채택일인 2017년 9월 11일부터 120일 내에 폐쇄하도록 했다. 그러나 비상업적이고 이윤을 창출하지 않는 공공 인프라 사업의 경우에는 제재위의 사전 승인을 전제로 예외가 허용되며, 기존 북한-중국 간 수력발전소 인프라 건설 사업과 러시아산 석탄의 북한 경유 수출을 위한 나진·하산 항만 및 관련 철도 사업은 예외로 했다.

5) 해운 및 항공 분야

해운 서비스 금지

△북한 내 선박 등록, △북한기 사용, △북한 기국 선박의 용선, △북한에 선박 대여·용선 및 승무원 제공, △북한 승무원 고용 등을 금지했다.

결의 1874호에서 금수품을 운송하고 있다는 의심되는 북한 선박에 급유·물자 공급 등 서비스 제공을 금지한 이래, 결의 2270호, 2321 및 2397호를 통해 북한 선박과 북한과 연계된 선박에도 해운 서비스의 제공을 금지했다. 여기에는 △북한 승무원 고용 금지, △

북한 연계(소유·운영·통제) 선박 등록 취소 의무 및 재등록 금지(결의 2321호), 금수품 운송 또는 금지 활동에 연루되었다고 의심되는 선박에 대한 물자공급 서비스 및 보험·재보험 등 금융서비스 제공 금지(결의 2397호) 등의 조치를 취했다.

결의 2270호는 제재 대상이 소유하거나 운영하는 선박, 금수품 운송 의심 선박의 회원국 내 입항을 금지하고 있으며, 결의 2375호는 북한 선박과의 해상 환적(ship-to-ship transfer)을 금지했다. 또한, 북한에 신규 헬리콥터, 신규·중고 선박의 이전도 금지되었다.

검색

안보리 결의 1874호는 기국 동의하에 공해상에서 금수품을 운송한다고 의심되는 선박을 검색하도록 하고, 금수품 적발시 압류 및 처분하도록 했다.

안보리 결의 2270호부터 북한행 및 북한발 모든 화물, 즉 항공기·도로·철도를 통해 운송되는 화물 및 개인 수하물까지도 검색할 의무를 부과했다.

결의 2397호는 금수품 운송 또는 불법행위에 관여되었다고 의심되는 선박을 나포·검색·억류하도록 했다. 회원국 역내 항구에서는 검색을 의무 사항으로 규정했으며, 영해에서는 재량 사항으로 두었다.

결의 2375호는 금수품 적재 의심 선박에 대해, 기국 동의하에 공해상에서 검색을 실시할 것을 촉구하고, 해당 의심 선박이 공해상에서의 검색에 동의하지 않을 경우, 해당 선박을 검색에 적절하고 편리한 항구로 이동시키도록 했다.

유엔 회원국은 기국의 협조를 얻지 못한 경우 이를 즉시 제재위에 보고하고, 제재위로 하여금 해당 선박을 제재 대상으로 추가할지 여부를 검토하도록 했다. 제재위가 이 선박을 제재 대상으로 지정할 경우 기국은 해당 선박에 대해 즉시 등록을 취소해야 한다. 아울러 결의 2397호는 영해·공해에서 접촉한 제재 대상 선박의 정보 및 조치 결과를 제재위에 보고하도록 했다.

항공 서비스 제공 금지

결의 2270호는 금수품 적재 의심 항공기에 대해 회원국 영공 통과 및 이·착륙을 금지하고, 북한 소유 또는 북한과 연계된 항공기의 대여·용선 및 승무원 제공도 금지했다. 결의 2321호는 더 나아가 북한 국적의 승무원 고용을 금지했다.

6) 외교적 제재

북한에 대한 외교적 제한은 결의 2270호부터 강화되었다. 결의 2270호는 제재 위반에 관여한 북한의 외교관 및 정부 대표를 추방하도록 했고, 결의 2321호는 회원국에 주재하는 북한 대사관 및 대표부의 인력을 감축하도록 촉구하고 있다. 아울러 북한 재외공관 및 공관 직원의 은행 계좌를 1개로 제한했고, 회원국 내 북한이 소유하거나 임대하고 있는 부동산의 외교 및 영사활동 목적 이외 영리적인 목적으로 사용하는 것을 금지했다. 결의 2270호는 군사 및 군사에 준하는 훈련, 경찰 관련 훈련 목적의 인사 초청을 금지했으며, 결의 2321호는 WMD 프로그램에 관여한 북한 정부 인사와 군인의 입국을 제한했다.

7) 개인·단체 제재

결의 1718호(2006)에서 제재 대상 개인과 단체의 회원국 내 자산 동결을 도입한 이래 결의 2375호까지 제재 대상을 계속 확대해 왔다. 결의 2270호는 처음으로 북한 정부와 노동당을 제재 대상으로 지정했다. 2023년 3월 현재 개인 80명 및 단체 75개 및 선박 59척이 제재 대상으로 지정되어 있다.[5]

제대 대상자들과 그 가족들은 유엔 회원국의 입국이나 경유가 금지된다. 아울러 제재

---

5 1718 위원회 제재 명단(1718 Committee Sanctions List), https://www.un.org/securitycouncil/sanctions/1718/materials.

대상 개인이나 단체, 또는 제재 대상을 대리하거나 이들의 지시에 따라 활동하는 개인·단체 및 이들이 불법적인 방법으로 직간접적으로 소유·통제하는 단체의 자산도 동결된다. 이와 함께 WMD 프로그램 관련 북한 정부 및 노동당의 자금·금융자산·선박 등 경제적 자산은 즉각 동결되고, 이전도 금지된다.

결의 2094호는 △제재 대상 개인 또는 단체, △제재회피·위반 행위를 지원하는 개인·단체를 대리하거나 이들의 지시에 따라 일하는 북한인(외교관·정부 대표 포함), △제재 대상을 대리하거나 이들의 지시에 따라 일하거나, 제재회피 또는 위반을 조력하는 외국인, △북한 은행 및 여타 금융기관과 연루된 외국인을 회원국에서 추방할 의무도 부과했다. 다만, 사법적 절차를 위해 경유 및 체류하거나, 치료 및 안전 확보 등 인도주의적 사유로 체류 또는 경유할 경우에는 예외가 적용되며, 북한 공무원이 유엔 업무를 수행하기 위해 뉴욕의 유엔 본부로 출장가기 위한 목적으로 회원국을 경유할 때도 예외가 인정된다.

8) 인도주의 규정

북한 일반 주민들이 의도치 않게 경제제재의 악영향을 받는 상황을 방지하기 위해 안보리 결의 1718호부터 인도주의적 지원은 예외로 한다는 규정이 포함되어 있다. 이에 추가해 안보리 결의상 목표를 달성하기 위해 필요할 경우 제재위는 해당 활동에 대해 사안별로 제재를 면제할 수 있도록 규정하고 있다. 아래는 2017년 결의 2397호 제25항 규정인데, 이러한 유사 내용이 결의 2087호부터 지속적으로 포함되어 있다.

> … 본 결의에 의해 부과된 조치들이 조선민주주의인민공화국 주민들에 대한 부정적인 인도적 영향을 미치거나, 경제 활동 및 협력, 식량 원조 및 인도적 지원 활동 및 … 그간 안보리 결의에 의해 금지되지 않은 활동과 조선민주주의인민공화국 주민들의 이익을 위해 조선민주주의인민공화국 내에서 지원 및 구호활동을 수행하고 있는 국제기구 및 비정부기구(NGO)의 업무에 부정적인 영향을 미치거나 이를 제한하는 것을 의도한 것이 아님을 재확

인하며(reaffirm) …

조선민주주의인민공화국 내의 국제기구 및 비정부기구들의 업무를 촉진하거나 관련 결의의 목표를 달성하기 위해 면제가 필요하다고 결정할 경우, 위원회는 관련 결의들에 의해 부과된 조치들을 사안별로 면제할 수 있음을 결정한다(decide).

인도주의적 사업의 예외를 승인하는 절차는 다음과 같다. ① 유엔 회원국·국제기구, 결의의 목표와 부합하는 목적을 위해 예외가 필요한 구체적 조치 검토 → ② 예외 승인 요청 서한을 제재위 의장국에 제출 → ③ 제재위 의장국, 해당 서한을 제재위 회원국에 회람해 특정 기일까지 의견 수렴(통상 5 근무일 이상) → ④ 제재위 회원국의 의견을 바탕으로 제재위 결정(안)에 대한 이의제기 절차(no-objection procedure, 반대 없을 시 채택) 진행(통상 5 근무일) → 반대 없을 시 예외 인정 채택. 단, 회원국의 반대 또는 보류 요청 시에는 불승인 또는 계류(pending) 사안으로 분류된다.

특히 중국과 러시아가 제재로 인한 인도주의적 악영향을 강조하고 있으나, 북한제재위 전문가 패널은 북한 내 인도주의적 상황이 악화된 것은 제재뿐 아니라 북한의 정치 시스템 실패 및 자연재해 등 다양한 요인으로 인한 결과라고 명시하고 있다.[6]

안보리 결의 2397호 제23항도 북한 정권이 주민들의 복지 대신 핵무기와 탄도미사일 개발을 추구하는 것을 규탄하고, 북한 주민의 복지를 희생하면서 핵무기와 탄도미사일 개발에 희소한 자원을 투입하는 행위를 중단할 것을 요구하고 있는데, 이 문안은 중국과 러시아도 동의한 내용이다.

한편, 2022년 2월, 당시 안보리 의장국이었던 러시아의 주도로 안보리에서 "제재 일반: 인도적·비의도적 결과 방지(General issues relating to sanctions: preventing their humanitarian and unintended consequences)"라는 주제로 공개 토의가 있었는데, 당시 디카를로(DiCarlo)

---

6 S/2022/668(2022년 북한제재위 전문가 패널 중간보고서), 79쪽, https://www.un.org/securitycouncil/sanctions/1718/panel_experts/reports(검색일: 2022.10.8.).

유엔 정무·평화 구축 담당 사무차장의 발언 요지[7]를 아래 소개한다.

- 현재 안보리에는 14개의 제재 레짐이 있는데, 소말리아와 아프가니스탄 제재의 경우에는 상시적으로 인도주의 사업에 대한 면제가 존재하며, 북한과 예멘 제재 등에 있어서는 사안별로(case-by-case) 인도주의 사업에 대한 면제가 부여되고 있음.
- 북한제재위원회(1718 Committee)의 경우, 2017년부터 현재까지 100개의 면제 요청 중에서 85건을 승인했으며, 코로나로 인한 특수한 상황을 감안해 면제기간을 수차례 연장해 주었음.
- 제재는 일반 국민에 대한 부정적 영향 등 현장 상황을 반영해 지속적으로 보완되고 있음. 최근 안보리는 에리트레아 제재 프로그램을 종료했으며, 중앙아프리카 공화국의 경우에는 금수 조치의 범위를 대폭 축소했음.
- 인도주의 사업을 이행하는 NGO나 유엔기구들에게 가장 심각한 것은 제재를 이행하는 기업, 단체들의 위험회피 행동(De-risking policies)과 제재 범위를 넘어서는 과도한 이행(over-compliance)임.
- 특히, 금융기관들은 제재 위반 우려로 인해 인도주의 단체들에게 추가 보증과 같은 조건을 요구하거나, 필요한 물품과 서비스의 제공을 거부하기도 함. 특히, 북한의 경우에는 적법한 인도주의 사업조차 금융서비스를 제공할 은행을 찾기 어려움

이상 유엔 안보리의 북한제재 결의별로 핵심 내용을 정리하면 〈표 1-2〉와 같다.

---

7 유엔 정무 및 평화구축국 홈페이지, https://dppa.un.org/en/dicarlo-un-sanctions-not-blunt-instrument-they-once-were-can-be-made-more-effective(검색일: 2022.7.8.).

표 1-2_ 유엔 안보리 북한제재 결의별 주요 내용

결의	주요 내용
1718호(2006.10.14.) * 1차 핵실험	· 모든 재래식 무기 및 관련 물자 금수, 화물 검색 도입, 제재 대상 자산 동결 및 여행 금지 · 안보리 산하에 북한제재위원회 설치
1874호(2009.6.12.) * 2차 핵실험	· 무기 금수 확대(소형무기 수입을 제외한 전면 무기 금수) · 자산 동결 및 여행 금지 대상 확대 · 금융제재 확대(WMD·미사일 활동에 기여 가능한 금융거래 금지 등) · 북한제재위 지원을 위한 전문가 패널 설치
2087호(2013.1.22.) * 장거리 미사일 발사	· 공해상 의심 선박에 대한 검색 강화 기준 마련 추진 · '캐치-올' 성격의 대북 수출 통제 강화 · 자산 동결 및 여행 금지 대상 확대 · 금융제재 확대(북한 금융기관 관련 모든 활동에 대한 감시 강화 촉구)
2094호(2013.3.7.) * 3차 핵실험	· 자산 동결 및 여행 금지 대상 확대 · 핵·미사일 관련 금수 품목 확대 · 금융 제재 강화(결의 위반 북한 은행의 해외 신규 활동 금지 등)
2270호(2016.3.2.) * 4차 핵실험	· 북한과의 군·경 협력 금지 · 제재 대상 확대 · 해운·항공 운송 제재 강화(북한행·북한발 화물 검색 의무화, 제재 대상 선박 또는 불법 활동 연루 의심 선박 입항 금지 등) · 금융제재 강화(북한 은행의 해외 지점·사무소의 90일 내 폐쇄 등) · 북한산 광물(석탄, 철, 금 등) 수입 금지 · 북한 외교활동 제한(제재 위반 연루 북한 외교관 추방 등)
2321호(2016.11.30.) * 5차 핵실험	· 북한의 유엔 회원국 권리·특권 정지가 가능함을 엄중 경고 · WMD 및 재래식 무기 금수 강화(북한과의 과학·기술협력 금지 등) · 해운·항공 운송 제재 강화 및 차단 조치 강화(북한에 대한 항공기·선박 대여 및 승무원 제공 금지 등, 북한행·북한발 여행용 수하물 검색 의무 명시 등) · 금융 제재 강화(북한 내 외국 금융기관 전면 폐쇄 등) · 대외 교역 차단〔수출 금지 광물(은, 동, 아연, 니켈) 추가 및 조형물 수출 금지 등〕 · 제재 대상 지정 확대 · 북한산 석탄 수출 상한제 도입 · 북한 외교활동 제한(북한 공관 인력 감축 촉구 등)
2356호(2017.6.2.) * 탄도미사일 발사	· 제재 대상 지정 확대
2371호(2017.8.5.) * ICBM급 탄도미사일 발사	· WMD 및 재래식 무기 금수 강화(WMD 및 재래식 무기 이중 용도 통제 품목 추가 등) · 해운·항공 운송 제재 강화 및 차단 조치 강화(북한제재위에 금지 활동과 연관된 선박 지정 권한 부여 및 회원국의 동 선박 입항 불허) · 금융 제재 강화(금융서비스를 제공하는 일반 회사들도 금융기관으로 간주)

결의	주요 내용
	· 회원국들의 북한 해외노동자 고용 제한 · 제재 대상 지정 확대 · 북한 석탄·철·철광석 수출 전면 금지 · 북한 납 및 납광석, 해산물 수출 금지
2375호(2017.9.11.) * 6차 핵실험	· WMD 및 재래식 무기 금수 강화(WMD 및 재래식 무기 이중 용도 통제 품목 추가 등) · 해운·항공 운송 제재 강화 및 차단 조치 강화(기국 동의하 금지 품목 의심 선박에 대한 검색 촉구 등) · 금융 제재 강화(합작사업 및 상업적 협력체 설립·유지·운영 금지 등) · 북한 해외노동자에 대한 노동허가 부여 금지 · 제재 대상 지정 확대 · 대북 유류 공급 제한 · 북한의 섬유 수출 금지
2397호(2017.12.22.) * ICBM급 탄도미사일 발사	· 해운 운송 제재 강화(영토 및 영해에서 금수품 운송 또는 금지 활동 연루 의심 선박 대상 나포·검색·억류) · 북한 해외노동자 24개월 내 송환 · 제재 대상 지정 확대 · 대북 유류 공급 제한 · 북한의 식료품·농산품·기계류·전기기기·광물 및 토석류·목재류·선박 수출 금지 · 대북 산업용 기계류·운송 수단·철강 및 여타 금속류 수출 금지 · 조업권 거래 금지

3. 안보리의 북한제재 평가

북한의 경제 상황으로 볼 때, 2016년 이후의 안보리 대북한제재는 이란을 협상 테이블로 이끌었다고 평가되던 대이란 안보리 제재 결의인 1929호(2010년)보다 강력하다고 평가된다. 2016년 이후 채택된 안보리의 북한제재 결의는 기본적으로 북한의 모든 외화수입원을 차단하는 데 초점이 맞추어져 있는데, 북한의 3대 수출품인 석탄, 수산물, 섬유류 등의 수출을 봉쇄하고, 해외노동자 송출도 금지했다.

북한은 2019년 하노이 미·북 정상회담에서 2016년 이후 채택된 5개의 안보리 제재 결의를 해제해 줄 것을 요구했는데, 이들 결의는 모두 북한의 외환 수입을 전면 차단한 것이었다. 북한의 2016년 교역량 66억 달러 중 수출액이 약 28억 달러였으며, 이 중 석탄 및 철광석 등 광물(14억 5000달러), 섬유(7억 5000억 달러), 수산물(2억 5000달러) 등 3대 수출품이 24.5억 달러를 차지했다.[8] 이들 3대 수출품을 봉쇄함에 따라 북한 수출액의 90.5%, 전체 북한이 벌어들이는 수익 중 약 23억 달러가 감소될 것으로 추정되었다.[9] 아울러 북한의 해외노동자 숫자는 약 10만 명 선으로 추정되며, 이들이 한 해 북한으로 송금하는 규모는 5억 달러에 이른다는 통계도 있다.[10]

이러한 전방위적인 제재로 인해 북한 경제에 실질적인 타격이 가시화되었는데, 북한 경제는 2017년 마이너스 3.5%, 2018년에는 전년 대비 4.1% 감소하는 등 현재까지 계속 마이너스 경제성장률을 보이고 있다.[11] 2017년 북한의 대외무역(남북교역 제외) 규모는 전년 대비 15% 감소한 55억 5000억 달러를 기록했는데, 이는 2016년 상승세에서 1년 만에 하락세로 전환한 것으로 수출은 37.2% 감소한 17억 7000억 달러를 기록했으며, 최대 교역 파트너인 중국과의 무역적자는 16억 5000억 달러로 확대되었다.[12] 2018년에는 북한의 대외무역 규모가 전년 대비 48.8% 감소한 28억 4000억 달러를 기록했다. 수출은 무려 86.3% 감소한 2억 4000억 달러를 기록했고, 수입도 31.2% 감소한 26억 달러를 기록했다.[13]

2016년 북한의 제4차 핵실험 이후 채택된 안보리의 북한제재 결의 주요 5개는 제재 범위와 압박 수준에서 2010년 6월 마지막으로 채택된 대이란 안보리 제재 1929호(2010년)

---

8 KOTRA 2016년 북한 대외무역 동향, https://dream.kotra.or.kr/kotranews/cms/com/index.do?MENU_ID=530#;(검색일: 2020.8.30.).

9 C4ADS, Sejong Institute(세종연구소), "The Forex Effect: US Dollars, Overseas Networks, and Illicit North Korean Finance"(C4ADS, 2017), p.4.

10 주유엔 미국 대표부 통계자료, "Fact Sheet: UN Security Council Resolution 2397 on North Korea," December 22, 2017, https://usun.state.gov/remarks/8238(검색일: 2022. 8.31.).

11 한국은행 보도자료(2018.7.21.): 「2017년 북한 경제성장률 추정 결과」; 한국은행 보도자료(2019.7.27.): 「2018년 북한 경제성장률 추정 결과」.

12 KOTRA 2017년 북한의 대외무역 동향.

13 KOTRA 2018년 북한의 대외무역 동향.

보다 강력하다. 2010년 6월에 채택된 이란제재 결의 1929호도 무기 금수, 화물 검색 및 금융제재가 포함되어 있지만, 의심 선박에 대한 연료 공급 등 지원 서비스만 금지하고(decide), 화물 검색, 이란 은행과의 합작 투자, 환거래 계좌 개설, 이란 은행에의 계좌 개설 등에 대해서는 금지보다는 '금지할 것'을 촉구(call upon)했다. 즉, 전반적으로 의무 사항인 '금지(decide)'보다는 회원국에 '촉구(call upon)'하는 항목이 많았다.

반면, 2016년 채택된 대북한 안보리 제재 결의 2270호는 △무기 관련 모든 거래·금융서비스 및 기술훈련 제공 금지, △항공기·도로·철도를 통해 운송되는 화물(개인 수하물 포함)에 대한 검문·검색 의무화, △북한 연계(소유·운영·통제) 선박 등록 취소 및 재등록 금지, △금수품을 적재했다고 의심되는 북한 항공기의 이·착륙 및 비행 금지, △북한산 광물 수입 금지, △북한 은행의 해외 지점 폐쇄 등을 결정하는(decide) 내용이 대부분이다.

사실, 이란을 압박해 협상으로 나오게 한 제재는 안보리 결의 1929호라기보다는 미국의 '포괄적 이란제재법' 등 안보리 결의 1929호 이후 미국과 EU 국가들이 채택한 독자제재였다. 안보리 제재는 주요국들이 이란에 대한 독자제재를 채택하도록 국제적 명분을 제공했으며, 실제 결정적인 압박 효과를 가져온 것은 미국과 EU의 강화된 독자제재였다.

미국과 EU의 독자제재에 따라 이란 원유 수출의 60%가 축소되었으며, 원유 거래 시 수입 대금을 수입국 계좌에 예치하도록 하는 에스크로 계좌를 도입해 이란의 외화유입 채널을 모두 봉쇄했고, 이란 금융기관들을 SWIFT에서 배제함으로써 이란을 국제무역에서 완전히 배제했다. 아울러 2차 제재인 세컨더리 보이콧(secondary boycott)도 도입해 전방위적으로 압력을 가했다.

이란은 2010년 6월 안보리 결의 1929호 채택 및 연이은 미국과 EU의 한층 강화된 독자제재가 부과된 지 채 3년이 안 된 시점인 2013년 2월 미국과 양자 협상을 시작했다. 이후 2013년 11월에 핵문제에 대한 잠정 합의(JPA: Joint Program of Action)를 이루었고, 2015년 7월에는 역사적인 핵합의인 JCPOA를 도출했다.

북한은 2017년 12월 가장 강력하다고 평가되는 안보리 제재 결의 2397호가 채택된 지 3개월도 안 된 시점에 평창 동계올림픽에 참가하는 등 대화 국면으로 전환했다. 북한은

2019년 하노이 북·미 정상회담에서 미국에게 2016년 이후 채택된 5개의 안보리 제재 결의를 해제해 줄 것을 요구했는데, 이는 안보리의 대(對)북한제재 결의만으로도 북한이 상당한 경제적 압박을 느꼈다는 점을 시사한다.

4. 북한의 안보리 제재회피

2006년 안보리 제재 결의 1718호 채택부터 2017년 12월 결의 2397호에 이르는 동안 북한의 대외무역 및 금융활동은 대부분 차단되었다. 이 와중에도 북한은 꾸준히 대외무역을 통해 달러화 등 국제통화를 확보해 왔고, 경제 전반에 걸친 충격도 아주 심각한 수준은 아닌 것으로 보인다. 안보리 제재 결의와 이어진 미국의 독자제재에도 불구하고, 쌀이나 옥수수, 원유 등의 생필품 가격과 미국 달러화 환율도 상대적으로 안정되었다고 한다.[14]

한편, 2020년 들어 코로나 팬데믹을 이유로 북한이 자체적으로 국경을 봉쇄한 이후에는 경제 상황이 매우 악화된 것으로 파악되는데, 북한의 2021년 총수입액은 2020년 대비 약 60% 감소한 2억 4000달러, 수출액은 40% 감소한 1억 2000달러에 불과한 것으로 집계되었다.[15] 실제 북·중 교역의 3분의 2가 통과하는 중국 단둥시의 경우 2020년 북한과의 교역이 2019년에 비해 80% 넘게 감소하는 등 북·중 국경의 중국 무역업자들은 제재에 따른 제약보다는 북한의 국경봉쇄에 대한 우려가 더 컸다는 보도도 있다.[16]

이는 안보리 제재보다는 코로나에 따른 자체 국경봉쇄 조치가 경제에 더 큰 악영향을

---

14 Troy Stangarone, "Removing Sanctions on North Korea: Challenges and Potential Pathways," *US Institute of Peace*, Special Report No.504, December 2021, p.9.

15 S/2022/668〔북한제재위원회 전문가 패널의 2022년 중간보고서, 64쪽(2022.9.7.)〕.

16 "중국 단둥시, 북한 국경 봉쇄로 경제 타격", *Voice of America*, 15 June, 2021, https://www.voakorea.com/a/korea_korea-economy_china%E2%80%99s-border-city-suffers-north-orea%E2%80%99s-border-closure/6059454.html(검색일: 2022.7.30.).

미쳤다는 점을 의미하며, 코로나 이전에는 안보리 제재에도 불구하고 북·중 간 교역을 중심으로 대외무역이 지속되었음을 의미한다. 즉, 북한은 안보리 제재의 점증하는 압박에 비례해 다양한 제재회피 수단을 개발하고 있고, 안보리 제재의 그물망을 우회하는 새로운 형태의 외화 확보 수단을 발굴하고 있다. 안보리의 제재 강화에도 불구하고, 북·중 간 교역, 특히 밀무역이 지속되었다는 관측이 대다수이다. 교역이 제한될수록 밀수로 인한 이익은 커지게 되며, 이에 따라 보다 많은 밀수업자가 활동하기 마련이다.

북한은 1990년대 구소련 붕괴 및 한-중 수교로 인해 이들 국가로부터의 인도주의적 지원이나 교역이 급감하기 시작하면서 밀수를 통한 대외교역에 많이 의존했던 것으로 알려졌다.[17]

북·중 간 밀수 이외 중국은 북한에 식량, 원유 등 필수 품목의 공급을 유지하고 있고, 코로나 사태 이전에는 현금 지원을 위해 북한 내 관광 상품을 판매한 것으로 알려졌다. 아울러 북한은 최근 사이버 범죄를 통해 달러화를 확보하고 있는데, 외국 금융기관과 암호화폐 거래소에 대한 사이버 공격 및 가상화폐 채굴 등의 불법 사이버 활동으로 최대 20억 달러를 탈취한 것으로 알려졌다.[18]

또한, 수출입이 금지된 석탄 및 원유·정제유 등의 경우에는 공해상이나 북한 해역에서 불법적인 '선박 간 환적'을 통해 밀무역을 계속하고 있으며, 해외에서는 위장 회사 및 유령 회사 운영 등의 수법을 통해 무기류 수출과 외화 확보 노력을 계속하고 있는데, 구체적인 내용은 제10장 '제재회피' 부분에서 서술한다.

안보리 북한제재위원회의 전문가 패널도 매년 두 차례, 즉 중간보고서와 연례보고서를 통해 북한의 제재회피 기법을 공개하고, 유엔 회원국들의 주의를 촉구하고 있다. 가장 최근에 발간된 전문가 패널 보고서를 통해 북한의 대표적인 제재회피 기법을 살펴보면 다음과 같다.

---

17 Troy Stangarone, *Removing Sanctions on North Korea: Challenges and Potential Pathways*, p.10.

18 안보리 북한제재위 전문가 패널 2019년 중간보고서(S/2019/691), p.26, https://www.un.org/securitycouncil/sanctions/1718/panel_experts/reports.

1) 2022년 북한제재위 전문가 패널 연례보고서(3월)[19]

북한은 해상·금융·해외노동자 분야에서 제재회피 활동을 지속하고 있다.

- 해상: △정유제품 대북 반입, △북한 석탄 수출, △조업권 판매는 평년 대비 감소했으나, 제재회피 정교화 추세는 지속. 2021년 9월에서 2022년 8월까지 중국 닝보-저우산 지역으로 석탄 약 55.2만 톤 수출 추정.
- 중고 선박을 지속적으로 취득.
- 외화벌이: 암호화폐 자산 등에 대한 사이버 공격 및 미송환된 해외노동자(건설·농업·서비스업)를 통한 외화벌이 지속.

2) 2022년 북한제재위 전문가 패널 중간보고서(9월) 주요 내용[20]

- 해상: △정유제품 대북 반입 및 북한산 석탄 수출 지속, △신규 제재회피 수법 포착.
- 정유: 1~4월간 북 유조선 16척이 27차례에 걸쳐 정유제품을 반입한 정황 파악. △각 유조선에 90% 선적 가정 시, 46만 배럴의 정유제품 대북 반입 추정, △대북 정유 불법 공급 네트워크 및 요주의 선박에 대한 조사 지속 필요.
- 석탄: 중국 영해 내에서도 석탄 지속 하역 추정.
- 선박 불법 취득: 코로나 팬데믹 기간에도 총 14척의 화물선·유조선 불법 취득. 북한이 신규로 취득한 선박의 상세 정보 명시.
- 신규 수법: 정유제품을 운송하기 위해 화물선을 불법 개조(짐칸·물탱크 → 기름탱크). △이로 인해 정유제품을 운송하는 북한의 유조선 수가 감소했음에도, 북한 내 정유제품 가

19 S/2022/132, https://www.un.org/securitycouncil/sanctions/1718/panel_experts/reports.

20 S/2022/668, https://www.un.org/securitycouncil/sanctions/1718/panel_experts/reports.

격은 비교적 안정적으로 유지.

• 불법 환적 지속: 북한 영해 내에서 화물선 간 환적을 계속 실시하고 있으며, 언론 등에 노출된 일부 선박을 폐기.

• 외화벌이: 아프리카·아시아·중동·러시아 등지에서 북한 해외노동자 활동이 계속되고 있음. 아울러 IT 노동자 및 보이스피싱 해킹앱 판매 등을 통해 외화를 획득하고 있음.

• 악의적 사이버 활동: 유엔 회원국의 가상자산 기업·거래소 및 방산업체 등을 대상으로 악의적 사이버 공격을 지속하고 있음. 사이버 공격의 주목적은 WMD 개발 재원 확보 및 민감 기술·지적재산권 탈취 등이며, 스피어피싱(spear phishing) 기법을 사용해 악성코드를 유포하고 있음. 아울러 해킹 단체인 '김수키(Kimsuky)'를 북한 정찰총국 산하 대표적인 사이버 위협 행위자로 지목.

3) 2023년 북한제재위 전문가 패널 연례보고서(3월) 주요 내용[21]

• 불법 환적: 해상을 통한 정유제품의 대북 반입 및 북한산 석탄의 불법 수출이 지속되고 있으며, 북한의 신규 선박 취득도 지속 증가하고 있음. △특히, 정유제품의 대북 불법 이전은 북한 배타적경제수역에서 외국 국적의 선박들이 북한 유조선에 직접 정유제품을 인도하는 방식이 포착되었으며, 북한 선박들은 '선박자동식별시스템(AIS: Automatic Identification System)'을 끈 채 중국 해역으로 석탄을 계속 수출.

• 선박 불법 취득: 북한의 선박 취득은 유사한 패턴을 보이는데, 복수의 중개인이 개입하는 복잡한 과정을 거쳐 선박의 등록지가 세탁된 뒤 북한에 넘어가고, 거래가 종료된 후에도 국제해사기구(IMO)에 관련 정보를 보고하지 않거나, 최대한 신고를 늦추고 있음. △선박 매각은 다수의 중개자를 거치고 있는데, 마지막 단계에서 특정 제3국에 위치한 제3자 중개인을 거침. △온라인 기록이 많지 않은 회사에 선박을 매각. △북한과의 연계성을

21 S/2023/171, www.un.org/securitycouncil/sanctions/1718/panel-experts/reports.

숨기기 위해 최종 사용자 또는 수익 소유권자를 위장하는 회사에 선박을 매각. △선박 인도 시 기국 등록을 하지 않거나 다른 국적으로 세탁.

- 불법 사이버 활동: 북한 IT 인력의 보이스피싱 해킹앱 판매에 중국인이 다수 연루되어 있으며, 북한은 2022년 한 해에만 약 6억 3000~10억 달러의 가상자산을 탈취했음.

5. 안보리 제재의 한계

1) 안보리 분열

안보리가 유엔헌장 제7장에 기초해 회원국들에게 구속력 있는 제재 결의를 채택하기 위해서는 우선 안보리에서 '평화에 대한 위협, 평화의 파괴 또는 침략 행위의 존재를 결정'해야 한다.[22]

그러나 최근 미·중 간 전략적 경쟁 격화, 우크라이나 전쟁을 둘러싼 러시아와 서방 국가 간 대결 구도가 그대로 안보리에도 투영되어 중요 국제문제에서 안보리의 기능이 사실상 정지되어 있다. 따라서 안보리에서 중국과 러시아가 동의하는 새로운 북한제재 결의가 채택되는 것은 어렵다.

안보리의 북한제재 결의에는 이른바 '유발 조항(또는 '트리거 조항')'이라는 항목이 있다. 즉, 북한이 추가적인 도발을 할 경우에는 안보리가 이에 대응해 추가적인 제재 조치를 취한다는 내용이다.

결의 1718호 15조에는 "조선민주주의인민공화국의 행동을 계속 검토하고, 해당 안보리 결의의 이행 상황에 비추어 필요한 조치를 강화, 조정, 중지 또는 해제 등을 포함한 제

22 유엔헌장 제39조(외교부 국문본): "안전보장이사회는 평화에 대한 위협, 평화의 파괴 또는 침략 행위의 존재를 결정하고, 국제평화와 안전을 유지하거나 이를 회복하기 위해 권고하거나, 또는 제41조 및 제42조에 따라 어떠한 조치를 취할 것인지를 결정한다."

재 조치의 적절성을 검토할 것임을 확인한다"고 되어 있고, 결의 1874호(32조)에도 유사한 내용이 포함되어 있다.

'트리거 조항'에 안보리가 추가적인 조치를 취할 사유로 북한의 추가적인 탄도미사일 발사나 핵실험을 명시한 것은 2012년 4월의 안보리 의장성명부터이다. 2012년 4월, 안보리 의장성명(PRST)[23]의 마지막 문장에는 다음과 같은 '트리거 조항'이 명시되어 있다.

> 안보리는 북한이 추가적으로 핵실험을 하거나 탄도미사일을 발사할 경우 이에 상응하는 조치를 취할 확고한 의지를 표명한다.

이후 채택된 모든 안보리의 북한제재 결의에는 한결같이 북한의 추가적인 핵실험이나 탄도미사일 발사 시 안보리가 이에 상응해 추가적인 조치를 취한다는 내용이 포함되어 있다.[24] 2017년 12월 마지막으로 채택된 결의 2397호 제28항은 더 나아가 북한이 핵실험이나 탄도미사일 개발을 위한 시험 발사 등 도발 시에는 대북 원유 수출을 더욱 축소하는 등의 조치를 취할 것임을 분명히 하고 있다.

> 조선민주주의인민공화국의 추가 핵실험 또는 발사가 있을 경우 추가적인 중대한 조치들을 취할 것이라는 결의를 표명하고, 북한이 추가 핵실험 또는 대륙간 탄도미사일의 사거리 도달 능력을 갖춘 탄도미사일 발사 또는 이러한 탄도미사일 개발에 기여할 수 있는 탄도미사일을 발사할 경우, 안보리가 북한에 대한 유류수출을 추가적으로 제한하는 조치를 취할 것을 결정한다(decide).

---

23 2012년 안보리 문서, S/PRST/2012/13.

24 결의 1718호 15항, 결의 1874호 32항, 결의 2087호 제19항, 결의 2094호 제36항, 결의 2270호 51항, 결의 2321호 49항, 결의 2371호 29항, 결의 2375호 32항, 결의 2397호 28항에 유사한 내용이 반복되어 강조되고 있다.

이는 안보리 결정이므로 북한이 추가 핵실험이나 ICBM급 탄도미사일을 발사할 경우 안보리는 더욱 강력한 제재 결의를 채택해야 한다. 실제 미국은 2022년 3월 북한의 ICBM급 탄도미사일 발사에 대응해 새로운 안보리 결의 초안을 준비한 것으로 알려졌는데, 핵심은 원유 수입을 현재 허용량 400만 배럴(52만 5000톤)에서 200만 배럴로 줄이고, 정제유는 현재 연간 공급 허용량인 50만 배럴에서 25만 배럴로 축소하는 내용으로 알려졌다.[25]

그러나 2022년 3월 24일 북한의 대륙간 탄도미사일(ICBM) 발사에 대응하기 위해 마련된 안보리의 새로운 북한제재 결의는 두 달여 뒤인 5월 27일 안보리 투표에서 중국과 러시아의 반대로 무산되었다.[26] 이에 앞서 러시아는 우크라이나 침공에 따른 긴급 안보리 회의에서 러시아 규탄 결의안과 러시아의 동부 우크라이나 점령지의 병합을 인정하지 않는 안보리 결의안에 대해서도 거부권을 행사했다.

북한은 2022년 한 해와 2023년 4월까지 11발의 대륙간 탄도미사일을 포함해 약 100여 발에 달하는 각종 탄도미사일을 발사했다. 안보리 결의 2397호에 따르면 안보리는 당연히 북한에 대해 상당한 정도의 추가적인 조치를 취해야 했다. 그러나 2022년 한 해에만 북한의 ICBM 발사 문제를 논의하기 위한 안보리 회의가 10번이나 개최되었지만, 러시아와 중국의 반대로 아무런 결과물 없이 끝났다.

사실 안보리가 정치적 이유로 분열되어 제 기능을 다하지 못한 경우가 한두 번이 아니었다. 1945년 유엔 출범부터 2022년 5월까지 러시아(구소련 포함)는 120회, 미국은 82회, 영국은 29회, 중국과 프랑스는 각각 17회의 거부권을 사용했다. 러시아는 2011년부터 2020년까지 시리아 문제에 대한 안보리 결의안에 대해서만 16차례의 거부권을 행사했

---

25 "미, 유엔 안보리 새 대북제재 추진 … 담배수입 차단도," *Radio Free Asia*, April 14, 2022, https://www.rfa.org/korean/in_focus/food_international_org/sanctionnk-04142022083513.html(검색일: 2022.5.30.).

26 "China and Russia veto new UN sanctions on North Korea for first time since 2006," *CNN* , May 27, 2022, https://edition.cnn.com/2022/05/26/asia/us-north-korea-united-nations-intl-hnk/index.html (검색일: 2022.5.30.).

고, 미국은 대부분 이스라엘에 대한 규탄 및 제재 부과 결의안에 거부권을 행사했다.[27]

특히, 2022년 2월 러시아의 우크라이나 침공 이후 안보리가 러시아의 거부권으로 사실상 마비되면서 유엔총회는 2022년 4월 상임이사국이 거부권을 행사할 경우 10일 이내에 총회를 개최해 거부권 행사 이유를 설명토록 하는 결의안을 채택했다. 이는 총회에서 거부권 사유를 청취함으로써 거부권을 행사한 해당 상임이사국을 외교적으로 압박하기 위함이었다.

이에 따라, 2022년 5월 북한의 ICBM 발사에 따른 안보리의 북한제재 결의안이 중국과 러시아의 거부권 행사로 부결되자 6월 8일에 총회가 개최되었다. 중국과 러시아는 총회에서 대북제재 결의안 반대 사유로 추가 제재가 북한 내 인도주의적 상황을 악화시키고, 한반도의 긴장을 고조시킬 것이라는 점을 들었다.

1990년대 프랑스와 영국 등은 인종 청소 등 중대한 인권문제를 다룰 때에는 상임이사국의 거부권을 제한하는 신사협정을 맺자고 제안했으나, 이 역시 상임이사국의 권리를 침해하는 것이기에 현실화되지 않고 있다.

안보리 상임이사국들의 거부권 행사를 제한하기 위해서는 헌장 개정이 필요한데, 이 역시 총회에서 회원국 3분의 2 이상의 동의와 상임이사국을 포함한 회원국 3분의 2 이상의 국내 비준이 필요하므로 현실화되기는 거의 불가능하다. 앞으로도 상당 기간 안보리에서의 대북한 제재 결의는 채택되지 못할 것으로 보이며, 바로 이러한 이유에서 독자제재의 필요성과 당위성이 증가하고 있다.

2) 이행상의 한계

중국이 북한의 뒷배 역할을 하고 있다는 것은 잘 알려져 있으나, 많은 개도국의 이행 의지와 역량이 뒷받침되지 않고 있다는 점도 유엔 안보리 제재의 효과적인 이행에 걸림

---

27 신동익, 「유엔 안보리 무용론과 거부권 문제」, ≪한국 외교협회 외교광장≫(2022).

돌로 작용한다. 안보리 제재 결의를 이행하는 데 있어 항상 부족한 것으로 지적되고 있는 것이 현장에서의 이행 역량 부족과 저조한 관심이다. 예를 들어, 각 제재 결의는 회원국들의 국별 이행 현황 및 실적 등의 보고서를 제출하도록 하고 있는데, 실제로 보고서를 안보리 제재위원회에 제출하는 국가가 줄어들고 있으며, 설령 보고서를 제출한다고 해도 피상적인 내용에 불과한 경우가 많다.

북한제재위원회의 전문가 패널이 일 년에 두 차례씩 발간하는 '북한제재 이행보고서'에서도 유엔 회원국들의 미진한 제재 이행 실적을 지적하고 있는데, 예를 들어 2023년 전문가 패널의 연례보고서는 상당수의 국가들이(127개국) 아직도 2017년 12월의 안보리 결의 2397호 이행보고서를 제출하지 않았다고 기술하고 있다.[28] 아래는 전문가 패널의 2023년 연례보고서에 기록된 제재 결의별 이행보고서 제출 실적이다.

- 결의 2397호 8항(북한 해외노동자 송환): 66개국 이행보고서 제출.
- 결의 2397호 17항: 81개국 이행보고서 제출.
- 결의 2375호: 95개국 이행보고서 제출.
- 결의 2371호: 90개국 이행보고서 제출.
- 결의 2321호: 107개국 이행보고서 제출.
- 결의 2270호: 115개국 이행보고서 제출.
- 상당수의 국가들이(127개국) 아직 결의 2397호 이행보고서를 미제출.

회원국들의 제재 결의 이행 보고서 작성은 ① 보고서를 작성하는 과정에서 각국의 관계 정부기관들이 해당 제재 결의의 내용을 숙지하게 되고, ② 보고서 제출 국가가 늘어남에 따라 '국제사회 대 북한'이라는 구도를 확실히 할 수 있다는 점에서 매우 중요한 의미를 가진다.

---

28 S/2023/171(2023년 북한제재위 전문가 패널 연례보고서), p.80.

6. 독자제재의 필요성

그렇다면 북한의 핵실험 등 새로운 전략적 도발에 대응할 수 있는 조치는 미국과 EU 국가 등 주요국들의 독자적인 제재를 더욱 강화하는 것뿐이다. 독자제재에 대해서는 다음 장에서 상세하게 다룰 것이다. 관건은 안보리 결의를 보강할 미국 등 주요국들의 대북한 독자제재의 내용인데, 이론적으로는 미국과 EU 국가들이 이란에 대해 채택한 독자제재의 핵심적인 내용, 즉 SWIFT 배제 등 국제금융망에서 완전 퇴출, 중국 기업들도 제재할 수 있는 2차적 제재의 도입 등이 우선적으로 포함될 수 있을 것이다.

그러나 금융제재를 강화해 북한의 대외무역을 위축시키려는 시도는 코로나 이후 스스로 대외경제 부문을 축소해 온 북한을 압박하는 데 한계가 있을 것이다. 그나마 북한이 가장 필요로 하는 물자와 WMD 프로그램에 전용될 재원을 차단하기 위해서는 해상 봉쇄에 준하는 수준으로 북한 선박 등에 대한 검색 및 차단을 강화하는 것이 더 효과적일 수 있다고 본다.

이와 함께 북한제재위원회 전문가 패널이 보고서에서 지적한 북한의 제재회피 행위를 방지할 강력한 대응 수단, 즉 북한을 방문한 선박이나 항공기의 타국 입항 및 운항을 전면 금지하면서, 사이버 범죄 차단 등을 추가할 수 있을 것이다. 특히, 사이버 범죄는 북한의 새로운 외환 확보 수단으로 부상한 것으로 알려졌는데, 이를 여하히 다루느냐가 핵심이 될 것이다.

북한 해커들은 주로 중국, 러시아, 동남아 등에서 활동하는 것으로 알려져 있는데, 그 이유는 평양의 인터넷 환경이 열악하며, 북한 내 IP 접속이 쉽게 노출되고, 해킹으로 벌어들인 가상화폐를 환전하는 것은 해외에서만 가능하기 때문이다. 따라서 사이버 불법 활동으로 벌어들인 코인을 현금으로 환전하거나, 자금을 북한으로 송금하는 과정 등에서 외국 금융기관을 활용할 수밖에 없다는 취약점이 있다. 이러한 취약점들을 활용해 북한의 불법 사이버 범죄 활동을 차단할 수 있을 것이다.

이와 함께 제재 중단(suspension) 및 해제를 위한 구체적인 조건을 명시할 수도 있다.

안보리 결의 2397호 등은 공통적으로 북한의 결의 준수 여부에 따라 안보리가 필요한 조치들을 강화, 수정, 중단 또는 해제할 준비가 되어 있음을 명시하고 있다.[29] 북한의 구체적인 비핵화 행동과 특정 제재의 중단 및 해제 등을 연계하는 방법 등으로 북한의 구체 행동에 따른 상응 조치를 명시해 북한의 비용-편익 계산에 영향을 미칠 수 있을 것이다.

중요한 것은 제재 중단이나 해제를 협상 레버리지로 활용해야 한다는 점이다. 북한에 대한 제재가 효과가 없을 경우에는 대북 협상에서 제재 해제가 레버리지로 활용될 수 없다. 제재를 협상 레버리지로 활용하기 위한 필수 요건은 현존 제재를 철저히 이행하는 것이다. 여러 연구에 의하면 국제기구가 관여하거나, 제재 참여 국가가 많을수록 제재 효과도 제고된다.[30] 이에 따라 최선의 방안은 우선적으로 193개 유엔 회원국 전체에 대해 강제성을 지니는 유엔 안보리 제재 결의를 충실히 이행하는 것이다.

한편, 새로운 안보리 결의를 도출하는 것이 쉽지 않을 경우에는 독자제재가 그 틈을 메워야 한다. 독자제재라고 해도 이행 과정에서 다수 국가들의 협력을 확보한다면, 사실상 안보리 제재와 다름없는 효과를 가질 수 있다. 제재에 참여하고 협조하는 국가가 증가할수록 사실상 다자 차원의 제재로 진화해 북한의 대체 수입 경로 발굴 등 제재회피 행위를 억제할 수 있고, 국제적인 정당성도 확보할 수 있어 독자제재에 대한 비판을 극복할 수 있다.[31]

---

29 원문은 다음과 같다. 결의 2397호 28항 "Affirms that it shall keep the DPRK's actions under continuous review and is prepared to strengthen, modify, suspend or lift the measures as may be needed in light of the DPRK's compliance."

30 민태은·황태희·정진문 외, 『미국의 대북독자제재, 정치적 배경과 법적 기반 분석』(통일연구원, 2020), 52~53쪽.

31 W. Adeyemo, "America's New Sanctions Strategy," *Foreign Affairs*(2022), https://www.foreignaffairs.com/russian-federation/americas-new-sanctions-strategy(검색일: 2022.12. 20.).

제2장

미국의 독자제재

1. 개관

2000년대 들어 유엔헌장 제41조에 의한 안보리 제재보다는 개별 국가의 독자제재가 늘고 있다. 제일 큰 이유는 유엔 안보리가 정치적 이유로 제대로 기능하지 못하거나, 설령 제재 결의를 채택한다고 해도 제재 수준과 범위가 약하기 때문이다. 안보리에서 제재 결의를 채택하기 위해서는 안보리 15개 이사국 간 ① 우선 특정 국가나 단체의 특정 행위가 국제평화와 안전에 위협이 된다는 점에 합의해야 하고, ② 구체적인 제재 결의 문안에 합의해야 하며, ③ 제재 결의를 채택한 이후에는 전체 193개 유엔 회원국의 신속하고 효과적인 이행이 필요하다.

안보리에서 전체 유엔 회원국에게 구속력을 지니는 제재 결의를 채택할 때 가장 큰 문제는 첫 번째 요건, 안보리 이사국 특히 거부권을 행사하는 상임이사국(P5) 간에 특정 행위가 국제평화와 안전에 위협이 된다는 점에 합의하는 것 자체가 정치화된다는 점이다. 특정 행위가 국제평화와 안전에 위협이 되는지 여부를 판단하는 데에는 정치적 역학이 작용한다. 특히, 현재와 같이 서방국가들과 중국·러시아 간 대립이 격화되고 있는 상황에서는 안보리에서의 정치적 합의가 불가능하다. 중국과 러시아는 북한에 대한 안보리의 추가 제재 문제를 미국과의 관계에서 바라본다. 즉, 객관적인 안보 위협의 존재 또는 안보리가 금지하고 있는 행위를 자행했다는 점보다는 미국 등 서방국과의 외교 관계 틀에서 북한 관련 사안을 바라보고 있다.

2022년 11월 미국 ≪월스트리트저널(Wall Street Journal)≫은 "북한의 유엔 보호자들(North Korea's U.N. Protectors)"이라는 제목으로 북한의 핵·미사일 도발에도 불구하고 북한을 두둔하고 있는 중국과 러시아를 비판했다. 이어 '유엔 무용론'까지 제기하며 미국이 유엔에 의지하기보다는 동맹국과의 협력에 힘을 기울여야 한다고 주장했다.[1]

2022년 한 해에만 북한이 안보리 결의가 금지하고 있는 대륙간 탄도미사일을 포함해 70여 발의 탄도미사일을 발사하고, 이를 다루기 위한 안보리 회의가 10번이나 개최되었지만 중국과 러시아의 반대로 안보리에서 결과물을 내놓지 못하고 있는 이유이다. 설령, 안보리에서 상임이사국 간 특정 행위가 국제평화와 안전에 위협이 된다고 합의한다고 해도 구체적인 제재 결의 문안을 작성해야 하는 협상 과정이 기다리고 있다.

결의문안 역시 상임이사국 간 합의가 필요한데, 실제 제재 결의 내용은 대부분 서방국들과 러시아·중국 간 협상의 결과물이기에 제재 내용이나 수위가 낮아진다. 실제로 이란 제재 결의나 북한제재 결의 등은 미국과 EU의 독자제재 내용보다 수위와 범위 면에서 약한 것이 보통이다.

마지막으로 이행의 문제가 있는데, 설령 안보리에서 상임이사국 포함 9개 국가가 찬성해 내용상 실효성 있는 제재 결의가 채택된다고 해도 전체 193개 유엔 회원국들에 의한 신속하고 효과적인 이행의 문제는 여전히 존재한다. 필자가 보기에 안보리 제재의 효과성 논쟁이나 제재 무용론은 대부분 안보리 제재의 강도와 실제 이행에 있어서의 효과성에 대한 의문에서 기인한다.

---

1 "North Korea's U.N. Protectors, China and Russia are enabling Kim Jong Un's nuclear provocations," *Wall Street Journal*, November 25, 2022, https://www.wsj.com/articles/north-koreas-u-n-protectors-united-nations-security-council-russia-china-missile-japan-kim-jong-un-xi-jinping-11669415467(검색일: 2022.12.15.).

이러한 이유로 2000년대 들어서 유엔 안보리에 의한 다자적 제재보다는 미국이나 EU 등 개별 국가 및 소(小)다자 차원에서의 독자적인 제재가 더욱 확대되고 있다. 특히, 미국은 독자제재를 가장 많이 부과하는 나라이다. 미국은 제재를 대외 정책에서 중심적인 수단으로 활용하고 있으며, 비군사적인 압박 수단으로 선호하고 있는데, 2000년부터 2021년까지 미국이 부과한 독자제재는 2.5배 증가했으며, 이 기간 중 제재 대상도 아홉 배 증가했다.[2]

2023년 2월 현재 미국 재무부의 해외자산통제국(OFAC: Office of Foreign Asset Control)은 38개의 제재 프로그램을 운영하고 있는데, 여기에는 북한, 이란, 시리아, 러시아, 벨라루스, 이라크, 예멘, 남수단, 소말리아, 부룬디, 수단, 리비아, 말리, 쿠바, 니카라과, 베네수엘라, 중앙아프리카 공화국, DR 콩고, 짐바브웨, 레바논 등 24개 국가 이외에도 WMD 확산, 마약, 테러리즘, 인권, 조직범죄, 사이버 범죄, 미국 내 선거 개입 등 이슈별 제재 프로그램도 포함되어 있다.[3] 미국 재무부 해외자산통제국이 관리하고 있는 특별제재대상(SDN: Specially Designated Nationals) 명단에 등재된 개인 및 단체만 해도 2023년 3월 현재 2만여 건에 달한다.

2. 미국 독자제재의 특징

제재의 우선적인 목적은 제재 대상의 행동 변화이다. 미국 재무부는 금융제재를 통해 제재 대상자에게 지속적인 압력을 가하고, 국제 교역 및 금융 시스템에서 고립시킴으로써 불법적인 활동을 억제하고자 한다.

---

2 W. Adeyemo, "America's New Sanctions Strategy."

3 미국 재무부 홈페이지, Sanctions Programs and Country Information, https://home.treasury.gov/policy-issues/financial-sanctions/sanctions-programs-and-country-information.

미국은 WMD 확산, 마약 밀매, 테러리즘 지원, 심각한 인권침해, 민주주의 퇴보, 조직 범죄, 사이버 범죄, 미국 내 선거 개입, 타국에 대한 무력 침공, 역내 불안정 조성 등 다양한 이유로 제재를 부과하고 있다. 흔히 제재를 부과한다고 했을 때 대사 소환이나 외교관계 축소 등의 외교적 제재보다는 경제제재를 의미하는데, 여기에는 특정 물품의 교역을 제한하는 무역제재에 금융제재가 추가된다.

무역제재는 기본적으로 미국 시장에의 접근을 제한하는 것으로 제재 대상국으로부터 상품·서비스 수입을 금지하고, 미국 조달시장에의 접근을 배제하며, 교역에 필요한 미국 수출신용기관의 보험 제공 및 지급보증 서비스 제공 등을 금지하는 것이다. 이에 수출 통제가 추가되어 미국산 물품 및 기술의 수출을 제한한다.

금융제재는 미국의 금융 시스템 이용을 차단하는 것인데, 미국 내 금융자산 동결, 달러화 사용 등 미국의 금융서비스 이용 금지, 미국에서의 국채 및 채권 발행 등 자본 획득 금지, 제재 대상국에 대한 투자 및 대출 등 신용 제공을 금지하는 것이다. 이 중 핵심은 금융제재인데, 미국 금융망을 중심으로 형성된 국제결제 시스템은 기본적으로 달러화의 기축통화 지위에서 비롯되며. 동시에 국제금융 시스템에서 미국의 전략적 입지를 유지하는 핵심 요소이다.

무역제재, 특히 수출 통제는 미국 독자적으로 이행하는 것보다는 제재 대상 국가의 인접국 등 많은 나라의 동참이 긴요하다. 반면, 금융제재는 무역거래에 필수적으로 동반되는 금융거래와 금융서비스를 제한하는 것으로, 이행에 있어 제재 효과가 즉각 드러나고, 전산상 관리도 용이하므로 미국이 독자적으로 금융제재를 부과해도 큰 효과를 볼 수 있다.

특히, 미국은 2001년 9·11 테러사태 이후 테러리스트 및 테러 단체들의 자금세탁을 막기 위한 목적으로 '애국법(Patriot Act)'을 제정해 국가는 물론 비(非)국가행위자인 단체(entity)와 개인을 대상으로 하는 금융제재를 도입했다. 뒤에 상세히 설명하겠지만 금융제재는 원래의 제재 대상자를 넘어 제재 대상자와 거래하는 제3국의 개인과 단체도 제재하는 2차적 제재, 즉 세컨더리 보이콧과도 연결된다.

이란에 대한 금융제재 이후 미국은 한층 고도화되고 세밀화된 방식으로 금융제재를 부과하고 있다.[4] 2022년 2월 러시아의 우크라이나 침공 이후 러시아에 대해 부과된 금융제재가 좋은 사례이다. 최근에는 '반도체법'과 같은 산업 정책 및 대외 무역 정책에 금융제재 요소를 결합하고, 이를 위반하는 제3자에 대해서도 미국 금융서비스에의 접근을 차단함으로써 제재 대상에 대한 압박을 더욱 높여 나가고 있다.

최근 미국의 제재 정책을 분석해 보면 크게 네 가지의 특징을 볼 수 있다. 첫째, 미국의 독자제재는 일반 법률, 특정국을 대상으로 하는 제재 법률, 대통령 행정명령 등이 중첩적으로 작용해 부과되고, 같은 사안에 대해서도 여러 법률에서 제재를 중복적으로 부과하는 경우가 많아 매우 복잡하다. 이러한 중첩성, 중복성 때문에 특정 제재를 면제하거나 해제하기가 까다롭고 복잡하다. 특히, 특정국에 대한 제재를 명시한 법률의 경우에는 해당 법률을 수정하거나 폐기하지 않는 한 제재를 면제하거나 해제할 수 없다. 이는 행정부 내 의견 일치 못지않게 미국 의회의 초당적인 지지가 확보되어야 함을 의미한다.

둘째, 제재 정책에서 의회와 행정부 간 상호 견제가 증가하고 있다는 점이다. 미국은 전통적으로 외교 정책에서 행정부의 권한과 자율성을 인정해 왔는데, 최근에는 의회가 적극적으로 제재 관련 법률을 제정하는 등 제재 정책에 있어 대통령과 행정부의 자율성을 제한하는 사례가 늘고 있다. 예를 들어, 북한제재 법률인 2019년 '오토웜비어법 북한 핵 제재 이행법(이하 '오토웜비어법', Otto Warmbier North Korea Nuclear Sanctions and Enforcement Act)'상 새로 부과된 제재 조치를 180일 동안 유예(suspend)하기 위해서는 북한이 WMD와 탄도미사일 개발 프로그램을 검증 가능한 방식으로 중단(suspend)하고, 이의 폐기를 위해 미국과 협상에 들어가거나 또는 제재유예가 미국의 국가이익에 필수적(vital)이라는 점을 의회에 증명(certify)하도록 요구하고 있다. 위의 두 가지 특징은 제재 대상국과의 협상 등 양자 간 상호 외교활동 못지않게 미국 내부의 행정부와 의회 간 갈등과 협력을 이해하는 것이 중요하다는 점을 일깨워준다.[5]

---

4 "Sanctions are now a central tool of governments'foreign policy," *Economist*, April 22, 2021, https://www.economist.com/finance-and-economics/2021/04/22/sanctions-are-now-a-central-tool-of-governments-foreign-policy(검색일: 2022.6.30.).

셋째, 미국 독자제재의 역외적용 분야가 점차 증가하고 있다는 점이다. 2차 제재의 경우, 일반적 인식과는 달리 미국 재무부는 대부분 직접 제3국의 개인이나 기업을 제재하는 것이 아니라 미국인이나 미국 기업이 이들과 거래하는 것을 금지하는 것이므로 엄밀한 의미에서는 역외적용이 아니다. 즉, 미국 재무부가 부과하는 대부분의 금융제재는 제3국의 개인이나 금융기관이 아닌 미국 개인과 기업의 행동을 규율하는 1차적 제재(primary sanctions)이다.

그러나 최근 이란이나 북한, 러시아, 베네수엘라에 대해 부과한 제재에는 미국민을 대상으로 하는 것을 넘어 제재 대상과 거래하는 제3국의 개인이나 기업도 직접 제재하는 '역외적용' 효과를 갖는 2차적 제재의 빈도가 증가하고 있다. 이와 관련해서는 다음 장에서 자세하게 다룰 예정이다.

네 번째는 미국의 대외경제 및 산업 정책 전반에 제재가 녹아 들어가 있다는 점이다. 특히 첨단 기술 분야에서 중국의 부상을 막기 위한 수출규제 강화 등의 조치를 대중국 외교 정책에 포함하고 있다. 수출 통제 등의 제재 수단이 미국의 '경제 책략(economic statecraft)'의 중요한 일부가 되고 있고, 그 파급효과는 중국과 러시아 이외 다른 비제재 대상국에도 미치고 있다는 점을 유념해야 한다.

3. 제재 유형

미국의 제재는 특정 국가 전체를 대상으로 하는 포괄적 제재(comprehensive sanction), 특정 개인과 단체만 특정해 제재하는 스마트 제재(smart sanction), 에너지·방산·광산·운송·첨단 산업 등 특정 산업 분야를 대상으로 하는 산업별 제재(sectoral sanction) 등 세 가

5 황태희·서정건·전아영, 「미국 경제제재 분석: 효과성과 특수성을 중심으로」, ≪한국정치학회보≫, 51집 4호(2017년 가을), 198~199쪽.

지 유형으로 구분된다.

첫째, 포괄적 제재(comprehensive)이다. 대상 국가의 사실상 모든 대외 경제활동을 규제한다. 가장 심한 제재로 분류될 수 있는 전면 금수(Embargo)도 포괄적 제재에 포함된다.[6] 재무부의 국가별 제재 프로그램(country-based)에 제재 내용이 상세하게 안내되어 있다.[7] 현재 재무부는 북한, 이란, 시리아, 쿠바 등 4개 국가와 크림반도 전체에 대해 포괄적 제재를 부과하고 있는데, 상품, 서비스 및 기술 교역을 금지하고, 금융제재까지 부과하고 있다. 이 중 쿠바에 대한 제재는 가장 오래되고 광범위한 것인데, 심지어는 제3국인의 쿠바인 및 쿠바 기업과의 거래도 직접 금지하고 있다.

둘째, 국가가 아닌 개별 단체 및 개인에 대한 제재이다. 미국은 자국의 개인이나 기업이 재무부나 국무부의 제재 명단(SDN: Specially Designated Nationals and Blocked Person list)에 등재된 외국의 개인이나 단체와 거래하는 것을 금지하고 있다. 제재 대상 리스트에 등재된 단체 및 개인을 대상으로 한다고 하여 제재 명단 기반(list-based) 제재로도 불리는데, 2000년대 들어와서 유엔 안보리나 미국 등이 채택한 제재는 기본적으로 특정 개인과 단체를 제재하는 스마트 제재의 형식을 취하고 있다.

1990년대 이라크에 대한 금수 등 국가 전체를 대상으로 하는 포괄적 경제제재는 일반 국민들에게 심각한 인도주의적 위기를 초래하는 등 의도하지 않은 역효과를 가져왔다. 비록, 포괄적 제재가 효과성 측면에서는 우월하다고 보지만, 의도하지 않은 부수적 피해로 인해 국제사회의 비판이 점증하고, 제재의 정당성 문제도 불거져 왔다. 이에 따라 새로운 제재 유형으로 고안된 것이 바로 특정 개인이나 단체를 대상으로 제재를 가하는 스마트 제재이다.[8] 제재 명단을 기반으로 한 스마트 제재는 이행 및 평가가 수월하다는 장

---

6 Mattias Neuenkirch and Florian Neumeier, "The impact of UN and US economic sanctions on GDP growth," *European Journal of Political Economy*, Vol.40, Part A(2015), pp.110~125.

7 미국 재무부 OFAC 홈페이지, "Sanctions Programs and Country Information," https://home.treasury.gov/policy-issues/financial-sanctions/sanctions-programs-and-country-information.

8 임갑수·문덕호, 『안보리 제재의 국제정치학』(파주: 한울, 2013), 69~71쪽.

점이 있다. 미국의 개인이나 기업이 제재 명단을 확인하고, 자체적으로 제재 위반 가능성을 모니터링하면 되기 때문이다.

셋째, 최근에 자주 적용되는 산업별(sectoral) 제재이다. 이는 포괄적 제재와 스마트 제재의 중간 지점에 위치하고 있다. 스마트 제재는 인도주의적 피해를 경감하고, 이행 및 평가가 수월하다는 장점이 있으나, 동시에 제재 대상 기업이나 개인의 제재회피 수법이 정교해지고, 특히 제재 대상 개인이나 기업들이 국가 차원에서 활동하고, 보호를 받아 이루어질 경우 제재의 효과가 감소한다. 따라서 국가를 대상으로 한 포괄적 제재와 특정 개인 및 단체를 대상으로 한 스마트 제재를 혼합해 적용할 필요성이 대두했다.

산업별 제재는 국가 전체를 대상으로 제재를 부과하는 것이 아니라 에너지·공업·광산·방산·운송·금융 등 특정 산업 분야에 대해서 제재를 부과하는 방식인데, 제재 대상 산업과 관련된 무역 및 금융거래를 금지한다. 보통 스마트 제재와 결합되어 부과된다. 대표적인 사례로는 2010년 이란의 원유·정유 산업 분야와 2022년 러시아의 우크라이나 침공에 따라 러시아의 에너지·방산·광산·우주항공·해운·금융 분야를 중심으로 부과한 제재가 이에 해당한다. 이를 위해 미국 재무부는 산업 부문별 제재 목록(SSI List: Sectoral Sanctions Identification List)을 별도로 운영하고 있는데,[9] 미국인이나 미국 기업은 제재 대상으로 지정된 특정 산업에 관련된 무역 및 금융거래가 금지된다.

실제 미국은 위의 세 가지 제재 유형을 혼합해 부과하고 있다. 예를 들어, 북한의 경우 2016년 제4차 핵실험 이후부터는 석탄, 광물, 의류, 수산물 등을 대상으로 하는 산업별 제재에 WMD 확산 및 인권 억압을 이유로 한 스마트 제재까지 결합해 사실상 포괄적 제재의 성격을 띠고 있다. 이란에 대한 제재도 원유, 석유화학 및 운송 산업에 대한 산업별 제재에 테러리즘 지원, 탄도미사일 개발 및 인권침해에 따른 스마트 제재를 결합해 부과하고 있다.

---

9 미국 재무부 홈페이지, Sectoral Sanctions Identifications (SSI) List," https://home.treasury.gov/policy-issues/financial-sanctions/consolidated-sanctions-list-non-sdn-lists/sectoral-sanctions-identifications-ssi-list.

4. 관할 대상

미국의 독자제재는 제재 대상자에 대해 직접 제재를 부과하거나 처벌을 하는 것이 아니라, '미국인'으로 하여금 '제재 대상자'와 특정 분야에서의 거래나 지원을 하지 않도록 금지하고, 이를 위반한 '미국인'을 처벌하는 것이다. 여기서 '미국인'은 미국의 관할권이 미치는 모든 자연인과 법인을 의미한다. 이는 EU 등 여타국의 제재도 마찬가지이다. 즉, 제재는 자국 관할권 내 개인이나 단체로 하여금 제재 대상 특정 국가, 개인 및 단체들과의 거래를 제한하는 것이다. 자국 관할권이 미치는 개인과 단체의 행동을 규율하므로 이를 '1차적 제재(primary sanctions)'라고 한다.

미국의 제재는 미국의 관할권 내에 있는 모든 개인과 단체에 의해 이행되는데, 미국의 관할권은 국제법상 속인주의와 함께 행위의 결과가 발현된 장소를 중심으로 관할권을 행사하는 속지주의가 모두 포함된다. 미국의 제재 법률상 '미국인(US Persons)'이라 함은 자연인의 경우에는 실제 거주지와 무관하게 모든 미국 시민과 영주권자를 의미하며, 법인의 경우에는 미국법에 의해 설립된 모든 법인 및 이의 해외 자회사·지사·사무소와 미국 내 존재하는 모든 기업과 단체, 미국인이 소유하거나 통제하는 기업과 단체 등을 모두 아우른다.[10]

모든 제재 법률과 대통령이 발령하는 행정명령에 미국인의 정의가 명시되어 있는데, 예를 들어 러시아산 특정 원유·가스 운송관 관련 제재를 부과한 행정명령 14039호[11]는 미국인의 정의를 다음과 같이 규정하고 있다.

(제6항) (a) 법인(entity)이라 함은 합작회사(partnership), 조합(association), 신탁(trust), 주

10 미국 재무부 제재 FAQs: Who must comply with OFAC regulations? https://home.treasury.gov/policy-issues/financial-sanctions/faqs/topic/1501.

11 E.O. 14039(2021.8.20.), "Blocking Property With Respect to Certain Russian Energy Export Pipelines."

식회사(corporation), 단체(group), 하부단체(subgroup) 또는 여타 조직(other organization)을 의미한다. (b) 외국인(foreign person) 이라 함은 미국인이 아닌 자연인과 법인을 의미한다. (c) 인(人, person)이라 함은 자연인과 법인을 의미한다. (d) 미국인(US person)이라 함은 모든 미국 시민, 합법적인 영주권자, 미국 법률에 의해 설립된 모든 법인, 외국 지사 포함 미국 관할권이 미치는 모든 법인 및 미국 내 모든 법인을 의미한다.

최근에는 2차 제재를 통해 역외적용 문제까지 불거지는 등 미국 제재의 직접적인 적용 대상이 확대되고 있는 추세이다. 뒤에서 자세히 설명하겠지만, 미국 재무부는 다소 생소한 개념인 '유발 효과(causing effect)', '50% 규정'을 통해, 그리고 상무부는 '최소 함량 규정'과 '해외직접생산 규정(FDPR)'을 통해 3국에서 생산된 생산품까지 관할권을 행사해 2차 제재의 성격을 가진 수출통제 제도를 운영하고 있다.

5. 법적 체계

미국의 독자제재는 크게 일반 법률에 따라 대통령이 행정명령(EO: Executive Order)을 발령해 제재를 부과하는 방식과 특정 국가를 대상으로 하는 제재 법률에 따라 의무적으로 제재를 부과하는 방식으로 나눌 수 있다.

1) 일반 법률 및 행정명령에 따른 제재

의회가 법률을 제정해 제재를 부과할 경우, 행정부는 한국으로 치면 시행령 격에 해당하는 대통령 행정명령을 발령해 구체적으로 제재 대상을 지정하고 이행한다. 즉, △법률에 규정된 제재를 이행하거나, △'유엔참여법(UN Participation Act)'상 유엔 안보리 결의를 이행하거나, 또는 △대통령이 '국제경제긴급권한법(IEEPA: International Emergency

Economic Power Act)'상 국가안보 비상사태에 긴급히 대응하기 위해 행정명령을 발령해 특정 국가, 단체, 개인에 대해 제재를 부과한다.

행정명령에 따라 주로 재무부 해외자산통제국(이하 OFAC)이나 상무부 국제안보국(BIS: Bureau of International Security)이 제재를 이행하며, 구체적인 제재 내용은 『미국 연방규정집(CFR: Code of Federal Regulations)』에 수록된다. 『연방규정집』은 연방정부가 발령한 행정명령 등 법령을 집대성한 것이다. 규정집의 각 권은 매년 한 차례씩 갱신되며, 주제별로 묶어서 발간된다.[12] 제재 요소를 포함한 다양한 법률이 있는데, 이 중 핵심적인 역할을 하는 법률은 다음과 같다.

적성국교역법

미국의 제재 역사 초기에 가장 중요한 역할을 한 법률은 '적성국교역법(TWEA: Trade with Enemy Act)'이었다. 이 법은 미국이 제1차 세계대전 참전 당시인 1917년에 제정되었는데, 적성국과의 교역을 제한하고, 적성국의 미국 내 자산을 동결하기 위한 목적이었다.

초기에 미국은 적성국이 아니라 적성국이 점령한 국가의 미국 내 자산을 동결했다. 1940년 독일이 덴마크와 노르웨이를 점령했을 때, 미국은 독일이 해당 자산을 사용하지 못하도록 미국 내 덴마크와 노르웨이의 자산을 동결했다.[13] 1950년 12월 16일 트루먼(Truman) 대통령은 '적성국교역법'에 따라 한국전쟁으로 인한 국가비상사태를 선언하고 북한을 제재했다.

1994년 클린턴(Clinton) 대통령이 베트남, 2006년 조지 W. 부시(George Bush) 대통령이 북한에 대한 '적성국교역법' 적용을 폐지했으며, 2014년 오바마(Obama) 대통령 때에는 쿠바에 대해 '적성국교역법'을 유지하는 대신 '적성국교역법'상 대통령의 권한을 활용해 일

12 『미국 연방규정집(Code of Federal Regulation)』 재무부 OFAC 편, "Title 31, Chapter V" 전체가 제재 관련 규정이다.

13 W. Adeyemo, "America's New Sanctions Strategy."

부 제재를 해제했다.[14]

현재 '적성국교역법'상 제재가 유지되고 있는 나라는 쿠바가 유일하며, 재무부의 '쿠바 자산통제 규정(Cuban Asset Control Regulation)'[15]에 해당 제재가 반영되어 있다. '적성국교역법'은 법 제정 목적상 전시에만 적용될 수 있는데, 대통령이 평시에도 '적성국교역법'상 비상사태 선포 권한을 남용한다는 비판이 제기됨에 따라 1977년 '적성국교역법'을 개정해 대통령 비상 권한의 행사 가능 시기를 '전시'로만 한정했다.

국가비상사태법과 국제경제긴급권한법

1976년 9월 의회는 '국가비상사태법(NEA: National Emergencies Act)'을 제정해 대통령이 특정 조건하에서 평시에도 국가비상사태를 선포하고 제재 부과 등의 권한을 행사하도록 했다. 특정 조건이라 함은 특정 사안이 "미국의 국가안보, 외교 정책, 경제에 특별하고 예외적인 위협(unusual and extraordinary threat)을 구성"한다는 점을 설명해야 하며, 대통령이 국가비상사태를 선포한 경우에는 즉시 의회에 이를 송부하고 ≪연방관보≫에 공표해야 한다는 조건이다. 또한, 대통령에게 국가비상사태 중 행사할 수 있는 구체적인 권한을 부여하기 위해 1977년 '국제경제긴급권한법(IEEPA)'을 제정했다. 이 법률은 대통령의 긴급사태 선포 권한을 명확히 하고, 긴급사태에 대응하기 위한 대통령의 제재 부과 권한을 폭넓게 인정했다.

'국가비상사태법'과 '국제경제긴급권한법'은 대통령이 행정명령을 통해 제재를 부과할 수 있는 가장 핵심적인 법률인데, 구체 발동 절차는 다음과 같다. 대통령이 '국제경제긴급권한법'에 따라 특별 비상 권한을 행사하기 위해서는 먼저 '국가비상사태법'에 명시된 절차에 따라 국가비상사태를 선포해야 한다. 비상사태는 '미국의 국가안보, 대외 정책 또

---

14 백악관 보도자료(2014.9.5.): "Presidential Determination, Trading With the Enemy Act," https://obamawhitehouse.archives.gov/the-press-office/2014/09/05/presidential-determination-trading-enemy-act (검색일: 2022.7.20.).

15 『미국 연방규정집(Code of Federal Regulation)』 재무부 OFAC 편 "Title 31, Chapter V, Part 515."

는 경제에 대한, 그 근원이 완전히 또는 상당 부분 미국 밖에 있는, 이례적이며 특별한(unusual and extraordinary) 위협'을 다루기 위해서만 선포될 수 있으며, 즉시 의회에 관련 내용을 통보한다.

대통령은 국가비상사태 선포 이후 행정명령을 통해 미국에 위협이 되는 국가, 개인, 단체에 대한 무역 제한 및 자산 동결, 금융거래 금지 등의 금융제재를 부과한다.[16] 대통령은 매년 연례적으로 특정 사안에 따른 국가비상사태의 연장 여부를 결정하는데, 비상사태를 갱신하지 않으면 자동으로 만료된다. 즉, 대통령은 해당 국가비상사태 선언이 만료되도록 그냥 두든지, 아니면 어느 때라도 종료시킬 수 있다. 의회도 '국가비상사태법'에 따라 상·하원 합동 결의(joint resolution)를 채택해 비상사태 선언을 종료할 수 있다. 국가비상사태가 연장되지 않고 종료되면 그에 따른 제재도 효력을 잃는다.

북한과 쿠바에 대한 금수 조치는 1917년 '적성국교역법'에 따라 전시 및 전시에 준하는 상황에서 부과되어 매우 엄격했다. 반면, 이란, 이라크, 리비아, 수단에 대한 금수 조치는 '국제경제긴급권한법'에 의해 부과되어 덜 엄격한 편이다. '적성국교역법' 위반에 대한 처벌강도도 '국제경제긴급권한법'보다 엄격했다. '적성국교역법' 위반은 개인의 경우 벌금 최대 25만 달러 및 징역 10년이지만, '국제경제긴급권한법' 위반 시 초기에는 개인의 경우 벌금 최대 5만 달러, 징역 10년이었다. 이후 2007년 '국제경제긴급권한법'을 개정해 벌금을 '적성국교역법' 규정과 맞게 개인에 대해서 최대 25만 달러로 상향했다.

'국제경제긴급권한법'이 대통령에게 광범위한 제재 부과 권한을 부여하고 있으며, 때로는 남용되고 있다는 이유로 의회에서의 통제권을 강화하려는 시도도 있어왔다. '국제경제긴급권한법'은 대통령이 평시에도 '적성국교역법'을 원용해 지나치게 많은 경제제재를 부과하고 있다는 문제의식하에 제정되었다. 그런데 취지와는 달리 대통령이 '국제경제긴급권한법'을 발동해 제재를 부과하는 사례가 급속히 증가해 왔다. 자료에 따르면 대통령

16 J. D. Buretta, Megan Y Lew, M. Ardeljan, "US Sanctions, The Guide to Sanctions," *Global Investigations Review*(London: Law Business Research, 2020), pp.98~114.

은 2019년까지 '국제경제긴급권한법'을 원용해 국가비상사태를 54번이나 선언했다.[17]

카터(Carter) 대통령은 1979년 이란 인질사태 당시 '국제경제긴급권한법'을 원용해 국가비상사태를 선포하고 이란에 대한 제재를 부과했다. 클린턴 대통령은 중남미의 마약밀수단체의 미국 내 자산을 동결하기 위해 '국제경제긴급권한법'을 원용했고, 9·11 테러 직후 조시 부시 대통령은 '국제경제긴급권한법'을 원용해 알-카에다 등 국제테러단체를 미국 내 금융 시스템에서 축출했으며, 북한의 핵무기 프로그램을 이유로 '적성국제재법'상 제재를 유지하기 위해 역시 '국제경제긴급권한법'을 원용했다.

오바마 대통령은 2014년 러시아의 크림반도 강제합병 때 '국제경제긴급권한법'을 원용해 러시아에 제재를 부과했고, 북한의 천안함 폭침과 사이버 공격 행위를 국가비상사태로 선언했으며, 트럼프(Trump) 대통령은 이란 핵합의(JCPOA)에서 탈퇴하고 제재를 복원하면서 '국제경제긴급권한법'을 원용했다.

물론, '국제경제긴급권한법'에는 의회가 상·하원 합동 결의를 채택할 경우에는 대통령의 긴급사태 선포 행위를 무효화할 수 있다는 견제 조항이 있지만,[18] 민주당과 공화당 간 갈등과 대결이 첨예해지는 상황에서 양원의 합동 결의안이 채택될 가능성은 적다. 일부 의원들은 미국 기업들에게 큰 영향을 미치는 교역 제한 등의 경제제재를 부과할 때 의회가 30일 이내에 찬성결의안을 채택하지 않을 경우에는 해당 무역제재를 해제한다거나, 대통령의 제재 부과 권한에서 관세 및 수입쿼터 부과 등의 무역 제한 조치는 제외하는 방식으로 '국제경제긴급권한법'을 개정하기 위해 시도했다. 그러나 대통령이 긴급한 국가안보 및 외교 정책 도전과제에 신속하게 대응해야 한다는 차원에서 실제로 '국제경제긴급권한법'상 대통령의 권한을 제한하는 개정은 이루어지지 않았다.

---

17 Peter E. Harrell Wednesday, "How to Reform IEEPA," *LawFare*, August 28, 2019, https://www.lawfareblog.com/how-reform-ieepa(검색일: 2023.1.10.).

18 '국제경제긴급권한법' 1706조 (b): §1706. Savings provisions, (b) Congressional termination of national emergencies by concurrent resolution.

유엔참여법

'유엔참여법(UN Participation Act)'은 1945년 유엔 창설 및 미국의 유엔 가입과 함께 제정되었다. 유엔헌장 7장에 따라 채택된 안보리 결의는 모든 유엔 회원국이 의무적으로 이행해야 하는데, 미국도 이를 위해 '유엔참여법'을 제정했다. 북한과 이란 등 안보리가 유엔헌장 7장을 원용해 채택한 모든 제재 결의는 행정명령 발령 등 별도의 국내적 절차 없이 자동으로 재무부와 상무부, 국무부의 제재 규정에 반영되어 이행된다.

1979년 수출관리법 및 2018년 수출통제개혁법

'수출관리법(EAA: Export Administration Act)'은 미국 수출 통제의 기본법이다. 국가안보, 외교 정책 및 국내 경제 안정 등을 위해 필요한 경우 이중 용도 품목·기술·소프트웨어의 제3국으로의 수출·재수출·이전을 통제한다. 참고로, 재수출은 원래 수출 대상국에서 제3국으로 수출하는 것이고, 이전은 동일 국가 내에서 제3의 개인이나 단체에게 소유권을 이전하는 것으로 최종 사용자가 바뀌는 것이다.

미국 상무부가 '수출관리법'을 이행하기 위한 '수출관리령(EAR: Export Administration Regulation)'을 제정해 강력하고 세밀한 수출관리체계를 운영하고 있다. '수출관리법'은 국제 수출통제체제상 WMD와 탄도미사일 확산 방지는 물론 테러 방지, 조직범죄 단속, 역내 불안정 방지, 유엔 안보리 제재 결의 이행 등을 위해 수출을 통제하도록 하고 있다.

2018년에는 '수출관리법'을 전면 개정한 '수출통제개혁법(Export Control Reform Act)'이 제정되어 첨단 기술과 기반 기술을 포함한 수출통제 제도를 더욱 강화했는데, 정책 목표로 '국가안보 확보'의 중요성과 이를 위해 과학·기술·엔지니어링·제조업 분야에서 미국의 주도적인 위치를 유지해야 한다고 강조한 부분이 주목된다.[19] 아울러 2022년 10월에는 수출 통제 업무에서 국가안보를 최우선적으로 고려해야 하며, 이를 위해 수출 진흥을 주된 업무로 하는 상무부보다는 국가안보를 다루는 국방부로 수출 통제 업무를 이관해야

19 '수출통제개혁법' §4811. Statement of Policy.

한다는 법안도 발의되었다.[20]

'수출통제개혁법'에서 가장 주목해야 할 부분은 기존 '수출관리법'에는 없었던 '신흥 및 기반 기술(Emerging & Foundational Technologies)' 관련 통제를 도입하고 이에 대한 수출허가를 엄격하게 운용한다는 점이다. 이 부분은 후에 서술한다.

애국법 제311조

2001년 9·11 테러사태 직후 제정된 '대테러법', 이른바 '애국법(Patriot Act)'은 미국 재무부가 금융제재를 설계하고 이행하는 데 가장 기본적인 법률로서, 테러리스트와 이들의 직간접 조력자 및 연루자 등 개인이나 단체를 대상으로 금융제재를 부과하도록 하고 있다. 특히, 제3장은 국제자금세탁 및 테러 자금 조달 방지에 관한 부분인데 제311조에 구체 조치가 규정되어 있다.

'애국법' 311조(Section 311)는 재무부로 하여금 특정 금융기관을 '자금세탁 우려기관(primary money laundering concern)'으로 정하도록 규정하고 있는데, 자금세탁 우려기관으로 지정되면 해당 외국 금융기관은 미국 은행에 환거래 계좌를 개설하지 못한다. 미국 은행에 계좌를 개설하지 못하면 미국 금융 시스템을 사용하지 못하고 달러화 거래도 못하게 된다.

'애국법' 311조에 따른 자금세탁 우려기관으로 지정하거나, 또는 지정하겠다는 위협 자체만으로도 큰 효과를 가져오는데, 대표적인 사례가 2005년 9월 마카오 소재 방코델타아시아(BDA) 은행 사례이다. 또한 미국은 2011년 '애국법' 조항에 따라 이란을 자금세탁 우려국으로 지정해 사실상 미국 금융 시스템에서 이란을 축출했다.

---

20 H.R.9241(Prioritizing National Security in Export Controls Act of 2022)는 2022년 10월 28일 발의되었다. 2023년 5월 현재 하원 외교위와 국방위에 계류 중이다.

2) 특정 법률에 따른 제재

대통령은 앞의 기본 법률들에 근거해 경제제재를 부과할 수 있는 권한을 가지지만, 의회는 특별법을 제정해 대통령의 기존 권한을 보강하거나 제한할 수 있다. 즉, 미국 의회는 위의 기본 법령 이외에도 대통령으로 하여금 특정 국가에 대해 특정한 내용의 제재를 의무적으로 부과하도록 하거나, 또는 일반법상 규정된 대통령의 광범위한 제재 권한을 제한하기 위해 특별법을 제정한다.

의회가 특정 국가에 대한 제재 법률을 제정함에 따라 행정부의 자율적 공간은 줄어든다. 비록 의회가 '국가비상사태법'이나 '국제경제긴급권한법'에서 대통령에게 제재 부과와 함께 제재 유예(waiver) 권한도 부여하는 등 제재 이행에 있어서는 행정부에 상당 부분의 재량권을 부여하고 있지만, 동시에 의회는 특정 국가를 대상으로 하는 제재 법률을 제정함으로써 대통령의 외교 정책에 대한 재량권을 제한하고 있다.

최근에 제정된 가장 대표적인 특별법으로는 미국이 적대 세력으로 간주하는 이란, 러시아 및 북한에 대해 강력한 제재를 부과함과 동시에 대통령의 특정 제재의 중단이나 해제 권한을 제한한 2017년 '적성국제재법(CAATSA: Countering America's Adversaries Through Sanctions Act)'[21]이 있다. '적성국제재법'은 미국 하원에서 개별적으로 통과된 이란, 러시아, 북한에 대한 제재 법률을 상원에서 통합해 제정한 것이다.

'적성국제재법'은 이란·러시아·북한에 대해 대통령이 의무적으로 제재를 부과해야 하는 사항들을 명시하고, 동시에 대통령의 제재 면제 및 해제 권한을 대폭 제한하는 내용을 포함하고 있다. 예를 들어, '적성국제재법'상 러시아 부분은 의회가 상·하원 합동으로 반대 결의안을 채택할 경우 러시아와 관련된 제재를 행정부 단독으로 수정 또는 해제할 수 없도록 규정하고 있다.

---

21 정식 명칭은 'An Act to provide congressional review and to counter aggression by the Governments of Iran, the Russian Federation, and North Korea, and for other purposes'이며, 줄여서 CAATSA라고 부른다.

또한, '적성국제재법'은 제3국인의 특정 행위를 직접 규율하는 역외적용 성격의 2차 제재도 포함하고 있는데, 예를 들어 이란제재 편에는 이란의 탄도미사일 개발 프로그램에 의도적으로 기여하는 모든 개인(any person)을 제재하도록 하고 있으며, 러시아제재 편에서는 러시아의 심해, 북극 연안 등 특별 원유개발사업에 투자하는 외국 개인·기업에 대한 제재와 방산 및 특별 원유개발사업 관련 제재 대상과 거래하는 외국 금융기관에 대해 의무적으로 제재를 부과하도록 하고 있다.

아래 법률들은 각각 이란, 북한, 러시아를 특정해 제재를 부과하는 법률인데, 행정부로 하여금 특정 제재를 부과하도록 의무를 부여하면서, 동시에 제재 면제 및 해제 요건을 강화해 행정부의 자율성을 제한하고 있다. 각 법률들의 구체 내용은 해당 편에서 상세히 다룰 것이다.

이란

- 2006년 '이란제재법(ISA: Iran Sanction Act)'.
- 2010년 '포괄적 이란제재법(CISADA: Comprehensive Iran Sanction, Accountability, Divestment Act)'.
- 2012년 '이란위협감소 및 시리아인권법(ITRSHRA: Iran Threat Reduction and Syria Human Rights Act)'.
- 2012년 '이란 자유 및 반확산법(IFCA: The Iran Freedom and Counter-Proliferation Act)'.
- 2017년 '이란 불안정 행위 대응법(Countering Iran's Destabilizing Activities Act)'.
  - '적성국제재법'에 포함.

북한

- 2006년 '북한비확산법(North Korea Nonproliferation Act)'.
- 2016년 '북한제재강화법(North Korea Sanctions and Policy Enhancement Act)'.
- 2017년 '북한차단 및 제재현대화법(Korean Interdiction and Modernization of Sanctions Act)'.

- '적성국제재법'에 포함.

- 2019년 '오토웜비어 북핵제재이행법(Otto Warmbier North Korea Nuclear Sanctions and Enforcement Act, 이하 '오토웜비어법')'.

러시아

- 2019년 '유럽에너지안보법((Protecting Europe's Energy Security Act)'.
- 2017년 '유럽과 유라시아에서의 러시아 영향력 대응법(CRIEEA: Countering Russian Influence in Europe and Eurasia Act)'.
  - '적성국제재법'에 포함.

6. 인권 분야 제재: 글로벌 마그니츠키 인권법

2023년 5월 현재 미국 재무부는 24개국을 대상으로(country-specific) 제재 프로그램을 운영하고 있는데, 이 중 제재 부과 이유로 심각한 인권침해를 명시한 국가들은 북한, 벨라루스, 북한, 이란, 중앙아프리카 공화국, 시리아, 버마, DR 콩고, 에티오피아, 홍콩, 레바논 리비아, 니카라과, 서부 발칸, 예멘, 짐바브웨, 쿠바, 남수단, 소말리아, 러시아 등이다.[22]

특정 국가를 대상으로 하는 제재 프로그램은 인권뿐만 아니라 WMD 개발, 테러리즘 지원, 지역 불안정 조성, 사이버 불법행위 등을 포괄적으로 다루고 있으므로 인권에 대한 초점이 흐려질 수 있다. 이에 따라 특정 국가를 대상으로 제재를 부과하는 법률에 인권문제가 명시적으로 포함되기도 한다. 예를 들어, 2017년 '적성국제재법'에는 인권 관련 조항이 포함되어 있는데, 이란, 러시아, 북한의 중대한 인권침해 및 러시아 내 부패 연루자

22 미국 재무부 홈페이지, Sanctions Programs and Country Information, https://home.treasury.gov/policy-issues/financial-sanctions/sanctions-programs-and-country-information.

에 대해서 제재를 부과하도록 규정하고 있다.[23] 그러다가 인권침해 문제만 특정해 제재를 부과하는 법이 제정되었는데, 그것이 2012년 '마그니츠키 인권법(Magnitsky Human Rights Accountability Act)'이다.

2009년 러시아의 조세전문 변호사였던 '세르게이 마그니츠키(Sergei Magnitsky)'가 러시아 공무원들의 막대한 공금 횡령 사건을 조사하던 중 감옥에 수감되었고, 이후 수감 중 의문의 죽음을 당했다. 마그니츠키는 해당 횡령 사건의 주범이라는 누명을 쓰고 수감되었는데, 수감 기간 중 담석증 등 심각한 질환이 발병했지만 제대로 된 치료를 못 받았으며, 심지어 구타 등 고문으로 인해 사망한 것으로 알려졌다.

2012년 미국 의회는 초당적으로 '마그니츠키'의 의문사에 관련된 러시아 공무원을 처벌하기 위해 '마그니츠키 인권법(Magnitsky Act)'을 제정해 마그니츠키의 죽음에 직접 연루된 러시아 부패 공무원들에게 미국 입국 금지 및 미국 금융서비스 이용 금지 등의 제재를 부과했다. 미국 내에서는 '마그니츠키 인권법'을 러시아뿐 아니라 전 세계적으로 확대해 국적과 무관하게 심각한 인권침해 및 부패행위에 연루된 개인을 처벌하도록 하는 문제가 지속적으로 논의되어 왔다.

그러나 오바마 대통령은 '마그니츠키 인권법'을 동일한 기준으로 전 세계 모든 나라에 확대해 적용하기는 어렵다는 이유로 '마그니츠키 인권법'의 전 세계적 적용 확대에 미온적이었다. 그러다가 트럼프 행정부 때인 2016년 12월 '글로벌 마그니츠키 인권법(Global Magnitsky Human Rights Accountability Act)'이 제정되었다. '글로벌 마그니츠키 인권법'은 2017년 '국방수권법'에 포함되어 발효되었으며 5년 뒤인 2022년 12월에 만료될 예정이었으나, 2022년 3월 미국 의회에서의 전폭적인 지지를 받아 2034년까지 연장되었다.[24]

트럼프 대통령은 2017년 12월 '글로벌 마그니츠키 인권법'을 이행하기 위해 행정명령

---

23 미국 재무부 홈페이지, FAQ: Global Magnitsky Sanctions, https://home.treasury.gov/policy-issues/financial-sanctions/sanctions-programs-and-country-information/global-magnitsky-sanctions.

24 S.3924 - Global Magnitsky Human Rights Accountability Extension Act(미국 의회 홈페이지, https://www.congress.gov).

13818호를 발령,[25] 제재 대상을 확대해 심각한 인권침해 행위에 직간접적으로 가담, 공모 또는 이에 개입한 개인과 단체들을 제재할 수 있도록 했다. 심지어는 그러한 행위에 가담하기 위해 시도한(attempted) 개인과 단체까지 제재하도록 했다.[26]

'글로벌 마그니츠키 인권법'은 심각한 부정부패(significant corruption)에 연루된 외국인도 제재하도록 했는데, 제재 역사에서 볼 때 외국 정부의 부정부패 행위도 제재 대상으로 삼은 점이 특이하다. '글로벌 마그니츠키 인권법'에 의한 제재는 기본적으로 특정 개인 및 단체만 선별해 제재하는 스마트 제재이다. 이는 특정 국가 전체에 대한 제재 또는 산업별 제재보다 부담감이 덜 하고 대상국과의 외교 관계도 크게 악화시키지 않는다. 따라서 우호 관계를 맺고 있는 국가의 국민이라고 해도 외교 관계를 크게 손상하지 않고 해당 인권침해자만 제재할 수 있다는 장점이 있다.

'글로벌 마그니츠키 인권법' 이전에는 미국이 특정인을 인권침해 이유로 제재하기 위해서는 우선 '국제경제긴급권한법' 등에 따라 "인권침해 행위가 미국의 국가안보 등에 심각한 위협을 미친다"고 선포해야 했다. 그 후 특정 개인이나 단체를 제재할 수 있었다. 예를 들어, A 국가의 특정인을 인권침해 이유로 제재하기 위해서는 우선 A국의 열악한 인권 상황이 미국의 국가안보에 위협임을 선언해야 했다. 그러나 특정인을 제재하기 위해 특정국 전체의 인권 상황을 거론하는 것은 비효율적일 뿐만 아니라 해당 국가와의 외교 관계도 손상할 수 있다.

'글로벌 마그니츠키 인권법'은 이러한 딜레마를 해소하는 순기능을 제공한다. 우방국 국민이라고 해도 해당 특정인만 제재 대상으로 지정하면 그만이다. 미국은 2023년 3월 현재 전 세계 43개국에 걸쳐 420명을 대상으로 심각한 인권침해와 부정부패를 이유로 제재를 부과하고 있다. 대표적인 제재 대상자는 2018년 10월 사우디아라비아 출신 미국 언

25 E.O. 13818(2017.12.20), "Blocking the Property of Persons Involved in Serious Human Rights Abuse or Corruption."

26 미국 재무부 설명 자료, FAQ: Global Magnitsky Sanctions.

론인 '카슈끄지(Jamal Khashoggi)' 피살에 연루된 19명의 사우디아라비아 공무원, 그리고 소수민족 및 종교를 이유로 인권을 침해한 중국과 미얀마의 공무원 및 동성애자들을 학대하고 살해한 체첸 공화국의 공무원 등이 있다.[27]

EU, 영국, 캐나다 등도 미국의 '글로벌 마그니츠키 인권법'을 차용해 인권을 유린하거나 부정부패에 연루된 외국의 정부 인사들을 제재하는 법률을 제정했다.[28] 캐나다는 2017년 '캐나다 마그니츠키 인권법(Canada Justice for Victims of Corrupt Foreign Officials Act)'을 제정하고, '카슈끄지' 피살 사건에 연루된 사우디아라비아 공무원 17명을 제재했다.

EU는 2019년 3월, 영국은 2020년 7월에 각각 '글로벌 마그니츠키 인권법'을 제정해 이행하고 있다. 에스토니아, 라트비아, 리투아니아, 체코 등도 유사한 내용의 '글로벌 마그니츠키 인권법'을 제정했다. 미국뿐만 아니라 주요 EU 국가들이 '글로벌 마그니츠키 인권법'을 각자 제정해 시행하고 있다는 의미는 인권침해에 따른 제재를 상호 조율·시행함으로써 제재 이행의 효과성을 높이고, 인권침해에 대한 국제사회의 경각심을 제고한다는 의미가 있다.

제재 효과성 측면에서 볼 때, 특정국의 독자적인 제재보다는 다수 국가들 간 조율해 이루어지는 제재가 더 효과적이다. 즉, 여러 국가가 제재에 동참함으로써 여행 금지 대상 국가를 확대하고, 자산 동결 범위도 확대할 수 있으며, 제재 대상 국가나 개인으로부터의 보복을 분산시키는 효과도 기대할 수 있다. 미국의 '글로벌 마그니츠키 인권법'은 연례적으로 의회에 보고서를 제출하도록 하고, 제재 부과 및 이행에 있어 여사한 법률을 제정한 우방국들과 정보 공유 등 상호 조율하도록 하고 있다.

다수의 국가들이 참여해 '글로벌 마그니츠키 인권법'을 이행한 가장 대표적인 사례로는

---

27 "Permanent Global Magnitsky Act Will Ensure Perpetrators Face Consequences," *Freedom House*, April 12, 2022, https://freedomhouse.org/article/permanent-global-magnitsky-act-will-ensure-perpetrators-face-consequences(검색일: 2022.8.4.).

28 Michael A Weber and Edward J. Collins-Chase, "The Global Magnitsky Human Rights Accountability Act," *CRS Report*, December 3, 2021, pp. 18~21.

2021년 3월 중국 신장에서의 인권침해에 연관된 중국 공산당 간부들에 대해 미국, 영국, 캐나다, EU가 '글로벌 마그니츠키 인권법'에 따라 제재한 것을 들 수 있다.[29] 특히, 캐나다와 영국 등이 인권을 이유로 중국 당국자를 제재한 것은 1989년 천안문 사태와 관련된 인권 제재 이후 처음이었다.

7. 제재 부과 사유

1) WMD 확산

WMD 확산을 이유로 부과하는 제재는 크게 △안보리 제재 결의에 따라 자동적으로 이행되는 제재, △'국제경제긴급권한법'이나 '원자력법' 등 일반 법률상의 제재를 이행하기 위해 행정명령을 발령하는 형식, △의회가 제정한 특정 국가 대상 제재 법률에 따라 이행되는 방식 등 세 가지로 나눌 수 있다.

예를 들어, 현재 WMD 확산을 이유로 제재를 부과하는 국가들은 북한과 이란인데, 각각 유엔 안보리 제재 결의 이외에도 이들만을 대상으로 하는 특별 제재 법률이 제정되었다. 앞에서 살펴보았듯이 '이란제재법', '포괄적 이란제재법', 북한 비확산법, '북한제재강화법' 등은 모두 이란과 북한의 WMD 프로그램을 겨냥해 제정된 특별 법률들이다. 구체적인 부분은 북한 및 이란제재 편에서 다룬다.

WMD 확산을 국가안보 위협으로 규정하고 제재를 부과하기 시작한 것은 아버지 부시 대통령 때인 1990년부터였다. 1990년 11월 조지 W. 부시 대통령은 '국제경제긴급권한법'상 국가 비상 상황을 인용해 행정명령 12735호를 발령, 생화학무기의 확산이 국가안

29 영국 정부 보도자료(2021.3.22.): "UK sanctions perpetrators of gross human rights violations in Xinjiang, alongside EU, Canada and US," https://www.gov.uk/government/news/uk-sanctions-perpetrators-of-gross-human-rights-violations-in-xinjiang-alongside-eu-canada-and-us.

보에 비상한 위협을 구성한다고 선언하고 특정 이중 용도 물품 및 기술의 수출 통제를 실시하면서 위반 국가들에 대해 대외원조 중단, 미국과의 조달계약 금지 및 미국 금융기관들의 신용 제공을 금지했다.

이후 행정명령 12930호(1994.9)에 의해 핵무기와 운반 수단이 추가되었으며, 클린턴 대통령은 행정명령 12938호[30]를 발령, 핵 및 생화학무기 등 WMD와 그 운반 수단의 확산이 미국의 국가안보에 비상하고 특별한 위협을 구성한다고 비상사태를 선언하면서 대외원조 금지, 국제금융기관의 해당 국가에 대한 대출이나 신용 제공에 반대, 군수물자 금수, 이중 용도 품목·기술 통제 등 제재를 부과했다.

2005년 6월, 조지 W. 부시 대통령은 행정명령 13382호를 발령해 WMD 확산 관련 국가에 대해 금융제재까지 추가했다. WMD 및 운반 수단(주로 탄도미사일)을 확산하거나, 확산에 기여하는 모든 활동, 제조·획득·보유·개발·운반·이전 및 이러한 활동을 기술적·재정적으로 또는 여타 수단으로 지원하는 모든 개인과 단체의 미국 내 자산을 동결하고, 미국 금융기관과의 거래를 금지했다.[31]

아울러 행정명령 13382호는 WMD 확산에 관여한 이란, 시리아, 북한의 8개 기업을 제재 대상으로 명시했는데, 이 중 북한의 무기수출회사인 조선광업개발무역회사(KOMID), 조선련봉총회사(Yonbong General Corporation) 및 단천상업은행(Tanchon Commercial Bank) 등 3개의 북한 단체가 포함되었다.

2) 테러리즘

'대외원조법(Foreign Assistance Act)', '무기수출통제법(Arms Export Control Act)', '수출통

30 E.O. 12938(1994.11.14.), "Proliferation of Weapons of Mass Destruction."

31 E.O 13382(2005.6.28.), "Blocking Property of Weapons of Mass Destruction Proliferators and Their Supporters."

제법(Export Control Act)' 모두 국무장관으로 하여금 국제테러행위를 지속적으로 지원한 국가들을 테러지원 국가(State Sponsors of Terrorism)로 지정하도록 하고, 대외교역이나 원조를 금하도록 하고 있다.[32] 이에 따라 테러지원국으로 지정된 국가에 대해서는 미국의 해외원조 금지, 무기 수출 및 이전 금지, 이중 용도 품목·기술의 수출 금지, 금수품 교역과 관련된 금융서비스 제공 금지 등의 제재가 부과된다.

다만, 테러지원 국가로 지정되었을 경우에도 대통령의 대외 정책상 자율성을 존중해 제재유예(waiver) 권한을 부여하고 있는데, 예를 들어 테러지원 국가로 지정되었더라도 국가안보상 이유 또는 인도주의적 이유를 들어 대통령이 15일 전에 의회에 통보(notify)할 경우 예외적으로 특별 물품을 지원할 수 있다.

테러지원국 지정으로 인한 무시하지 못할 중요한 효과는 미국민의 외국 정부를 대상으로 하는 소송 제기 문제이다. 미국은 '외국주권면제법(Foreign Sovereign Immunities Act)'에 따라 개인의 외국 정부에 대한 소송을 금지하고 있으나, 테러지원국의 경우에는 예외를 인정하고 있다. 실제로 2017년 북한이 테러지원국으로 재지정된 이후에 푸에블로(Pueblo)호 승조원부터 웜비어 유족에 이르기까지 북한의 행위로 피해를 입은 미국인이 북한을 대상으로 손해배상 소송을 제기했다.

특정국을 테러지원 국가 명단에서 제외하는 것은 대통령의 권한 사항에 속하는데, 이들 3개 법률 모두 공통적으로 △정권 교체 등 해당 정부의 정책에 근본적인 변화가 있거나, 또는 △지난 6개월 동안 국제테러행위를 지원하지 않았으며, 앞으로도 국제테러행위를 지원하지 않을 것임을 확인(assure)할 경우에는, 지정 해제 45일 전에 의회에 통보(notify)하는 절차를 거쳐 대통령이 해당 국가를 테러지원 국가 명단에서 제외할 수 있도록 하고 있다.

그러나 일부 특정 국가를 겨냥한 법률은 테러지원 국가 해제 시 대통령의 의회에 대한

32 Michael A Weber and Edward J Collins-Chase, "State Sponsors of Acts of International Terrorism - Legislative Parameters: In Brief," *CRS Report*, April 29, 2021, pp.2~4.

강화된 입증 의무를 부과하기도 하는데, '포괄적 이란제재법(CISADA)'은 대통령이 이란 정부가 더 이상 국제테러행위를 지원하지 않는다고 의회에 입증(certify)할 것을 조건으로 하고 있으며, 2008년 북한의 테러지원국 해제 과정에서도 의회 내 강경파 들은 WMD 비확산, 미국 달러화 위조, 마약 밀매, 한국 및 일본 국민 납치 문제 해결 등에서의 진전을 요구하기도 했다.[33]

이들 3개 법률은 모두 '테러 명단'을 지정해 운영할 것을 규정하고 있는데, 1979년 12월에 처음 발표된 제재 명단에는 리비아, 이라크, 남예멘 그리고 시리아가 포함되어 있었다. 현재 국무부가 테러지원 국가로 지정한 국가는 북한, 이란, 쿠바, 시리아 등 4개국이 있다.[34]

북한은 1987년 태국발 대한항공 858기 폭탄 테러 사건 이후 1988년 1월에 테러지원국으로 지정되었다. 이후 6자회담 과정에서 핵 검증 관련 문제에 진전을 보여 2008년 6월 부시 대통령이 북한을 테러지원국 명단에서 해제하고 이와 관련된 일부 제재를 해제했다. 그러다가 2017년 김정은의 이복형 김정남이 말레이시아 국제공항에서 독살당하고, 북한에 억류되었던 미국인 대학생 오토 웜비어(Otto Warmbier)가 풀려난 직후 사망한 사건 등으로 인해 2017년 11월 트럼프 대통령은 재차 북한을 테러지원국으로 지정했다.[35]

쿠바는 1982년에 테러지원국으로 지정되었다. 이후 오바마 행정부에서 쿠바와의 관계 정상화 차원에서 외교 및 경제 분야의 제재를 완화한다고 발표했고, 2015년 5월 쿠바를 테러지원국에서 해제했다. 그러나 트럼프 대통령이 전임 오바마 행정부의 대쿠바 정책을 부정하고 쿠바에 대한 일련의 제재 해제 조치를 되돌렸으며, 2021년 1월에는 쿠바를 테러지원국으로 재차 지정했다.

미국은 1984년 이란의 지원을 받는 헤즈볼라(Hezbollah) 세력이 레바논 베이루트에서

---

33 같은 글.

34 국무부 홈페이지 내 테러지원 국가 부분, https://www.state.gov/state-sponsors-of-terro rism/.

35 M. D. Shear, D. E. Sanger, "Trump Returns North Korea to List of State Sponsors of Terrorism," *The New York Times*, November 20, 2017, https://www.nytimes.com/2017/11/20/us/politics/north-korea-trump-terror.html(검색일: 2020.9.2.).

미 해군을 대상으로 테러를 자행한 이후 이란을 테러지원국으로 지정했다. 2015년 이란 핵합의(JCPOA)가 타결되어 핵 관련 제재가 단계적으로 해제될 예정이었으나, 테러리즘 지원, 탄도미사일 개발, 인권침해 등은 합의 대상이 아니어서 이란은 계속 테러지원국으로 지정되어 있다. 시리아는 미국이 처음으로 테러지원국 명단을 작성하기 시작한 1979년부터 테러지원국으로 지정되어 왔다.

미국의 테러지원국 명단에 포함되었다가 해제된 나라는 리비아, 이라크, 남예멘, 수단이 있다. 리비아는 1979년 테러지원국으로 지정되었으나, 핵무기 프로그램 포기 선언 및 미국과의 관계 정상화 프로세스에 따라 핵 프로그램을 완전히 제거한 이후인 2006년 테러지원국 명단에서 해제되었다.

이라크도 1979년 테러지원국으로 지정되었으나, 1982년 이란-이라크 전쟁 당시 미국이 이라크를 지원하면서 일시적으로 해제되었다. 이후 1990년 이라크가 쿠웨이트를 침공하면서 재차 테러지원국으로 지정되었다가 2003년 이라크 전쟁으로 사담 후세인(Saddam Hussein)이 축출된 이후 테러지원국 명단에서 해제되었다.

남예멘(예멘 인민 민주 공화국)은 공산 세력에 대한 무기 지원 의혹으로 1979년 테러지원국으로 지정되었으나, 1990년 북예멘(예멘 아랍 공화국)과의 통일로 테러지원국에서 해제되었다. 수단은 1993년 테러지원국으로 추가되었으나 수단의 독재자였던 오마르 알-바시르(Omar al-Bashir) 대통령의 퇴진 및 이후 미국과의 관계 정상화 과정에서 2020년 12월 테러지원국 명단에서 제외되었다.

3) 인권 및 민주주의 증진

2010년대 들어 미국의 독자제재에서 중요하게 부각된 사안 중 하나가 중대한 인권침해자에 대한 제재인데, 대표적으로 인권문제를 특정해 제재를 부과하도록 한 법률이 앞에서 소개한 2016년 '글로벌 마그니츠키 인권법'이다. '글로벌 마그니츠키 인권법'의 특징은 별도의 행정명령 없이 인권침해 관련 개인을 직접 제재하도록 규정한 것이다. 이전에는 특정 국가 및 특정 개인을 추가로 제재하기 위해서는 별도의 행정명령이 필요했다. 캐나다, 영국, 호주, EU도 동일한 취지의 '글로벌 마그니츠키 인권법'을 제정해 시행하고 있다. '적성국제재법'에도 인권 관련 조항이 있는데, 이란, 러시아, 북한의 중대한 인권침해 및 부패 연루자에 대한 제재를 부과하도록 규정하고 있다.

미국은 재무부 OFAC의 홈페이지에 '글로벌 마그니츠키 인권법에 의한 제재 명단'을 별도로 운용[36]하고 있는데, 현재까지 니카라과, 미얀마, 사우디아라비아〔자말 카슈끄지(Jamal Khashoggi) 사건〕, 이라크, 남아공, 캄보디아, 라트비아, 세르비아, 슬로바키아, 중국(신장에서의 인권침해), 벨라루스(2020년 8월 대통령 선거 부정행위 및 항의 시위에 대한 잔혹한 진압)[37] 등에 대한 제재를 부과하고 있으며, 영국, 캐나다, EU 등과 조율해 '글로벌 마그니츠키 인권법' 관련 제재를 이행하고 있다.

특정 국가의 인권문제를 대상으로 제정한 대표적인 사례는 2020년 제정된 '신장 위구르 인권법(Uyghur Human Rights Policy Act)'을 들 수 있다. 이 법의 핵심은 소수민족에 대한 고문, 불법 구금 등 인권 탄압을 저지른 중국 관리의 명단을 정기적으로 의회에 보고하고, 이들의 미국 여행을 금지하며 미국 내 자산을 동결하도록 한 것이다. 이에 따라 미국 재무부는 제재 대상 명단에 해당 공무원들을 추가했으며, 미국 상무부도 제재단체 명단(Entity List)에 신장위구르의 인권침해 관련 11개 기업을 추가했다.[38]

이에 더해 미국 의회는 2021년 12월 '위구르강제노동방지법(UFLPA: Uygur Forced Labor Prevention Act)'을 제정해 중국 신장-위구르 자치구에서 생산된 모든 제품을 강제노동이 동원된 제품으로 추정해 미국으로의 수입을 금지했다.[39] 이전에도 미국 관세 당국은 관세

---

36 미국 재무부 홈페이지, https://home.treasury.gov/policy-issues/financial-sanctions/sanctions-programs-and-country-information/global-magnitsky-sanctions.

37 미국 국무부 보도자료(2019.12.10.): "Media Note, Global Magnitsky program designation for corruption and serious human rights abuse."

38 미국 상무부 보도자료(2020.7.20): "Commerce Department Adds Eleven Chinese Entities Implicated in Human Rights Abuses in Xinjiang to the Entity List."

39 미국 국토안보부 홈페이지: "UFLPA Frequently Asked Questions," https://www.dhs.gov/uflpa-frequently-

법에 따라 강제노동으로 생산되었다고 의심되는 물품을 압류할 수 있었는데, 관세국경보호국은 2020년 9월 신장 지역에서 강제노동을 통해 만들어진 4개 기업의 면화, 의류 등 5개 제품에 압류 명령을 내린 적이 있다.[40]

2021년 '위구르강제노동방지법'은 실제 생산 지역과 무관하게 신장·위구르 지역과 연계되거나, 강제노동을 통해 타 국가에서 생산된 제품에도 적용되도록 하는 등 강제노동을 제재 대상 이유로 특정한 법이다.[41] 신장·위구르 지역에서 생산된 모든 물품은 '일단' 강제노동에 의해 생산된 제품으로 추정해(rebuttable presumption) 미국으로의 수입이 금지된다. 수입업자가 강제노동으로 생산하지 않았다는 점에 대해 분명하고 확실한 증거를 제시하고, 미국 관세청이 이를 인정하는 경우에만 수입이 허용된다.

이 법은 강제노동 연루자, 강제노동집단 구성원을 모집·수송·수용하는 자 및 신장 위구르 자치구 지방정부 및 조력자로부터 원자재를 조달하는 개인·단체 등을 매년 갱신하도록 하고 있다. 위와 같은 사례는 노동 및 인권 중시 기조가 새로운 제재 수단으로 활용되는 대표적인 사례라고 볼 수 있다.

행정명령을 통해 인권 및 민주주의 증진을 목적으로 제재를 부과한 가장 최근의 사례로는 지난 2019년 8월 미국의 베네수엘라에 대한 제재 부과를 들 수 있다. 2018년 5월 부정선거 의혹에도 불구하고 베네수엘라의 니콜라스 마두로(Nicolas Maduro) 대통령이 재선됨에 따라 정국에 혼란이 일었는데, 2019년 1월 후안 과이도(Juan Guaidó) 국회의장이 임시 대통령을 자처하며 두 개의 정부가 탄생했다.

미국 트럼프 대통령은 과이도 수반을 대통령으로 승인하고 행정명령 13884호를 발령, 베네수엘라 '마두로' 정권이 △지속적인 권력 남용, 인권 및 표현의 자유 침해, △'과이도' 임시 대통령 및 국회에 대한 탄압 등을 지속한다는 이유로 △미국 내 베네수엘라 정부의

asked-questions.

40 "중국의 소수계 강제노동과 인권유린", *Voice of America*, October 21, 2020, https://editorials.voa.gov/a/5630237.html.

41 김경화 외, 「미국, 6·21 위구르 강제노동방지법 시행」, ≪통상이슈브리프≫ No.4(2022).

모든 자산 동결 및 거래 금지 △'마두로' 정권을 지원하는 개인·단체의 미국 내 자산 동결 △재무부가 지정하는 인물의 미국 입국 금지 등의 제재를 부과했다.[42]

트럼프 행정부가 베네수엘라 마두로 정권에 대해 부과한 제재는 사실상 정권 교체를 목표로 한 것으로 정치적으로 야심적인 제재였다.[43] 이후 미국은 제재 대상을 원유 등 산업 분야로 확대해 '마두로' 정권 유지에 필요한 자금을 차단하는 산업별 제재를 부과했다. 당시 베네수엘라에 대한 제재는 쿠바에 이어 미국이 30여 년 만에 중남미 지역 국가를 대상으로 부과한 가장 강력한 제재로 평가된다.

8. 제재 이행

재무부, 상무부, 국무부가 제재 이행에서 핵심적인 역할을 수행하고 있는데, 보통은 재무부가 특정 국가 대상 제재를 총괄하고, 국무부는 WMD 비확산 및 재래식 무기 관련 제재를 주도한다. 사안에 따라 제재를 부과하는 행정명령에 특정 정부기관을 제재 주무기관으로 지정하기도 한다. 예를 들어, 앞서 언급한 WMD 확산 위협에 대한 제재 범위를 금융 분야까지 확대한 행정명령 13382호(2005)는 국무부 장관 및 재무부 장관에게 제재 대상을 지정할 권한을 부여한다.

행정명령 13382호는 국무장관에게 WMD와 운반 수단 확산에 관여한 개인 및 단체에 대한 1차적인 제재 지정 권한을, 재무부 장관에게는 국무부가 지정한 제재 대상을 직간접적으로 지원하는 개인이나 단체를 추가적으로 제재할 권한, 즉 2차적 제재 대상을 지정할 수 있도록 했다.

---

42 E.O 13884(2019.8.5.), "Blocking Property of the Government of Venezuela."

43 미국 국무부, "Democratic Transition Framework for Venezuela, fact sheet," March 31, 2020, https://2017-2021.state.gov/democratic-transition-framework-for-venezuela/index.html(검색일: 2020.7.8.).

이에 따라 국무부가 특정 단체 또는 그 대표를 제재 대상으로 지정할 경우, 재무부는 국무부 조치를 근거로 해당 단체의 하부 조직이나 해당 단체와 거래하는 자들을 추가로 제재할 수 있다. 참고로 북한의 탄도미사일 개발에 핵심적인 역할을 수행하고 있는 제2 자연과학원(국방과학원)은 행정명령 13382호에 의해 국무부의 제재 대상으로 지정되었으며, 여기에 연루된 개인이나 여타 산하단체는 재무부에 의해서 추가적으로 제재 대상으로 지정되었다.

북한제재 관련 또 다른 행정명령 13570호(2011)[44]는 재무부를 주무 부처로 지정하고, 국무부 등 관련 부처와의 조율하에 행정부에게 부여된 모든 권한을 활용해 해당 행정명령을 이행하도록 규정하고 있다. 미국의 제재는 여러 정부기관이 관여하고 있지만, 제일 중요하고 대표적인 역할을 하는 정부기관은 재무부, 상무부, 국무부이다. 재무부의 경우 해외자산통제국(OFAC)이, 상무부의 경우 국제안보국(BIS), 국무부의 경우 '경제제재 정책 및 이행실(SPI: Office of Economic Sanctions Policy and Implementation)'이 담당 부서이다.

제재 범위를 크게 세 가지로 나눌 수 있는데, 금융제재는 재무부가, 상품 및 기술 교역 등 경제제재는 상무부가, 무기류 통제는 국무부가 각각 맡고 있다. 그 외, 국방부, 에너지부, 국토안보부, 법무부, 관세국도 제재 이행 업무를 담당하고 있는데, 국방부는 특정 무기 금수 및 군사협력 분야를, 에너지부는 '원자력법'과 비확산법에 따른 원자력 전용 품목 및 기술의 수출 통제를 담당하고 있으며, 국토안보부는 제재 대상국으로의 수출입, 운송, 개인 및 기업의 미국 경유 및 여행 금지 등을 담당한다.

1) 재무부 해외자산통제국(OFAC)

재무부 OFAC은 금융제재, 즉 미국 내 자산 동결, 국채 및 회사채 발행 등을 위한 미국 내 자본시장 접근 금지, 제재 대상과의 금융거래 및 금융서비스 제공 금지 등의 업무를

---

44 E.O. 13570(2011.4.18.), "Prohibiting Certain Transactions with Respect to North Korea."

담당하고 있다. 재무부는 해당 홈페이지를 통해 모든 제재 프로그램과 제재목록을 상세히 안내하고 있다.[45]

OFAC은 유엔 안보리 제재위원회의 전문가 패널 보고서, 미국 대사관이 생산하는 정보, 첩보, 공개 정보(open source), 타국 정부가 제공하는 정보 등을 종합적으로 활용해 제재 대상 개인과 단체를 식별한다. 재무부가 선정한 제재 대상 리스트는 재무부, 법무부, 국무부 등 관계 부처 간 협의를 통해 확정된다.

재무부 OFAC은 모든 제재 대상 국가, 기업 등 단체, 개인들을 상세하게 공개하고 있는데 이는 미국 및 제3국의 경제 주체들에게 제재 대상과 거래하지 말라는 강력한 신호를 보내는 효과가 있다. 미국 법무부도 제재 위반 대상자를 기소하고, 벌금을 부과하거나 재산을 몰수하는 형사처벌을 하고 있는데, 이와 관련된 기소 내용 및 재판 결과를 상세히 공개하고 있다.

제재 대상자로 지정된 자는 재무부의 결정에 이의를 제기하는 것이 가능한데, 더 이상 해당 불법행위에 관여하지 않고 불법행위를 하지 않았다는 점을 재무부에 소명하거나, 재무부의 판단과 기준이 잘못되었음을 증명하는 자료를 제출해야 한다. 재무부는 대상자가 사망했거나, 행동의 변화가 있다거나 등 제재 지정 이유가 소멸된 경우에는 해당 특정 개인이나 단체를 제재 대상 명단에서 제외할 수 있다.

자세한 내용은 다음 장인 미국의 금융제재 편에서 다루겠지만, 재무부가 이행하는 금융제재에서 핵심적인 내용은 금융제재 대상 개인이나 기업의 범위가 확대되고 있다는 점이다. 미국의 제재가 부과되는 빈도와 범위에 맞추어 제재 대상 개인이나 기업의 제재회피 수법도 진화하는데, 유령 회사나 위장 회사를 통해 간접적으로 해당 회사의 지분을 소유하고, 여러 단계의 돈세탁을 거치는 방식이 보편화되어 있다.

이러한 회피 수법에 대응해 미국 재무부는 우선적으로 '소유'의 개념을 확대해 적용하고 있는데, 예를 들어 △제재 대상 개인이 직간접적으로 소유하거나, △위장 회사 또는

45 미국 재무부 OFAC 홈페이지: Sanctions Programs and Country Information.

대리인을 통해 사실상 지배하거나(owned or controlled by), △소유권 등 지분이 없다고 해도 해당 제재 대상 개인이 해당 기업을 위해 일하거나 대리할 경우(acting for or on behalf of)에는 해당 기업도 제재 대상에 포함하고 있다.

또 하나의 제재회피 수법은 제재 대상이 아닌 단체 및 기업과 합작회사를 설립하는 방식인데, 재무부는 이러한 제재의 빈틈을 메꾸기 위해 이른바 '50% 기준(50% Rule)'을 도입했다. '50% 기준'은 재무부의 제재 대상 리스트에 등재되지 않은 기업이더라도 제재 대상 개인 또는 단체가 해당 기업 지분의 50% 이상을 소유하거나, 또는 제재 대상 기업이나 개인들의 지분을 모두 합해 해당 회사 총지분의 50% 이상을 직간접적으로 소유할 경우에는 해당 기업도 제재 대상에 포함하도록 한 것이다. 여기서 '간접적으로 소유한다'는 의미는 직접 해당 기업의 주식을 소유하는 것이 아니라 위장 회사 등 다른 기업을 통해 해당 기업의 주식을 소유하는 경우를 의미한다.[46]

위 두 가지 사례에 추가해 제재를 위반하도록 유발하는 행위도 처벌 대상에 포함함으로써 사실상 역외적용 효과를 갖는 규정도 있다. '국제경제긴급권한법'은 제재를 위반하거나, 위반을 모의 및 공모하거나, 또는 '제재 위반을 유발하는 행위'를 금지한다.[47] 따라서 제3국인이 미국의 제재 규정을 준수할 직접적인 법적 의무는 없으나, 제재 대상 개인이나 단체와 거래하는 과정에서 미국인이 제재를 위반하도록 '유발(causing)'하는 행위는 처벌 대상이다.

이는 금융거래에서 종종 발생하는데, 제3국의 금융기관이 제재 대상 개인이나 단체를 대신해 미국 내 금융기관을 이용해 달러화 거래를 할 경우에 해당 조항이 적용된다. 즉, 해당 제3국의 금융기관은 결과적으로 미국 금융기관이 제재 대상에게 금융서비스를 제공하도록 함으로써 미국의 금융제재를 위반하도록 유발했으므로 해당 제3국의 금융기관

46 미국 재무부 홈페이지: Frequently Asked Questions: Entities Owned by Blocked Persons(50% Rule).

47 '국제경제긴급권한법' SEC. 206. PENALTIES. (a) Unlawful Acts. - It shall be unlawful for a person to violate, attempt to violate, conspire to violate, or cause a violation of any license, order, regulation, or prohibition issued under this title.

도 제재 대상이 된다.

예외적으로 제재를 일시적으로 면제하거나 유예해 주는 경우도 있다. 이 경우, 재무부의 사전 허가를 받아야 하는데, 허가의 종류에는 일반허가(general licence), 특별허가(Specific Licence)의 두 종류가 있다. 재무부는 허가 관련 세부 사항을 홈페이지를 통해 안내하고 있다.[48] 일반허가는 일군의 집단들에게 '상시적으로' 특정 범주의 금융거래를 허용하는 것인데, 예를 들어 혐의를 받는 제재 대상 기업이나 개인에게 법률서비스를 제공하고 대가를 받는 행위, 동결된 계좌에서 은행 측의 계좌 유지비 등 통상적인 서비스 요금을 징수하는 행위 등은 허용된다. 특별허가는 사안별로(case-by-case) 심사해 허가 여부를 결정하는데, '특정인'에게 '특정 행위'를 '특정 기간에만' 허용하는 방식이다. 예를 들어, 인도주의적 활동을 수행하기 위해 동결된 특정 계좌에서 대금을 인출하는 행위 등이 이에 해당된다.

2) 상무부 국제안보국(BIS)

상무부는 '수출통제개혁법'과 '수출관리령(이하 EAR)'을 통해 군용 품목과 원자력 품목을 제외한 대부분의 전략물자, 이중 용도 품목 및 기술의 수출·재수출·이전[49]을 통제하고 있으며, 동시에 제재 대상 국가, 개인, 기업의 미국 내 시장 접근 및 상품 수입도 금지하고 있다. 상무부 역시 상세내 용을 홈페이지를 통해 공개하고 있다.[50]

EAR은 1979년 '수출관리법(EAA)'에 의해 시행되다가 2000년 이 법이 만료되어 일시적으로 '국제경제긴급권한법'에 근거한 행정명령에 따라 운영되었다. 이후 2018년 '수출통제개혁법'이 제정되어 EAR 내용도 확대·강화되었다. EAR에서 통제하고 있는 기술 데이

48 재무부 홈페이지: OFAC License Application Page.

49 이전(transfer)은 한 국가 내에서 이동하는 것으로 쉽게 말하면 최종 사용자가 바뀌는 것이다.

50 www.bis.doc.gov/inmdex.php/documents.

터에는 설계도, 모델, 기술 디자인, 매뉴얼 등과 함께 디스크나 메모리 등 저장 매체에 포함된 내용물도 포함된다. 아울러 형태가 있는 품목뿐만 아니라 지식 전수 및 기술 지원을 위한 교육훈련, 기술 교육, 실무지식 전수, 컨설팅 등 무형의 서비스도 규제 대상에 포함되는데 구체 통제 품목은 상품교역통제리스트(CCL: Commerce Control list)에 알파벳 순서로 나열[51]되어 있다.

상품교역통제리스트는 10개의 카테고리로 분류되어 각 카테고리별로 수출 통제분류번호(ECCN: Export Control Classification Number)가 매겨지는데 구체적으로는 다음과 같다.[52]

① 핵물질, 원자력 시설 및 장비 등

② 재료, 화학물질, 유기물질 및 유기화학물 등

③ 재료 공정(Materials Processing)

④ 전자제품(Electronics)

⑤ 컴퓨터

⑥ 통신 및 정보보안

⑦ 레이저와 센서

⑧ 내비게이션과 항속 장비

⑨ 해상 운송 관련

⑩ 추진 장치(Propulsion Systems), 위성 발사체 등 우주항공 관련 장비 및 기술

상무부는 이와 함께 미국의 안보 및 외교 정책에 중대한 위협을 미칠 수 있는 기업이나 단체를 목록화한 '단체 리스트(Entity List)'와 '수출거부 대상자 명단(Denied Persons)'을 관리하고 있는데, 예를 들어 국가별로 화웨이(Huawei)와 같은 특정 기업 또는 국적과 상관

---

51 http://www.access.gpo.gov/bis/ear/pdf/indexccl.pdf.

52 미국 상무부 BIS 홈페이지: Export Control Classification Number (ECCN) 항목.

없이 특정한 개인들을 등재하고 있다.

미국인이나 기업이 해당 리스트에 등재된 기업이나 개인에게 상품교역통제리스트상의 상품과 기술을 수출·재수출·이전할 경우에는 미국 상무부의 사전 허가(license)를 받아야 한다.[53] 상무부는 사안별로(case-by-case) 수출 대상국, 수령자, 최종 사용 용도 및 최종 사용자 등을 심사한다.

상무부는 수출허가 심사 또는 면제 여부 검토를 위해 전 세계 국가를 위험도별로 5개 그룹으로 분류한 국가 그룹(Country Group)을 운영하고 있는데, 한국은 가장 안전한 그룹인 A 그룹에 속하며, 북한, 이란, 쿠바, 시리아는 테러리즘 지원 국가로 분류되어 최하위 그룹인 E에 속한다.[54]

한 가지 중요한 개념이 'EAR 99'로 불리는 "캐치-올(catch-all)" 규제이다. 'EAR 99' 품목은 상품교역통제리스트에 포함되지 않고, 수출 통제분류번호도 없는 '저(低)기술 일반소비재'로서 수출에 제한이 없다. 간단히 예를 들면 연필이나 종이 등이다. 이런 통상적인 물품이라고 해도 북한·이란 등 그룹 E 국가로 수출하거나, 최종 사용자(end-user)가 제재 대상자이거나, 금지된 최종 용도(end-use) 등에 수출할 경우에는 예외적으로 상무부의 수출허가를 받아야 한다.[55] '캐치-올'이라는 영어 단어 그대로 '모든 물품을 통제한다'는 의미이다.

재무부의 금융제재 범위가 2차 제재로 확대되는 것과 마찬가지로 상무부의 EAR 규정도 확대되어 2차적 제재 효과를 가지는 경우가 있는데, 미국산 기술이나 자본을 사용하는 비중이 점점 높아지면서 제3국이 생산하거나, 제3국에서 생산된 물품에 대해서도 미국의 관할권을 적용하고 있다.

이와 관련된 대표적인 개념이 '최소함량 규정(de minimis)'과 '해외직접생산 규정(FDPR:

---

53 미국 상무부 BIS 홈페이지: Entity List 항목.

54 EAR Part 740 Supplement No.1, Country Groups.

55 미국 국제무역청(the International Trade Administration): Export Control Classification and EAR 99, https://www.trade.gov/eccn-and-export-administration-regulation-ear99.

Foreign-Direct Product Rule)'이다. 첫째, 최소함량 규정이다. 전통적인 EAR 규제는 미국 관할권 내에서 생산된 부품이나 기술을 특정 제재 대상 국가 또는 리스트에 등재된 개인이나 단체로의 수출 및 이전을 규제하는 방식이었다. 이후 재무부의 50% 기준과 유사하게 제3국이 생산하거나, 제3국에서 생산된 물품이라고 해도 미국산 부품 및 기술이 금액 대비 최소 10~25%를 차지할 경우에는 EAR 규정을 적용해 상무부의 허가를 받도록 하고, 제재 대상 국가·개인·단체로의 수출·재수출·이전을 금지하고 있다.

예를 들어, 미국산 부품이나 기술이 전체 상품가액의 10%를 초과하면 해당 상품이 제3국에서 생산되었다고 해도 상품교역통제리스트상 물품들은 미국 상무부의 허가 없이 북한, 이란, 쿠바, 시리아가 속한 최하위 그룹인 E 그룹 국가에 수출 또는 이전을 할 수 없다. 반면, 한국 등 A 그룹에 속한 나라로 수출할 경우에는 기준치가 25%인데, 이를 초과할 경우에는 상품교역통제리스트상 물품의 이전에 허가를 필요로 한다.[56]

두 번째 중요한 개념은 '해외직접생산 규정'이다. 이는 △제3국에서 생산했더라도 특정 미국산 기술·소프트웨어·장비·소재를 활용해 생산했을 경우, △제3국에서 생산했다고 해도 미국산 기술·소프트웨어·장비·소재로 건설된 공장에서 생산된 물품을 '해외직접생산제품(FDP)'으로 간주, EAR 규정을 적용해 재수출 및 이전을 통제하는 것이다.[57] 즉, '최소함량 규정'과는 달리 제3국에서 생산된 제품 자체에 미국산 부품이나 기술이 포함되지 않았다고 해도 생산과정에서 미국 원천 기술 및 부품이 중요하게 사용되었다면 여전히 미국 EAR의 규정이 적용된다는 것이다.

가장 직접적인 경우는 제3국 공장에서 미국의 라이선스를 받아 생산된 제품이다. 만약 제3국의 공장이나 공장의 주요 구성품(major component)이 미국의 특정 기술과 소프트웨어를 직접 사용해 건설되었다면, 해당 공장에서 생산된 물품도 EAR의 규정을 받는다. 어

56 미국 상무부 BIS 홈페이지: De minimis Rules and Guidelines.

57 미국 상무부 BIS 홈페이지: §734.9 Foreign-Direct Product (FDP) RULES, https://www.bis.doc.gov/index.php/licensing/reexports-and-offshore-transactions/direct-public-guidelines.

기서 생산이라는 의미는 설계, 제작, 부품 통합, 조립, 성능 검사, 품질 보증 등 전체 생산 과정 모두를 의미한다.

현재 FDPR의 적용 대상은 크게 △국가안보 목적, △우주·위성 관련, △국방 무기 관련, △중국 화웨이 대상, △러시아·벨라루스 대상으로 분류되어 있는데, 최근의 사례는 중국 IT 기업인 화웨이 건과 러시아 건이다. 이전에는 중국의 정보통신 기업들이 미국의 국가안보, 경제 안정 및 공급망 안보 등에 위협이 된다는 이유로 화웨이의 국제 자회사 및 협력 회사들을 상무부의 '단체 리스트'에 포함시켜 왔으나, 2020년 8월 미국 상무부는 EAR상 '해외직접생산 규정'을 중국 정보통신 기업인 화웨이에게 직접 적용했다.

즉, 제3국에서 생산되었다고 해도 미국 기술과 소프트웨어를 사용했다면 해당 제품을 미국의 허가 없이 화웨이 및 계열사에 수출 또는 이전할 수 없도록 한 것이다. 중국 화웨이 측에 EAR상의 '해외직접생산 규정'을 적용한 것은 정보통신 사업에 필수적인 반도체 공급을 규제하기 위한 것으로 미국 외부에서 미국 원천 기술을 사용해 만든 반도체 수출을 규제한 것이다.

두 번째는 2022년 2월 러시아의 우크라이나 침공에 따라 러시아에 부과된 제재인데, 미국 상무부는 러시아와 벨라루스에도 '해외직접생산 규정'을 적용했다. 러시아에 대해 '해외직접생산 규정'이 적용됨에 따라 반도체, 컴퓨터, 정보통신·보안 등 7개 분야 57개 기술을 활용해 만든 제품을 러시아로 수출할 때에는 사전에 미국 정부의 허가를 받아야 한다. 사실상 필수 전자 부품의 러시아 수출이 불가능하게 되어 러시아의 방산을 포함한 산업에 영향을 미칠 것으로 예상된다.[58]

이 규정의 적용 예외 국가에 한국도 포함됨에 따라 한국 기업이 미국의 FDPR 적용을 받는 제품을 러시아에 수출할 경우에는 미국 정부가 아닌 한국 정부의 허가를 받게 되었다.[59] 아울러 미국 상무부는 2022년 3월 EAR을 개정해 러시아에 대한 수출 통제를 강화

---

58 Annie Froehlich, "Foreign Direct Product Rule: Is Russia the next Huawei?," Econo-graphics, *Atlantic Council*, February 3, 2022, https://www.atlanticcouncil.org/blogs/econographics/foreign-direct-product-rule-is-russia-the-next-huawei/(검색일: 2022.5.20.)

했는데, △기존에 허가 대상이 아니었던 품목을 허가제로 전환하고, △원칙적으로 허가 거부(policy of denial) 정책을 적용하는 등 사실상 러시아 전체와 군대를 대상으로 국가단위(country-wide)의 수출 통제를 실시하고 있다.[60]

미국은 러시아와 달리 중국에 대해서는 범국가적 수출 통제가 아닌 특정 기업 및 산업, 신장·위구르 지역 등 인권 및 민주주의 관련 사안에 있어 제한적인 방식으로 수출 통제를 실시하고 있다. 여기서 중요한 개념이 또 하나 나오는데 '원칙적 허가 거부(Policy of Denial)'이다. 이는 명시된 예외 상황의 경우에만 수출허가를 부여하고, 나머지 상황에서는 수출허가를 거부한다는 것이다.

일반적으로 '원칙적 허가 거부'의 예외적인 상황은 정부 간 협력, 전시회 출품 등을 위한 일시적 반출, 일반인 및 승무원의 개인 수화물, 소비자에 대한 기증품, 가전제품 등 상용 전자제품의 작동 관련 소프트웨어, 공개된 암호 소스코드 등이다. 따라서 미국의 국가안보에 위협이 되지 않는다고 해도 위와 같이 EAR에 명시된 예외적 상황이 아니면 수출허가는 거부된다.

'원칙적 허가 거부'는 그간 테러지원국으로 지정된 국가 그룹 E에 속한 북한, 이란, 쿠바, 시리아 등 4개국에 대해서만 적용된 것이었는데, 2022년 2월 러시아의 우크라이나 침공에 따라 러시아에도 적용되고 있다.

3) 국무부

국무부는 테러지원국 지정, 무기류 금수, 방산물품의 수출입 통제, 해외원조 금지 및 미국 입국 금지(비자발급 거부) 등의 제재를 맡고 있다. 국무부는 '무기수출통제법(AECA: Arms Export Control Act)', '국제무기거래 규정(ITAR: International Traffic in Arms Regulations),

---

59 "美, 러시아 수출 통제 FDPR 적용서 한국도 예외 인정", KBS, 2022년 3월 4일 자.

60 이인선, 「미국 상무부, 대러시아 수출 통제강화 발표」, ≪수출 통제 Issue Report≫, 2022-17호(2022).

비확산법(Non-proliferation Act)'을 제재 이행의 법적 근거로 삼고 있으며, 제재 이행을 위한 국제협력을 도모하고, 재무부 OFAC 및 상무부 BIS와 제재 대상자 선정 및 이행을 조율하고 있다. 이와 함께 제재 효과성 분석 및 제재 목적 달성 시 제재 유예나 해제를 위한 실무 절차도 담당하고 있다.

국무부가 독자적으로 관리하고 있는 제재 관련 목록이 '테러지원국 리스트'와 '무기류 통제 리스트(Munitions List)'이다. 국무부 정치군사국(Bureau of Political-Military Affairs) 산하 방산무역통제국(Directorate of Defense Trade Controls)이 '무기수출통제법'과 '국제무기거래 규정(ITAR)'을 이행하기 위해 '무기류 통제 리스트'를 관리하고 있다.

이는 특정 국가로의 또는 특정 국가로부터의 무기류 및 방산물자, 방산 서비스 등의 수출, 재수출 및 이전을 규율하는 것인데, 규율 이유로는 유엔 안보리 결의 이행, 테러지원국 지정, 반정부 시위 강제진압 등 인권침해 등이다. 현재 이 법이 적용되는 국가들은 이란, 쿠바, 북한, 시리아, 베네수엘라, 벨라루스, 미얀마, 중국 등이다. ITAR가 처음 발동된 것은 1955년 8월인데 북한은 처음부터 통제 대상국에 포함되었다. 무기통제 리스트에 포함된 대부분의 무기류 수출은 국무부의 사전 승인이 필요하며, 러시아, 중국, 북한, 이란 등 25개 국가에 대한 수출은 승인 거부가 원칙이다.

국무부의 무기류 통제 리스트와 상무부의 상품교역통제리스트(CCL) 간 중복되는 내용과 품목이 있어 상호 조율 또는 일원화된 통제리스트로 통합하는 작업이 추진되기도 했으며, 무기류 통제리스트 중 일부가 상무부의 상품교역통제리스트로 이전되어 통합되기도 했다.

이 외에도 국무부 내 여러 부서가 제재 업무를 이행하고 있다. 국제안보비확산국은 '비확산법(Nonproliferation act)'에 따라 WMD와 탄도미사일의 비확산 업무를 담당하는데, 이 중 수출 통제실(Office of Export Control Cooperation)은 WMD 및 재래식 무기 관련 이중 용도 물품 및 기술의 이전을 통제하는 역할을 수행하고 있다.

국제마약거래통제국(Bureau of International Narcotics and Law Enforcement Affairs)은 마약 거래, 부패, 조직범죄 등의 분야에서 제재를 설계하고 이행하고 있으며, 반테러 및 폭력적 테러리즘국(Bureau of Counterterrorism and Countering Violent Extremism)은 '이민 및 국적법(Immigration and Nationality Act)'에 따라 검색 및 여행 금지 등의 제재 업무를 수행한다.

국무부 내 정보분석국(INR: Bureau of Intelligence and Research)은 미국 외교에 도움이 되는 모든 정보를 수집하고 분석하는데, 이 중 제재 부과 필요성 및 제재 효과 분석이 중요 업무 중 하나이다. 특히, 국무부의 전 세계 재외공관은 제재가 실제 해당 국가에게 미치는 영향을 상세히 조사, 분석하고 있다.

각 담당국별 제재 관련 업무를 조정하고 관리하는 곳이 국무부 경제제재 정책·이행실(SPI: Office of Economic Sanctions Policy and Implementation)인데, SPI는 모든 제재 프로그램 현황을 홈페이지를 통해 상세하게 안내하고 있다.[61]

이 외 에너지부, 핵규제위원회(NRC) 등이 △핵시설·장비·소재, △기술·서비스, △핵무기 기술·원료 등 핵 물자·기술의 수출 통제를 담당하고 있는데 별도의 '핵 시설·장비·소재 리스트'를 관리하고 있다.

9. 의회와의 역학 관계

1) 의회의 개입 방법

미국 헌법상 대통령은 외교 정책에서 상당 부분의 재량권을 가지며, 만약 의회가 부당하게 이를 제한하는 법률을 제정할 경우에는 거부권을 행사할 수 있다. 의회도 독자적인 제재 법률안을 심의하고 통과시키기보다는 △국방수권법안 등 예산안의 부수 법안 형식으로 처리하거나, △해당 법률안에 유효기간을 설정하거나, 또는 △제재 부과와 유예 등 이행에 있어서 대통령의 재량권을 인정하는 문구를 포함하는 방식으로 대통령의 권한과

---

61 www.state.gov/economic-sanctions-programs.

자율성을 존중해 왔다.[62]

이러한 취지에서 '국가비상사태법'과 '국제경제긴급권한법' 등은 국가안보와 외교 정책에 심각한 위협이 존재한다는 이유로 국가긴급사태를 선포한 후 대통령 재량으로 제재를 부과할 수 있게 하고, 국가안보상 이유로 부과한 제재를 유예(waiver)할 수 있는 권한도 부여하고 있다.

다만, 의회는 입법, 예산지출 승인, 주요 직위자에 대한 인사 청문 등을 통해 대외 정책에 있어 행정부의 재량권을 통제할 수 있으며, 인권이나 WMD 확산 등 사안별 법률과 북한, 이란, 러시아 등을 특정해 제재를 부과하는 법률을 제정하는 방식으로 대외 정책에서 대통령의 자율성과 재량을 제한할 수 있다.

최근 의회가 제재 문제에 깊이 관여하면서 대통령의 재량권을 제한하는 사례가 부쩍 증가하고 있는데, 대표적인 것인 특정 국가를 겨냥한 제재 법률을 제정하는 방식이다. 특정 국가를 겨냥한 제재 법률은 크게 세 가지 방향에서 대통령과 행정부의 재량권을 제한하고 있다.

첫째, 법률에 명시적으로 대통령의 제재 중단이나 해제 권한을 제한하는 방식이다. 예를 들어, 2017년 '적성국제재법'상 러시아제재 편에 포함된 '러시아제재심사법(Russia Sanctions Review Act)'은 의회가 상·하원 합동으로 반대 결의안을 채택할 경우 대통령 단독으로 러시아에 대한 특정 제재를 해제하거나 유예할 수 없도록 규정하고 있다.[63] 2016년 '북한제재강화법'에도 제재를 중단(suspension)하기 위해서는 대통령이 의회에 ① 미국 달러 위조 중단, ② 돈세탁 방지, ③ UN 안보리 결의 준수, ④ 억류자 송환, ⑤ 인도주의에 대한 국제규약 준수, ⑥ 정치범 수용소 생활환경 개선 등에 진전이 있었다는 사실을 증명(certify)하도록 하고 있다. 상기 요건을 충족했다고 해도 제재 중단 기간은 1년까지만 가

---

62 Jordan Tama, "Forcing the President's hand: how the US congress shapes foreign policy through sanctions legislation," *Foreign Policy Analysis*(2020), pp.397~416.

63 '적성국제재법' SEC. 216. Congressional Review of Certain Actions Relating to Sanctions Imposed with Respect to the Russian Federation.

능하며 추가로 180일간 갱신이 가능할 뿐이다.

의회의 비준이 필요 없는 행정협정의 경우에도 의회가 별도 입법을 통해 개입할 수 있다. 예를 들어, 2015년 오바마 행정부 당시 의회는 이란 핵협상 과정에서 의회의 입장을 반영하기 위해 '이란 핵합의 검토법(Iran Nuclear Agreement Review Act)'을 제정해 의회가 상·하원 공동으로 불승인 결의안을 채택하면 대통령이 단독으로 이란에 대한 제재를 해제할 수 없도록 했다. 다만, 실제 이행 과정에서 상원에서의 불승인 결의안이 채택되지 않아 JCPOA 협상이 진전될 수는 있었다.[64]

마찬가지로 쿠바의 경우에도 1996년 쿠바제재 법률인 '헬름스-버튼법(Helms-Burton Act)'상 쿠바에 대한 미국의 전면적 금수 조치를 해제하기 위해서는 쿠바의 민주화가 선행되어야 한다. 이 때문에 오바마 행정부는 쿠바와의 관계 정상화 과정에서 금수 조치의 해제가 아닌 OFAC이 관리하는 '쿠바제재 규정'을 부분적으로 개정하는 방법으로 제한적인 범위에서 제재를 완화시키는 조치만 취할 수 있었다.

둘째, 이행에서도 제재 부과 여부를 행정부의 재량에 맡기지 않고 특정 행위에 대해서는 대통령이 의무적으로 제재를 부과하도록 명시하는 방안이다. 대표적인 예를 들면 '적성국제재법'상 북한제재 부분을 들 수 있다. 2017년 '적성국제재법'은 의도적으로 아래 행위에 직간접적으로 관여한 개인이나 단체를 의무적으로 제재하도록 하고 있다.[65]

- 북한으로부터 상당 분량의 금, 은, 티타늄, 구리, 니켈, 주석 등 광물을 구입하는 행위.
- 북한에 로켓, 항법 장치 및 항공유를 판매하거나 이전하는 행위(북한으로 향하거나 북한에서 출발지로 되돌아오는 민간항공기용 연료는 제외).
- 미국이나 유엔 제재 대상으로 지정되었거나, 또는 제재 대상자가 소유 및 관리하고 있는

---

64 "Democrats hand victory to Obama on Iran Nuclear Deal," *New York Times*, September 10, 2015, https://www.nytimes.com/2015/09/11/us/politics/iran-nuclear-deal-senate.html(검색일: 2022.7.23.).

65 '적성국제재법' SEC. 311 (a) Expansion of Mandatory Designations.

북한 선박이나 항공기에 대해 연료 등 보급품을 지원하는 등 유지 및 운항에 필요한 거래를 주선하는 행위.

- 북한 정부가 소유 또는 관리하고 있는 선박에 보험이나 등록 서비스를 제공하는 행위.
- 북한 금융기관과 환거래 계좌(correspondent account)를 개설하고 운영하는 행위(안보리가 특별히 승인한 사례는 제외).

셋째, 제재 부과 여부에 대한 재량권을 행정부에 위임한 경우에도 특정 내용의 제재를 부과하도록 대통령의 선택지를 제한하는 방식이다. 흔히 '제재 메뉴'라고 불리는 것으로 여러 개의 제재 내용을 법률에 명시한 후, 이 중에서 몇 개는 반드시 부과하도록 규정하는 방식이다. 이러한 방식이 처음 도입된 것은 1996년 '이란-리비아 제재법'인데, 예를 들어 대(對)리비아 안보리 제재 결의를 위반한 기업과 개인에게는 아래 7개의 '제재 메뉴'중에서 최소 2개 이상을 부과해야 한다고 규정하고 있다.

- 제재 대상국으로 수출되는 물품에 대한 미국 수출입은행의 지원 금지.
- 대상국에 대한 수출허가 금지.
- 대상국으로부터의 정부조달 금지.
- 제재 대상국으로부터의 수입 금지.
- 미국 금융기관의 1000만 달러 이상 대출 금지.
- 미국 채권시장에서의 거래 금지.
- 미국 정부 예산 투입 금지.

2) 의회 개입의 장단점

행정부가 단기적인 이해관계에 얽혀 제재를 쉽게 해제하지 않도록 의회가 보다 큰 권한을 행사해야 한다는 의견이 있다. 특히, 국가안보에 매우 중요한 적성국과의 관계에 있어서는 행정부 독단으로 제재 등 외교 정책의 주요 수단을 헛되게 사용하면 안 된다는 이유를 들고 있다. 러시아제재 관련 사항을 의회에 사전에 보고하도록 하고, 상·하원 공동 결의를 채택할 경우에는 러시아에 대한 제재 중단이나 해제가 불가능하도록 규정한 '적성국제재법' 등이 좋은 예이다.

이러한 주장을 하는 쪽들은 의회 입법을 통해 의무적으로 제재를 부과할 경우, 해당국과의 협상에서 행정부의 교섭력을 강화할 수 있다는 순기능을 강조한다. 즉, 행정부가 해당 국가와의 교섭 과정에서 전면적인 제재 해제 제안을 못 하도록 함으로써 협상에서 우위를 점할 수 있다는 것이며, 대통령은 의회가 제정한 제재 법률을 활용해 상대방을 압박할 수 있다는 논리이다.

예를 들어, 미국 의회는 2010년부터 당시 오바마 대통령의 반대에도 불구하고 '포괄적 이란제재법', '이란위협감소법' 등의 강력한 이란제재 법률을 제정했는데, 이로 인해 이란은 원유 수입 급감 등 심각한 경제적 충격을 겪어야 했다. 그 여파로 2013년 이란 대선에서 협상파인 하산 로하니(Hassan Rouhani) 대통령이 당선되었고, 결국에는 서방과의 핵합의(JCPOA)로 이어졌다는 근거를 들기도 한다.[66] 행정부에 맡겼으면 EU 등 우방국과의 관계를 감안해 원유 금수 및 이란 원유사업에 대한 2차적 제재 등 강력한 제재를 밀어붙이지 못했을 것이란 이야기이다.

또한, 잠정 합의(JPA) 협상 시 이란은 협상 첫날부터 제재 해제를 요구했으나, 미 측은 법률 사항이므로 행정부 단독으로 제재를 해제할 수 없고, 그 대신 대통령 권한인 유예(waiver)는 가능하다는 점을 분명히 하면서 협상이 지속되었는데, 이를 의회가 제정한 제재 법률이 외교협상에서 레버리지(leverage)를 제공한 긍정적인 효과를 거둔 사례로 들고 있다.[67]

66 Steven Mufson, "Slow economy could prompt Iran to take nuclear deal," *The Washington Post*, March 29, 2015, https://www.washingtonpost.com/business/economy/for-iran-boosting-its-economy-is-the-real-incentive-to-cut-a-nuclear-deal/2015/03/29/8ad83fd0-d19d-11e4-a62f-ee745911a4ff_story.html.

행정부는 법률에 의한 제재보다는 행정명령에 의한 제재를 선호하는데, 그 이유는 의회 입법 법률은 지나치게 경직되어 있는 반면 행정명령을 통한 제재 부과는 대외환경 변화에 신축성 있게 대처할 수 있기 때문이다. 국제정세는 시시각각으로 변하므로 외교 정책에는 무엇보다 신축성과 탄력성이 요구되는데, 제재 등 특정 외교 수단을 법으로 규정함으로써 스스로 손발을 묶을 필요는 없다는 주장이다.

또한, 의회가 이란이나 쿠바를 제재하기 위한 법률을 제정하고, 그 안에 역외적용 조항이 포함됨으로써 미국의 동맹국들인 EU 등이 강하게 반발해 동맹관계를 훼손했다는 점은 의회 주도 제재 정책의 역효과 사례로 볼 수 있다. 실제, 제재 해제 등 외교 교섭의 결과로 미국이 상응하는 필요 조치를 취해야 할 때 의회의 사전심사 강화 또는 의회의 불승인 결의에 따라 상대국과의 합의 내용을 이행하지 못하는 경우가 있을 수 있다.

예를 들어, 오바마 행정부 때 쿠바와의 관계 정상화 과정에서 쿠바에 대한 금수 조치를 해제하지 못했거나, JCPOA 핵합의 이행 시 행정명령에 따른 제재 또는 일반 법률에서 대통령의 유예 권한을 인정한 부분에 대해서만 제한적으로 제재를 유예하는 방식으로 대처할 수밖에 없었던 것이 좋은 사례이다.

그러나 일반법상 대통령의 재량권을 활용하는 방식으로 또는 행정명령을 통해 제재를 부과하거나 해제할 경우의 제일 큰 문제점은 법적 안정성이 결여된다는 점이다. 이러한 방식은 행정부가 바뀌면 언제든지 다시 되돌릴 수 있다는 점에서 합의의 법적 안정성이 결여되며 협상 상대방의 신뢰를 얻기도 힘들다.

예를 들어, 이란 핵합의(JCPOA)의 경우 의회의 비준이 필요 없는 행정협정 형식으로 체결되었는데,[68] 그 이유는 정파성이 강한 미국 의회에서 상원의원 3분의 2 이상의 찬성이 요구되는 조약의 형식으로 이란과의 핵합의를 추진하는 것은 사실상 불가능했기 때문이

---

67 Jordan Tama, "Forcing the President's Hand: How the US Congress Shapes Foreign Policy through Sanctions Legislation," p.409.

68 그래서 이름도 협정이나 협약이 아닌 공동행동계획(Joint Comprehensive Plan of Action)이다.

었다.[69] 오바마 행정부가 JCPOA를 이행하기 위해 행정명령을 통해 이란에 대한 제재를 일부 유예 또는 중단했으나, 트럼프 대통령이 일방적으로 JCPOA에서 탈퇴하고 유예 및 해제된 제재를 다시 행정명령 형식으로 복원한 사례는 이러한 법적 안정성 문제를 잘 대변해 준다.

특정 제재 정책에 의회의 개입이 확대되는 추세에 대한 찬반양론이 있지만 앞으로도 의회의 관련 입법은 계속될 전망이다. 제재의 규범적 근간을 이루는 주요 법령 대다수가 초당적인 지지를 바탕으로 통과되었다는 점은[70] 여사한 경향이 특정 행정부를 넘어 미국 외교안보 정책의 방향성임을 보여준다.

다만, 행정부의 자율성을 지나치게 침해하지 않는 범위 내에서 △국가안보를 위한 목적으로 대통령의 일시적 제재유예 권한은 계속 유지하고, △의무적으로 제재를 부과해야 하는 사안과 대통령의 권한에 따라 자율적으로 제재를 부과할 수 있는 사안들을 균형 있게 배치하는 수준에서 의회의 역할이 증대할 것으로 보인다. 앞서 언급했다시피 바로 이러한 점이 북한 등 제재 대상 국가와의 협상 여부 못지않게 워싱턴 내부의 정치 동력이 작용하는 방식에도 상당한 주의를 기울여야 할 이유이다.

10. 경제·산업 정책으로서의 제재

재무부와 상무부를 중심으로 한 독자제재가 위력을 발휘하기 위한 전제조건은 미국 달러화의 국제기축통화 역할 등 금융 헤게모니와 세계 최대의 수출입 시장을 유지하고, 과학기술 지배력을 공고히 한다는 데에 있다. 이는 2018년 '수출통제개혁법'에도 명확히 명

69 William J. Burns, *The Back Channel: A Memoir of American Diplomacy and the Case for Its Renewal*(New York: Random House, 2019), p.386.

70 2017년 '적성국제재법'은 하원(419:3)·상원(98:2)에서 압도적 지지로 통과했다.

시되어 있다.

미국의 대외경제 정책 전반에는 제재 요소가 녹아들어 있는데, 이는 금융·경제 및 기술에서 미국의 압도적 우위를 유지하기 위함이며, 향후 무역·기술 경쟁에서 수출 통제 등 제재의 역할이 더욱 중요하게 자리 잡을 것으로 본다. 대표적인 사례가 중국에 대한 경제적·기술적 우위를 확보하기 위한 수단으로 수출 통제가 확대 사용되고 있다는 점이다. 특히, 2018년 미국의 '수출통제개혁법'이 신기술과 기반 기술의 수출 통제를 강화한 것도 그런 흐름을 보여준다.

2018년 '수출통제개혁법'은 기존 '수출통제법'상 통제 대상인 이중 용도 품목 및 기술에 더해 첨단 기술과 기반 기술(fundamental technology)의 이전을 강력하게 통제하고 있다. 이는 기존 '수출통제법'상 WMD 비확산, 테러리즘 억제, 인권·민주주의의 증진 등의 목적에 더해 경쟁 국가에 대한 첨단 기술 수출 통제가 추가된 것인데, 미국의 경제력과 군사력의 질적 우위를 확보하는 데 수출 통제 조치가 폭넓게 활용될 수 있다는 점을 보여준다.

아울러 미국은 '수출통제개혁법'과 더불어 같은 해 특정 국가가 미국의 첨단 기술 및 안보와 관련된 기업에 투자하거나 인수합병을 통해 핵심 기술을 유출하기 위한 시도에 대응하기 위해 '외국인투자위험심사현대화법(FIRRMA: Foreign Investment Risk Review Modernization Act)'도 제정했다.

2018년에 제정된 이 두 가지 법률은 첨단 및 기반 기술의 해외 유출을 미국 국가안보의 새로운 위협으로 인식하고 이에 대한 규제를 강화한 것이었다. 2022년 8월 발효된 '반도체과학법(CHIPS and Science Act, 이하 '반도체법')'은 또 하나의 좋은 사례이다. 이 법은 미국 상원이 발의한 '미국혁신경쟁법안'과 하원이 발의한 '미국경쟁법안'에서 반도체산업을 육성하고 지원하는 내용을 중심으로 통합한 법률인데, 이 법에 이른바 가드레일 조항(guardrail clause)에 따른 해외투자 제한 규정이 있다.

'반도체법'을 통해 보조금 및 설비 투자에 대한 25%의 세액 공제 혜택을 받은 기업은 향후 10년간 중국을 포함한 우려 대상국(country of concern)에 반도체 공장 증설 및 신규 투자가 금지되며, 아울러 해당 기업은 중국 등 우려 대상국 내에서 해당 기업이 추진하려는 반도체 공장 확대 계획 등에 대해 미국 상무장관에게 신고할 의무가 있다.[71] 이를 위반할 경우에는 지원 금액 전액이 환수된다.

미국 '인플레이션감축법'상 전기차 보조금 조항에도 유사한 내용이 있다. 전기차 내 배터리 부품이 외국의 우려 단체(Foreign entity of concern)에서 제조·조립된 경우와 전기차 내 배터리 핵심 광물이 우려 국가에서 추출·가공·재활용된 경우 해당 전기차는 세액 공제 대상에서 제외된다.

여기서 의미하는 '우려 단체'는 미국 상무부의 EAR에서 규정하는 '단체 리스트(Entity List)'와 재무부 OFAC이 관리하는 '특별제재대상 리스트(SDN List)'에 등재된 기업이나 단체를 의미하며, '무기수출통제법', '수출통제개혁법', '국제경제긴급권한법' 등에 따라 법무장관이 혐의를 제기한 대상도 포함된다. 즉, 경제 정책에 제재가 녹아들어 있다는 점을 보여준다.

이에 더해 미국 상무부는 2022년 10월 대중 수출 통제 방안을 발표했는데, 핵심 내용은 중국이 AI 등 첨단 시스템을 군사현대화, 정보기관 지원 및 감시 등에 활용하므로 첨단 반도체 및 고성능 반도체 칩의 대중 수출을 통제하고 이를 위해 EAR을 개정하는 내용이다.[72]

EAR의 주요 개정 내용은 특정 반도체 및 반도체 제조 장비에 대해서는 '거부추정원칙(presumption of denial)'을 적용해 수출 허가를 거부하고, 해외직접제품 규칙을 확대, 적용한다는 것이다. 이에 따라 중국의 28개 기업 및 기관을 특별 지정했다. 위에 대표적으로 소개한 세 가지 법률과 EAR 개정은 경제 및 산업 관련 법률이 경제제재와 연계되는 사례를 잘 보여주고 있다.

---

71 동법 제103조 및 제107조.

72 산업통상자원부 보도자료(2022.10.8.), 「미 상무부, 대중 반도체 수출 통제 강화조치 발표」.

11. 미국의 독자제재 효과성

제재, 특히 독자제재의 효과성에 대해서는 다양한 의견이 존재하며, 제재의 효과성을 정량적으로 계량화해 평가하는 데에는 큰 어려움이 있다. 이에 따라 제재의 효과성 문제에 대해서는 매우 다양한 이견과 통계치가 있다. 예를 들어, 경제제재 조치 중 오직 30% 정도만이 소기의 목적을 달성했으며 시간이 지날수록 그 효과는 점점 약화되는 것으로 분석한 자료도 있고,[73] 부분적 효과까지 감안하면 유엔 안보리 제재의 3분의 1 정도가 효과가 있었다는 분석도 있다.[74]

반면, 170건의 경제제재 효과를 분석한 결과 1990년대 인종차별국 남아공에 대한 제재 정도가 성공한 사례에 속하고, 전체적으로 보았을 때 성공한 경우는 4%에 불과하며, 경제제재는 오히려 제재 대상국 국민들을 결집시키고 독재자의 권력 강화로 이어진다는 주장도 있다.[75]

미국 독자제재의 효과성에 대해 최근 미국의 대표적인 외교안보 전문지인 ≪포린어페어스(Foreign Affairs)≫에 흥미로운 지상 토론이 있었는데 제재 효과성 논쟁 및 개선 방안에 대한 중요한 요소들을 포함하고 있어 내용을 소개한다. 미국 터프즈(Tufts) 대학교의 드레즈너(Drezner) 교수는 「제재 연방국」이라는 다소 도발적인 제목으로 다음과 같이 미국이 남용하는 제재의 문제점을 비판했다.[76]

---

73 Gary Clyde Hufbauer, Jeffrey J. Schott, Kimberly Ann Elliott, and Barbara Oegg, *Economic Sanctions Reconsidered*(Washington DC: Peterson Institute for International Economics, 2007).

74 Symposium on enhancing the implementation of UNSC sanctions(2007.4.30.), www.watsoninstitute.org/pub/UNSC-Enhancing_Implementation_sanctions.pdf.

75 Hassan Hakimian, "Seven key misconceptions about economic sanctions," *World Economic Forum*, May 9, 2019, https://www.weforum.org/agenda/2019/05/seven-fallacies-of-economic-sanctions(검색일: 2022.5.30.).

76 D. W. Drezner, "The United State of Sanctions," *Foreign Affairs*, Aug 24, 2021, https://www.foreignaffairs.com/articles/united-states/2021-08-24/united-states-sanctions(검색일: 2022.12.20.).

- 오바마 대통령 1기 동안 매년 평균 500명의 개인 및 단체를 제재했고, 트럼프 대통령 때 그 숫자는 거의 두 배로 급증함. 바이든 대통령은 취임 후 수개월 만에 미얀마(군사 쿠데타), 니카라과(평화적 시위 진압), 러시아(사이버 해킹) 등에 대해 제재를 부과함.
- 제재는 전쟁보다 경제적이며, 말뿐인 규탄보다 효과가 있고, 이행하기 쉽다는 이유로 남용되고 있음.
  - 제재가 전쟁 예방 효과를 가진다고 하지만 2차 세계대전 때 일본에 대한 원유 금수가 일본의 진주만 습격으로 이어졌으며, 사담 후세인에 의한 제재는 이라크군의 쿠웨이트 철군을 이끌어내지 못했고, 결국은 걸프전을 통해 이라크군을 쿠웨이트에서 몰아내었음.
  - 반면, 이라크에 대한 전면 금수는 이라크 내 영유아 사망률을 급증하게 만드는 등 심각한 인도주의적 재앙을 초래했음.
- 제재는 최대한의 압박이라는 차원에서 부과되지만, 최대한 압박의 문제점은 상대국에게 최대한 요구를 한다는 점임. 북한의 완전한 비핵화, 이란의 핵 프로그램 포기 및 베네수엘라 마두로 정권의 퇴진 등 요구는 정권 교체 요구와 다를 바 없음. 이들은 요구를 수용하기보다는 제재의 고통을 참고 견디는 쪽을 선택할 것임.
- 미국은 항상 제재만 부과하려고 하지, 제재 해제에는 관심이 없음. 하나의 제재가 다른 제재를 불러오는 상승효과만 초래함. 그러나 제재 해제에 대한 명확한 기대감이 없다면 상대방이 협상에 응할 이유가 없을 것임.
- 아울러 제재 대상자들은 제재에 적응하고 진화함. 중국과 러시아는 미국 이외 대안 시장을 개척하고자 함. 장기적으로 금융제재는 미국의 달러화의 지위를 약화시킬 것인데, 제재 대상국들은 달러화를 대체하기 위해 노력할 것임.
- 제재는 모든 상황에 무차별적으로 사용할 수 있는 만능 도구가 아님. 제재는 매우 정교하게 상황에 맞게 아픈 곳만을 공략해야 함.
  - 제재는 독자적인 아닌 다른 국가들을 동참시키는 다자적으로 이루어져야 함. G-7 등 비공식적이지만 다자적인 협조를 구축해야 함.
  - 경제제재는 제재 해제 요건을 명확히 할 때에만 효과적임. 의회도 제재 법률을 제정할

때 일몰 조항을 넣어야 함.

- 무역제재보다는 금융제재가 더욱 효과적임. 예를 들어, 무역제재는 암시장을 번성하게 하지만, 금융제재는 평판과 신뢰를 중시하는 금융기관들의 자발적인 참여와 이행을 이끌어냄.

즉, 제재가 너무 남용되고 있으며, 현재와 같은 제재 방식으로는 효과를 기대할 수 없다는 내용이다. 이에 대한 반론이 6개월 뒤 ≪포린어페어스≫에 실렸는데[77] 요지는 다음과 같다.

- 반테러 등 주제별 제재(thematic sanctions), 스마트 제재 등은 제재에 대한 비판 및 포괄적 제재의 문제점을 해결하기 위한 것임.
  - 이러한 제재 형식은 인도적 위기 등 부수적 피해를 방지하고, 금융기관들의 과도한 위험회피(de-risking)를 방지함.
  - 예를 들어, 멕시코와 콜롬비아는 마약 관련 제재로 인해 가장 많은 사람과 단체가 제재를 받고 있지만, 서방의 금융기관들이 멕시코와 콜롬비아와 거래를 지속하고 있으며, 일반 대중에 대한 인도주의적 피해도 거의 없는 수준.
- 이슈별 제재는 동맹국들 간 갈등도 해소할 수 있음. 대표적인 예가 2016년 '글로벌 마그니츠키 인권법'인데, 호주, 캐나다, 영국, EU가 동참했음.
- 제재는 무중력 상태에서 혼자 작동하는 것이 아니며, 제재만이 구체적인 결과를 내리라 기대하는 것은 잘못임. 제재는 포괄적인 외교 전략의 일부인데, 제재와 함께 지속적인 외교적 관여, 다른 국가와의 협력 및 지원 등을 동반해야 함.
- 제재는 지속적으로 모니터링하면서 조정하고 정교화해 나가야 함. 단 한번 과도한 제재

---

77 J. Gudzowska, J. Prendergast, "Can Sanctions be Smart?," *Foreign Affairs*, Feb 22, 2022, https://www.foreignaffairs.com/articles/world/2022-02-22/can-sanctions-be-smart(검색일: 2022.12.20.).

조치를 부과하고 잊어버리는 방식은 안 됨.

- 제재 대상자는 많은 유령 회사 등 많은 회피 수단이 있음. 이에 따라 이들이 속한 불법 네트워크 전체를 제재해야 하며, 2차 제재도 필요함.

• 단순히 제재 대상자의 행동 변화를 기준으로만 제재의 효과를 측정하는 것은 매우 단순한 것임. 미국은 러시아 푸틴 대통령을 계속 제재하지만 푸틴이 갑자기 좋은 사람으로 변해 전쟁을 중단하지는 않을 것임. 안보리와 미국이 오사마 빈 라덴(Osama bin Laden)과 알-카에다를 오랫동안 제재했지만 오사마 빈 라덴이 어느 순간 개과천선해 테러를 포기하지는 않았음.

• 제재는 제재 대상자의 행동을 제약하고 불편함을 주는 것임. 금지된 행동을 하면 할수록 불편하게 하고, 행동에 따른 비용을 높이는 것임. 제재 대상자의 단기적인 행동 변화 유무로만 제재 효과를 판단하면 제재가 주는 도덕적인 측면과 잠재적인 제재 대상자에 대한 전시 및 억제 효과를 무시하는 것임.

이 논쟁에서 양측이 공통적으로 인정하는 내용은 아래 네 가지인데, 이것이 제재의 정당성을 확보하면서 효과성을 높이는 방안이라고 생각한다.

첫째, 미국의 독자제재가 힘을 발휘하기 위해서는 우선, 여러 나라의 참여가 필수적이라는 점이다. 그 이유는 국제적인 제재 명분과 정당성을 확보할 수 있고, 제재 이행 측면에서도 참여 국가가 많을수록 제재 대상의 제재회피가 그만큼 어려워지기 때문이다.

둘째, 제재는 독립적으로 운용되지 말고, 상대국에 대한 포괄적인 외교 전략의 일부로서 기능하도록 해야 한다는 점이다. 제재는 특정 국가에 대한 외교 전략을 이행하는 과정에서 하나의 유용한 수단일 뿐이고, 제재가 전략 자체나 목표가 되어서는 안 된다. 이른바 '제재 만능주의'라는 비판이 제기되는 것은 통합적인 외교 전략 없이 제재라는 단일 외교적 수단에만 의지하는 경향을 지적하는 것이다.

셋째, 제재는 구체적인 목적하에 설계되고 이행되어야 한다는 점이다. 제재의 효과성이라 함은 제재로 인해 얻고자 했던 정책 목표를 어느 정도 이루었는지 보는 것이며, 이를 위해 제재 부과 이후 효과를 분석하는 작업이 필요하다. 이에 따라 제재로 얻고자 하는 정책 목표는 구체적이고 가시적인 것이어야 한다. 정치인 석방, 인종 차별 철폐 등 목표가 구체적인 경우는 절반이 성공했고, 정권 교체나 민주화를 시도했을 때는 성공 가능성이 더 낮아졌다는 통계도 있다.[78]

넷째, 제재의 효과성 분석 이후에는 제재 대상자의 행동에 따라, 또는 허점을 메꾸기 위해 지속적으로 수정하거나 보완하는 작업이 뒤따라야 한다는 점이다. 특히, 구체적인 정책 목표가 달성되었을 경우에는 제재를 완화한다는 약속이 신뢰를 받아야 한다.

이를 위해 제재 부과 시에 제재의 목적을 분명히 해야 하며, 제재가 의도했던 구체적인 행동의 변화가 있으면 제재를 철회하겠다는 점을 명확히 함으로써 제재의 신뢰성도 높힐 수 있다.[79] 안보리 북한결의 2397호 28항에도 이러한 점을 강조하고 있다.

> 북한의 행동을 지속적으로 검토할 것이고, 북한의 준수 여부에 비추어 필요한 조치들을 강화, 수정, 중단, 또는 해제할 준비가 되어 있음을 확인하고 …

다음 장에서는 미국의 금융제재와 역외적용 논란을 불러 온 2차적 제재, 즉 '세컨더리 보이콧' 문제에 대해 살펴본다.

---

78 정호선, "때린 쪽이 더 아프다? … '제재'의 역설", SBS 뉴스, 2022년 10월 8일 자, https://news.sbs.co.kr/news/endPage.do?news_id=N1006925753(검색일: 2022.11.10.).

79 Daniel Fried, "US Sanctions policy: The Trump administration's record and recommendations for the next administration," *Atlantic Council*(2020.11.6.), pp.15~16.

제3장

금융제재

이란 핵합의(JCPOA)로 금융제재를 포함한 유엔 안보리 제재가 해제되었음에도 불구하고, 왜 유럽 국가들은 이란과의 교역에서 미국의 금융기관을 우회하는 독자결제 시스템(INSTEX: Instrument in Support of Trade Exchanges)을 만들었는가? 왜 한때 한국의 은행에 약 70억 달러에 상당하는 이란 원유 수입 대금이 원화로 동결되어 있었는가? 국제구호 단체들은 왜 북한과 시리아 내 인도주의적 지원에 어려움을 겪는다고 호소하고 있는가? 이러한 질문이 나오는 배경에는 미국의 금융제재가 있다.

미국 금융제재의 막강한 영향력은 기축통화인 달러화의 지위와 금융시장 지배력에 기인한다. 금융제재는 '상호 의존과 국제화가 무기화될 수 있다(weaponization of interdependence)'는 점을 잘 보여주는 대표적 사례이다.[1] 금융제재는 대외무역에서 달러화나 유로화 등 특정 통화를 사용하지 못하게 하고, 관련 금융서비스를 제한함으로써 자연스럽게 상품이나 서비스 교역 등 무역을 차단하는 효과를 지닌다. 따라서 금융제재는 무역제재와 같이 이루어진다.

---

1 Clara Portela, "Creativity wanted, Countering the Extraterritorial Effects of US Sanctions," *European Union Institute for Security Studies(EUISS)*, BRIEF 22(2021), p.3, https://www.iss.europa.eu/sites/default/files/EUISSFiles/Brief_22_2021_0.pdf.

또한, 제재 대상의 자국 내 자산을 동결하거나 이전을 금지하고, 외환거래는 물론 증권 등 자본시장으로의 접근도 제한함으로써 제재 대상국의 통화 불안정을 유도한다. 이로 인해 국가경제 전반에 큰 타격을 가하기 때문에 군사력 못지않게 상대국에게 실질적인 피해를 입히는 압박 수단이다.[2]

무역제재가 효과를 발휘하기 위해서는 대체 시장을 방지하기 위해 여타 주요 무역국가와의 긴밀한 공조가 필요하다. 그러나 금융제재는 낮은 제재 비용으로 신속하고 효과적으로, 그리고 여타 국가와의 협력 없이 독자적으로 효과를 볼 수 있다는 장점을 가진다. 금융제재의 가장 큰 특징은 자연스럽게 '세컨더리 보이콧'과 연결된다는 점이다. 미국의 금융기관들은 당연히 미국의 제재법령을 준수하는데, 여기에 그치지 않고 제재 대상과 거래하는 제3국 금융기관과의 거래도 회피하기 때문이다.

더 나아가서 금융제재는 제3국의 금융기관들에게도 적용되는 역외적용 효과를 가질 정도로 파급효과가 강력하다. 미국 금융기관이 아닌 유럽 금융기관들은 EU 제재가 아니더라도 달러화 표시 거래를 하기 위해서 미국 금융시장에 접근해야 하므로 미국 제재법령을 준수하고 있다. 그렇지 않을 경우 막대한 벌금과 함께 미국에서의 금융거래가 차단될 수 있다. 예를 들어, 프랑스의 대형 은행 'BNP 파리바(BNP Paribas)'는 수단, 쿠바, 이란에 대한 미국의 금융제재를 위반했다는 혐의로 약 90억 달러에 달하는 천문학적인 벌금을 물었다.[3]

즉, 미국의 금융제재는 미국 금융기관에게 직접적인 영향을 미치며, EU 등 제3국의 금융기관들에게도 미국 금융시장 접근 여부, 대외 신인도 및 평판 등에 직접적인 영향을 미

2 "Weaponization of finance: How the west unleashed 'shock and awe'on Russia," *Financial Times*, April 6, 2022, https://www.ft.com/content/5b397d6b-bde4-4a8c-b9a4-080485d6c64a(검색일: 2022.6.30.).

3 미국 법무부 보도자료(2014.6.30.): "BNP Paribas Agrees to Plead Guilty and to Pay $8.9 Billion for Illegally Processing Financial Transactions for Countries Subject to U.S. Economic Sanctions," https://www.justice.gov/opa/pr/bnp-paribas-agrees-plead-guilty-and-pay-89-billion-illegally-processing-financial.

치므로 2차 제재를 부과하겠다는 위협만으로 3국 금융기관들의 자발적 이행을 확보할 수 있다.[4] 미국의 코헨(D. S. Cohen) 전 재무차관은 2015년 1월 미국 상원 외교위의 이란 핵 협상 관련 증언에서 "제재 대상과 금융거래를 한 외국의 은행 등 금융기관들은 미국 내에서 금융거래를 하거나, 미국 달러화로 거래하는 것이 금지된다. 이는 사실상 어떤 은행이든지 사형선고를(a death penalty) 의미한다"고 언급했다.[5]

금융제재는 1990년대 마약 거래를 억제하기 위한 활동에서 시작되었다. 당시 금융제재 대상들은 은밀한 마약 유통망을 운영하는 카르텔과 마약 거래상들이었다.[6] 그러다가 금융제재가 본격적으로 적용되기 시작한 것은 2001년 9·11 테러 사건 이후이다. 9·11 테러를 계기로 비국가행위자(Non-state actor)인 개인이나 단체에 의한 WMD 사용 문제가 대두했으며, 유엔 안보리는 2004년 9월 유엔헌장 7장을 원용해 개인과 단체의 WMD와 그 운반 수단 획득이 국제평화와 안전에 대한 위협임을 규정하는 결의 1540호를 채택했다. 즉, 안보리가 국가가 아닌 개인을 직접 규율하는 것이 가능해졌다.[7] 9·11 테러 후 약 두 달 만에 발효된 '테러방지법(이른바 '애국법')'은 테러리스트, 테러행위의 직간접 조력자 및 연루자 등 개인이나 단체에 대해 직접 금융제재를 부과할 수 있도록 했다.

특히, '애국법' 311조는 재무부로 하여금 특정 금융기관을 자금세탁 우려기관(primary money laundering concern)으로 정하도록 규정하고 있는데, 자금세탁 우려기관으로 지정되면 해당 외국 금융기관은 미국 은행에 계좌 개설이 금지된다. 미국 은행에 계좌를 개설하지 못한다는 것은 달러화 거래 등을 포함한 미국 금융 시스템을 사용할 수 없다는 의

---

4 Jason Hungerford, Ori Lev, Tamer Soliman, "Issues arising from financial institutions and regulated entities," *Law Business Research*(2022).

5 Zachary Laub, "International Sanctions on Iran," *Council on Foreign Relations*(2015)에서 재인용.

6 Jill Jermano, "Economic and Financial Sanctions in US National Security Strategy," *The Journal of Complex Operations*, PRISM Vol.7, No.4(2018), pp.64~73.

7 Gabriel H. Oosthuizen and Elizabeth Wilmshurst, "Terrorism and WMD: UNSC Resolution 1540," *International Law Programme BP* 04/01(Chatham House, 2004), https://www.chathamhouse.org/sites/default/files/public/Research/International%20Law/ILP0904bp.pdf.

미이다.

'애국법' 311조에 따라 '자금세탁 우려기관으로 지정하거나, 또는 지정하겠다는 위협' 만으로도 큰 효과를 가져오는데, 대표적인 사례가 2005년 9월 마카오 소재 방코델타아시아(BDA) 은행 사례이다. 미국 재무부가 BDA를 자금세탁 우려기관으로 지정하자 미국 금융기관들이 BDA와의 거래를 중단했으며, 미국 금융기관과의 거래에서 불이익을 당할 것을 우려한 대부분의 제3국 금융기관들도 BDA와의 거래를 중단했다. 미국 재무부가 BDA를 자금세탁 우려기관으로 지정할 것이라는 소문이 돌자마자 수일 만에 전체 예금액의 34%에 해당하는 금액이 인출되었다.[8]

이후 미국 재무부는 '국제경제긴급권한법'을 근거로 개인이나 단체를 대상으로 금융제재의 범위와 강도를 꾸준히 확대해 왔다. 특히, 앞 장에서도 설명했듯이 '국제경제긴급권한법'은 제재 위반을 '시도하거나, 공모하는' 행위를 금지하는 것을 넘어 미국 금융기관이 제재를 위반하도록 '유발(cause)하는' 행위도 처벌하고 있다.[9]

이는 위험 관리와 불확실성을 최소화하려는 금융업의 속성상 더욱 큰 효과를 가져왔는데, 은행들의 자체 '자동 점검(automated screening)' 기법이 더욱 발달해 북한, 이란, 쿠바, 시리아, 러시아와의 금융거래에서는 제재의 범위를 넘어서는 극도의 위험회피(de-risk) 현상과 과도한 이행(over-comply) 현상이 보편화되어 왔다. 이에 따라 미국 및 EU의 금융기관들은 북한과 시리아에 대한 적법한 인도주의적 사업에 대해서도 금융거래를 회피하고 있다.

국제 금융시장의 또 다른 축인 영국도 2016년 미국의 OFAC과 유사한 금융제재이행청(OFSI: Office of Financial Sanctions Implementation)을 설치해 미국과 유사한 범위와 수준으

---

8 "금융제재 위력 보여준 BDA 사태", *Voice of America*, July 26, 2010, https://www.voakorea.com/a/article----bda-99242039/1347226.html.

9 국제경제긴급권한법 1705조(Penalties) (a)항: It shall be unlawful for a person to violate, attempt to violate, conspire to violate, or cause a violation of any license, order, regulation, or prohibition issued under this chapter.

로 금융제재를 이행하고 있다.

1. 작동 원리

금융제재가 작동하는 방식을 알기 위해서는 먼저 국제 결제 시스템이 운영되는 방식을 이해해야 한다. 현대 경제에서 가치의 교환은 거래 당사가 간 현금이나 은행의 신용으로 이루어진다. 이러한 금융신용은 수표, 신용카드, 전산이체 등을 통해 이루어지는데, 특히 은행계좌 간 전산이체(wire transfer)는 국제금융망에서 제일 중요한 거래 수단이다. 금융제재는 기본적으로 이러한 국가 간, 은행 간 자금 이체 및 외환거래 등 결제 시스템에서 시작된다.

미국 달러화가 국제기축통화이므로 대부분의 국제무역과 금융거래는 달러화로 이루어지고 있으며, 달러화를 사용한 거래는 미국 금융 시스템을 거쳐야 한다. 한국과 유럽 등 제3국의 은행들은 달러화 거래를 위해서 미국 은행에 '결제용 달러 계좌(corresponding account)'를 개설하고 있다.[10] 미국의 금융제재는 바로 이러한 달러 결제 시스템에서 이루어진다. 간단히 요약하면 미국 재무부 제재 대상 리스트(SDN) 등재 → 이들의 미국 금융 및 결제 시스템 접근 차단 → 국제금융 및 무역 거래 차단의 효과가 발생하는 것이다.

1) 결제 시스템

한 나라 안에서의 금융거래는 그 나라 중앙은행 중심의 결제망을 통해 이루어진다. 개인이나 가계, 기업 등 경제 주체들의 활동으로 발생하는 대부분의 금융거래는 거래 은행

10 영어 'corresponding account'는 우리말로 '상응계좌' 또는 '결제계좌' 등으로 번역되지만, 이 책에서는 의미를 명확히 하기 위해 '결제용 (달러)계좌'로 표기한다. 송기호, "대북제재 해결 매뉴얼", ≪경향신문≫, 2018년 10월 14일 자.

에 개설한 예금의 계좌 간 이체를 통해 결제되는데, 지급인과 수취인의 거래 은행이 다를 경우에는 각 은행들이 중앙은행에 예치한 당좌예금의 계좌 간 이체를 통해 이루어진다. 한국은 금융기관 간 자금 이체를 수행하는 결제 시스템인 '한은금융망(BOK-Wire)'을 운영[11]하고 있는데, 한국 금융기관들은 이를 이용해 원화 자금이나 외화 자금을 이체하고 있다.

마찬가지로 미국은 '연방전신망(Fedwire: Fedwire Funds Service)'과 은행 간 지급결제 시스템인 '칩스(CHIPS: Cleaning House for Inter-bank Payment System)'라는 결제 시스템을, 유럽 유로존에서는 '타겟 2(Target 2)'로 불리는 독자적인 결제 시스템을 운영한다. 이들 각 국가의 결제 시스템은 해당 중앙은행을 중심으로 이루어지고 있으며, 다른 나라 결제 시스템과는 상호 호환되지 않는 독립적 체계이다. 반면, 국가 간 금융거래는 상대방 국가의 결제 시스템에 속한 '환거래 은행(Correspondent Bank)을 통한 송금' 형식으로 진행된다.

달러화가 국제기축통화이다 보니 외국 금융기관 간 거래에도 미국의 내부 금융망인 '페드와이어(Fedwire)'와 'CHIPS'를 이용하게 되는데, 달러 이외 통화를 거래할 때도 △전 세계에 걸쳐있는 미국 은행 지점망 활용, △미국 신용 서비스〔비자(Visa) 등 신용카드 회사〕 이용의 편이성, △미국 금융시장 내 자산운용과의 연계 가능성 등을 고려해 미국 내 금융망을 경유해 이루어진다. 즉, 환전 포함 외환거래는 원화 → 달러화 → 제3국 통화의 방식으로 이루어진다.

대부분의 국제 송금은 미국 금융망 내 '환거래 은행'을 이용한 은행 간 계좌 거래를 통해 이루어지는데, 바로 이러한 결제 시스템에서 미국의 금융제재가 힘을 발휘한다. 즉, 국제적인 금융거래는 국가 간 통신망인 SWIFT와 미국 내부 은행 간 결제 시스템인 'CHIPS' 또는 '페드와이어'를 이용해 이루어지며, 미국 금융 시스템에의 접근이 금지되면 결과적으로 국제 결제 시스템에의 접근도 차단되는 것이다.

---

11 한국은행, "지급결제, 한은금융망 운영", https://www.bok.or.kr/portal/main/contents.do?menuNo=200727.

국제금융 결제 과정을 구체적으로 알아보자. 우선 '결제용 계좌'라는 개념이다. 이는 외국 금융기관이 미국 은행에 개설한 계좌로 이를 통해 두 은행 간 자금을 이체하거나, 해당 미국 내 금융기관이 외국 금융은행을 대신해 결제하는 등 국제 금융거래의 기본이 되는 개념이다.

수출입을 하는 양 거래 당사자가 동일 은행에 계좌를 갖고 있지 않더라도, 각 거래 은행이 상대방 은행에 '결제용 계좌'를 갖고 있는 경우에는 해당 계좌를 통해 거래가 이루어진다. 예를 들어, 수입자 A가 수출자 B에게 대금을 지불하는 경우, A의 거래 은행은 B의 거래 은행에 개설한 '결제용 계좌'를 이용해 수입 대금을 지급한다. 즉, A의 거래 은행 계좌에서 B의 거래 은행 내 A 은행 계좌로 수입 대금을 송금하고, 이후 B 은행은 자기 은행 내 수출업자 계좌로 수입 대금을 이체한다.[12]

다음으로 미국 내 결제 시스템이다. 미국 내 금융기관 간 거래에서는 '페드와이어 방식'과 'CHIPS 방식' 중 하나를 사용한다.[13] 페드와이어와 CHIPS는 미국 내에서 연방준비은행과 여타 금융기관 간 이루어지는데 SWIFT와는 달리 메시지 수·발신뿐만 아니라 실제 전산으로 자금 결제가 이루어진다. 오직 달러화만 취급한다.

페드와이어는 미국 12개 연방은행 지점이 가입한 통신 및 결제 시스템이다. 미국 내 모든 은행은 각 연방은행 지점에 결제계좌를 보유하고 있어 이를 통해 서로 다른 은행 간에 금융거래가 이루어진다. 이 중 뉴욕 연방은행을 거치는 금융거래 비중이 제일 높아서 미국 내 결제는 물론 국제 결제에서도 핵심적인 역할을 수행하고 있다. 페드와이어는 소속 은행이 연방은행 측에 연방은행 내 자신의 결제계좌에서 다른 은행의 결제계좌로 특정 금액을 이체하도록 요청하는 방식으로 이루어지는데, 연방은행 내 두 은행의 결제계좌 간 이체를 통해 이루어지므로 단시일 내에 대규모 금액을 이체할 수 있다는 장점이

---

12 한국은행, "재미있는 경제, 국가 간의 지급결제는 어떻게 이뤄지나?", https://www.bok.or.kr/portal/bbs/B0000218/view.do?nttId=10017576&menuNo=200147&pageIndex=.

13 한국은행, 「주요국 지급결제시스템 및 관련법규 체계」, 2020년 9월.

있다.

다른 하나는 'CHIPS'라고 불리는 은행 간 결제 시스템이다. CHIPS는 페드와이어처럼 통신과 결제를 동시에 수행하는데, 미국 내에서 미국 은행과 제3국의 금융기관이나 국제 금융기관 간 달러화 거래 시 주로 활용된다. CHIPS는 은행들이 자신들의 필요에 의해 자발적으로 만든 결제 시스템으로 연방은행이 관리하는 페드와이어보다 이용 비용이 저렴하며, 페드와이어보다 소액의 달러화 거래도 가능하다.

CHIPS도 페드와이어와 같은 방식으로 결제가 이루어지나, △ 페드와이어는 연방은행 소유이고, CHIPS는 민간 소유이며, △ 페드와이어는 매 건별로 은행 간 자금 이체가 이루어지지만, CHIPS는 하루에 이루어지는 모든 거래를 종합 정산해 한 번으로 결제하는 정산 기능(netting)을 수행하고 있어 편리성과 신속성에서 앞선다.

예를 들어, 미국 은행 A가 B에게 120만 달러를 지불해야 하고, 은행 B는 A에게 80만 달러를 지불하는 거래가 발생했을 경우, CHIPS를 통하면 은행 A가 은행 B에게 40만 달러를 지불하는 방식으로 한 번에 정산하지만, 페드와이어를 사용하면 두 건 모두 각각 지불이 이루어진다. 그러나 CHIPS 역시 페드와이어를 통해 최종 정산이 이루어지는데, 최종 정산은 연방은행 내 회원 은행 계좌와 CHIPS 계좌 간 자금 이체로 이루어진다. CHIPS를 통해 미국 은행과 외국 은행의 미국 내 지점 간 거래도 이루어지므로 CHIPS는 간접적으로 국제 금융거래에도 활용된다. 따라서 미국과 금융거래를 차단당한 외국 은행은 CHIPS나 페드와이어 등 미국 내 결제 시스템을 이용하지 못한다.

유럽 금융시장도 같은 방식으로 작동한다. 유로존 통합 결제 시스템인 '타겟 2'는 2007년 11월부터 가동되고 있다. 유로 지역 내 교역, 증권 거래, 단순 자금 이체 등 국가 간 자금 이동을 수반하는 대부분의 거래는 타겟 2 시스템상 중앙은행 내 계좌 간 이체를 통해 최종 결제된다.[14]

---

14 "TARGET 2의 운영구조", 한국은행. 정식 명칭은 Trans-European Automated Real-time Gross settlement Express Transfer System이다.

2) 국제 결제 시스템: SWIFT

2022년 2월 러시아의 우크라이나 침공 이후 서방국들의 대러시아제재에는 강력한 금융제재도 포함되었는데, 가장 눈에 띄었던 것이 러시아 주요 은행들을 SWIFT망에서 배제한 조치였다. 그래서 국내 언론에서도 SWIFT 관련 기사가 많이 다루어졌다.

SWIFT(the Society for Worldwide Interbank Financial Telecommunication)는 정산이나 결제 기능은 하지 않고, 참여 은행별 SWIFT 코드를 부여해 자금 이체 정보나 요청을 메시지로 전달하는 서비스이다. 페드와이어, CHIPS 등이 메시지 수·발신 시스템과 실제 정산 기능 모두를 가지고 있는 결제 시스템인 데 반해, SWIFT는 결제 및 정산 기능이 없으므로 엄밀히 말해 금융기관은 아니다. SWIFT는 국제 금융거래 및 결제 관련 메시지를 안전하고 신뢰성 있게 전송하는 서비스를 제공하는 일종의 조합(cooperative)으로 1973년 15개국가 239개 은행 간 연합회로 출범했다. 본부는 벨기에 브뤼셀에 소재하고 있다.

SWIFT 이전에는 거래 은행 간 텔렉스(Telex)를 사용했다. 그러나 텔렉스 메시지는 표준화된 용어 없이 자의적으로, 그때그때 인위적으로 작성되어 신뢰성 및 보안성에 문제가 있었다. 대리지급 요청 메시지를 받은 은행은 일단 해당 메시지의 진위를 확인해야 했으며, 중간에 요청 내용이 위조되거나 사기에 이용될 가능성도 많았다. 즉, 송금 요청 정보 확인이나 자금 이체를 요청하는 메시지의 진위확인 여부는 전적으로 요청을 접수한 은행에 있었으므로 해당 요청의 확인 과정에 많은 시간과 노력이 소요되었다.

현재 SWIFT는 전 세계 약 1만 1000여 개의 은행 및 금융기관이 가입하고 있고, 표준화된 용어로 메시지를 상호 통신하고 있다. SWIFT는 10개국의 중앙은행[15]들이 감독하고 있으므로 신뢰성과 보안성도 매우 우수하다. 은행들은 SWIFT 메시지에 따라 은행 내 거래 계좌 간 차감(debit) 및 입금(credit) 등 정산을 실시한다. 미 달러화뿐만 아니라 여타 통화의 거래에도 적용된다. 2022년 4월 기준 달러화 거래가 41.1%, 유로화가 35.4%,

---

15 벨기에, 캐나다, 프랑스, 독일, 이탈리아, 일본, 네덜란드, 영국, 미국, 스위스, 스웨덴 중앙은행이다.

영국 파운드화 6.5%, 일본 엔화가 2.8%, 중국 위안화가 2.2% 차지하고 있는 것으로 집계되었다.[16]

SWIFT는 실제 결제 기능은 없으나, 은행 간 신뢰성과 보안성이 뒷받침된 자금 이체 관련 메시지를 교환함으로써 은행 간 전자상거래나 신용카드를 통한 거래가 가능하다. 예를 들어, 한국 A 은행에서 미국 B 은행으로 송금할 경우, A 은행은 미국 내 B은행에 SWIFT를 이용해 송금 메시지를 전달하고, B 은행은 우선 해당 계좌로 해당 금액을 입금한다. 이후 실제 정산은 페드와이어 또는 CHIPS 등 미국 내 결제 및 이체 서비스를 통해 A, B 은행의 거래 계좌 간에 이루어진다.

SWIFT는 우리 개인의 일상적인 금융거래에도 깊숙이 연결되어 있다. 우리가 부지불식간에 이용하는 온라인을 통한 해외상품 직접구매 또는 외국계 신용카드(비자카드, 마스터카드 등)도 모두 국제결제망을 이용하므로 SWIFT 서비스를 이용한다. 이에 따라 SWIFT 망에서 배제하는 것은 금융제재의 금융핵폭탄(Financial Nuclear Weapon)으로 불린다.[17] SWIFT에서 배제된다는 것은 국제적인 금융거래를 할 수 없다는 의미로 국제금융망에서 퇴출되는 것이다. 예를 들어, 러시아 대형 은행들이 SWIFT에서 퇴출되면, 원유 수출 대금을 받거나, 수입을 위한 신용장을 개설하는 등 금융거래 행위가 막히며, 일반 러시아 국민들도 해외에서의 신용카드 사용이 제한되고, 국내에서 인터넷 쇼핑몰을 통해 외국 상품을 구매하는 것도 불가능하게 된다.

SWIFT의 역기능도 있다. SWIFT를 통해 연간 100억 개 가량의 메시지가 전달되며, SWIFT를 통해 하루에 오가는 금융거래 메시지는 6조 달러에 달한다고 한다. 각국의 금

16 Barry Eichengreen, "Sanctions, SWIFT, and China's Cross-Border Interbank Payments System," *CSIS Briefs*(2022), p.2, https://www.csis.org/analysis/sanctions-swift-and-chinas-cross-border-interbank-payments-system.

17 "Europe says it has a 'financial nuclear weapon' against Russia. But it's uncertain if it wants to use it," *Washington Post*, February 26, 2022, https://www.washingtonpost.com/world/2022/02/25/europe-swift-russia-cutoff/(검색일: 2022.7.28.).

융 당국이나 수사기관들이 막대한 SWIFT 금융거래 내역에 접근함으로써 개인 프라이버시 침해 등 소지가 발생할 여지도 있다. 특히, 미국은 SWIFT를 대테러 또는 제3자의 제재 위반을 모니터링하는 수단으로도 활용하는 것으로 알려져 있다.[18]

당초, SWIFT 측은 미국의 정보 공유 요청을 거부했으나, 9·11 테러 이후 대테러 정보 수집 목적에 국한해 제한적으로 협조하고 있다. 이는 SWIFT가 버지니아 등 미국 일부 지역에 데이터 센터를 운영하고 있으며, SWIFT의 원활한 기능을 위해서는 미국 금융기관들의 참여가 긴요하다는 판단에 따른 것이기도 하다. 9·11 이후 미국 재무부와 SWIFT 간 비밀거래를 통해 금융거래 기록을 입수했다는 기사도 있었다.[19] 다만, 테러금융을 추적하기 위한 목적이라고는 하나 여전히 오·남용될 우려가 있어 주요국 정보기관이나 금융 당국은 오로지 반테러 활동에만 참고하고, 세금 포탈이나 마약 거래 등 여타 목적으로는 사용하지 않는다고 보장했다고 한다.

원칙적으로 미국은 테러 자금의 국제적 이동이나 제3자에 의한 제재 위반 등을 간접적으로 지원하거나 묵인했다는 이유로 SWIFT를 직접 제재할 수 있다. 실제 '이란위협감소법(Iran Threat Reduction and Syria Human Rights Act)'은 이란 중앙은행들에게 SWIFT 서비스를 제공한 개인을 제재할 수 있도록 했다. 그러나 이는 SWIFT에 근무하는 경영진 개인[20]을 대상으로 하는 것이며, SWIFT에 참여하는 은행을 대상으로 하는 것은 아니었다. 따라서 SWIFT에 제재를 부과한다고 해서 SWIFT 시스템 자체가 영향을 받는 것은 아니다.

또한, SWIFT 운영규칙(Corporate Rues)에도 일반적으로 통용되는 국제상거래 규범을 위반하는 사용자에 대해서는 SWIFT 서비스 사용 권리를 박탈할 수 있다는 조항[21]이 있

---

18 Barry Eichengreen, *Sanctions, SWIFT, and China's Cross-Border Interbank Payments System*, p.2.

19 "Bank Data is sifted by US in Secret to Block Terror," *New York Times*, June 23, 2006, https://www.nytimes.com/2006/06/23/washington/23intel.html(검색일: 2022.7.30.).

20 SWIFT 이사진은 참여 은행을 대표하는 개인이다.

21 SWIFT 운영규칙 3.2: Compliance with Eligibility Criteria and Conditions for Admission as SWIFT User.

다. 이에 따라 SWIFT 자체적으로 테러금융이나 WMD 개발 프로그램에 전용될 수 있는 자금의 흐름을 차단할 수 있다. SWIFT는 이사진 간 투표를 통해 SWIFT에서 특정 은행의 배제 여부를 결의할 수 있는데, 예를 들어 SWIFT 이사진은 2017년 3월 모든 북한 은행을 SWIFT 서비스에서 배제하겠다고 발표한 바 있다.[22]

2. 금융제재의 법적 근거와 이행

미국의 금융제재는 법률이나 행정명령으로 이루어지며 재무부의 해외자산통제국(OFAC)이 중심 역할을 맡아 이행하고 있다. 앞서 미국의 독자제재 편에서 설명했듯이 미국의 금융제재 부과의 기초가 되는 핵심적인 기본 법률로는 '적성국교역법', '국가비상사태법', '국제경제긴급권한법' 및 '애국법'이 있다.

1917년 제정된 '적성국교역법'은 전시에 미국인(자연인과 법인을 모두 포함하는 개념)으로 하여금 정부의 허락 없이는 '미국 정부가 적국으로 지정한 국가 및 적국의 동맹국'과의 교역 또는 금융거래 등에 제한을 두도록 하는 광범위한 비상 권한을 대통령에게 부여했다.

1976년 제정된 '국가비상사태법(NEA)'은 대통령이 전시가 아닌 평시에도 국가비상사태를 선포할 수 있는 요건 및 권한을 부여한 법이다. 1977년 제정된 '국제경제긴급권한법'은 '국가비상사태법'에 의한 '평시' 비상사태 선포 이후 대통령에게 다양한 대외무역 및 거래를 규제할 수 있는 권한을 부여했다. 앞에서도 설명했다시피 비상사태는 '미국의 국가안보, 대외 정책 또는 대외경제에 대한, 그 근원이 완전히 또는 상당 부분 미국 외부에 있는, 이례적이고 특별한 위협'을 다루기 위해 선포된다. 현재 미국 대통령이 행정명령을 통해 금융제재를 부과하는 가장 핵심적인 법률 중 하나이다.

22 "스위프트 북한 은행과 거래 중단 … 안보리 지적 따른 조치", *Voice of America*, March 9, 2017, https://www.voakorea.com/a/3755575.html(검색일: 2022.7.30.).

2001년 9·11 테러 사태 이후 제정된 '애국법' 311조는 재무부로 하여금 특정 국가 또는 특정금융기관 등을 '자금세탁 주요 우려 국가 및 단체(primary money laundering concern)'로 지정할 권한과 이에 따른 특별조치를 부과할 권한을 부여하고 있다.[23] 미국 '애국법'에 근거한 금융 관련 특별조치로는, △미국 금융기관에 특정 거래에 대한 기록 및 보고 의무 부과, △미국 금융기관이 특정 계좌의 외국인 수익자 신원 확인, △미국 금융기관 내에서 외국 은행이 개설한 은행 경유 지불계좌(payable-through account)를 이용하는 외국 은행의 고객에 대한 신원 확인, △미국 금융기관에서 외국 은행에 의해 개설된 은행 간 외환거래 계좌를 이용하는 외국 은행의 고객에 대한 신원 확인, △은행 경유 지불계좌 또는 은행 간 외환거래 계좌 개설 또는 유지의 제한 또는 금지 등의 조치가 있다.[24]

위의 기본 법률 이외 일종의 특별법으로 가장 중요한 것이 '적성국제재법'인데, 이란, 러시아, 북한 등 미국이 적대 세력으로 간주하는 특정 국가에 대해 금융제재를 포함해 포괄적인 제재를 부과하도록 규정하고 있다. '적성국제재법'은 이란, 러시아, 북한에 대한 대통령의 기존 제재 부과 권한을 확장함과 동시에 의회 차원에서 행정부의 제재 완화 및 면제 권한을 대폭 제한하는 내용을 포함하고 있으며, 대통령의 의회 보고 의무를 강화했다. 특히 외국인의 특정 거래 등을 제한하는 2차 제재의 내용을 담고 있다.[25]

대통령은 이러한 법률을 이행하기 위해, 또는 대통령의 대외관계에서의 독자적인 권한을 활용해 행정명령을 발령한다. 대통령이 행정명령을 통해 재무부 장관에게 위임한 실제 제재집행 권한은 재무부의 OFAC에 있다. OFAC이 금융제재의 집행·관리·감독자로서 역할을 수행하는 것이다. OFAC은 제재 대상자 명단(SDN)을 작성해 운영하고 있는데, 여기에 등재된 개인이나 단체의 미국 내 금융자산은 동결되며, 이들과 일체의 금융거래가 금지된다. 제재 대상자는 OFAC의 승인 없이는 자산에 접근하거나 이를 이용할 수 없다.

---

23 미국 재무부 홈페이지 '311 Actions' 부분.

24 '애국법'에 따른 특별조치 내용: 5318A(b) title 31, U.S.C.

25 '적성국제재법' 제225조, 제226조, 제231조, 제232조, 제233조, 제234조.

일반적인 금융제재보다 세분하여 특정 분야 또는 특정 기업의 특정 거래를 금지하는 리스트도 별도로 운영하는데, 통합제재명단(Non-SDN List: Consolidated Sanctions List)이 그것이다. 보통 '통합제재명단'에는 개인이 아니라 특정 기업이나 산업 분야에 속한 기업이 등재되는데 이들에 대한 투자 및 대출 금지 등 추가적인 의무가 부과된다. 예를 들어, 이 명단에 중국 군산복합체를 추가해 해당 기업에 대한 투자나 증권거래 등의 특정 금융거래를 금지하는 방식이다.

제재 대상 국가의 특정 개인 및 단체에 대한 금융제재는 이들의 미국 내 자산을 동결하고, 금융거래 행위를 금지하는 방식으로 이루어진다. 개인 및 단체에 대한 금융제재는 EU 등 여타 국가의 독자적인 금융제재와 결합할 때 강력한 효과를 가져온다. 예를 들어, 러시아 푸틴(Putin) 대통령과 결탁한 재벌〔올리가르히(Oligarch)〕에 대해 미국, EU 27개 회원국 및 영국이 제재를 가함으로써 이들의 미국, 영국 및 EU 국가 내 자산을 동결했다.

제재 대상 국가 또는 특정 산업을 대상으로 하는 금융제재는 해당 산업 분야에 대한 투자를 금지하고, 미국 및 EU 자본시장에서 자본 조달을 금지하며, 달러화 및 유로화 등 국제통화를 확보하는 행위도 금지한다. 이를 통해 해당 산업 내 기업들의 유동성 확보를 저지하고, 생산능력을 감소시키며, 심지어는 파산을 유도하는 효과가 있다. 앞서도 설명했듯이 OFAC은 각각의 제재를 '제재 프로그램(Sanctions Program)'으로 명명해 관리하는데, 2023년 8월 현재 38개의 제재 프로그램이 존재한다.

OFAC은 각 제재 프로그램을 이행하기 위해 별도의 세부 이행 규칙을 마련하는데, 구체적인 내용은 『미국 연방규정집(CFR: US Code of Federal Regulations)』 재무부 해외자산통제국 편에 상세히 공개하고 있다.[26] 여기에는 각 행정명령에서 규정한 금지 사항뿐만 아니라 용어의 정의, 해석 지침, 허가 기준 등 제재 이행 전반에 필요한 정보를 상세하게 포함하고 있다.

재무부 OFAC 홈페이지에도 제재 대상자 정보를 게재해 선량한 거래자가 제재 대상

---

26 재무부 홈페이지: Code of Federal Regulations(CFR) 부분 / 31 CFR Chapter V.

과의 거래에 연루되지 않도록 지원하고 있는데, 해당 홈페이지에서 재무부가 지정한 제재 대상자 전체를 검색할 수 있으며,[27] 한국의 '전략물자관리시스템(https://www.yestrade.go.kr)'을 통해서도 미국 재무부, 상무부, 국방부가 지정한 제재 대상자 전체를 검색할 수 있다.

3. 실제 이행

1) 관할 대상 확대

2장에서 설명했듯이 재무부의 금융제재는 기본적으로 미국 관할권 내 자연인과 법인을 포함한 모든 미국인(US Persons), 미국법에 따라 설립된 기업, 단체 및 이들이 소유하거나, 통제하는 모든 단체와 기업에 의해 이행된다. 미국 금융기관의 정의에는 자금수탁 기관, 은행, 저축은행, 금융기관, 신탁기관, 보험회사, 증권거래기관, 결제은행, 투자기관, 미국 내 모기업, 외국에 소재하는 미국 자회사, 외국금융회사의 미국 내 자회사, 사무소 등 일체가 포함된다. 한마디로 미국 관할권 내 모든 개인과 금융기관을 포함한 법인은 제재 대상자와의 금융거래가 금지된다.

2010년 유엔 안보리의 마지막 이란제재 결의인 1929호가 채택되고 한 달 뒤에 제정된 '포괄적 이란제재법(CISADA: Comprehensive Iran Sanctions, Accountability, and Divestment Act)'은 이란에 대한 금융제재를 한층 강화했는데, 미국 관할권 내 금융기관으로 예금기관, 은행, 저축은행, 환전 및 송금 서비스업, 신탁회사, 보험회사, 증권 중개 및 거래소, 상품거래소(commodity exchanges), 금융결제기관(clearing corporations), 투자회사, 금융지주회사 및 그의 국내외 계열사(affiliates)와 자회사(subsidiaries), 외국 금융기관의 미국 내 지

27 https://sanctionssearch.ofac.treas.gov/.

점, 사무소, 대리인 등을 모두 포함한다.[28]

그러나 미국 정부기관이 실시간으로 모든 금융거래를 모니터링하고 차단할 수는 없으므로 OFAC의 금융제재는 민간 금융기관의 자체 점검을 통해 이행된다. 1990년대 중반 이후 대다수 금융기관은 OFAC 규정에 맞게 자체 점검 모니터링과 경보 시스템을 개발해 왔다. 자체 모니터링 이외에도 내부감사, 정기적인 은행 감사, OFAC의 현장 계도 및 조사, 내부 고발자 운영 등을 통해 불법 금융거래가 이루어지지 않도록 세심한 주의를 기울이고 있다.

미국 금융기관이 OFAC의 제재 명단에 등재된 개인 또는 단체가 연루된 금융거래 요청을 접수했을 경우에는 해당 거래를 거부 또는 차단하거나, 해당 자산을 동결해야 한다. 이후 10 근무일 이내 OFAC에게 해당 상세 내용을 보고해야 할 의무가 있는데, 해당 보고에는 해당 계좌 소유자, 해당 자산, 위치, 가치, 차단하거나 거부된 날짜, 결제 요청서 사본 등이 포함된다. OFAC은 불법거래임에도 불구하고 해당 거래를 거부하지 않거나, 해당 자금을 동결하지 않는 사례가 발견되면 행정명령을 통해 해당 은행 측에 상세 설명을 요구하고, 이후 조사 결과 불법임이 드러날 경우 벌금을 부과하거나, 형사고발 조치한다.

2019년 6월, OFAC은 보고 의무를 금융기관뿐 아니라 미국 관할권이 미치는 모든 개인 및 법인에게 확대해 동결(block) 대상 거래뿐만 아니라 거절(reject)한 거래까지도 OFAC에 10일 내에 보고하도록 했다.[29] 또한, 거래 성격, 내용, 매개인 또는 중개인 상세 정보, 이용한 은행 등의 금융기관 정보, 제재 대상자와 연루된 모든 개인 및 기업들을 신고하도록 대상을 확대했다.

금융제재를 이행하는 데 있어 세 가지 중요한 개념이 있다. 아래 사례를 포함, 금융제재를 위반하는 미국인은 민사상 건별 최대 25만 달러, 또는 거래액의 두 배에 해당하는

---

28 미국 재무부 설명 자료: CISADA, "The New U.S. Sanctions on Iran" 질의응답 3항, https://home.treasury.gov/system/files/126/CISADA_english.pdf(검색일: 2022.7.20.).

29 미국 재무부 공지사항(2019.6.20.): Amendment of the Reporting, Procedures and Penalties Regulations(RPPR).

벌금을 부과하며, 의도적인 행위로 판명될 경우에는 형사사건으로 기소되고 이 경우 최대 추징금 100만 달러 및 징역 20년이 선고될 수 있다.[30]

첫째, '일부러, 의도적으로'라는 뜻을 가진 'Knowingly'의 의미이다. 이는 미국 개인이나 단체, 금융기관이 실제로 해당 거래가 불법임을 알고 있거나, 자신의 거래 및 지원 행위로 인해 제재 위반을 야기할 결과를 알 수 있었을 것으로 추정되는 상황을 의미한다. 미국의 금융제재는 '불지불식간'에 혹은 '의도적으로' 하는 행위 모두를 처벌한다.

둘째는 앞서 2장에서 설명한 '50% 기준 원칙(50% Rule)' 개념이다. OFAC은 2008년 2월 제재 이행 가이드라인을 통해 '50% 기준' 원칙을 도입[31]했다. 이는 제재 대상 개인이나 단체에 의해, 직접적이거나, 간접적으로라도 50%의 지분을 소유한 기업이나 자산도 제재 대상으로 지정한다는 내용이다.

2014년 8월에는 '50% 기준' 원칙을 더욱 확대해 제재 대상자 독자적으로든, 아니면 제재 대상자들의 보유액을 모두 합하건(individually or in the aggregate), 직접적이든, 간접적이든 제재 대상인 개인이 특정 기업이나 자산 가치의 50% 이상을 소유하면 해당 기업이나 자산도 제재 대상에 포함되도록 적용 폭을 확대했다.[32] '총합(in the aggregate)'의 의미는 제재 대상 개인 여러 명이 있을 경우, 이들의 지분 가치를 합한 총 가치가 50% 이상일 경우를 의미한다.

'간접적인 혜택에 따른 실소유주(indirect beneficial ownership)'라는 개념도 등장했다. 독자적으로든, 여러 제재 대상자이든 총합이 50% 이상을 넘은 기업이 소유하는 다른 기업이나 자산도 마찬가지로 제재 대상인데, 이를 연쇄효과(cascading effect)라고 부른다.[33] 예

---

30 '국제경제긴급권한법(IEEPA)' 1705항: §1705. Penalties (b), ©.

31 OFAC 자료: "Revised guidance on entities owned by persons whose property and interests in property are blocked," February 14, 2008.

32 OFAC 자료: "Revised guidance on entities owned by persons whose property and interests in property are blocked," August 13, 2014.

33 재무부 금융제재 설명 자료: Entities Owned by Blocked Persons (50% Rule) 중 401항, https://home.treasury.gov/policy-issues/financial-sanctions/faqs/topic/1521.

를 들어, 제재 대상 '갑'이 특정 기업 A의 지분 50% 이상을 소유하고, 해당 기업 A는 다른 기업 B의 50% 지분을 소유할 경우 '갑'은 간접적으로 B 기업을 소유하는 셈이므로 기업 A, B 모두 제재 대상으로 지정한다는 것이다. EU 역시 2022년 4월 제재 이행 관련 공지를 통해 한 명 또는 두 명 이상의 제재 대상자가 제재 대상이 아닌 기업의 주식을 소유했을 경우, 그 주식의 총합이 50%를 넘을 경우에는 해당 비제재 대상 기업은 제재 대상자들이 소유하거나 통제하고 있는 것으로 간주한다고 발표했다.[34]

세 번째가 앞서 2장에서 살펴본 '위반의 유발(Causing a violation)' 조항이다. OFAC 제재 명단에의 등재 여부와는 상관없이 제3국 금융기관의 주의를 요하며, 역외적용 문제를 불러일으킬 수 있는 것이 바로 '유발(causation) 조항'이다. 원칙적으로 외국인은 미국 독자제재의 일차적 적용 대상이 아니지만, 2007년 개정 '국제경제긴급권한법'상 외국인이 미국인의 제재 위반 행위를 '유발'한 경우에는 외국인도 미국의 독자제재를 위반한 것으로 보아 처벌한다.

'국제경제긴급권한법'상 미국인 여부를 불문하고 특정인(人)이 의무를 위반하거나(violate), 위반을 '시도'하거나(attempt to violate), 위반을 '공모'하거나(conspire to violate), 위반을 '유발'하는(cause a violation) 행위는 금지된다.[35]

'국제경제긴급권한법'의 선례를 따라 대부분의 행정명령 및 법률에도 "당해 법률 및 행정명령상 금지된 행위를 유발하는 행위(causes a violation of …)를 금지한다"는 조항이 포함되어 있다. 미국 금융기관으로 하여금 대북 금융제재를 위반하도록 '유발'한 사례에 대해 미국 법무부가 처벌한 최근의 사례를 들어보면 다음과 같다.

---

34 European Commission, "Assets freeze and prohibition to make funds and economic resources available," May 4, 2022, https://finance.ec.europa.eu/system/files/2022-11/faqs-sanctions-russia-assets-freezes_en_0.pdf.

35 '국제경제긴급권한법' 1705항: § 1705. Penalties (a).

사례 1

UAE 기업 '에센트라(Essentra)'는 담배 필터를 비롯한 담배 관련 제품을 제조하고 판매하는 글로벌 기업으로 2018년 초 북한인으로부터 담배 필터를 구매하겠다는 제안을 받아 중국 및 여타 제3국 기업을 거래처로 명시해 계약을 체결했다. 에센트라는 담배 필터가 북한에 공급될 것이라는 점을 알고 있으면서도 수출을 진행했고, 수출 대금은 미국 은행의 제3국내 지사를 통해 달러화와 현지화(디르함)로 수령했다.

2020년 7월 법무부와 재무부는 상기 에센트라의 행위가 미국의 북한제재법령을 위반했다고 판단하고 약 67만 달러의 벌금을 부과했다.[36] 미국의 북한제재법령은 미국인이 북한으로 물품이나 서비스를 수출하거나 이를 위해 제3자의 거래를 지원(facilitate)하는 행위를 금지하고 있으며, 더 나아가 제3국인이 제재 대상과 거래하는 과정에서 미국인이 이러한 제재법령을 위반하도록 '유발(cause a violation)'하는 행위도 금지하고 있기 때문이다.

미국 정부는 에센트라가 미국인에게 금지된 북한 관련 거래를 진행하는 과정에서 미국 은행이 제3국 지사를 통해 해당 거래를 위해 금융서비스를 제공하도록 '유발'함으로써 대북제재를 위반한 것으로 판정했다. 즉, 에센트라는 미국의 제재법령에 구애받지 않는 제3국 기업으로 북한과 수출 거래를 진행했으나, 그 과정에서 미국 은행의 제3국 소재 지사를 통해 달러화 수출 대금을 지급받아 결과적으로 미국 금융기관이 해당 금지거래에 관여하도록 유발한 것이 문제가 되었다.

위 사례는 통상적으로 제재법령을 엄격히 준수하는 금융기관이 아니라, 제조 및 수출 활동을 하는 제3국의 기업이 미국 금융기관의 외국 지사를 이용해 거래함으로써 미국 은행의 제재 위반을 초래했다는 점에서 큰 주목을 받았다.[37]

---

36 "미 재무부, 대북제재 위반 UAE 회사에 과징금 부과", *Radio Free Asia*, July 16, https://www.rfa.org/korean/in_focus/nk_nuclear_talks/sanctionviolation-07162020164225.html.

37 김&장 뉴스레터, "최근 미국의 대북제재 사례 소개 및 시사점," 2020.9.14, https://www.kimchang.com/ko/insights/detail.kc?sch_section=4&idx=22026.

사례 2

미국 법무부는 2023년 4월 영국의 글로벌 담배제조 기업인 '브리티시 아메리칸 토바코(BAT)'와 싱가포르 판매 법인이 2007~2017년에 북한 담배제조 업체에 담배류를 수출하고 그 과정에서 문서를 위조해 미국 은행을 통해 약 7400만 달러(약 991억 원) 상당의 거래를 진행한 혐의로 6억 3000달러(약 8000억 원)의 벌금을 부과했다.[38] 이는 북한제재 관련으로는 사상 최대 액수의 벌금이다.

BAT는 담배류 수출로 인한 대북한제재 위반뿐만 아니라, 문서를 위조해 미국 금융기관을 통해 북한으로부터 수출 대금을 수령함으로써 미국 금융기관이 대북 금융제재를 위반토록 유발(cause)했다는 혐의를 받았다. BAT는 제3의 기업을 통해 북한의 위장 기업에 담배류를 수출했으며, 이 과정에서 싱가포르에 위치한 제3의 기업을 통해 북한으로부터 약 4억 1000달러에 달하는 수출 대금을 수령했다. 북한은 위장 회사를 통해 달러화를 거래했고, 이 과정에서 미국 금융기관을 이용했다. 위 사례에서 볼 수 있듯이 미국 법무부와 재무부는 '유발 조항'을 적극적으로 적용해 외국인에 대한 금융제재 집행의 근거로 활용하고 있다.

외국 금융기관이 '미국 달러화'를 사용해 제재 대상자와 거래할 경우, 해당 외국 금융기관과 연결된 미국 금융기관으로 하여금 제재 대상자를 위해 달러화 거래 서비스를 지원하는 셈이 된다. 즉, 달러화 및 미국 금융기관을 활용함으로써 미국 관할권과 직접 관련성이 발생하며(US nexus), 이 부분에서 미국의 금융제재 위반을 '유발'한 행위에 해당되는 것이다.

국제거래의 상당 부분은 미국 달러로 결제되며, 달러화의 전신 송금(wire transfer)은 궁극적으로 미국 내 결제 시스템을 통해 이루어지기 때문에, 미국과 직접적인 관련성이 없는 거래라고 해도 '미국 달러화'의 지급이 수반되는 경우에는 반드시 미국 은행이 처리 과

---

38 미국 법무부 보도자료(2023.4.25.): "British American Tobacco to Pay $629 Million in Fines for N. Korean Tobacco Sales; Charges Unsealed Against Tobacco Facilitators."

정에 개입하게 된다. 이는 곧 외국인이 미국인의 위반을 유발한 것으로 해석되며,[39] 이 과정을 통해 미국의 독자적 금융제재가 제3국의 개인이나 금융기관에도 직접 적용되는 '2차적 제재'의 성격을 내포하는 것이다.

2) 기업의 주의의무

이렇게 부지불식간에 미국의 금융제재를 위반할 수 있기 때문에 각 금융주체들은, 특히 은행들은 각별한 주의의무(diligence)를 갖게 된다. 이른바, '고객을 알아야 한다(KYC: Know-your-customer)'는 원칙이 그것인데, 이는 사전 주의의무와 모니터링 의무를 포함한다. 각 은행들은 거래 대상 개인이나 기업의 지리적 위치, 기업의 경우 소유권과 통제권, 주변 기업과의 관계 및 제재 대상 지정 여부 등을 살펴야 하고, 외국인 또는 외국 기업인 경우에는 가명으로 거래를 할 경우에 대비해 원어 이름과 외국어 표기까지 대조해야 한다.

특히, 거래 상대방의 지리적 위치에 각별한 주의를 필요로 한다. 예를 들어, 북한은 중국과 동남아시아 기업들을 대상으로 광범위한 불법 조달 네트워크를 운영하고 있는데, 제재 대상 북한 기업이나 단체가 제3국에 위치하고 있는 다양한 중개상이나 거래선을 활용할 가능성이 크기 때문이다. 은행들은 문제가 되는 기업이나 개인을 내부 블랙리스트에 등재해 관리한다. 의심스러운 고객의 경우에는 긴밀한 모니터링 과정을 거치는데, 이 과정에서 오판이나 실수를 줄이기 위해 이른바 '네 개의 눈(Four Eyes) 원칙'하에 두 명 이상이 모니터링해야 한다.

그러나 위장 회사·유령 회사 등 여러 단체와 단계가 얽혀 있는 복잡한 운송 및 교역 구조상 정확히 어느 단계에서, 어느 기업이 제재 대상자와 연계되어 있는지 파악하는 것은 기업에게 상당한 도전이 될 수밖에 없다. 주의의무의 중요성을 일깨워주는 최근 사례를 몇 가지 들어본다.

39 이서진·박효민, 「미국의 금융제재 방식 및 활용 검토」, ≪무역안보 Brief≫, Vol.2(2021).

사례 1

2020년 3월, 영국 재무부의 금융제재이행청(OFSI)은 '스탠더드 차터드(Standard Chartered)' 은행이 제재 대상인 러시아 스베르(Sber) 은행이 사실상 소유하고 있는 데니즈 뱅크(Deniz bank)와 거래했다는 혐의로 2040만 파운드의 벌금을 부과했다.[40]

사례 2

2021년 1월, OFAC은 인도네시아 소재 제지업체인 PT 부킷 무리아 자야(BMJ: Bukit Muria Jaya)를 북한 및 제재 대상인 북한인에게 담배제조 용지를 수출했다는 이유로 100만 달러의 벌금을 부과했다.[41] BMJ는 수출 대금을 제3국 은행의 달러화 계좌에 입금하도록 요청했는데, 결과적으로 미국 은행이 제재 대상과 금융거래를 하도록 유발했기 때문이다. 이 외에도 BMJ는 북한 측의 요청으로 북한 기업을 대신해 제3국에 위치한 중간 거래선 명의로 수출, 청구서, B/L 및 운송장 등 서류를 위조했다.

한편, 최근 확대되고 있는 산업별 제재(Sectoral Sanctions)는 기업들에게 추가 부담을 지우는데, 예를 들어 제재 대상자를 특정하지 않고, 해운 및 운송 분야를 제재 대상으로 지정하면서 제재 대상 선박에게 보험 등 금융서비스를 금지할 경우에 은행과 기업들은 고객과 해당 분야와의 연계성을 파악해야 하는 등 추가적인 비용과 시간이 소요된다. 또한, 금융기관들이 선박 소유주나 임차자 또는 선박 관리자와 거래할 경우에는 해당 선박이 요주의 지역에서 운항하는지 여부 및 운항할 경우 '선박자동식별장치(AIS)' 조작 등 불법 행위를 하는지 여부도 모니터링해야 한다.

---

40 "OFSI Fines Standard Chartered Bank £20M for Sectoral Sanctions Breaches," Kirkland & Ellis LLP, April 6, 2020. https://www.kirkland.com/publications/kirkland-alert/2020/04/ofsi-fines-standard-chartered-bank.

41 OFAC 보도자료(2021.1.14.): "OFAC Settles with PT Bukit Muria Jaya for Its Potential Civil Liability for Apparent Violations of the North Korea Sanctions Regulations," https://home.treasury.gov/system/files/126/20210114_BMJ.pdf.

이 때문에 은행들은 러시아가 불법 합병한 크림반도 등 특정한 우려 지역이나 특정 산업 분야에서의 정상적인 거래도 회피하는 사례가 늘고 있다. 아울러 미국 OFAC은 모든 미국 금융기관들에게 특정 금융거래를 거부했을 경우 해당 은행의 달러화 결제계좌 운영 여부 등 해당 은행의 정보도 신고하도록 하고 있다.

사례 3

2021년 1월, OFAC은 제재 대상 시리아 금융기관을 대신하여 114회에 걸쳐 미국 내 달러화 결제계좌를 이용해 불법으로 자금을 이체했다는 혐의로 프랑스 소재 아랍-프랑스 연합은행(UBAF)에 850만 달러의 벌금을 부과했다.[42]

3) 가상화폐 문제

최근 들어 법정화폐(fiat currency)를 대체하는 수단으로 가상화폐(Virtual Currencies)의 범위와 폭이 확대되고 있다. 일부 금융기관들은 가상화폐를 취급하고 금융 시스템을 통해 가상화폐를 거래하며 가상화폐에 투자도 하고 있다.

그러나 가상화폐는 관리 및 운용에 있어 정부의 통제 영역 밖에 위치하며 감독을 받지 않고 운용되기에 제재 대상국들이 제재회피를 위한 대안으로 사용하는 사례가 늘고 있다. 러시아와 베네수엘라는 국가적 차원에서 가상화폐에 투자하고, 북한과 이란은 제재를 회피하는 수단으로 가상화폐를 활용하고 있다.[43] 예를 들어, 미국 암호화폐 분석 기업 체이널리시스(Chainalysis)는 2022년 세계에서 벌어진 암호화폐 탈취 사건의 60%를 북한 해커 소행으로 추정했는데, 미국 정부는 "북한이 악의적 사이버 활동으로 미사일 개발 자

42 OFAC 보도자료(2021.1.4.): "OFAC Enters Into $8,572,500 Settlement with Union de Banques Arabes et Françaises for Apparent Violations of Syria-Related Sanctions Program," https://home.treasury.gov/system/files/126/01042021_UBAF.pdf.

43 Jill Jermano, *Economic and Financial Sanctions in US National Security Strategy*, pp.69~70.

금 3분의 1을 충당한 것으로 추정한다"고 밝혔다.[44]

이에 따라 미국 재무부는 모든 미국인(자연인과 법인 모두 포함)은 온라인 거래를 하거나, 디지털화폐를 이용해 거래를 하거나, 또는 해당 거래가 디지털 화폐로 이루어지건, 법정 통화로 이루어지건 간에 OFAC의 제재를 따를 의무가 있음을 명확히 했다.[45] 예를 들어, 2017년 베네수엘라 정부는 미국의 제재를 회피하기 위해 '페트로(Petro)'라는 가상화폐를 도입했는데, 미국 정부는 미국인과 미국 기업에게 베네수엘라의 사이버화폐인 페트로를 거래할 경우 제재를 위반할 위험성이 있다고 경고하고, 2018년 3월에는 행정명령 13827호를 통해 미국 시민과 기업들로 하여금 베네수엘라 정부와 관련된 모든 사이버화폐의 거래를 금지했다.[46]

OFAC은 이란 해커를 대신해 비트코인 랜섬을 이란 리알화로 환전하는 데 관여한 이란 거주 개인들에 대한 제재를 부과하면서 처음으로 사이버화폐 주소를 제재 명단에 등재하기도 했다.[47] 2021년 2월에는 미국 법무부가 북한 정찰총국 소속 해커 3명을 13억 달러 이상의 화폐와 가상화폐 탈취 시도, 사이버 공격과 악성 앱 개발과 배포 등 범죄 공모에 가담한 혐의로 기소한 사례도 있었다.[48]

사례 1

2021년 2월 18일, OFAC은 제재 대상 국가에 거주하고 있는 개인이 비트페이(BitPay) 플랫폼을 사용해 미국 내 회사와 거래하는 것을 방조했다는 혐의로 미국 내 결재대행기관인 비트페이에 50만 달러의 벌금을 부과했다. 비트페이가 해당 개인의 IP 주소를 파악

---

44 "北, 암호화폐 해킹으로 10억 달러 이상 탈취해 무기개발", ≪동아일보≫, 2022년 10월 19일 자.

45 OFAC 질의응답 559번, www.home.treasury.gov/policy-issues/fianacial-sanctions/faqs.

46 E.O. 13827(2018.3.19.), "Taking Additional Steps to Address the Situation in Venezuela."

47 미국 재무부 보도자료(2018.11.27.): "Treasury designates Iran-based financial facilitators of malicious cyber activity and for the first time identifies digital currency addresses."

48 미국 법무부 보도자료(2021.2.17.): "Three North Korean Military Hackers indicted wide-ranging scheme to commit cyber-attacks and financial crimes across the globe."

해 해당 개인이 제재 대상 국가에 거주하고 있다는 사실을 알고 있으면서도 거래를 방조했다는 혐의였다.[49] 이러한 사례는 금융기관들이 위험을 회피하기 위한 주의의무에 거래 대상 기업이나 개인의 IP 주소까지 점검해야 한다는 의미를 가진다.

최근에는 해커들이 컴퓨터에 침입, 컴퓨터를 잠근다든지, 컴퓨터에 저장된 정보의 접근을 막아 이를 인질로 삼아 랜섬을 요구하는 범죄행위도 증가하고 있는데, 랜섬 지급 대상이 제재 대상 개인이나 기업, 또는 포괄적인 금수 조치를 받는 국가에 소재하는 경우 제재 위반에 해당할 수 있다. 이에 따라 OFAC은 불법적인 사이버 활동과 연계해 랜섬을 지급하는 등의 행위에 대해 경보를 발령하기도 했다.[50]

결론적으로 가상화폐는 금융제재를 이행하는 과정에서 새로운 함정으로 작용할 가능성이 크다. 기업이나 개인들은 상대방의 정보는 물론 컴퓨터 IP 주소 파악 등 더욱 특별한 주의의무를 기울여야 한다.[51] 가상화폐가 제재회피 수단으로 악용되지 않도록 주의를 요하는 내용은 미국 재무부 홈페이지에 상세히 안내되어 있다. 그러나 기업들의 주의의무는 가상화폐의 비밀성, 익명성 때문에 더욱 어려워지고 있는 것이 사실이다.

4. 대표적 금융제재 사례

1) 이란

이란에 대한 금융제재는 다양한 법률 및 행정명령에 의해 이루어져 왔다. 이란에 대한

49 미국 재무부 보도자료 (2021.2.18.): "Settlement Agreement between the U.S. Department of the Treasury's Office of Foreign Assets Control and BitPay, Inc."

50 OFAC 주의보(2021.9.21): Updated Advisory on Potential sanctions risks for facilitating ransomware payments.

51 https://home.treasury.gov/policy-issues/financial-sanctions/faqs/topic/1626.

대표적인 금융제재 법률로는 2001년 '애국법', 2006년 '이란제재법', 2010년 '포괄적 이란 제재법', 2012년 '이란위협감소법', 2012년 '이란 자유 및 반확산법', 2017년 '적성국제재법' 등이 있다. 2010년 6월 채택된 유엔 안보리 제재 결의 1929호는 특정 개인이나 단체가 소유한 자산을 동결할 것과 이란의 핵 프로그램을 지원할 수 있는 금융서비스의 제공을 금지할 것을 촉구했다.

이후 한 달여 만에 발효된 '포괄적 이란제재법'은 안보리 결의 1929호를 더욱 강화해 이란 금융기관들의 미국 금융 시스템으로의 접근을 완전히 차단했다.[52] 이어 미국 재무부가 '이란금융제재 규정(IFSR: Iranian Financial Sanctions Regulations)'을 개정해 미국 금융기관으로 하여금 이란의 혁명수비대와의 금융거래는 물론 이란 혁명수비대에게 직간접적으로 혜택을 주는 금융거래까지 금지했다.

'포괄적 이란제재법' 이후 행정명령 제13590호에 의해 석유화학제품에 대한 제재가 추가되고,[53] 2011년에는 '애국법' 311조를 원용하여 이란 금융기관 전체를 '자금세탁 우려 대상(primary money laundering)'으로 지정했다.

2012년 '이란위협감소법'은 이란에 대한 금융제재를 대폭 강화해 미국 영토 밖에서 외국법에 의해 설립된 제3국 기업이라고 해도 미국인이 소유·관리할 경우에는 이란과의 거래를 금지했다.[54]

2013년 국방수권법안에 포함된 '이란 자유 및 반확산법'은 산업 부분별 제재와 금융제재를 결합해 에너지, 운송, 선박 부분과 관련된 금융거래 차단, 보험이나 보증 등 금융서비스의 제공 금지 등 기존 금융제재를 더욱 강화했으며, 위반 금융기관은 미국 금융기관에 달러화 결제계좌를 개설할 수 없도록 했다.[55]

---

52 미국 재무부 홈페이지: The Financial Provisions of "CISADA"(US Treasury Department - Iranian Financial Sanctions Regulations).

53 미국 국무부 보도자료(2011.11.25.): "Energy-Related Sanctions Under Executive Order 13590."

54 https://home.treasury.gov/policy-issues/financial-sanctions/recent-actions/20130206.

55 "Iran Freedom and Counter-Proliferation Act Signed Into Law," *Dentons* (2013), https://www.dentons.

이란에 대한 가장 강력한 금융제재로 꼽을 수 있는 것은 SWIFT 제재이다. 2012년 '이란 위협감축법'은 대통령에게 이란 중앙은행과 일부 은행들에게 SWFIT 서비스를 제공하는 개인을 제재할 수 있는 권한을 부여했는데, 이는 사실상 이란 중앙은행 등을 SWIFT에서 배제한 것이었다. 이는 2015년 JCPOA 채택 이전 이란에 부과된 금융제재 중 가장 강력한 조치로 평가된다.[56] 2018년 5월 트럼프 행정부의 JCPOA 탈퇴 직후 미국 재무부는 이란 중앙은행 등에 대한 SWIFT 서비스 제공을 금지했는데, 원유 수출 금지와 함께 SWIFT 제재를 병행함으로써 국제사회는 이란산 원유 수입 대금과 관련한 금융서비스를 제공하지 못하게 되었다.

2) 러시아

러시아는 2014년 크림반도 강제병합 이후 달러 의존도를 줄이며 서방의 금융제재에 대응해 왔는데, 2022년 2월 우크라이나 무력 침공 이후 미국은 한층 광범위하고 강력한 제재를 부과했다. 기본적으로 미국의 러시아에 대한 금융제재는 '국제경제긴급권한법'에 근거한 행정명령을 통해 이행되고 있는데 행정명령 14024호를 통해 러시아 연방 정부의 불법적 대외활동과 관련된 미국 내 자산을 동결했으며,[57] 행정명령 14065호를 통해 돈바스 지역에 대해 포괄적 금수 조치를 부과했다.[58]

---

com/en/insights/alerts/2013/january/15/iran-freedom-and-counterproliferation-act-signed-into-law (검색일: 2022.10.11.).

56 Mark Dubowitz, "FDD: SWIFT Sanctions: Frequently Asked Questions," *Foundation for Defense of Democracies*(2018), https://www.fdd.org/analysis/2018/10/10/swift-sanctions-frequently-asked-questions/.

57 E.O. 14024(2021.4.15.), "Blocking Property With Respect To Specified Harmful Foreign Activities of the Government of the Russian Federation."

58 E.O. 14065(2022.2.21.), "Blocking Property of Certain Persons and Prohibiting Certain Transactions With Respect to Continued Russian Efforts To Undermine the Sovereignty and Territorial Integrity of Ukraine."

이 중 가장 강력한 조치로 평가받는 것이 주요 러시아 은행을 SWIFT에서 배제하고, 러시아 중앙은행과 주요 국영기업의 미국 내 자산을 동결한 조치였는데, 이는 2014년 크림반도 강제병합 당시에는 포함되지 않았던 조치이다. 2022년 12월 현재까지 미국이 러시아에 대해 부과한 금융제재 내용은 다음과 같다.[59]

- 러시아 최대 은행인 스베르 은행(Sber bank) 포함 주요 은행인 VTB, VEB, 소보콤(Sovcom), 노비콤(Novicom) 등 10개 은행을 제재하고, SWIFT에서 배제.
- 러시아 중앙은행 및 국부펀드 등의 미국 내 자산 동결 및 거래 금지.
- 푸틴 대통령 등 주요 정치권 인사와 주요 은행 임원 등의 금융거래 금지 및 자산 동결.
- 제재 대상 러시아 금융기관 및 자회사의 미국 금융기관 내 달러화 거래 계좌 폐쇄.
- 주요 국영기업에 대한 미국 내 자산시장 접근 금지(국채·채권·주식거래 금지).
- 산업 부문별 제재(sectoral sanctions)도 병행해 에너지, 통신, 광물, 해운, 항공, 철도 분야 관련 개인 및 기업의 미국 내 금융시장 및 자본시장 접근 금지.

특히, 러시아 중앙은행에 대한 금융제재는 최초로 G20 국가 중앙은행에 대한 금융제재라는 점에서 획기적인 것이었다. 과거에는 테러금융 차단 또는 북한, 이란 등 중소 규모 국가의 WMD 개발을 막기 위해 제한적인 범위에서 부분적으로 금융제재를 부과했다. 러시아 중앙은행은 약 6400억 달러에 이르는 외환보유액 중 상당 부분을 미국과 EU에서 운용하고 있는데, 미국과 EU는 이러한 자산을 동결했다. 이는 달러화와 유로화를 무기로 삼아 러시아에 금융전쟁을 선포한 것과 다름없었다.[60]

---

59 미국 재무부 홈페이지 러시아 부분: Ukraine-/Russia-related Sanctions / Overview of Sanctions, https://home.treasury.gov/system/files/126/ukraine_overview_of_sanctions. pdf.

60 "Weaponization of finance: How the west unleashed 'shock and awe'on Russia," *Financial Times*, April 6, 2022, https://www.ft.com/content/5b397d6b-bde4-4a8c-b9a4-080485d6c64a(검색일: 2022. 7.5.).

더욱이 동결 대상 자산에 미국 달러화 이외에 세계 제2위의 영향력을 가지고 있는 유로화와 영국 파운드화, 일본 엔화, 스위스 프랑화 표시 자산까지 추가되어 러시아가 역외에 보유한 외환보유고의 약 3분의 2가 동결된 셈이다. 중앙은행은 유사시에 쓰기 위해 외환을 보유하고 있는데, 러시아 중앙은행의 경우 해당 외환보유액을 인출하지도 못하고, 쓰지도 못하는 것이다. 이는 러시아의 대외 채무 상환 능력을 크게 저하시켜 러시아의 금융시장 불안정 및 대외 신인도 하락을 촉진했다.

아울러 '적성국제재법'에 의한 산업 부분별 제재도 부과하고 있는데 이 법 제225조는 '외국인'이 고의로 러시아 심해저, 북극 연안에서의 유정 개발 및 세일가스 개발 등 특별 원유 프로젝트에 상당한 투자(significant investment)를 할 경우 의무적으로 제재를 부과하도록 규정하고 있다.[61] 이는 외국인이 미국 밖에서 미국과 관련성이 없는 거래를 한 것에 대해서도 미국이 제재를 부과할 수 있도록 함으로써 역외적용 효과를 갖는 2차적 제재를 의무적으로 부과하도록 한 것이었다.

러시아는 미국과 EU의 금융제재를 회피하기 위해 SWIFT를 대체하는 대체 국제 결제망을 구축하고, 자국 외환보유고 내 달러와 유로 비중을 축소하며, 대외교역에서 루블화 및 중국 위안화 사용을 확대하는 방향 등으로 탈(脫)달러화 노력을 경주하고 있는데 이에 대해서는 후술한다.

3) 북한

미국 재무부의 북한에 대한 금융제재는 『연방규정집』 재무부 편에 상세히 안내되어 있다.[62] 미국의 북한에 대한 독자적인 금융제재는 이란을 SWIFT망에서 축출한 조치 못지않

61 미국 국무부 공지사항(Public Guidance): CAATSA / Section 225, https://www.state.gov/caatsa-crieea-section-225-public-guidance/.

62 『연방규정집』 '북한제재 규정(North Korea Sanctions Regulations)', 31 CFR part 510.

게 강력한 것으로 평가되는데, 미국 개인과 금융기관은 북한 정부, 북한 노동당 및 제재 대상 개인 및 단체와 직간접적인 모든 금융거래가 금지된다. 특히, 2016년 2월에 제정된 '북한제재강화법'은 재무부로 하여금 북한을 '애국법' 311조에 따른 '자금세탁 우려 주요국가'로 지정할지 여부를 검토하도록 규정했는데,[63] 이에 따라 재무부는 2016년 6월 북한을 '자금세탁 우려 주요국가'로 지정했다.

2016년 3월에 채택된 안보리의 북한제재 결의 2270호는 유엔 회원국들로 하여금 북한과의 결제계좌를 차단하도록 했다.[64] 이에 따라 재무부는 미국 금융기관들로 하여금 북한과의 달러화 결제계좌 개설을 금지하고, 이에 추가해 제3국의 금융기관들이 미국 금융기관 내 운영하고 있는 달러화 결제계좌가 북한과의 금융거래에 이용되지 못하도록 했다.[65]

이를 위반할 경우에는 해당 은행을 처벌하고, 거래에 직간접적으로 동원된 자산을 동결하도록 했는데, 이에 따라 미국과 제3국의 금융기관들은 북한의 금융기관이나 그 위장회사들이 기만적인 방식으로 자신의 미국 내 상응계좌에 접근하지 않도록 추가적인 주의의무(due diligence)를 기울여야 한다.

2017년 8월 제정된 '적성국제재법' 제3장(북한 관련 제재)은 '북한제재강화법'을 수정·강화한 '북한차단 및 제재현대화법(North Korean Interdiction and Modernization of Sanctions Act)'이 반영되어 있는데, 대통령이 의도적으로 북한과 금지된 거래를 하는 어떠한 개인이나 기업도 제재할 수 있도록 함으로써 제3국의 개인이나 기업도 직접 제재할 수 있는 '세컨더리 보이콧' 가능성을 열어두었다.[66]

2020년 '국방수권법'에 포함되어 제정된 '오토웜비어법'은 '북한제재강화법'을 재차 강화했는데 외국 금융기관이 북한에 금융서비스를 제공하거나, 유엔이나 미국이 금지한 무역

---

63 '북한제재강화법(NKSPEA)' 금융제재 부분 Section 201(c).

64 안보리 결의 22370호 제33항.

65 미국 재무부 보도자료(2016.6.1.): "Treasury Takes Action to Further Restrict North Korea's Access to the U.S. Financial System."

66 ≪연방관보≫ '북한제재 규정(North Korea Sanctions Regulations)'의 2020.4.10. 개정 내용.

에 관여했을 경우에는 해당 외국 금융기관의 미국 내 결제계좌 개설을 금지하도록 했다.[67] 2017년에는 트럼프 행정부가 북한을 테러지원국으로 재지정함으로써 미국의 대외원조 지원·교역·투자를 금지하고 북한의 국제금융기구 가입이나 지원 등을 반대하도록 했다.

북한의 돈세탁 행위를 금지하기 위한 조치도 추가되었는데, 2010년 8월에 발령된 행정명령 13551호는 3월에 발생한 천안함 폭침 사건을 미국의 안보를 위협하는 행위로 규정하면서, WMD 개발, 사치품 조달, 자금세탁, 통화 위조, 현금 뭉치(bulk cash) 밀수, 마약 거래 등에 연관된 김영철 당시 정찰총국장, 정찰총국, 노동당 39호실 및 재래식 무기 수출업체인 청송연합 등을 추가로 제재 대상으로 지정했다.[68]

2016년 3월 오바마 행정부의 마지막 대(對)북한 행정명령인 13722호는 북한 정부와 북한 노동당의 미국 내 자산을 동결하고, 대북 (재)수출, 신규 투자 등을 금지했다. 2017년 9월, 트럼프 행정부는 금융제재를 강화한 '적성국제재법'을 이행하기 위해 행정명령 13810호를 발령, 북한의 금융, 건설, 에너지, 어업, 광산, 섬유 및 직물, 운송 등에 관여한 개인이나 단체를 추가로 제재할 수 있도록 하면서, 이러한 활동을 지원하거나 주선한 제3국의 금융기관도 제재하도록 했다.[69]

이에 더해 행정명령 13810호는 미국 내 또는 미국인이 해외에 소유한 자산이라고 해도, 이들 자산이 북한인이 소유하거나 관리하고 있는 제3국 소재 은행 계좌를 거치거나, 또는 북한인이 소유하고 있지 않더라도 북한인을 대리해 자금을 거래하는 은행 계좌를 거치는 경우에는 해당 자산을 동결하도록 했다.

---

67 상기 ≪연방관보≫ 2020.4.10. 개정 내용.

68 E.O 13551(2010.8.30.), "Blocking Property of Certain Persons With Respect to North Korea."

69 E.O 13810(2017.9.20.), "Imposing Additional Sanctions with Respect to North Korea."

5. 제재 대상국들의 금융제재 대응

미국이 빈번하게 금융제재를 부과함에 따라 제재 대상국들이 탈달러화 및 대체결제 수단 구축 등 금융제재를 회피하기 위한 수단을 지속적으로 강구함으로써 제재 효과는 물론 중·장기적으로 미국의 금융지배력을 약화시킬 것이라는 우려가 있다.[70] 미국의 국제금융망과 달러화의 지배적 지위가 공고히 유지되고 있지만, 다른 한편으로 글로벌 무역에서 미국이 차지하는 비중이 점차 감소하고 있고, 특히 미국이 독자적인 금융제재를 빈번하게 사용함에 따라 러시아와 중국 등 일부 국가들은 결제 수단을 다변화하기 위해 노력하고 있다.

실제로 러시아와 중국 등 제재 대상국들은 미국의 금융제재에 대응하기 위해 자체적인 금융결제 시스템을 구축하고, 대외무역에서 달러화 이외 루블화나 위안화 결제를 확대하고 있으며, 중앙은행이 보유하는 외화 자산을 다변화한다든지 등의 방법으로 탈달러화 노력을 지속 모색하고 있다.

예를 들어, 2022년 2월 러시아의 우크라이나 침공에 따라 러시아에 대한 금융제재가 강화되자 러시아는 중국과의 거래에서 위안화와 루블화의 상호 결제를 확대했고, 중국 역시 사우디아라비아, 브라질 등과의 무역에서 위안화 결제를 확대하고 있다. 이에 따라 국제무역에서 위안화 결제 비중은 2022년 2% 수준에서 2023년 4.5%로 약 두 배 증가했다.[71]

중국과 러시아는 또한 SWIFT를 대체하는 별도 금융서비스망을 구축하기 위해 노력하고 있는데, 국제무역에서 여전히 압도적인 달러화의 위상과 미국의 효율적인 금융 시스템으로 인해 아직까지는 그 효과가 미미한 것으로 보인다. 아울러 별도의 금융거래 시스

---

70 "America's aggressive use of sanctions endangers the dollar's reign," *Economist*(2020.1.18.); D. W. Drezner, "The United State of Sanctions," *Foreign Affairs*, Aug 24, 2021.

71 "Renminbi's share of trade finance doubles since start of Ukraine war," *Financial Times*, April 12, 2023, https://www.ft.com/content/6d5bbdbc-9f5d-41b2-ba80-7d8ac 3973cf3(검색일: 2023.4.28.).

템이 테러 자금 조달 및 운용 등으로 악용될 우려도 있기 때문에 참여 은행도 소수에 그치고 있다. 한편, 유럽에서는 2018년 5월 트럼프 행정부의 이란 핵합의(JCPOA) 탈퇴 및 미국의 독자제재 복원 이후 미국 금융망을 우회해 이란과 교역하기 위해 별도의 교역·결제 시스템인 인스텍스(INSTEX)를 운영하기도 했다.

1) 러시아

러시아는 2014년 크림반도 강제병합 당시 미국이 금융제재를 부과하고 SWIFT에서 배제할 움직임을 보이자 크게 세 가지 방향에서 미국의 금융제재에 대응하기 위해 '탈달러화' 조치를 취했다. 우선은 외환보유고 중 달러 표시 자산의 비중을 축소하는 것이었다. 러시아 중앙은행은 2013년부터 2020년까지 외환보유액에서 달러화 자산을 50% 이상 축소한 것으로 알려졌다.[72]

둘째, 대외교역에서 달러화로 결제되는 비중을 축소하는 것이었다. 러시아는 중국, 인도, 튀르키예 및 유라시아경제연맹(Eurasian Economic Union) 회원국인 아르메니아, 벨라루스, 카자흐스탄, 키르기스스탄과의 양자 교역에서 달러화 대신 자국 화폐로 결제하는 범위를 지속적으로 넓혀왔다. 노바텍(Novatek), 로스네프트(Rosneft), 가스프롬(Gazprom) 등 러시아의 국영 에너지 기업들도 원유 및 천연가스 수출 시 달러화 대신 루블화 및 유로화로의 지급을 요구하고 있다.

러시아 제2위 원유회사인 가스프롬 네프트(Gazprom Neft)는 2015년부터 중국에 수출하는 모든 원유와 가스를 위안화로 거래했으며, 제일 큰 에너지 기업인 '로즈네프트(Rosneft)'는 2019년에 달러화 대신 유로화로 거래를 시작했다. 아울러 중국과의 교역에서 달러화 대신 유로화의 결제를 확대하고 있는데, 2020년 말 기준 중·러 교역액의 83%

72 Rebecca M. Nelson, Karen M. Sutter, "De-Dollarization Efforts in China and Russia," *CRS Report* (2021.7.23.), p.2.

가 유로화로 결제된 것으로 나타났다.[73]

우크라이나 전쟁 직전인 2022년 초 러시아의 수출 대금 중 중국 위안화 결제는 0.4%에 불과했지만, 2022년 9월에는 14%로 급등했다. 이에 반해 전쟁 전 50%를 넘었던 달러화 결제는 30%대로 감소했고, 유로화도 30%대에서 20% 수준으로 줄어들었다. 즉, 달러화 접근이 어려워진 러시아가 대체재로 위안화를 선택한 것이다.[74]

세 번째는 자체적인 결제 시스템인 'MIR'와 SWIFT를 대체하는 자체 메시지 전송 시스템인 'SPFS(System for Transfer of Financial Messages)'을 개발하는 것이었다. 현재 'MIR' 결제 시스템은 루블화로만 거래되며 튀르키예, 우즈베키스탄, 아르메니아와의 교역에 사용되고 있다. 'SPFS'는 주로 러시아 국내 은행 간, 그리고 루블화 거래에만 사용할 수 있는데 2020년 기준 약 400개가량의 금융기관이 연결된 것으로 알려졌다. 연결기관 대부분은 러시아 국내 금융기관이며, 외국 금융기관으로는 아르메니아, 벨라루스, 카자흐스탄, 키르기스스탄, 튀르키예의 일부 금융기관이 가입한 것으로 알려졌다.[75]

2) 중국

중국 역시 위안화 청산·결제 시스템을 구축하고, 중국 국영기업의 해외 거래 및 일대일로 협력 대상국을 중심으로 위안화 결제 비중을 확대하기 위해 노력하고 있다. 중국은 탈달러화를 추진하는 국가 중에서 가장 앞서 있다고 평가되는데, 그 이유는 세계 최대의 무역국이고, 대규모 은행을 가지고 있으며, 정책상 위안화의 국제화에 힘쓰고 있고, 초보

---

73 Z. Zoe Liu, Mihaela Papa, "The Anti-Dollar Axis," *Foreign Affairs*, March 7, 2022, https://www.foreignaffairs.com/articles/russian-federation/2022-03-07/anti-dollar-axis.(검색일: 2023.4.28.).

74 Chelsey Dulaney, Evan Gershkovich, "Russia Turns to China's Yuan in Effort to Ditch the Dollar," *Wall Street Journal*, February 28, 2023, https://www.wsj.com/articles/russia-turns-to-chinas-yuan-in-effort-to-ditch-the-dollar-a8111457(검색일: 2023.4.28.).

75 "미국의 SWIFT 금융제재에 대비하는 러시아 행보," ≪KOTRA 해외시장 뉴스≫, 2022년 1월 21일 자.

적이지만 위안화 중심의 별도 결제 시스템을 운영하고 있기 때문이다.[76]

중국 중앙은행인 인민은행은 2015년 미국의 결제 시스템인 CHIPS를 모델로 한 국제은행 간 결제 시스템인 '국경 간 위안화 지급 시스템(CIPS: Cross-Border Interbank Payments System, 이하 CIPS)'을 출범시켰다. 중국의 'CIPS'는 인민은행의 통제 및 감독을 받는 직접 참여기관(direct participants)과 직접 참여기관을 거쳐야만 'CIPS' 시스템에 연결되는 간접 참여기관(indirect participants)으로 나누어지는데, 모두 위안화로 결제한다.

2022년 2월 기준 CIPS에는 75개 직접 참가기관이 있는 것으로 알려졌는데, 대부분 중국 은행 본점과 외국 지점·법인, 홍콩상하이 은행(HSBC), 시티(CITI) 은행, 스탠다드 차티드(Standard Chartered) 등 외국 은행의 중국 내 법인 및 일부 위안화 거래 은행 등인 것으로 알려졌다. 이들과 환거래 계좌를 개설한 1205개 기관이 간접 참가 형식으로 참여하고 있다.[77]

러시아도 최대 교역국인 중국과의 무역에서 'CIPS'를 통해 위안화로의 거래를 확대하고 있는데, 특히 중국으로의 원유 및 가스 수출 시 CIPS를 통해 위안화 거래를 하고 있다.[78] 아울러 러시아는 자국 결제 시스템인 'SPFS'를 중국의 CIPS와 연계한 후 이를 브라질, 인도, 남아공으로까지 확대하는 방안을 추진하겠다고 밝히기도 했다. 현재까지 CIPS 가입 협정을 체결한 러시아 금융기관은 20~30개 사이인 것으로 파악된다.

그러나 중국의 'CIPS'에는 명확한 한계가 있다. 우선, 중국의 CIPS는 위안화 거래에만 사용되며, 국제 금융거래에서는 중국도 여전히 달러화 및 유로화 중심의 SWIFT에 의존하고 있다. 그 이유는 달러화가 여전히 중국의 대외무역 및 투자에서 중심적인 역할을 하기 때문이다. 미국은 여전히 중국의 제일 수출시장으로 달러화 거래가 중심이 될 수밖에

---

76 Barry Eichengreen, *Sanctions, SWIFT, and China's Cross-Border Interbank Payments System*, p.3.

77 "러시아의 SWIFT 퇴출 이후 위안화 국제결제시스템(CIPS) 대체 이용 가능성에 대한 견해",≪한국은행 현지정보≫, 2022년 2월 28일 자.

78 Phil Rosen, "China is buying Russian energy with its own currency, marking the first commodities paid for in yuan since Western sanctions hit Moscow," *Business Insider*, April 7, 2022.

없으며, 일대일로 국가들에 대한 인프라 투자도 달러화로 이루어진다. 중국의 대외무역 중 위안화로 결제되는 비중은 20% 미만이며, 중국의 외환보유액 중 60%가 달러화 표시 자산인 것으로 알려졌다.[79]

둘째, CIPS의 국제적 사용이 확대되려면 위안화의 국제결제 건수가 큰 비중을 차지해야 하는데, 현재까지 국제 금융결제 중 위안화 사용 비중은 3%에 불과하며, 이에 따라 위안화를 상품 수출 대금으로 받는 것에 대한 거부감이 존재한다. 국제결제 통화 비중으로 볼 때 달러가 약 40%로 1위를 차지하고 있고, 다음으로 유로화(37%), 영국 파운드화(6.3%)가 뒤를 잇고 있다.[80] 현재의 국제금융 결제 통화 비중으로 볼 때 CIPS 시장 규모는 SWIFT의 0.3%에 불과하다.

중국의 탈달러화 노력의 또 다른 수단은 디지털 통화를 활용하는 것이다. 중국 인민은행은 디지털 위안화(eCNY)를 발행해 2021년 베이징올림픽 때 시범적으로 도입한 바 있다. 이론적으로 중앙은행이 발행하는 디지털 통화는 중앙은행의 직접 부채로 계상되며, 사용자는 자신의 스마트카드 및 스마트 지갑에서 필요한 액수의 디지털화를 바로 전송하면 되므로 중간에 결제 시스템을 거칠 필요가 없다.

중앙은행 입장에서도 자신만의 전자 장부와 관리 시스템을 사용해 직접 거래를 수행하므로 CHIPS, SWIFT 같은 중간 결제 시스템을 이용할 필요가 없다. 이는 마치 현금 거래와 같은 방식인데, 현금은 중앙은행의 직접 부채이며 현금으로 거래할 경우에는 중간 결제 시스템이 필요 없다. 즉, 쉽게 비유하자면 중앙은행이 발행하는 디지털 통화는 현금을 디지털화 한 것이다.

중앙은행이 발행한 디지털화를 통해 거래할 경우 중앙은행은 모든 거래 내역을 실시간으로 파악할 수 있지만, 중국이 아닌 외국 정부는 아무런 거래 정보를 파악할 수 없다. 따

---

79 Rebecca M. Nelson, Karen M. Sutter, "De-Dollarization Efforts in China and Russia," p.1.

80 "패권 위협받는 美 달러화 … 中 위안화 결제 늘리고 대안화폐 수요까지", ≪서울경제≫, 2022년 5월 5일자, https://v.daum.net/v/20220505174317355(검색일: 2022.9.30.).

라서 디지털화가 세금 포탈이나 돈세탁 또는 테러금융 수단으로 악용될 경우 미국 등의 중앙은행들이 이를 전혀 파악할 수 없다는 것이 문제가 된다.[81]

한편, 중국은 대외거래, 특히 원유교역 부분에서 위안화의 비중을 확대하는데 노력하고 있는 것으로 알려졌다. 2020년 7월 영국의 메이저 석유회사인 BP(British Petroleum)는 상하이국제에너지거래소(Shanghi International Energy Exchange)에서 이라크 원유 300만 배럴을 중국 위안화로 결제했다. 2022년 9월에는 러시아와 중국 간 원유와 가스 대금을 달러 대신 루블·위안화로 결제하기로 합의했다.[82] 이에 따라 중국의 CIPS를 통한 금융거래는 지속적으로 증가할 전망이다.

국제 원유 거래에서 위안화 결제가 확대될 경우 1970년대 중반 이후 고착화된 이른바 '페트로 달러(petrodollar)'체제의 변화까지 유발해 국제기축통화로서 달러화의 위상을 저해할 수 있는 중요한 국제정치·경제적 함의를 지닌다.[83] '페트로 달러'가 구축된 것은 1973년 미국과 사우디아라비아 간 사우디아라비아산 원유를 달러로만 거래하되, 미국은 사우디아라비아의 안보를 지원한다는 합의에 따른 것으로, 최대 산유국인 사우디아라비아가 달러화로만 원유를 거래하자 자연스럽게 다른 OPEC 국가들도 동참함으로써 이루어졌다.

"석유를 지배하는 자는 한 대륙을 지배하고, 통화를 지배하는 자는 세계를 지배한다"는 헨리 키신저(Henry Kissinger)의 명언처럼 세계 최대의 교역품인 원유를 달러화로만 결제함에 따라 달러의 패권적 지위가 공고하게 되었는데, 위안화의 결제 확대는 이러한 기반을 잠식할 것으로 보이기 때문에 향후 국제에너지 시장에서 중국 위안화의 부상을 눈여겨보

---

81 Barry Eichengreen, *Sanctions, SWIFT, and China's Cross-Border Interbank Payments System*, pp. 5~6.

82 "Russia's Gazprom, CNPC agree to use rouble, yuan for gas payments," *Reuters*, September 7, 2022, https://www.reuters.com/business/energy/petrochina-signs-gas-agreement-with-russias-gazprom-2022-09-07/(검색일: 2020.9.30.).

83 김정한, "국제 원유 거래에서의 위안화 결제 개시와 시사점", ≪주간 금융브리프≫, 29권 21호(2020. 11. 11.), pp.15~17.

아야 할 것이다. 다만, 중국 위안화가 달러화와 같이 유동성이 충분한 시장을 갖추지 못하고 있고, 중국이 여전히 국경 간 자본이동 통제 및 환율 변동 등을 제한하는 중앙집권적 통제체제를 유지하는 구조 자체가 위안화의 국제화를 저해하는 가장 근본적인 문제점이라는 지적이 있다.

3) 유럽의 대응: 인스텍스

유럽도 대외교역 결제 통화로서 유로화의 지위를 강화하면서, 미국의 이란에 대한 독자제재를 우회하기 위해 미국의 결제 시스템을 통하지 않는 거래 수단인 '대이란 무역거래지원수단(INSTEX: Instrument in Support of Trade Exchanges, 이하 인스텍스)'를 고안했다.

유럽은 2012년 3월 이란 금융기관을 SWIFT에서 축출했으나,[84] 2015년 이란 핵합의인 JCPOA 타결을 계기로 이를 해제했다.[85] 미국 트럼프 대통령은 2018년 5월 JCPOA에서 탈퇴한 후 미국의 독자제재를 대부분 복원하면서 이란 금융기관을 재차 SWIFT에서 축출했으며, 세컨더리 보이콧 제재도 도입했다.

미국의 독자제재 부과 후 유럽 은행들은 이란과의 모든 거래에 불안감을 느끼고, 합법적인 교역에 수반되는 금융거래까지 중단하는 과잉 이행(over-compliance) 현상을 보여왔다. 이에 따라 JCPOA에 참가한 영국, 독일, 프랑스 3개국은 2019년 1월 이란과의 무역에서 미국의 금융망을 우회하는 자체 결제 시스템을 만들었다.[86] 이것이 바로 인스텍스인데, 이는 SWIFT 시스템과 미국의 금융망을 우회하기 위한 목적이었으며, 인도주의적 교

---

84 EU Regulation 267/2012(2012.3.23.).

85 "Iranian banks reconnected to SWIFT network after four-year hiatus," *Reuters*, February 17, 2016, https://www.reuters.com/article/us-iran-banks-swift-idUSKCN0V Q1FD(검색일: 2022.9.30.).

86 영국 정부 보도자료(2019.1.31.): "New mechanism to facilitate trade with Iran: joint statement," https://www.gov.uk/government/news/joint-statement-on-the-new-mech anism-to-facilitate-trade-with-iran(검색일: 2022.9.30.).

류만을 목표로 설립되었다. 프랑스, 독일, 영국, 벨기에, 덴마크, 네덜란드, 노르웨이, 핀란드, 스페인, 스웨덴 등 10개국이 가입했다.

인스텍스는 일종의 물물교환 방식이다. 유럽 국가와 이란 간 직접적인 금융거래를 피하고, 인스텍스라는 중간 매개체를 활용해 수출입 대금을 관리하고 분배하는 개념이다. 유럽 국가와 이란의 기업들은 각각 유럽 및 이란 내부에서만 수출입 대금을 결제했다. 즉, 이란산 물품을 수입하는 유럽 기업은 이란에게 직접 수입 대금을 지불하지 않고, 프랑스 파리에 위치한 인스텍스에 수입 대금을 지불하고, 유럽 물품을 수입하는 이란 기업은 해당 유럽 기업에게 수입 대금을 직접 지불하지 않고, 이란 내 설치된 STFI(Special Trade and Finance Instrument)에 수입 대금을 지불하는 방식이다.[87] STFI는 이란 내 인스텍스의 파트너 기구이다.

이후 유럽 내 인스텍스와 이란 내 STFI 내에서 각자 정산이 이루어진다. 인스텍스는 유럽 수입기업의 대금을 유럽 수출기업에게 이전하고, STFI는 이란 수입기업의 대금을 이란 수출기업에게 이전하는 방식이다. 즉, 유럽 기업 간 대금 이전은 인스텍스 내에서 이루어지고, 이란 기업 간 대금 이전은 STFI 내에서만 이루어지므로 유럽과 이란 기업 간 직접적인 수출입 대금 결제는 이루어지지 않는다.[88]

미국의 JCPOA에 대응해 유럽 국가들은 JCPOA를 준수하고, 이란과 계속 협력하겠다는 입장을 견지했다. 이런 상황에서 인스텍스는 실질적으로 이란과의 교역을 지속하기 위해 경제적·상업적으로도 효과적인 틀을 만들었다기보다는 이란 측에게 EU가 여전히 JCPOA를 준수하고 있다는 점을 보여주기 위한 정치적 해법 중의 하나였다.[89]

---

87 인스텍스 홈페이지: https://instex-europe.com/.

88 Francis Shin, "Could Europe's INSTEX Help Save the Iran Nuclear Deal?" *The National Interest*(2021), https://nationalinterest.org/blog/buzz/could-europe%E2%80%99s-instex-help-save-iran-nuclear-deal-176660(검색일: 2022.10.1.).

89 Clara Portela, "Creativity wanted, countering the extraterritorial effects of US Sanctions," *European Union Institute for Security Studies*, Brief/22(2021.10), p.4.

초기 인스텍스는 미국의 탈퇴에도 불구하고 얼마간 JCPOA 유지에 기여했으나, 실적은 기대치에 훨씬 못 미쳤다. 초기 거래 대금도 불과 수백만 달러에 불과했다. 그 이유는 여러 가지가 있는데, 우선 인스텍스는 이론상으로만 가능하다는 근본적인 약점이 있다. 만약 유럽-이란 간 교역의 균형이 이루어진다면, 인스텍스와 STFI도 균형을 이루어 상대방 기업들에게 자금을 전달하게 될 것이다.

그러나 인도주의적 교역품은 필연적으로 유럽으로부터의 수입이 이란의 대유럽으로의 수출을 크게 초과하는 무역 불균형이 존재하는 영역이다. 예를 들어, 의약품 및 의료기기 등은 유럽으로부터의 수입 수요가 대부분인데, 2017년의 경우 이란의 유럽으로부터의 의약품 수입은 8억 5100만 유로였으나, 유럽의 이란으로부터의 의약품 수입액은 2700만 유로에 불과했다.[90] 이에 따라 이란 내 STFI에만 수입 대금이 쌓이고, 유럽 내 인스텍스에는 대금이 고갈되어 수출업자에게 지불한 돈이 부족한 상황에 봉착하게 되었다.

둘째, 기본적으로 인스텍스는 물물교환(barter) 방식이므로 중간 매개체인 금융의 역할이 배제되었다. 이는 필연적으로 거래의 비효율성을 유발하고, 유럽의 수출업자가 실제로 대금을 지불받기까지 장기간이 소요된다.

셋째, 이란과 인도주의적 거래를 하고자 하는 유럽 기업들은 제한적이나마 미국 재무부로부터 인도적 교역 분야에서의 일반허가 또는 특별허가를 받을 수 있었으므로 굳이 비효율적인 인스텍스를 사용할 이유는 없었다.

인스텍스를 되살리려는 여러 시도가 있었으나, 대부분 실패에 그치고 말았다.[91] 첫째는 충분한 자금을 인스텍스에 투입하는 것이다. 만약 충분한 자금이 인스텍스에 쌓이면

---

90 Geranmayeh E. and Batmanghelidj, "Trading with Iran via the Special Purpose Vehicle: How it can work,"*European Council on Foreign Relations*(2019), https://ecfr.eu/article/commentary_trading_with_iran_special_purpose_vehicle_how_it_can_work/(검색일: 2022.10.2.).

91 Marie Aftalion, "INSTEX, a Game Changer?," *Vienna Center for Disarmament and Non-proliferation* (2019), https://www.nonproliferation.eu/wp-content/uploads/2020/04/Marie-Aftalion-INSTEX-Paper_Final-1.pdf(검색일: 2022.10.2.).

유럽 수출기업들은 대금을 받을 수 있다는 확신이 들고, 더 많은 수의 기업들이 참여할 것이다. 예를 들어, 프랑스 마크롱(Macron) 대통령은 이란의 미래 원유 수출 대금을 담보로 150억 달러를 미리 인스텍스에 예치하자는 방안을 제안했다. 그러나 이는 사실상 수출신용(credit)에 해당하고, 특히 이란산 원유 거래와 관련한 모든 신용 제공을 금지한 미국의 독자제재 때문에 현실화하기에는 애당초 불가능한 방안이었다.

독일도 유사한 방안을 제안했는데, 유럽 여객기의 이란 영공 통과비용(overflight fees) 중 일부 금액을 인스텍스에 투입하는 방안이다. 민간 항공사들은 이란 측에 영공통과료를 지불해야 하나 미국의 독자제재 부과로 불가능하게 되었다. 그래서 해당 영공통과료가 유럽에 묶여 있는 상황이었는데, 이 자금을 직접 인스텍스에 투입해 유럽 수출기업들에게 지불하자는 제안이었다. 그러나 이 역시 이란을 위한 자금 이전 등 일체의 금융거래를 금지한 미국의 독자제재에 저촉되는 방안이었다.

두 번째는 참여 국가와 참여 기업을 확대해 인스텍스에 유입되는 자금의 규모를 늘리자는 제안이었다. 이는 참여 국가와 기업이 많아질수록 인스텍스 자체의 신뢰도와 이란의 인스텍스에 대한 신뢰도가 증가하는 효과를 노린 것이었다. 2019년 11월 이란 핵합의 비당사국들인 벨기에, 덴마크, 핀란드, 네덜란드, 노르웨이, 스웨덴이 참여 의사를 밝히면서 이란의 전적인 JCPOA 준수를 조건으로 요구했는데, 당시 이란은 이들 국가가 미국에 JCPOA 준수 요구는 하지 않고 일방적으로 이란의 준수만 강제한다고 반발했다.[92]

세 번째는 인스텍스에 좀 더 실질적인 역할을 부여하기 위해 이란산 원유 거래도 포함시키자는 방안이다. 만약, 이대로 실현될 경우 이란에게 제일 큰 경제적 혜택을 줄 수 있는 방안이다. 그러나 인도적 교역에서도 인스텍스가 제 역할을 하지 못하는 상황에서, 미국의 최우선 독자제재 대상인 이란산 원유를 거래하는 방안은 비현실적이었다.

2019년 1월 인스텍스가 출범한 이후 1년여 기간 동안 일체의 거래가 이루어지지 않다

---

92 "Six more countries join Trump-busting Iran barter group," *the Guardian* , November 30, 2019, https://www.theguardian.com/world/2019/dec/01/six-more-countries-join-trump-busting-iran-barter-group(검색일: 2020.10.10.).

가 2020년 3월에서야 인스텍스를 통한 거래가 처음 성사되었다.[93] 이는 코로나 팬데믹하에서 이란에 대한 의료물자 공급이었다. 이후 이란은 2020년 1월 5일, JCPOA상 의무 특히 우라늄 농축 관련 제한 조치에 더 이상 얽매이지 않겠다고 선언했으며, 이후 인스텍스를 통한 거래도 없어 사실상 폐지되었다.

6. 전망

전 세계 중앙은행 외환 보유액의 통화 구성에서 달러화가 차지하는 비중은 2019년 60.9%, 2020년 58.9%, 2021년 58.8%, 2020년 60%로 큰 차이를 보이지 않는다. 같은 기간 평균치는 유로화 20.8%, 엔화는 5.7% 정도였으며 위안화는 2%대였다.[94] 2021년 전 세계 금융시장에서 가장 많이 거래된 통화는 미국 달러화가 88.5%로 압도적 비중이고, 뒤를 이어 유로화(30.5%), 일본 엔화(16.7%), 영국 파운드화(12.9%), 중국 위안화(7.0%) 순으로 나타났다.[95]

통계로 볼 때 중국과 러시아 등의 탈달러화 노력에도 불구하고, 달러화가 기축통화로서 가지는 지위는 단기간 내에 대체가 불가능한 수준으로 확립되었으며, 중국과 러시아의 일부 이탈이 있겠지만 달러화를 중심으로 하는 국제금융 시스템은 더욱 공고화되고 있다는 평가가 지배적이다.[96] 예를 들어, 러시아에 대한 금융제재에는 미국, EU 국가, 한국, 일본 등 44개국이 참여하고 있는데, 이들 국가는 국제 외환보유고의 90%, 글로벌 투

---

93 "Europe's trade system with Iran finally makes first deal," *AP News*, March 31, 2020, https://apnews.com/article/ca930836cdb66f0cd67af5c62c53d396(검색일: 2020.10.10.).

94 한국은행 통계, 전 세계 외환보유액 통화구성 추이, https://ecos.bok.or.kr/.

95 "원화, 글로벌 외환거래 비중 12위", ≪종합무역뉴스≫, 2022년 11월 3일 자.

96 Carla Norrlöf, "The Dollar Still Dominates: American Financial Power in the Age of Great-Power Competition," *Foreign Affairs*, Feb 21, 2023, https://www.foreignaffairs.com/united-states/dollar-still-dominates.

자액의 80%, 전 세계 GDP의 60%를 차지하며, 모두 달러화를 기축으로 한 금융 시스템을 사용하고 있다.

환전비용 절감 측면에서도 외환 시장의 규모가 크고 환전 스프레드[97]가 적은 달러 시장을 이용하는 편이 개별경제 주체들에게도 유리하다. 일례로 한국 시중은행에서 유럽은행으로 송금할 때 은행이 보유하고 있는 달러를 유로로 환전해 송금하는 것이 원화를 유로로 직접 환전해 송금할 때보다 거래 비용이 적다. 이에 따라 각국 중앙은행의 외환 포트폴리오 다변화 및 달러화 축소 조정 노력은 제한적인 범위에 그칠 수밖에 없다. 미국 금융 및 자본시장 접근성 등 달러화 보유로 인한 자산 운용상의 이점이 아직까지는 여타 통화에 비해 절대적으로 유리하기 때문이다.

최근 위안화 가치 상승에도 불구하고 주요국의 위안화 보유 비중이 늘지 않는 이유에는 중국의 금융시장이 아직 충분히 성숙하지 못한 데 기인하는 바도 크다. 실제로 위안화는 전 세계 중앙은행의 외환 보유액 중 2% 내외에서 정체 양상을 보인다. 한마디로 제3국의 통화가 달러화를 대체하는 것은 쉽지 않을 것으로 본다. 간단히 말해 수요를 따라갈 충분한 유동성 자산이 없는 상황에서 달러화만 국제 수요를 채울 수 있으며, 금융시장의 풍부한 유동성, 안정성 및 미국 자본 및 금융시장만큼 접근성을 가진 곳이 없다.

달러화를 위협한다는 중국 위안화는 사실 보유 및 운용상 큰 매력이 없다. 중국 금융시장은 아직 개방되지 않았고, 당국의 외환 및 환율통제가 지속되고 있으며, 위안화는 다른 주요 통화와 완전히 태환 가능하지도 않고, 위안화를 이용해 투자할 수 있는 영역도 제한적이다. 화폐는 거래의 매개, 가치의 저장, 회계 단위의 기능을 하는데, 달러화를 가장 많이 쓰는 이유는 영어를 쓰는 이유와 같이 보편적이고 편하기 때문이다.[98]

중국과 러시아가 외환보유액을 다변화한다고 해도, 그 빈자리를 루블이나 위안화가 차

---

97 외환 매매가(살 때)와 매도가(팔 때)의 차이를 의미하며 한국 외환 시장 기준 통상 달러화가 여타 통화와 비교해 0.2% 이상 스프레드가 적어 환차손 최소화에 유리하다.

98 Paul Krugman, "Wonking Out: Is the Dollar's Dominance Under Threat?" *New York Times*, Feb. 3, 2023, https://www.nytimes.com/2023/02/03/opinion/us-dollar-reserve-currency.html(검색일: 2023.3.14.).

지하는 것이 아니라 유로화 등이 대체하는 것으로 나타났다. 예를 들어, 2021년 말 기준 전 세계 중앙은행의 외환보유액 12조 달러 중 달러화가 약 59%를 차지했는데, 이는 1999년 71%에서 하락한 것이다. 그러나 달러의 빈자리를 메꾼 것은 유로화로 중앙은행 외환보유고의 약 20%를 차지했다. 루블화와 위안화의 비중은 거의 변하지 않았다.[99]

한편, 현재의 SWIFT를 대체하는 것에도 많은 어려움이 있다. 당장 SWIFT에서 배제될 경우, 텔레그래프(telegraph)나 텔렉스 등을 통해서도 거래에 필요한 메시지를 보낼 수 있지만, 이는 보안성이 취약하고, 표준화된 내용이 없어 수취은행이 많은 시간을 들여 진위 여부를 확인해야 하는 등 시간과 비용이 많이 소요된다. 이러한 이유로 중국도 심지어 외국의 자국 은행 자회사나 지점에 송금할 때 SWIFT를 사용하고 있으며, 이란도 SWIFT에서 배제된 후 차명계좌나 대리인을 통해 매우 제한적으로 금융거래를 수행 중이다.[100]

일부에서는 중·장기적으로 전 세계 금융권이 달러 대 위안화로 양분될 것이라는 의견도 있지만, 위안화 환율이 외환시장이 아니라 중국 인민은행에 의해 결정되는 등 기축통화의 필요조건을 충족하지 못하고 있으므로 이런 시나리오가 당분간 현실화될 가능성은 낮다고 본다.[101]

다만, 중·장기적으로 법정디지털화폐 도입 등 신기술 도입에 따른 국제 금융 시스템의 근본적 변화 가능성은 주시할 필요가 있다. 경제의 디지털화로 인한 온라인 거래 급증, 코로나 사태로 인한 비접촉·모바일 거래의 보편화는 대내외 결제 시스템의 환경 변화를 더욱 가속화하며 기존 결제 시스템에도 불가피하게 변화를 야기할 것으로 본다.

---

99 "Financial warfare: will there be a backlash against the dollar?," *Financial Times*, April 7, 2022, https://www.ft.com/content/220db8f2-2980-410f-aab8-f471369ac3cf(검색일: 2022.8.20.).

100 Barry Eichengreen, *Sanctions, SWIFT, and China's Cross-Border Interbank Payments System.*

101 이왕휘, "위안화의 약진이 脫달러화로 귀결되지 않는 이유", ≪아주경제≫, 2023년 4월 20일 자, https://www.ajunews.com/view/20230418140057081(검색일: 2023.4.21.).

7. 금융제재 효과 분석

경제제재, 특히 금융제재는 기본적으로 특정 국가의 경제 상황, 무역구조, 대외무역 및 국제자본시장에의 의존도 등에 따라 그 효과가 결정된다. 2014년 러시아의 크림반도 강제병합 시, 그리고 2022년 우크라이나 침공 시 러시아에 부과된 제재는 에너지, 방산, 금융 등 특정 산업 분야에 대한 부문별 제재가 중심이었는데, 이들 분야는 모두 서구의 자본 및 기술에 절대적으로 의존하고 있는 산업이다.[102]

금융제재도 마찬가지인데 제재 대상 국가, 기업, 개인의 금융 취약성을 공략하기 위해서는 제재 대상의 주된 금융활동 무대, 즉 뉴욕, 런던, 두바이, 싱가포르 등 금융자산이 몰려 있는 금융 허브 도시 및 그들의 주된 자본조달 시장, 3자 중개인 소재지 등을 우선적으로 파악해야 한다.

이런 차원에서 금융제재를 부과하기 전에 해당 국가나 기업, 개인들의 취약성 평가가 먼저 이루어져야 한다. 제재 대상들의 취약성을 최대한 활용해 상대방의 태도 변화를 압박하는 것이 더 효과적이기 때문이다. 취약성 평가(vulnerability assessment)는 크게 아래 항목으로 이루어질 수 있다.[103]

국가 대상 분석

- 경제적 자급도, 에너지 수입 의존도, 기술, 산업별 비중.
- 국영기업 비중, 크기, 핵심 산업의 소유권.
- 해외수출시장, 자본시장 의존도.
- 부정부패 및 민간 부분의 공무원 결탁 정도.

---

102 William E. Pomeranz, "Sanctions finally find Russia's Achilles Heal," *Reuters*, July 23, 2014, https://www.reuters.com/news/picture/sanctions-finally-find-russias-achilles-idUS37736875420140723(검색일: 2022.8.20.).

103 Jill Jermano, *Economic and Financial Sanctions in US National Security Strategy*, pp.66~67.

- 시장 유동성 및 금융시장의 성숙도, 국부펀드, 외환시장 발전 정도.
- 은행 건전성, 국제지본시장 의존도.
- 금융시장에서의 외국인 자본 비중.
- 주요 수출품, 수입품, 교역 의존도 및 해외 투자 의존도, 산업별 비중.
- 해외 원조 비중, 의존도.

개인 및 기업 대상 분석

- 주요 활동 분야 및 취약성 정도.
- 주 수입원, 수익 창출 분야, 수익 분배 유형.
- 내부 부패, 횡령 정도, 자산 유형 및 주 수입원, 외국 자본시장 의존도.
- 제3자 브로커 의존도 및 정부 분야 의존도 등.

전적으로 정부의 통제하에 있는 군사 및 외교, 국가 정책과는 달리, 경제 및 금융제재의 경우에는 민간 경제 영역에서의 이행 및 협조가 긴요하다. 민간 분야에서의 이행 및 협조가 없다면 경제제재의 효과는 미약할 수밖에 없다. 따라서 경제제재의 효과는 경제, 통상, 금융 측면에서 제재 대상자를 압박할 수단을 보유하고 있는지 여부와 금융기관 등 민간 분야에서의 이행 역량과 의지에 달려 있다.

금융제재는 금융업계의 위험 관리와 불확실성을 최소화하려는 금융업의 속성상 금융기관들의 자발적 이행이 강화되어 더욱 큰 효과를 거둔다. 특히 자동 모니터링 기술과 기법이 발달해 북한, 이란, 쿠바, 시리아, 러시아에 대한 금융거래에서는 최대한의 주의를 기울이거나, 이들 국가와의 거래를 아예 회피하기도 한다. 금융감독 당국의 입장에서는 적법하다고 해도 은행이나 금융기업들은 잠재적 리스크 때문에 거래를 회피하는 경향을 보이기 때문이다.

2021년 10월 미국 재무부는 제재 부과 사례가 증가함에 따라 행정명령과 관련 법률이 증가하는 현실을 반영해 미국의 금융제재를 점검하는 종합보고서를 발표했다.[104] 이 보고서는 미국 행정부 전체가 아니라 재무부의 금융제재에만 국한된 것이며, 기존 제재 방식을 종합적으로 검토해 새로운 정책 방향을 제시한 것이 아니라 참고용으로 제재 부과의 일반적 틀을 정리하고, 대체 결제 시스템 구축이나 디지털 화폐 등을 통해 미국 금융망을 우회하는 등 제재 이행에 도전이 되는 새로운 요소들에 대해 주의를 환기하고 있다.[105]

재무부 보고서는 외교적 교섭 및 관여, 유사 입장국 간 공조 등 여타 외교 정책 수단보다는 일방적인 제재에 많이 의존하고 있다는 비판적 시각도 반영하고 있는데, 특히 빈번한 금융제재는 오히려 제재 대상 국가들의 탈달러화 노력을 촉진해 장기적으로 미국의 경제, 금융 패권의 중심인 달러의 지위를 저해시킬 수 있다는 문제의식도 담겨 있다. 재무부 보고서의 주요 내용을 정리하면 다음과 같다.

첫째, 기축통화로서 달러의 위상 및 국제경제를 지탱하는 미국 금융 시스템의 위상이 미국 금융제재의 효과성을 담보하는 기본 전제임을 확인하고 제재의 효율성을 높이기 위한 추가적인 노력이 필요함을 강조하고 있다.

둘째, 주요국의 달러를 우회하는 대체결제 시스템 활용 등 달러에 대한 의존도를 줄이기 위한 노력과 사이버 범죄 및 디지털 통화 발행 등 제재를 회피하려는 새로운 수법이 등장함에 따라 중·장기적으로 미국 금융제재의 효과성이 저하될 수 있다는 점에 주의를 환기하고 있다.

셋째, 이를 위해 아래 다섯 가지 정책을 제안하고 있다.

• 제재를 구체적인 정책 목표와 연계하고, 제재의 효과성과 정책 목표 달성 여부를 수시로

---

104 The Treasury, "2021 Sanctions Review," October 10, 2021, https://home.treasury.gov/system/files/136/Treasury-2021-sanctions-review.pdf(검색일: 2022.5.12.).

105 "US Sanctions Policy Review and Framework for Future Action: International Trade Alert," *Akin Gump*, October 28, 2021, https://www.akingump.com/en/insights/alerts/treasury-publishes-us-sanctions-policy-review-and-framework-for-future-action(검색일: 2022.8.20.).

평가해 제재 강화 및 해제 등 새로운 환경 변화에 유연하게 대응할 필요.

- 유사 입장국 간, 다자간 조정 및 협력이 긴요하며, 이를 위해 우방국들과 정책 목표 및 제재틀 설계, 이행 과정에서 협력을 강화하고, 조율 강화.
- 의도하지 않은 정치적·경제적·인도적 결과를 최소화하기 위해 제재 목표와 이행을 세심하게 조절(calibrated).
- 실제 이행을 강화하기 위해 제재 내용에 대한 대중적인 이해도를 제고할 필요가 있으며, 이를 위해 부처 간 조율을 강화하고, 홍보를 강화.
- 효율적 제재 이행 기법 개발, 제재 전문가 양성 및 행정적·법적 제도를 정비해 재무부의 제재 관련 역량을 지속적으로 강화할 필요.

8. 금융제재와 2차 제재, 그리고 역외적용 제재

2장에서 개괄적으로 설명했듯이 미국의 제재는 1차 제재(primary sanctions)와 2차 제재(secondary boycott)로 나눌 수 있다. 1차 제재는 미국이 '원(原)제재 대상자(primary target)'를 지정하고 미국인(자연인과 법인을 모두 포함)으로 하여금 이들과의 거래를 제한하거나 금지하는 것이다. 즉, 미국 제재법령은 제3국 제재 대상자의 행동을 직접 규율하는 것이 아니라 미국 관할권 내 미국인의 행동을 규율하는 것이다. 물론, 속인주의 관할권에 따라 미국의 제재 규정은 제3국에서 활동하는 미국 기업이나, 미국에 본부를 두고 3국에서 활동하는 기업에도 적용된다. 그리고 속지주의 관할권에 따라 제3국 기업이라고 해도 미국에서 활동하는 경우에는 미국의 제재 규정이 적용된다. 어떤 경우건 모두 미국 관할권에 있거나, 미국 관할권과 직접적인 연관성(nexus)을 가지는 개인이나 법인의 행동을 직접 규율한다.

이에 반해 2차 제재는 미국인으로 하여금 원제재 대상자와 거래하는 3국의 개인이나 기업과의 거래도 제한하거나 금지하는 것으로, 거래 제한이나 금지 대상이 원래 제재 대상자를 넘어선다. 여기서 2차 제재와 역외적용 효과를 갖는 2차 제재를 구분할 필요가 있다. 모든 2차 제재가 역외적용 효과를 갖는 것은 아니다. 1차 제재건 2차 제재건 거래 제한 및 거래 금지 규정은 속인주의에 따른 '미국인'과 속지주의에 따른 '미국과 관련성(US Nexus)을 가지는 외국인'에 대해 직접 부과된다. 미국인으로 하여금 거래를 금지하는 대상이 원제재 대상자이면 1차 제재이고, 원제재 대상과 거래하는 여타 3국 개인이나 기업과의 거래도 금지되면 2차 제재이다. 1차 제재건, 2차 제재건 제재 규정이 직접 적용되는 대상은 미국인이다.

2차 제재의 핵심은 제재 대상과 거래한 외국인을 '제재 대상자'로 추가 지정한 뒤, '미국인'으로 하여금 이들과의 거래를 금지하는 것이다. 원래 제재 대상이건, 2차 제재 대상이건 제재 대상자는 모두 '외국인'이며, 이들이 미국 제재 대상자 명단에 포함되어 '미국인'과의 거래에 제한을 받아 미국 금융시장에 대한 접근이 제한된다는 점은 동일하다.[106]

하지만 '제재 대상자'와 거래를 한 '제3국의 개인 및 기업'을 직접 제재하는 경우가 있는데, 이를 '역외적용 제재'라고 일컫는다. 예를 들어, 미국과 아무런 연관성이 없는 제3국의 개인이나 기업이 제3국에서 원제재 대상과 거래할 경우, 미국이 해당 3국 개인이나 기업을 직접 제재하는 방식이다.

핵심은 모든 2차 제재가 역외적용 효과를 갖는 것은 아니라는 점이며, EU 국가들은 미국의 2차 제재 자체가 아니라 '역외적용 효과를 갖는 2차 제재'에만 반발하고 있다. 다음 장에서 2차 제재 및 역외적용에 대해 자세하게 알아본다.

106 "미국의 금융제재 방식 및 활용 검토", ≪무역안보 Brief≫, 2021년 12월.

제4장

미국의 2차 제재와 역외적용

앞서 미국의 금융제재 편에서 한 질문을 다음 같이 바꾸어보자. 이란 핵합의인 JCPOA에 따라 안보리 제재가 해제되었고, 자국 정부들이 JCPOA를 계속 준수하고 있는데, 왜 프랑스의 에너지 기업 토탈(Total)이나 독일의 지멘스(Siemens) 같은 기업들은 이란과의 계약을 종료하거나 해지하는가?[1] 왜 미국은 미국과 전혀 상관없는 러시아-독일을 연결하는 가스 수송관인 '노르트스트림 2(Nord Stream 2) 프로젝트'[2]에 참여한 유럽 기업들을 제재했는가? 이는 미국의 '2차 제재' 또는 더 나아가 '역외적용' 문제로 야기되는 질문이다.

미국의 독자적인 제재가 제3국의 기업이나 개인에게도 직접 적용되는 사례가 늘고 있어 논란이 되어왔다. 최근에는 2018년 5월 미국 트럼프 행정부가 일방적으로 JCPOA에서 탈퇴하고, 역외적용 효과를 갖는 독자제재를 다시 이란에 부과하면서 더욱 논란이 되

---

1 Alanna Petroff, "Siemens CEO: We can't do new deals with Iran," *CNN Business*, May 14, 2018, https://money.cnn.com/2018/05/14/investing/iran-sanctions-siemens-europe/index.html(검색일: 2022.8.20.).

2 발트해 해저를 지나 러시아와 독일을 연결하는, 총연장 약 1224km에 달하는 러시아의 대유럽 수출용 가스관으로 2020년 1월 9일에 완공되었다. 미국은 2019년 하반기 이 사업에 참여하는 유럽 기업에 대한 제재 조치를 발표해 1년 이상 공사가 중단되었다.

었다.

앞서 설명했듯이 '2차 제재' 또는 '세컨더리 보이콧'의 의미는 1차 제재(primary) 대상자와 거래한 제3국의 개인이나 기업도 제재 대상으로 지정한다는 것을 의미한다. 미국은 전통적으로 무역규제를 외교 정책의 주요 수단으로 적극 활용하면서 직간접적으로 제3국 기업이 미국의 독자제재를 준수하도록 유도하거나, 사실상 강제해 왔다. 특히, 국제금융 시스템에서의 우월적인 지위를 활용해 원래 제재 대상과의 거래를 고리로 삼아 2차, 3차 제재로 이어지는 제재확대 효과를 가져왔다.

그러나 앞장에서 설명했다시피 모든 2차 제재가 '역외적용' 효과를 갖는 것은 아니며, 2차 제재 중 미국과 연결고리가 없는 제3국의 개인이나 기업에게 직접 적용되는 제재가 있다. 즉, 속지주의나 속인주의 관할 원칙을 떠나 미국의 법적 관할권을 제3국의 개인이나 기업으로까지 확대하는 것이다.

미국은 제재의 역외적용에 대해 이중적인 입장을 보여왔다.[3] 미국은 원제재만으로 제재의 목적을 이루는 데 미흡할 경우에는 2차 제재 및 역외적용 제재가 필요하다고 주장한다. 특히, 스마트 제재의 경우 제재 대상이 가명을 쓰거나 제3의 중개자를 활용하는 등 제재회피 및 속임수가 가능하기 때문에 2차 제재가 더욱 필요할 수 있다.

또한, 미국의 독자적인 경제제재는 미국 기업에게 직접적으로 영향을 미치는데, 미국 정부가 미국 기업으로 하여금 제재 대상 국가나 기업들과 거래를 하지 못하도록 막으면, 그 빈 공간을 제3국 기업이 차지해 경제적 이익을 누릴 수도 있다. 미국으로서는 자국 기업의 이익을 보장하기 위해서라도 제3국의 기업이 제재 대상국과 거래를 하지 못하도록 막을 필요도 있다. 사실, 일부 제3국의 기업들은 미국의 특정국에 대한 제재 상황을 역이용해 그들의 시장 점유율을 높이거나 빈자리를 차지하고 있는데, 튀르키예 금융기업이 이란 시장 내 점유율을 높이기 위해 이란을 비밀리에 지원하다가 적발된 사례도 있다.[4]

---

3 Jeffrey A. Meyer, "Second Thoughts on Secondary Sanctions," *30 U. Pa. J. Int'l L.*, 905(2009), p.907, https://scholarship.law.upenn.edu/jil/vol30/iss3/5, pp.905~968.

또한, 미국은 2차 제재를 합리화하는 근거 중 하나로 유엔 안보리 제재 결의 등 국제법을 효과적으로 이행하기 위한 목적임을 강조하고 있다. 제3자가 안보리 제재 결의를 준수하지 않을 경우에는 2차 제재를 통해 이행을 강제할 수밖에 없다는 논리이다. 반면, 1970년대 원유 파동 때 아랍 국가들은 이스라엘과 거래하는 국가들에게는 석유 판매를 금지했으며, 미국 기업들에게 원유를 판매할 때도 이스라엘 기업들과 거래하지 않아야 한다는 조건을 부과했는데, 미국은 당시 중동 아랍 국가들이 시행한 2차 제재를 강력히 비판했다.

그러나 안보리 제재 결의 등 국제법을 효과적으로 이행하기 위한 2차 제재보다는 미국만의 특정한 외교 정책, 예를 들면 쿠바에 대한 금수 조치를 강제하기 위해 역외적용을 갖는 2차 제재를 부과하는 데에는 국제적으로 논란을 불러일으켰다.

1. 논란의 핵심

앞서 소개했듯이 모든 2차 제재가 역외적용 효과를 갖는 것은 아니다. 가장 큰 오해는 1차 제재는 자국민의 행동을 규율하지만, 2차 제재는 제3국인의 행동을 직접 규율한다는 오해이다. 그러나 2차 제재 대부분은 미국인의 행위만 직접 규율하고, 제3국인의 행위는 미국인을 통해 간접적으로 규율한다. 여기서 미국인이라 함은 미국의 관할권에 속하는 모든 자연인과 법인을 의미한다. 대부분의 2차 제재는 제3국의 개인이나 기업을 직접 겨냥하는 것이 아니라, 미국인이 제재 대상자와 연관된 제3국의 개인이나 기업과 거래를 하지 말도록 규율한다. 그럼으로써 제재의 영향이 제3국의 개인이나 기업에게까지 미치도록 한다.

---

4 "Banker from Turkey is Convicted in US over plot to evade Iran Sanction," *New York Times*, January 3, 2018, https://www.nytimes.com/2018/01/03/world/europe/turkey-iran-sanctions-trial.html(검색일: 2020.8.30.).

핵심은 2차 제재 역시 미국 정부의 직접적인 규율 대상은 제3국인이 아니라 미국인이라는 점이다. 예를 들어, 중국 내 거주하는 미국인에게 수단과 거래하는 중국 기업에서 근무하지 말도록 하는 것은 2차 제재에 해당하지만 역외적용은 아니다. 예를 들어보자. 미국은 2010년 '포괄적 이란제재법(CISADA)'을 통해 이란에 대해 강화된 금융제재를 부과했는데, 아래는 이를 반영한 미국 재무부의 '이란금융제재 규정(Iranian Financial Sanctions Regulations)' 중 외국 금융기관에 대한 제재 내용이다.[5]

재무장관은 미국의 금융기관이 (이란제재를 위반한) 외국 금융과 미국 내 환거래 계좌를 개설하는 것을 금한다.

(Secretary of the Treasury will prohibit a U.S. financial institution from opening or maintaining a correspondent account or a payable-through account in the United States for that foreign financial institution.)

이는 미국 제재의 역외적용은 아니다. 왜냐하면 미국의 제재 조치를 이행할 의무를 지는 것은 미국 금융기관이기 때문이다. 즉, 제3국 은행의 행위를 직접 규율하는 것이 아니라, 미국 은행으로 하여금 제재를 위반한 제3국 은행과 환거래 계좌를 개설하지 말도록 하는 것이다. 위와 비교할 사례는 2012년 1월에 발령된 행정명령 제13902호이다.

제2조 (a) 재무부 장관은 국무장관과 협의해 이란제재를 위반한 외국 금융기관에게 제재를 부과하도록 허용한다.

(Sec. 2. (a) The Secretary of the Treasury, in consultation with the Secretary of State, is hereby authorized to impose on a foreign financial institution the sanctions … described in subsection.)

5 IFSR 561.201: CISADA-based sanctions on certain foreign financial institutions.

행정명령 13902호는 이란 내 건설·광산·제조업 및 섬유산업과 관련된 거래를 금지하고, 제3국의 금융기관이 해당 분야에서 의도적으로 이란에게 금융서비스를 제공한 경우에는 미국 내 환거래 계좌 개설 금지 등 해당 외국 금융기관을 '직접' 제재할 수 있도록 명시했다.[6] 아래는 2017년 제정된 '적성국제재법'상 사이버안보 관련 러시아제재 부분이다.[7]

> 제224조 (a) (1) 대통령은 … 러시아를 대신해 의도적으로 사이버안보를 저해하는 상당한 수준의 행위를 한 모든 人(자연인과 법인 모두 포함)에 대해 제재를 부과해야 한다. …
> (… the President shall impose the sanctions described in subsection (b) with respect to any person that the President determines- (A) knowingly engages in significant activities undermining cybersecurity … on behalf of the Government of the Russian Federation; or …)

미국 대통령은 미국인 여부를 불문하고, 사이버안보를 훼손하는 모든 개인과 기업, 단체에 대해 직접 제재를 부과해야 한다는 규정이다. 또한, '적성국제재법' 제225조는 대통령으로 하여금 의도적으로 러시아의 심해저 및 북극지방 등에서의 원유개발 프로젝트에 상당한 금액을 투자한 외국인을 의무적으로 제재하도록 규정하고 있다.[8]

이 법상 '모든 외국인(foreign person)'은 해당 러시아 내 원유개발 프로젝트에의 투자가 금지되며, 해당 분야에 투자한 경우에는 미국의 제재 대상으로 지정된다. 이는 외국인이 미국 밖에서 미국과 직접 관련성이 없는 거래를 하는 행위에 대해 미국이 제재를 부과하도록 한 것이다.

---

6 E.O. 13902(2020.1.14.), "Imposing Sanctions With Respect to Additional Sectors of Iran."

7 '적성국제재법' 제2장(러시아제재) 중 224조 SEC. 224. Imposition of Sanctions with respect to Activities of the Russian Federation undermining Cyber-security.

8 미국 국무부 설명 자료: CAATSA/CRIEEA Section 225 Public Guidance, https://www.state.gov/caatsa-crieea-section-225-public-guidance/.

문제가 되는 것은 3국의 국민들로 하여금 자국의 법이 아닌 미국의 법을 따르도록 강제하는 성격의 2차 제재, 즉 미국 국내법의 '역외적용(extraterritorial jurisdiction)'이다. 이는 제3국의 기업과 개인을 직접 제재함으로써 미국 관할권 내에서 일어나지 않은 제3국인의 경제행위까지 규제하는 것이며, 제3국민에게 자국이 아닌 미국의 외교 정책을 따르도록 강제하는 것이다.

이것이 바로 역외적용인데, 주권평등이라는 국제법의 일반원칙에 부합하느냐 내지는 제3국의 주권을 침해함으로써 국제법상 타국의 내정 불간섭 원칙에 위배된다는 주장이 제기되는 대목이다.[9] 즉, 유엔 헌장 2장과 국제연맹 규약 10조상 주권의 핵심은 영토고권과 정치적 독립이며, 영토고권은 자국 영토 내에서 배타적인 사법 관할권을 가진다는 의미(territoriality principle)인데, 미국 제재의 역외적용은 이를 정면으로 위배한다는 주장이다. 아래 몇 가지 사례를 들어본다.

사례 1[10]

2016년 미국 당국은 '자라브(Reza Zarrab)'라는 튀르키예 국적 기업인을 미국의 제재법을 위반했다는 이유로 플로리다에서 체포했다. '자라브'는 이란산 가스를 구입하고, 구입 대금은 튀르키예 은행 내 이란 계좌를 통해 튀르키예 리라화로 지불했다. 당시 미국의 이란제재로 이란은 튀르키예 은행 내 자국 계좌에서 수출 대금을 인출할 수 없었는데, '자라브'는 이란을 대신하여 UAE 소재 금융기관으로 자금을 이체한 후, 금으로 환전하는 계획에 참여했다. 더욱이 이 자금의 일부는 해당 UAE 금융기관의 미국 내 계좌를 거치는 방

---

9 Patrick C. Terry, "Enforcing U.S. Foreign Policy by Imposing Unilateral Secondary Sanctions: Is Might Right in Public International Law?," *Wash. Int'l L.J.*, Vol.30, No.1(2020), https://digitalcommons.law.uw.edu/wilj/vol30/iss1/4.

10 Dexter Filkins, "A Mysterious Case Involving Turkey, Iran, and Rudy Giuliani," *New Yorker*, April 14, 2017, https://www.newyorker.com/news/news-desk/a-mysterious-case-involving-turkey-iran-and-rudy-giuliani(검색일: 2022.10.1.).

법으로 세탁되었다. 이 과정에서 '자라브'는 튀르키예, UAE, 이란의 국내법을 위반하지는 않았다.

그럼에도 불구하고 미국 법원은 '자라브'의 체포는 적법하다고 판결했는데, 외국인들 간에 이루어진 금융거래 과정에서 자금이 미국에서 결제되었고, 이와 관련된 외국 은행은 미국 은행에 환거래 계좌를 가지고 있었으므로 '자라브'는 해당 미국 은행으로 하여금 부지불식간에 미국 제재를 위반하도록 유발(cause)했다. 이에 추가해 '자라브'는 이란과의 금융거래와 금 등 희귀 금속의 이란에 대한 수출을 금지하는 미국의 '이란제재법'을 위반했다.

사례 2[11]

미국 연방수사국(FBI)은 2022년 5월, 미국 법무부가 북한에 가상화폐 기술을 불법으로 전수한 혐의로 기소한 유럽 내 친북 인사 2명을 수배했다. 유럽 내 친북단체인 조선친선협회 창립자 '베노스(Benos)'(스페인 국적)와 가상화폐 사업가 '엠스(Emms)'(영국 국적)는 2018년에 평양에서 가상화폐 컨퍼런스를 개최하고, 북한에 돈세탁과 국제사회 제재회피를 위한 블록체인 및 가상화폐 기술 사용법을 전수한 혐의를 받고 있다. 이 컨퍼런스에 참가한 미국인 가상화폐 전문가 '그리피스(Virgil Griffith)' 역시 북한 등 테러지원국에 상품이나 기술 수출을 금지하는 '국제경제긴급권한법' 위반 혐의로 징역형을 선고받았다.

사례 3[12]

비교적 최근 사례로는 중국인이 관여된 사건으로 국내 언론에도 많이 알려진 중국 화

11 "FBI, '미 대북제재 위반'유럽인 2명 지명수배", *Radio Free Asia*, May 19, 2022, https://www.rfa.org/korean/in_focus/food_international_org/cryptocurrency-05192022090318.html(검색일: 2022.10.2.).

12 "Huawei CFO's Extradition Case: Everything You Need to Know," *CNBC*, May 8, 2019, https://www.cnbc.com/2019/05/08/huawei-cfo-meng-wanzhou-extradition-case-everything-you-need-to-know.html(검색일: 2022.10.2.).

웨이의 최고재무책임자 멍완저우(Meng Wanzhou) 부회장이 미국의 체포영장 발부에 따라 캐나다에서 체포된 사건이다.

미국 사법 당국은 멍완저우 부회장이 미국 은행의 해외 지점과 거래하면서 홍콩 기업인 스카이콤(Skycom)과 화웨이의 부적절한 관계 및 거래에 대한 정보를 숨겼다는 이유로 캐나다 측에 범죄인 인도 요청을 했으며, 캐나다 경찰은 2018년 12월에 캐나다 밴쿠버 국제공항에서 멍 부회장을 체포했다.

미국 법원은 화웨이의 자회사인 스카이콤이 미국산 기술과 부품이 포함된 통신 장비를 이란에 판매하려고 시도했으며, 이 과정에서 멍 부회장이 미국 금융기관의 해외 지점을 포함한 여러 은행 측이 화웨이사와 거래를 하도록 거짓 증언을 한 혐의로 멍 부회장에 대한 체포 영장을 발부한 상태였다. 멍 부회장은 캐나다에서 가택 연금된 상태로 범죄인 인도 재판을 받아왔다. 반면, 중국은 미국이 중국인인 멍 부회장을 중국법이 아닌 미국 국내법을 위반했다는 이유로 기소하고 범죄인 인도 요청을 한 미국 측 결정에 강력히 반발했다.

위 사례들은 미국이 행정명령 13608호(2012)[13]에 따라 제3국의 국민을 미국법을 위반했다는 이유로 처벌한 것이었다. 이란제재 관련 행정명령 13608호(2012)는 미국 재무부가 미국의 이란 및 시리아에 대한 제재를 위반한 외국인을 직접 처벌할 수 있도록 했다. 즉, △미국인이 아닌 제3국인이, △미국이 아닌 제3국에서, △자국의 법률이 아닌 미국의 법률을 위반했다는 이유로 미국이 사법 처리한 사례이며, 미국이 자국법을 제3국의 국민에게 적용한 사례이다.

이 행정명령은 해당 외국인이 미국에 거주하지도 않고, 미국에서 활동하지도 않으며, 미국과 금융거래를 하지 않더라도, 즉 해당 외국인이 미국과 아무런 연관이 없다고 해도(no US nexus) 미국의 제재를 회피하도록 지원했다면 해당 외국인을 처벌할 수 있도록 했다.[14]

13 E.O. 13608(2012.5.1.), "Prohibiting Certain Transactions With and Suspending Entry Into the United States of Foreign Sanctions Evaders With Respect to Iran and Syria."

2. 역외적용 법률의 대표 사례

2차 제재, 특히 역외적용과 관련한 가장 대표적인 두 건의 법률이 있는데, 두 법률 모두 1996년에 제정되었다. 하나는 1996년에 제정된 '쿠바 민주화법(Cuban Liberty and Democratic Solidarity Act)'인데, 이 법안을 발의한 '제시 헬름스(Jesse Helms)' 공화당 상원의원과 '댄 버튼(Dan Burton)' 공화당 하원의원의 이름을 따서 '헬름스-버튼법'으로도 불린다.

두 번째는 역시 같은 해에 제정된 '이란-리비아 제재법(The Iran and Libya Sanctions Act)'으로, 이 법의 핵심을 이루던 1995년의 '이란 외국 원유 제재법안(Iran Foreign Oil Sanctions Act)'[15]을 발의한 상원의원 이름을 따서 '다마토법(D'Amato Act)'으로도 불린다.

이들 법률에는 모두 역외적용 조항이 포함되어 있는데, 캐나다와 유럽 국가들이 이에 반발해 WTO 분쟁 절차를 개시하는 등 미국과의 외교적 분쟁으로 번졌으며, 이후 정치적으로 타협을 통해 해결했다.

1) 헬름스-버튼법

대(對)쿠바 제재 법률인 '헬름스-버튼법'의 핵심은 ① 쿠바 당국에게 재산을 몰수당한 미국인이 해당 몰수에 관여한 외국인을 대상으로 미국 법정에서 소송을 제기하도록 허용하고, ② 미국인의 재산을 몰수하거나 이에 관여한 개인 및 그 가족들의 미국 내 입국을 금지하는 내용이다.

구체적으로 제3장(Title III)[16]은 1959년 쿠바 혁명 이후 쿠바 당국에 의해 5만 달러 이상

---

14 재무부 제재 관련 질의응답(FAQ) 중 이란제재 부분, https://home.treasury.gov/policy-issues/financial-sanctions/faqs/192.

15 이란의 에너지 부문에 투자하는 외국 기업을 직접 제재하기 위한 법안인데, 1996년 제정된 '이란-리비아 제재법'에 그 핵심 내용이 포함되었다.

16 '헬름스-버튼법' 제3장 "TITLE III – Protection of Property Rights of US Nationals" 제302조.

의 재산을 억류당한 미국인과 미국 기업들이 해당 몰수자산을 '거래(trafficking)'한 외국인 및 외국 기업을 대상으로 미국 법정에서 손해배상소송을 제기하는 것을 허용하고 있다. 다만, 대통령이 국가안보 및 쿠바의 민주화를 진전시키는 데 필요하다고 판단할 경우 이 조항의 적용을 6개월간 유예할 수 있도록 했다. 여기서 정의한 '미국인'에는 몰수 당시 쿠바인이었으나, 이후 미국 시민권을 획득한 쿠바인들도 포함되어 소송을 제기할 수 있는 원고의 수가 대폭 증가했다.

또한, '거래(trafficking)'의 범주에 직간접 거래뿐만 아니라 고의로 해당 자산에 투자하거나, 거래를 주선·중개하는 행위, 법 발효 이후에 해당 몰수자산을 보유·임차·사용 등을 통해 이득을 얻은 모든 행위를 포함함으로써 손해배상 청구소송의 범위도 대폭 확대했다.[17]

제3장의 핵심적인 문제는 미국 내에 있거나, 미국 내에서 이루어지지 않은 행위라고 해도, 제3국의 개인이나 기업을 대상으로 미국 국내법에 의해 미국 국내법원에서 소를 제기하도록 한 것이었다. 예를 들어, 유럽 금융기관이 쿠바에서 몰수된 토지나 건물을 활용해 호텔사업을 하는 유럽 기업에 대출을 해준 경우, 해당 유럽 금융기관과 기업은 미국 법정에서 재판을 받게 된다는 의미이다.

아울러 제4장(Title IV)[18]은 법 발효 이후 미국인의 자산을 몰수했거나, 몰수를 지시하고 감독하거나, 미국인의 자산을 거래하거나, 개인적 이익을 위해 전용한 자, 그러한 행위에 연관된 기업의 대표자, 임원, 대주주 및 그 배우자, 미성년 자녀 및 그 대리인의 미국 입국을 금지했다.

이 법 제정 이후 EU, 캐나다, 멕시코는 △이 법에 포함된 역외적용 효과를 인정하지 않고, △자국민으로 하여금 미국의 조치에 따르지 말도록 하며, △미국 법정에서 불공정한 판결에 따라 피해를 받은 자국 기업이나 개인들이 자국 법정에서 보상권(claw-back)을

17 '헬름스-버튼법' 401조, (b) Definitions.

18 '헬름스-버튼법' 제4장, TITLE IV – Exclusion of Certain Aliens.

청구할 수 있도록 하는 이른바 '대항법률(blocking legislation)'을 제정했다. 아울러 EU는 이 법이 차별적이고 국제자유무역을 훼손한다는 점을 이유로 WTO에 제소했다.

이후 1996년 5월 미국 정부와 EU 간 여러 차례 협의를 거쳐 유럽은 미국의 쿠바 민주화 노력을 지원하고, 미국은 대통령의 유보권한을 활용해 가장 논란이 되고 있는 3장의 적용을 보류(suspension)하기로 함으로써 분쟁이 일단락되었다. 이후 미국 후임 행정부도 매 6개월 간격으로 동 보류 조치를 지속적으로 연장해 왔다. 그러나 트럼프 행정부 들어와서 전임 오바마 행정부의 쿠바와의 외교 관계 정상화 조치에 반발, 이러한 유예조치를 재검토한다는 입장하에 우선적으로 상기 유예기간을 6개월에서 30일로 단축하고, 러시아와 중국의 기업들에게 이 법의 적용 여부를 검토하겠다고 경고했다.[19]

2019년 4월 트럼프 행정부는 쿠바를 베네수엘라, 니카라과와 함께 중남미 3대 독재정권의 하나(Troika of Tyranny)로 지정, EU와 우방국들의 요청 및 압박에도 불구하고, 그간의 보류를 해제하고 5월부터 '제3장'의 적용 면제를 연장하지 않겠다고 발표했다.[20]

이에 따라 미국 시민이 쿠바 혁명 당시 몰수당했던 선착장을 사용했다는 이유로 미국 국적의 크루즈 선사인 카니발(Carnival)을 상대로 손해배상 청구소송을 제기했으며, 미국의 에너지 기업인 액슨모빌(Exxon Mobil)도 쿠바 내 몰수당한 정유시설 등을 부당하게 사용했다는 이유로 쿠바 국영원유회사와 외국계 무역회사를 대상으로 소송을 제기했다. EU 국가들은 이 조치를 국제법 위반이라고 하면서 강력히 반대 입장을 표명했다.[21]

---

19 "Trump admin to let Americans sue some foreign firms doing business in Cuba," *NBC News*, March 4, 2019, https://www.nbcnews.com/politics/national-security/trump-admin-let-americans-sue-some-foreign-firms-doing-business-n978676(검색일: 2020.10.2.).

20 "End of Suspension of Title III of the Helms-Burton Act: Authorization of Claims Under U.S. Law for "Trafficking" In Certain Cuban Properties (Updated)," *Cleary Gottlieb*, *Alert Memorandum*, April 19, 2019, https://www.clearygottlieb.com/-/media/files/alert-memos-2019(검색일: 2020.10.2.).

21 "Suits Filed Against Carnival Cruises, Cuban Firms Over Seized Property In Cuba," *NPR*, May 7, 2019, https://www.npr.org/2019/05/07/720695420/suits-filed-against-carnival-cruises-cuban-firms-over-seized-property-in-cuba(검색일: 2020.10.2.).

2) 이란-리비아 제재법(다마토법)

1996년 '이란-리비아 제재법'은 '헬름스-버튼법'에 이어 제정되었는데, 이란과 리비아의 헤즈볼라 및 이슬람 지하드 등 테러리즘 지원과 WMD 개발 프로그램을 이유로 강화된 제재를 부과했다. 특히 이란과 리비아의 원유 및 천연가스 등 에너지 산업에 투자하는 미국 및 외국 기업을 제재하는 내용이 포함되어 있는데, 법 발효 이후부터 의도적으로 이란과 리비아의 원유와 가스 개발 등 에너지 사업에 연간 미화 4000만 달러 이상을 투자하는 모든 기업을 제재하는 것이었다. 1997년에는 이란에 대한 제재를 강화해 원유산업에의 투자 금액을 2000만 달러 이상으로 하향했다.[22]

'이란-리비아 제재법'은 매 5년 단위로 갱신되어 오다가 2004년 9월, 리비아의 핵 프로그램 해체가 확인된 후 대통령이 리비아에 대한 국가위기 상황(national emrgency)을 해제하는 행정명령을 발령하고 관련 경제제재를 해제했다. 이후 2006년 9월 '이란제재법(Iran Sanctions Act)'으로 개정되어 매년 5년 단위로 연장되다가 2016년에 10년간 재연장되었다.

이 법에서는 '투자'의 의미를 상세히 규정했는데, 이란과 리비아의 원유 부분에 투자하는 계약을 체결하거나, 그러한 계약의 성사 과정에 관여하고 이를 보증하거나, 그러한 투자 과정에서 지분을 확보하거나, 투자 과정에서 수익을 얻는 행위도 모두 투자의 범주에 포함했다.[23]

아울러 의도적으로 투자한 모기업뿐만 아니라 자회사 등도 제재 대상에 포함했는데, 대통령에게 6개월 단위로 국가안보상 이유로 제재를 유예(waiver)할 수 있는 권한을 부여했다. 특히, 이란의 테러지원 행위와 WMD 프로그램을 저지하기 위해 상당한 수준으로 미국의 제재에 동참하는 나라의 기업이나 개인에 대해서는 제재를 면제할 수 있도록 했

22 Kenneth Katzman, "The Iran Sanctions Act (ISA)," *CRS Report*(2007).

23 '이란-리비아 제재법' 정의 부분: SEC. 14. DEFINITIONS, (9) Investment.

다. 이러한 면제 규정에 따라 클린턴 대통령은 1998년 5월 이란의 가스전 개발사업에 20억 달러를 투자한 프랑스 에너지 기업 토탈과 러시아·말레이시아 합작사에 대해 제재를 면제했는데, 이 역시 미국과 EU 간 1998년 정치적 합의에 따른 것이었다.[24]

3. 최근 역외적용 사례: 이란 및 러시아제재

1) 이란제재

제재 대상자를 지원하거나 또는 금지된 활동에 종사하는 개인이나 기업을 국적과 무관하게 제재하는 경향은 이란제재 설계 및 이행 과정에서 두드러지게 나타난 현상이다. 미국과 직접 연계가 없는 제3국인이 제3국에서 행한 행위에 대해서도 제재를 부과하는 역외적용 효과를 갖는 대부분의 제재는 이란에 대한 제재 과정에서 나온 것이다.

역외적용이 논란이 된 최근 사례로는 2018년 5월 미국 트럼프 대통령이 이란 핵합의(JCPOA)에서 탈퇴하면서 오바마 대통령이 해제한 제재를 복원하고 더 나아가 2차 제재 성격의 새로운 제재를 부과한 것이었다. 2차적 제재를 넘어 역외적용 성격을 가진 이란제재 관련 법률 및 행정명령의 사례를 몇 가지를 살펴본다.

앞서 설명했듯이 1996년 '이란제재법'은 의도적으로 이란의 원유개발 산업에 특정 금액(건당 500만 달러 이상 투자, 혹은 1년간 총 2000만 달러 투자)을 투자하거나, 이란의 정유산업에 특정 금액 이상의 물품이나 서비스를 제공한(건당 100만 달러 이상이거나, 혹은 1년 내 누적 500만 달러 이상) 외국 개인이나 기업을 제재하도록 하고 있다.[25]

24 "Iran Smiles After U.S. Waives Sanctions Against 3 Companies," *The New York Times*, May 20, 1998, https://www.nytimes.com/1998/05/20/world/iran-smiles-after-us-waives-sanctions-against-3-companies.html(검색일: 2020.10.3.).

25 '이란제재법' 제5조: SEC. 5. Imposition of Sanctions.

2012년 '이란 자유 및 반확산법'은 이란의 에너지, 항만, 운송, 선박 건조 등에 관여한 외국 기업과 은행 등으로 하여금 미국 금융기관 내에 환거래 계좌를 개설하는 것을 금지했다(shall prohibit). 즉, 외국 은행의 행위를 직접 규율하고 있다.[26] 2012년 8월 제정된 '이란위협감소법'은 제재를 위반한 외국의 금융기관을 직접 제재할 수 있도록(apply) 했다.[27]

2005년 6월에 발령된 행정명령 13382호[28]는 이란의 WMD개발 프로그램에 관여하거나 지원한 모든 외국인(any foreign person)의 미국 내 자산을 동결하도록 규정함으로써 직접 외국인을 제재 대상으로 하고 있다. 2011년 11월 발령된 행정명령 13590호는 이란의 원유개발사업에 연간 누계 기준 500만 달러 이상의 물품, 기술, 서비스 등을 제공하거나, 이란의 석유화학 분야에 연간 100만 달러 이상의 물자, 기술, 서비스 등을 제공한 모든 개인 및 기업(any person)을 직접 제재하도록 했다.[29]

2013년 6월에 발령된 행정명령 13645호[30]는 의도적으로 이란 리알화를 거래하거나, 거액의 리알화 계좌를 운영하고 있는 외국 금융기관에 미국 내 환거래 계좌 개설을 금지하고, 미국 내 자산을 동결하는 내용의 제재를 부과했다. 2015년 이란 핵합의가 도출되고, 이란의 초기 합의 준수를 확인한 오바마 대통령은 2016년 1월 행정명령 13716호를 발령, 역외적용 성격을 가진 일부 행정명령을 폐지했다.[31] 그러나 2018년 5월 트럼프 행

---

26 SEC. 1244: Imposing of Sanctions with respect to the Energy, Shipping, and Ship-building Sectors of Iran / (2) Facilitation of Certain Transactions.

27 '이란위협감소법' 제216조: SEC. 216. Expansion of, and Reports on, Mandatory Sanctions with Respect to Financial Institutions that engage in general activities relating to Iran.

28 E.O. 13382(2005.6.28.), "Blocking Property of Weapons of Mass Destruction Proliferators and Their Supporters."

29 E.O. 13590(2011.11.20.), "Authorizing the Imposition of Certain Sanctions With Respect to the Provision of Goods, Services, Technology, or Support for Iran's Energy and Petrochemical Sectors."

30 E.O. 13645(2013.6.3.), "Authorizing the Implementation of Certain Sanctions Set Forth in the Iran Freedom and Counter-Proliferation Act of 2012 and Additional Sanctions With Respect To Iran."

31 E.O. 13716(2016.1.16.), "Revocation of Executive Orders 13574, 13590, 13622, and 13645 With Respect to Iran."

정부는 JCPOA에서 탈퇴하면서 독자제재를 복원했다.[32] 이와 함께 유럽, 중국 등 다른 나라 기업들에게 이란과의 거래를 금지하도록 하고, 거래를 지속할 경우 무거운 관세 부과 및 금융제재를 가할 것이라고 경고했다.[33]

트럼프 대통령은 2018년 8월 행정명령 13846호를 발령,[34] 앞서 이란 핵합의에 따라 폐지된 행정명령을 복원해 제재를 부과했다. 이에 추가해 역외적용 효과가 있는 행정명령을 발령했는데, 대표적인 것이 2020년 1월의 행정명령 13902호이다. 행정명령 13902호는 이란 내 건설, 광산, 제조업 및 섬유산업과 관련된 거래를 금지하고, 제3국의 금융기관이 해당 분야에서의 거래를 위해 의도적으로 이란에 금융서비스를 제공한 경우에는 미국 내 환거래 계좌 개설 금지 등 해당 외국 금융기관을 '직접' 제재할 수 있도록 했다.[35]

2) 러시아제재

역외적용을 명시한 최근의 대표적인 법률은 '적성국제재법'상 러시아제재 부분이다. '적성국제재법'은 하원에서 통과한 '유럽과 유라시아에서의 러시아 영향력 차단법(Countering Russian Influence in Europe and Eurasia Act)'을 상원에서 이란 및 북한제재법안과 통합한 것이다. 2017년 '적성국제재법'은 이란보다는 러시아에 대한 2차 제재 조항이 다수 포함되어 있는데, 이란의 경우에는 2015년 이란 핵합의에 포함된 핵 프로그램 분야를 제외하고 탄도미사일 개발, 테러리즘 지원 및 인권침해 등 제한적인 분야만 다루었기 때문이다.

'적성국제재법'(러시아 부분) 제225조는 외국인이 의도적으로 러시아의 심해저 및 북극

---

32 백악관 보도자료(2018.8.6.): "Statement from the President on the Reimposition of United States Sanctions with Respect to Iran."

33 Krishnadev Calamur, "Trump Goes From Threatening Iran to Threatening the World," *The Atlantic*, August 7, 2018, https://www.theatlantic.com/international/archive/2018/08/trump-iran-tweet/566948/.

34 E.O. 13846(2018.8.6.), "Reimposing Certain Sanctions With Respect to Iran."

35 E.O. 13902(2020.1.14.), "Imposing Sanctions With Respect to Additional Sectors of Iran."

등에서의 원유개발 프로젝트에 상당한 투자를 했을 경우, 대통령으로 하여금 해당 외국인을 의무적으로 제재하도록 규정하고 있다.[36] 제228조[37]도 금지된 행위를 의도적으로 위반하거나, 제재 대상을 지원한 외국인을 직접 제재할 수 있도록 했다.

러시아와 관련된 또 하나의 역외적용 제재는 러시아와 독일을 직접 연결하는 가스관인 '노르트스트림 2' 사업에 관한 것이었다. 미국은 러시아의 유럽에 대한 영향력 강화를 우려해 처음부터 이 사업에 반대했으며, 특히 의회 차원에서 이 사업을 막으려는 시도가 계속 있어왔다.[38]

'적성국제재법' 제232조는 '노르트스트림 2' 가스관 연결 사업에 건당 100만 달러 또는 연간 누계액 500만 달러 이상을 투자하거나 해당 금액에 상당하는 물자, 부품, 기술, 서비스를 제공하는 모든 개인과 기업을 제재하도록 했다. 이에 따라 2021년 1월, 트럼프 행정부는 가스관 건설을 마무리하는 데 필요한 부품 등을 운반하는 러시아 선박과 그 소유주에 대해서도 제재를 부과했다.[39]

이에 추가해 2019년의 '유럽에너지안보법(PEESA: Protecting Europe's Energy Security Act)'은 노르트스트림 2 가스관과 또 다른 연결 가스관인 '투르크스트림(Turk-Stream)' 건설을 위해 심해저에 파이프 구축 작업에 동원될 선박을 제공 또는 임대해 주거나, 해당 선박의 러시아로의 이전을 주선하는 외국인(foreign persons)을 직접 제재할 수 있도록 했다. 아울러 가스관 개·보수 및 설치 작업에 보험 등 금융서비스를 제공하는 외국인도 제재할 수 있도록 했다.

바이든 대통령은 2021년 8월, 행정명령 14039호[40]를 발령, '유럽에너지안보법'을 위반

---

36 미국 국무부 설명 자료: "CAATSA/CRIEEA Section 225 Public Guidance."

37 '적성국제재법' 제228조: Mandatory imposition of sanctions with respect to certain transactions with foreign sanctions evaders and serious human rights abusers in the Russian Federation.

38 Paul Belkin and Michael Ratner, "Russia's Nord Stream 2 Natural Gas Pipeline to Germany Halted," *CRS Report*, March 10, 2022.

39 미국 국무부 보도자료(2021.1.19.): "Sanctions on Russian Entity and a Vessel Engaging in the Construction of Nord Stream 2."

하거나 위반 행위를 지원한 모든 외국인(any foreign person)의 미국 내 자산을 동결하고 미국 입국을 금지했다. 바이든 행정부는 대통령 권한에 의해 일부 기업에 대해서는 국가안보를 이유로 제재를 유예(waive)했는데, 2022년 2월 러시아의 우크라이나 침공 직전 해당 유예를 해제하고 제재를 부과했다.

4. 기타 역외적용 사례

1) 미국의 관할권 확대

앞서 살펴보았듯이 미국의 관할권이 적용되는, 즉 미국의 제재명령을 이행해야 할 미국인(US Person)의 범주에는 실제 거주지에 무관하게 모든 미국 시민, 영주권자, 미국법에 의해 미국에서 설립된 모든 법인, 해외 기업의 미국 내 자회사 등이 포함된다. 그러나 이란과 북한, 쿠바에 대한 제재는 여기에 추가해 소재국 법률에 의해 설립되었다고 해도 미국 기업의 해외 지사 및 협력체도 직접 관할 대상에 포함하고 있다.

일반 국제법상 법인의 국적은 등록된 국가의 국적 또는 설립 시 준거법이 되는 국가의 국적을 갖고, 해당 법인을 통제하는 개인의 국적을 갖지는 않는다.[41] 즉, 한국에서 한국법에 따라 설립된 미국의 시티 은행 서울 지점은 한국의 관할권에 속한다. 미국도 일반적인 제재 법률이나 행정명령에서는 직접 적용 대상을 '미국인(United States person, 자연인과 법인 포함)'으로 규정한다.

그러나 북한에 대한 '해외자산통제 규정(FACR: Foreign Assets Control Regulation)'과 '쿠바

40 E.O. 14039(2021.8.20.), "Blocking Property With Respect to Certain Russian Energy Export Pipelines."

41 Harry L. Clark, "Dealing with U.S. Extraterritorial Sanctions and Foreign Countermeasures,?" *20 U. Pa. J. Int'l L.*, 61(1999), https://scholarship.law.upenn.edu/jil/vol20/iss1/2.

자산통제 규정(CACR: Cuban Assets Control Regulation)'에는 '미국의 관할권이 미치는 모든 개인 및 단체(to any person subject to the jurisdiction of the US)'라고 규정함으로써 통상적인 '미국인'의 정의보다 광범위한 개념을 적용하고 있다. 이에 따라 미국 시민권자, 영주권자 및 미국법에 의해 설립된 법인이 소유하거나 통제하는(owned or controlled by a US citizen, resident, or company organized under US Law) 외국 소재 기업이나 단체도 미국 관할권의 대상이 된다.[42] 북한에 대한 첫 번째 행정명령인 행정명령 13466호[43]도 미국인의 범주에 '미국 기업의 해외 지사'를 포함하고 있는데, 이후 북한 관련 행정명령에 해당 정의가 계속 포함되고 있다.

> 미국인이라 함은 모든 미국 시민, 영주권자, 미국법에 의해 설립된 법인 또는 해외 지사를 포함한 미국 내 관할에 속하는 법인 및 모든 미국 내 법인을 의미한다.
>
> (the term 'United States person' means any United States citizen, permanent resident alien, entity organized under the laws of the United States or any jurisdiction within the United States (including foreign branches), or any person in the United States.)

예를 들어, 스페인의 국내법에 의해 설립되어 스페인에 소재하는 은행이라고 해도 그 은행이 미국인이 소유하거나 미국인이 대주주로서 사실상 해당 은행을 통제할 경우, 미국 제재법의 규정에 따라 쿠바 또는 북한과 금융거래를 할 수 없다.

---

42 '북한제재 규정' 31 CFR §500.329(Person subject to the jurisdiction of the United States.): The term, person subject to the jurisdiction of the United States, includes: (a) Any individual, wherever located, who is a citizen or resident of the United States; (b) Any person within the United States; (c) Any corporation organized under the laws of the United States or of any state, territory, possession, or district of the United States; and (d) Any corporation, partnership, or association, wherever organized or doing business, that is owned or controlled by persons specified in paragraph (a) or (c) of this section.

43 Executive Order 13466(2008.6.26.), "Continuing Certain Restrictions With Respect to North Korea and North Korean Nationals."

미국은 미국 내 모기업으로 하여금 해외 자회사나 합작회사가 미국의 제재법을 따르도록 행정지도를 강화하고 있는데, 해외에 소재하는 자회사나 지점이 이를 위반할 경우 '대위책임(imputed liability)' 원칙에 따라 미국 내 모기업도 처벌하고 있다.[44] 바로 이 점이 전통 국제법상 영토주권을 침해할 소지가 있다는 이유이다. 설사 미국의 해외 자회사가 미국 모회사에 의해 완전히 지배받는 관계라고 하더라도 해당 자회사가 주재국의 법률로 설립되고 등록사무소의 소재지가 주재국인 경우는 자회사의 국적이 주재국이 되므로 이에 대한 미국의 관할권 행사는 국제법상 속인주의 원칙의 위반에 해당된다는 주장이다.[45]

이 규정의 문제점은 미국의 해외 자회사는 모국인 미국법을 따라야 하면서도 동시에 소재지 법에 의해 설립되었으므로 소재지 국가의 법도 따라야 하는 딜레마에 봉착한다는 점이다. 이러한 딜레마에 대한 대표적인 사례 중 하나가 미국 월마트의 캐나다 현지 자회사와 관련된 것으로 1997년에 발생했다. '헬름스-버튼법'과 '쿠바자산통제 규정'에 따라 미국 월마트의 캐나다 지점은 미국의 제재법령을 이행해야 하며, 동시에 캐나다의 '외국역외적용법 대항조치(FEMA: Foreign Extraterritorial Measures Act)'도 준수해야 했다.

미국 당국은 '헬름스-버튼법'과 '쿠바자산통제 규정'에 따라 해당 캐나다 지점으로 하여금 쿠바에서 생산된 의류를 판매하지 말도록 했으나, 캐나다 당국은 미국의 제재법이 아닌 캐나다 법령을 따라야 한다고 하면서 쿠바산 의류를 판매하도록 지도했다. 결국 해당 회사는 일시적으로 매대에서 쿠바산 의류를 철수했다가 며칠 후 다시 판매를 재개하는 방식으로 대응했다.[46]

이 사례는 해외에 소재하는 미국 기업의 자회사가 상충하는 법적 의무를 어떻게 이행

---

44 Harry L. Clark, *Dealing with U.S. Extraterritorial Sanctions and Foreign Countermeasures*, p.72.

45 강호, 「미국 수출 통제법의 역외적용에 관한 고찰」, ≪慶熙法學≫, 제53권 제2호(2018), 349~377쪽.

46 Howard Schneider, "Canada, U.S. Wager Diplomatic Capital in a High-Stakes Pajama Game," *The Washington Post*, March 14, 1997 https://www.washingtonpost.com/archive/politics/1997/03/14/canada-us-wager-diplomatic-capital-in-a-high-stakes-pajama-game/4757d87c-9de9-457c-96a8-b3aab76fc92b/.

하느냐의 문제로 귀결된다. 미국 '헬름스-버튼법'과 캐나다의 '역외적용법률 대항법' 모두 위반자에 대한 막대한 벌금(개인은 최대 25만 달러, 기업은 최대 100만 달러)과 징역형까지 규정하고 있다. 이는 다른 국제법상 원칙과도 연계되는데, 국제법상 '외국정부강제이론(Foreign Sovereign Compulsion Doctrine)'에 따르면 자국민이 체류 국가의 법률에 따라 행한 행위를 모국이 막으면 안 된다는 원칙이다. 미국 법원이 체류국 법률에 따라 행한 행위에 대해서 자국민에게 모국법을 근거로 처벌할 수 없다고 판결한 사례가 다수 있다.[47]

2) 상무부의 EAR(물적관할권 도입)

미국은 미국과의 연계(US-nexus)를 확대해 자연인과 법인뿐만 아니라 미국의 부품과 기술이 포함된 물품에까지 관할권을 적용하고 있다. 대표적인 사례가 미국 상무부의 '수출관리 규정(EAR)'이다. 앞서 '미국의 독자제재' 편에서 소개했듯이 '수출관리령(EAR)'은 미국 시민권자, 영주권자, 그리고 미국 기업들이 수출 행위가 이루어지는 장소를 불문하고 특정 국가 및 개인·단체에 특정 상품, 기술 및 서비스를 제공 또는 이전하는 행위를 규제하고 있다. 이는 미국인의 수출 행위를 직접 규율하기 때문에 역외적용은 아니다. 그러나 제3국으로 하여금 미국산 부품이나 기술이 일정 비율 포함된 물품을 미국의 허가 없이 여타 제3국으로 재수출이나 이전을 금지하는 것은 역외적용에 해당한다. 제3국의 개인이나 단체가 자국에서 하는 행위를 직접 규제하기 때문이다.

1982년 레이건(Reagan) 행정부는 국가안보를 이유로 구소련의 시베리아-유럽 가스관 건설 사업에 해당 분야 건설자재 및 미국 기술 사용 제품의 수출을 금지하면서 미국의 수출허가를 한 번이라도 획득한 제3국의 모든 기업에 미국의 제재 규정을 적용하려고 시도했는데, 서유럽 국가들의 반발로 중단된 적이 있다.[48] 이후 미국 상무부는 최소함량 규정

---

47 Harry L. Clark, *Dealing with US Extraterritorial Sanctions and Foreign Countermeasures*, pp.92~93.

48 외교부 홈페이지, 러시아 이슈 테트리스 2021-7호(가스관), 2021년 11월 5일 자.

(10~25%)을 도입해 미국산 부품 및 기술의 함량 비율에 따라 재수출 가능 지역을 규제하고 있다. 다만, 쿠바 및 북한 등 사실상 전면적인 금수를 취하고 있는 국가에 대해서는 최소함량 규정과 무관하게 미국이 원산지인 사실상 모든 물품, 소프트웨어 및 기술의 재수출을 금지한다.

1996년 '이란제재법'은 개인과 함께 해당인이 소유하거나 관리하는 회사와 그 자회사 및 관계사까지 모두 제재 대상으로 지정했으며, 이란에 대한 재수출·이전 금지 대상에 '최소 10% 규정'을 적용해 원산지가 미국인 부품 및 기술이 상품 가격의 10%만 넘어도 교역을 통제하는 방식으로 미국의 물적관할권을 대폭 확대했다. 해당 물품이 이란 정부 또는 이란 정부가 소유하고 통제하는 기업에 이전될 것임을 알고 있거나, 알 만한 충분한 이유가 있을 경우에는 미국 정부의 재수출 및 이전 허가를 받아야 한다. 다만, 미국 외부에서 해당 물품이 본질적으로 변형되었거나(substantially transformed), 미국산 부품 및 기술이 미국 밖에서 제조한 완제품 가액의 10% 이하일 경우에는 면제된다.

즉, 거래 대상자나 거래 품목(상품·서비스)이 미국의 직접적인 인적 관할권에 해당하지 않는다고 해도 물적관할권을 확대해 제재 대상과 거래할 경우 해당 외국인의 미국 시장 접근 및 미국 내 금융서비스 이용을 제한하는 방식을 통해 사실상 제3국 기업으로 하여금 미국의 독자제재를 준수하도록 하고 있다. 일반적으로 군사용 또는 군사용으로 전용될 수 있는 이중 용도 물품과 전략물자의 수출 및 재수출을 제한하는 것은 현행 5개의 수출 통제 레짐에서도 허용되기에 큰 논란은 없다. 그러나 미국 독자적으로 국제법상 국가관할권 행사의 근거인 속인주의와 속지주의 원칙에 위배되어 물품에까지 관할권을 적용하는 것은 문제가 있다는 의견이 적지 않다.

또 하나의 사례가 미국산 기술·부품·소프트웨어를 사용해 건설한 제3국의 공장에서 제조한 상품에도 미국의 수출 통제 규정을 적용하는 '해외직접생산 규정'이다.

요약하면 미국은 속인주의를 대폭 확대해 미국산 물품이나 기술에도 국적을 부여하고, 이에 따라 제3국에서 미국산 기술이나 부품을 사용해 생산된 완성품에도 미국의 관할권을 적용한다. 이 점이 가장 큰 문제점으로 지적되는데, 물품 또는 기술은 국적을 가지지 않는다. 더욱이 물품과 기술을 취급하는 기업에 대한 관할권 확립의 근거로서 해외에 소재하는 물품과 기술에 국적을 부여하는 어떠한 규칙도 국제법상 존재하지 않는다. 해외로 수출된 미국산 물품과 기술은 그 품목의 소유권이 외국으로 이전되었기에 제3국으로의 재수출 통제는 재화의 자유처분권에 대한 침해에 해당한다는 비판도 제기된다.[49]

3) 재무부의 해외자산통제 규정

재무부 '해외자산통제 규정(FACR: Foreign Assets Control Regulation)'은 미국법의 적용을 받는 모든 개인과 단체로 하여금 제재 대상과 직간접적인 금융거래를 하지 않도록 규정하고 있으며, 제재 위반자의 미국 내 자산을 동결하도록 하고 있다.

여기서 세 가지 쟁점을 살펴볼 수 있다. 하나는 앞서 미국의 금융제재 편에서 살펴보았듯이 '제재 위반의 유발(cause)'을 근거로 제3국의 금융기관을 직접 제재하는 것이다. 둘째, 앞서 설명했듯이 미국은 미국인이 통제하고 관리하는 외국 기업에 대해서도 관할권을 행사한다. 이 기준은 쿠바에 대한 제재 규정인 '쿠바자산통제 규정(Cuban Assets Control Regulation)'에 포함된 이후[50] 이란, 북한, 러시아를 대상으로 한 제재 법률에도 적용되고 있다. 셋째, 역외에 존재하는 미국산 자산에 대해서도 관할권을 행사할 수 있다는 조항이다. 쿠바와 북한에 대한 자산통제 규정에는 미국 이외 지역에서 이루어지는 행위라고 해도 미국의 관할권에 속하는 모든 자산(property)이나 자산 수익(property interest)을 쿠바와 북한으로 이전하는 행위를 금지하고 있다.[51]

즉, 상무부가 미국산 물품에게 관할권을 행사하는 것과 마찬가지로 재무부도 미국산

---

49 강호, 「미국 수출 통제법의 역외적용에 관한 고찰」.

50 재무부 Cuban Assets Control Regulations: 31 CFR Part 515 중 정의 규정: General Definitions, §515.302 National (2) 단체, 법인, 기업의 국적 기준.

51 '북한제재 규정' 31 C.F.R. §500.201(금지행위): (2) All transfers outside the United States with regard to any property or property interest subject to the jurisdiction of the United States.

자산에 대해 관할권을 행사해 제재 대상자와 직간접적으로 연계가 있는 경우 미국 관할권 내 모든 자산을 동결한다. 이는 곧 '미국에서 유래하거나, 미국 소유권이 인정된 자산(the property of US origin or ownership renders it subject to)'은 미국이 관할한다는 논리이며, 직접 미국법의 적용을 받는 미국인이 개입하지 않더라도 이 규정만으로 제재 대상과의 거래에 연루된 미국인 소유 자산이나 미국 출처 자산을 압류할 수 있다는 의미이다.

위의 재무부 자산통제 규정과 상무부의 수출관리 규정을 종합하면, 미국은 미국이 원산지인 모든 물품이나 미국이 관할권을 행사하는 모든 자산이 쿠바와 북한이 연관된 거래에 사용되었을 경우에는 해당 물건 및 자산에 관한 관할권을 근거로 이들을 압류할 수 있다.

5. 역외적용의 법적 근거[52]

이상을 요약하면 미국의 제재법령은 다음과 같이 미국 이외 국가에도 적용된다.

첫째, 일반적으로 통용되는 국제법에 따르면 경영진 개인의 국적이 아니라, 본사의 소재 국가 또는 기업을 설립한 때 준거법이 된 국가에게 관할권이 있다. 그러나 미국은 속인주의를 확대해 미국인이 소유하는(owned) 것은 물론, 미국인이 사실상 통제하는(controlled) 외국 기업 및 외국 법인에도 미국법을 적용한다.[53] 둘째, EAR을 통해 외국인에 의해 미국이 원산지인 제품 또는 미국 부품을 포함하는 물자를 재수출하는 데도 속인주의

52 주로 다음 논문을 참조했다. Harry L. Clark, "Dealing with US Extraterritorial Sanctions and Foreign Countermeasures," *University of Pennsylvania Journal of International Law*(2004), https://scholarship.law.upenn.edu/jil/vol25/iss1/8; Jeffrey A. Meyer, "Second Thoughts on Secondary Sanctions," *University of Pennsylvania Journal of International Law*(2009), https://scholarship.law.upenn.edu/jil/vol30/iss3/5; Patrick C. Terry, Enforcing U.S. Foreign Policy by Imposing Unilateral Secondary Sanctions: Is Might Right in Public International Law?," *Wash. Int'l L.J.* Vol.30, No.1(2020), https://digitalcommons.law.uw.edu/wilj/vol30/iss1/4.

53 Cuban Assets Control Regulation 31 C.F.R. 515. 329조(d)-330조(a)부터 규정.

를 확대해 적용하고 있다.[54] 다른 국가들은 상품에까지 속인주의를 확대해 적용하지 않고 있다. 셋째, 속지주의를 확대해 국제무역 결제 시 미국 내 금융 시스템을 경유 또는 활용해 대금을 결제할 경우에도 관할권을 행사한다. 이는 재무부 OFAC 규정상 미국인이 제재를 위반하도록 '유발(cause)'할 경우에 해당 행위를 유발한 자도 처벌한다는 규정에 따른 것이다. 넷째, 미국의 행정력이 미치지 않는 제3국인에 대해서도 미국의 국내 제재법을 위반해 제재 대상자의 제재회피 활동을 지원하거나 공모했을 경우 제재를 가할 수 있다. 이는 앞서 중국 화웨이의 멍 부사장 사례에서 살펴보았듯이 행정명령 13608호(2012)에 명시적으로 규정되어 있다.

국제법상 특정국의 사법적 관할권이 제3국의 개인이나 기업에까지 미치는 이론으로는 여러 가지가 있다. 첫째, 속인주의를 확대하는 이론이다. 일반적으로 속인주의라고 하면 능동적 속인주의(active personality principle)로 '행위 주체자'의 국적을 기준으로 관할권을 행사하는 것이다. 이에 따라, 자국민의 행위가 타국에서 이루어졌어도 자국민에 대해 관할권을 행사할 수 있다. 미국의 경우 외국 국적자이지만 미국 영주권자에게는 능동적 속인주의를 적용한다.

미국은 미국법의 규율을 받는 사람이 통제하고 관리하는 외국 기업에 대해서도 관할권을 행사한다. 미국은 기업의 관할권을 행사하는 기준으로 보통의 기준, 즉 ① 해당 기업 설립 시 준거법 국가, ② 본사가 소재한 국가 및 이에 추가해, ③ 해당 기업을 직간접적으로 통제하고 관리하는 사람의 국적을 포함한다. 일반적으로 통용되는 국제기준에 의하면 법인의 국적은 등록된 국가의 국적 또는 설립법 국가의 국적을 따르며 이를 관리하거나 통제하는 개인의 국적을 따르지 않는다. 미국은 또한 미국 부품이나 기술을 사용해 생산한 제품에도 관할권을 행사하는데, 일반 국제법은 상품에 국적을 부여하지 않는다.

반면, 피해자의 국적을 기준으로 관할권을 행사하는 '수동적 속인주의(passive personality jurisdiction)'도 있다. 이는 일반적인 형사 및 사법 행위에는 적용되지 않으나, 자국민

54 EAR 15 C.F.R 746조 2항(2019년 개정).

대상 테러 등 조직적이고 계획된 공격 행위가 있을 경우에는 적용될 수 있다.

둘째, 속지주의 관할권을 확대하는 이론이다. 대부분 타국에서 발생한 행위라고 해도, 해당 행위의 중요 부분(substantial portion)이 자국 내에서 이루어졌으면 관할권을 행사할 수 있다는 의미이다. 예를 들어, 미국은 제3국에서 이루어진 특정 거래 행위의 결제 과정에서 자국의 금융서비스를 사용했다면 관할권이 있다고 주장한다.

셋째, 특정 행위의 효과 또는 영향을 기준으로 관할권을 행사할 수 있다는 '효과주의 관할권 이론(effects jurisdictional doctrine)'이다. 이 이론은 미국의 반독점법 맥락에서 나온 것으로 국외에서의 행위 및 그것이 미치는 효과가 자국 내 경쟁법에 위반되는 경우 관할권을 행사해 외국 기업의 반독점 행위를 규제할 수 있다는 내용이다. 마찬가지로 특정 행위 자체가 외국에서 외국인에 의해 이루어졌다고 해도 그 행위가 자국에 직접적이고(direct), 실질적인(substantial) 영향을 주었다면 관할권을 행사할 수 있다는 이론으로 속지주의를 확대한 것이다.

넷째, '보호주의 관할권(protective jurisdictional doctrine)'이다. 이는 제3국에서의 행위라고 해도 자국의 국가안보 또는 경제 이익에 실질적인 위협을 초래하는 행위에 대해서는 관할권을 행사할 수 있다는 논리이다. 미국은 자국민 보호, 국가 안보나 필수적인 정부 기능 보호 등을 위해 보호주의 관할권을 행사하는데, 특히 정부 기능 보호 범주에는 외국 정보기관의 공작, 화폐 및 공문서 위조, 출입국 및 통관, 세관 업무를 방해하기 위한 조직적인 위증 및 조작 등의 활동도 포함한다. 미국은 관할권 행사 기준으로 속인주의와 속지주의 모두를 택하면서, 속지주의 관할권 범주에 '미국에 상당한(substantial) 영향을 미치는 외국에서의 행위'를 포함하고 있다. 아울러 외국인이 미국의 국가안보나 정부 기능을 저해하기 위해 미국 외부에서 행한 행위에 대해 관할권을 행사한다.[55] 즉, 미국은 속인주의, 속지주의, 효과주의 및 보호주의에 따른 관할권을 행사하고 있다.

---

55 미국 Restatement (Third) of Foreign Relations Law of the United States 제402조 (3): Bases of Jurisdiction to Prescribe.

보호주의 관할권과 관련해 주목해야 할 판결 내용이 있어 소개한다. 이는 1982년 9월 네덜란드 법정에서 있었던 프랑스와 네덜란드 기업 간 분쟁이었는데, 국가안보에 상당한 영향을 미친다는 이유로 수출계약을 파기할 수 있는가의 문제였다.[56] 미국의 네덜란드 현지 자회사가 프랑스 기업에 2400개의 수진기(受振器, geophone: 땅의 진동을 전압으로 변환하는 장치)를 수출하는 계약을 체결했는데, 해당 프랑스 기업은 해당 제품을 다시 소련으로 재수출할 예정이었다. 미국 기업의 네덜란드 자회사가 이 사실을 인지하고 이는 미국의 레이건 행정부가 소련에 부과한 제재에 어긋난다는 이유로 판매를 거부하자, 프랑스 회사가 계약 위반을 이유로 네덜란드 법원에 소를 제기했다.

네덜란드 법원은 보호관할권 자체는 인정했으나, 해당 부품의 수출이 미국의 국가안보에 직접적인 위협이 된다고 보지는 않았으며, 해당 거래를 취소한 네덜란드 기업에게 이 부품의 수출이 미국의 국가안보에 상당한 위협을 초래한다는 주장을 입증할 책임이 있다고 판결했다. 결과적으로 프랑스 기업이 승소했다. 이 판결의 핵심은 보호주의를 지나치게 폭넓게 적용해서는 안 되며, 보호주의를 원용하기 위한 구체적 사유의 입증 책임을 원용하는 측에 지운 것이다.

현재 미국은 WMD 프로그램을 이유로 북한과 이란에 광범위한 제재를 부과하고 있는데, 이란과 북한의 잠재적인 핵공격으로부터 미국을 보호하기 위한, 즉 보호주의 관할권을 행사하는 것으로 이해할 수 있다. 이 논리에 따르면 이란과 북한의 핵 프로그램을 지원하는 제3국인이나 기업을 대상으로 하는 2차 제재도 가능하다.

다섯째, 보편적 관할권(universality principle)으로서 인종 학살, 전쟁범죄, 해적 행위, 노예무역, 항공기 공격이나 납치, 테러리즘 등 인류 전체에 대한 범죄에 대해서는 모든 국가가 관할권을 행사할 수 있다. 이는 1949년 제네바 협약, 1984년 고문방지 협약, 1988년 해상항행안전을 위협하는 불법행위 억제에 관한 로마 협약 등에 따른 것인데, 문제는

---

56 Patrick C. R. Terry, *Enforcing US Foreign Policy by Imposing Unilateral Secondary Sanctions: Is might right in public int'l law?*, p.13.

아직까지 경제 분야나 핵무기 개발 프로그램에는 해당되지 않는다는 데 있다. 아직까지 핵무기 보유를 금지한 국제적으로 통용되는 규범은 없기 때문이다.

이러한 역외적용에 반대하는 목소리도 꾸준히 있어왔다. G77 국가들과 중국은 매년 각료급 선언문을 채택, 역외적용 효력을 갖는 특정 국가의 법률을 제3국에 적용하는 것에 반대 입장을 표명해 왔다.[57] EU 국가들도 마찬가지 입장인데, 2017년 6월 오스트리아와 독일은 공동성명을 발표해 미국이 노르트스트림 2에 참여하는 3국 기업에 제재를 부과하는 것은 미국 국내법의 역외적용으로 국제법에 위반된다는 입장을 발표했다.[58]

미국 역시 과거에는 2차 제재를 비판한 적이 있다. 1970년대 아랍 국가들이 이스라엘과 거래하는 미국 기업에 대해서는 아랍 기업과의 원유 등 거래를 금지하는 보이콧을 강력히 비판하면서, 미국 기업들이 어떤 국가와 상업적 관계를 맺을지 결정하는 것은 미국 정책에 부합해야 하고, 오로지 미국인 및 미국 기업만이 결정한다고 강조했다.[59]

그러나 보호주의 등 역외적용을 정당화하는 이론은 모든 교역을 금지하는 무역 금수 또는 이에 준하는 포괄적 제재에는 적용하기 어렵다. 예를 들어, 이란이 스위스 네슬레로부터 초콜릿을 수입하는데, 미국이 이란과 거래한다는 이유로 네슬레의 자산을 동결하거나, 회사 간부진의 미국 입국을 금지할 수는 없다. 네슬레의 이란에 대한 초콜릿 수출은 미국 영토 이외에서 발생했고, 미국인이 개입하지도 않았으며, 핵무기 등과는 달리 미국 안보에 직접적인 위협이나 영향을 미치지 않기 때문이다.[60]

그러나 미국의 네슬레에 대한 직접 제재 권한이 없다는 것이 미국 정부가 네슬레와 거래하는 미국인의 행위를 규율할 수 없다는 것은 아니다. 미국은 국내에서 네슬레와 거래하거나 도와주는 미국인 또는 미국 기업의 행위를 규제할 수 있기 때문이다. 즉, 역외적

---

57 2021년 UNCTAD 총회 시 G77 + 중국의 각료급 선언(2021.10.4.): Ministerial Declaration of the Group of 77 and China.

58 "Germany, Austria Tell U.S. Not to Interfere in EU Energy," *Bloomberg*, June 15, 2017.

59 Patrick C. R. Terry 논문 주석에서 재인용.

60 Jeffrey A. Meyer, "Second Thoughts on Secondary Sanctions," p.946.

용은 못하더라도 미국인의 행동을 직접 규율할 수 있는 1차적 제재는 가능하다.

6. 역외적용의 다른 해석

WTO 국제무역 분쟁 패널에서도 역외적용 문제가 논란이 된 사례가 있는데, 대표적으로 '새우-바다거북 분쟁'에 대한 WTO 논쟁을 소개한다. 1995년 미국은 새우 포획 과정에서 바다거북의 우발적인 살상을 최소화해야 하며, 그렇지 않을 경우 새우 수입을 금지한다는 미국 국내법 규정을 원용해 해외 수산물 업자로부터의 새우 수입을 금지했다.

1996년 10월 인도와 말레이시아, 태국과 파키스탄은 미국의 이런 결정이 '보호무역' 성격으로 자유무역 원칙에 반한다며 WTO에 미국을 제소했다. WTO 상소기구는 바다거북의 보호 필요성을 인정했으나, 미국의 금수 조치는 사실상 여타 수출국들로 하여금 미국의 국내법 기준을 따르도록 강제하는 과도한 조치라고 보고, 미국의 조치를 부당한 차별로 판단했다.[61]

이 사례는 달리 분석하면 '생산품'과 '생산 절차(procedure)'에 대한 대표적인 사례로 볼 수 있는데, △생산품의 하자 여부와 무관하게 제조 과정을 이유로 수입을 거부할 수 있는가의 문제와 △외국 생산자에게 미국 국내법 조항을 준수하도록 강제할 수 있는가의 문제, 즉 역외적용 문제로 귀결될 수 있다.

이에 대해 확대된 속지주의를 근거로 수입을 규제할 수 있다는 의견과 절차를 문제 삼아 수입을 금지하는 것은 국내법으로 타국에서 일어나는 행위를 규제하는 것으로 부당한 역외적용에 해당한다는 의견으로 나뉘었다. 다른 한편, 이를 관할권 다툼의 문제가 아니라 소비자 인식의 문제, 소비자 주권의 문제로 접근해 수입품이 생산되는 과정에 대한 정보 공개 및 이로 인한 소비자의 선호도 문제로 볼 수 있으며, 노동환경, 인권 등은 소비자

61 박정준, 「환경과 경제 사이의 딜레마: 새우-바다거북 분쟁」, ≪월간통상≫, Vol.123(2022.8.).

주권의 문제와 연결된다는 주장도 제기되었다.[62]

이렇게 해석할 경우 역외적용 효과를 가진 2차 제재의 정당성도 확보할 수 있는데 미국 소비자들로서는 WMD 개발을 추구하는 이른바 불량 국가와 그들의 WMD 프로그램을 지원하는 국가 또는 기업의 제품을 구입하는 데 거부감이 있을 것이므로 이들로부터의 수입 등 거래를 중단할 수 있다는 주장이다. 실제로 제3국의 개인과 기업이 미국 역외에서 하는 행위를 규율하는 것이 모두 역외적용 인지에 대해서는 모호한 부분이 있는 것이 사실이다.

예를 들어, 2009년 2월 바스크(Basque) 분리주의 무장단체인 ETA가 자행한 스페인 마드리드 폭탄 테러 직후 미국 금융 당국은 이들 ETA 소속 테러범들의 미국 내 자산을 동결하고, 금융거래를 금지했다. 이 행위는 미국이 아닌 스페인에서, 미국인이 아닌 바스크 분리주의자에 의해 발생했으므로 미국 제재의 역외적용에 해당하는 것으로 해석할 수 있으나, 역외적용을 정당화하는 법적 측면은 분명하지 않다. 미국인 피해는 없었기에 '수동적 속인주의'를 주장할 수 없고, 미국인에 상당한 위협을 미치지 않았으므로 '보호주의'를 원용할 수도 없으며, 바스크 분리주의자들은 알카에다 등 글로벌 테러 조직도 아니기에 '보편적 관할권'도 성립하지 않기 때문이다.

그러나 시각을 달리 하면 바스크 분리주의자의 행위를 직접 규율하는 것은 아니고, 미국 관할권에 속하는 금융기관들의 행위를 규율하는 것이며, 미국 관할권 내 자산을 동결하는 것이므로 국제법상 속지주의와 속인주의에 부합하다고 할 수 있다. 핵심은 △제재 규정이 실제로 '누구'를 규율하는가, △규제 대상 행위가 '어디에서' 발생하는가, △위반자가 역외적용 법률 국가로부터 직접적으로 행정적·사법적 처벌을 받는가의 문제이다.

예를 들어, 프랑스 무기업자가 프랑스에서 이란으로 무기를 밀수출했다는 이유로 미국 사법 당국으로부터 처벌을 받을 경우, 미국 제재법은 분명히 프랑스 무기업자를 직접 규율하기 때문에 역외적용 문제가 발생할 수 있다. 그러나 미국인으로 하여금 이란에 무기

---

62 Jeffrey A. Meyer, "Second Thoughts on Secondary Sanctions," p.959.

를 밀수출하는 프랑스 업자와 거래하지 말도록 할 경우에는 다른 얘기가 된다. 이는 미국인을 규율하는 것으로 속인주의와 속지주의에 부합하며, 프랑스 무기거래 업자는 미국 기업과의 거래가 금지되어 금전적 피해를 보겠지만 미국 제재법 위반으로 벌금·징역형 등의 행정적·사법적 처벌은 받지 않으므로 역외적용으로 간주할 수 없다. 또한, 미국의 제재 법률이나 행정명령에는 역외적용 성격의 2차적 제재가 다수 포함되어 있으나, 모든 역외적용 사례가 문제되는 것은 아니다.

상식적으로 볼 때 WMD 확산이나 인권침해 등은 EU 및 유엔 안보리에서도 이러한 행위를 제재하고 있기 때문에 미국 재무부가 인권침해 사유로 EU 시민을 직접 제재한다고 해서 EU가 반발하지는 않는다. 그러나 보편적 성격 또는 유엔 안보리에서도 규율하는 행위가 아니라 미국의 특정 국가에 대한 특정 외교 정책상 제재를 부과하고 제3국인도 직접 제재할 경우에는 문제가 달라진다. 미국의 쿠바제재법령에 따른 제3국인의 직접 처벌이 문제가 되는 이유이다.

아울러 미국이 안보리 결의에 의해 국제법화한 이란 핵합의(JCPOA)에서 일방적으로 탈퇴한 후 이를 준수하는 제3국 개인이나 기업을 직접 처벌하는 것도 전혀 다른 이야기가 된다. 이러한 사례는 부당한 역외적용 사례이므로 EU 등 미국의 우방국들이 반발하고 있다.

7. 각국의 대응: 대항입법 제정 및 WTO 제소

그간 미국과 EU는 WMD 비확산, 테러리즘, 인권 분야 등에서 상호 협력하고 공조하면서 제재를 부과하고 이행해 왔다. WMD 비확산 문제를 다루기 위해 북한과 이란에 대한 독자제재 부과 시 긴밀히 상호 조율했으며, '글로벌 마그니츠키 인권법'을 통해 러시아, 미얀마, 중국 등에 대한 제재에도 보조를 맞추어왔다. 특히, 러시아의 2014년 크림반도 강제합병과 2022년 우크라이나 침공에 맞서 미국과 EU는 긴밀한 공조하에 러시아에 대한 강력한 제재를 부과해 왔다.

다른 한편, 미국이 역외적용 효과를 갖는 독자제재를 부과함에 따라 EU 기업들이 경제적 피해를 보게 되고, EU 기업들이 EU 법률보다는 미국의 법률에 순응하는 모습을 보여 사법 주권상의 문제도 발생하게 되었다. 특히, 트럼프 대통령 재임 시 미국이 EU의 반대에도 불구하고 JCPOA에서 일방적으로 탈퇴하고, 역외적용 효과를 갖는 독자제재를 연이어 부과함에 따라 대서양 관계가 크게 악화되었다.[63] 이런 배경에서 EU는 그간 △미국의 역외적용 법을 따르지 말도록 하는 '대항입법' 제정, △WTO 제소 및, △이란과의 독자적인 무역결제 시스템 도입 등의 방법으로 미국의 역외적용 효과를 갖는 제재 법률에 적극 대응해 왔다.

1) 대항법률 제정

미국 독자제재의 역외적용에 대응해 외국 정부가 제정한 대항법률의 주요 내용은 △미국의 역외적용법을 따르지 말고(blocking provisions), △역외적용 법률에 따라 미국의 법정에서 이루어진 판결을 인정하지 않으며(non-recognition), △미국의 역외적용 제재로 인한 피해를 국내 법정에서 소송을 통해 배상받게 하는 것(clawback) 등의 세 가지로 요약할 수 있다.[64]

특히, EU는 미국의 역외적용 제재로 인한 EU 기업들의 피해를 방지하고 구제하는 데 가장 적극적이다. 가장 대표적인 사례는 1996년 미국의 '헬름스-버튼법'과 '이란-리비아 제재법'에 대응하기 위해 EU가 '대항법률(Blocking Statue)'을 제정한 것이었다. EU의 대항입법은 유럽 기업들로 하여금 미국의 역외적용 효과를 갖는 제재법을 따르지 말도록 한 것이데, 정식 명칭은 '3국의 역외적용 법률로부터의 보호법(Protecting against the effects of the extra-territorial application of legislation adopted by a third country, and actions based

63 Clara Portela, *Creativity wanted, countering the extraterritorial effects of US Sanctions*.

64 Harry L. Clark, *Dealing with US Extraterritorial Sanctions and Foreign Countermeasures*, p.82.

thereon or resulting therefrom)'으로 1996년 11월 EU 규정 2271호[65]로 제정되었다. 여기서 의미하는 '외국의 역외적용 효과를 갖는 제재법'은 '헬름스-버튼법'과 '이란-리비아 제재법'을 의미하는데, 해당 EU 규정의 별도 부속서에 명시되어 있다.

이 규정은 부속서에 명기된 외국법에 근거한 EU 외부의 사법적 판단 및 행정적 결정을 무효라고 선언하고(4항), EU 외부에서 이루어진 사법적 판단이나 행정적 결정은 어떠한 형태로도 공동체 내에서 인정되거나, 적용될 수 없다고 명시하고 있다. 이에 따라 EU 기업들의 외국의 역외적용 제재 준수를 금지(5항)하고, 외국 제재를 따르지 않을 경우 심각한 경제적 피해를 야기하는 경우에 한해 제한적으로 예외를 허용하며(7, 8항), EU 기업은 동 규정 부속서에 명기된 외국법의 적용에 따른 피해를 EU 각국의 법원에서 구제받을 수 있는 권리가 있음을 명시하고 있다(6항).

2018년 5월 JCPOA 당사국인 EU 3국(영·프·독)의 반대에도 불구하고 미국 트럼프 대통령이 일방적으로 JCPOA에서 탈퇴하고 2018년 8월부터 순차적으로 2차 제재 요소까지 포함한 제재를 부과함에 따라 EU의 대응도 속도감 있게 진행되었다. EU는 신규로 채택된 미국의 주요 대(對)이란 독자제재 법률을 부속서에 추가하는 방식으로 1996년 대항법률을 개정했다.[66] 추가된 미국의 독자제재 법률은 ① 1996년 '이란제재법', ② 2012년 이란 자유 및 비확산법 및 2012년 미 '국방수권법', ③ 2012년 이란 위협 감축 및 시리아 인권법, ④ 미국 재무부의 '이란 거래 및 제재 규정' 등이다.[67]

캐나다도 1985년 미국의 쿠바에 대한 제재로 피해를 보는 캐나다 기업을 보호하기 위해 EU의 대항법률과 유사한 내용으로 '외국의 역외적용 법률 관련 조치법(FEMA: Foreign Extraterritorial Measures Act)'을 제정했다. 캐나다의 FEMA는 캐나다 국민으로 하여금 캐나

---

65 Council Regulation No 2271/96, https://eur-lex.europa.eu/legal-content/EN/TXT/?uri=CELEX%3A31996R2271.

66 EC Regulation 2018/1100(2018.6.6.).

67 EU 이사회 보도자료(2018.8.6.): "Updated Blocking Statute in support of Iran nuclear deal enters into force," https://ec.europa.eu/commission/presscorner/detail/en/IP_ 18_4805.

다의 주권과 경제적 이익을 침해하는 제3국의 무역법을 따르지 않도록 하면서, 제3국의 법으로 제3국의 법정에서 캐나다의 국익을 침해하는 판결을 인정하지도 말고, 따르지도 말도록 규정하고 있다.[68]

영국과 멕시코도 각각 대항법률과 유사한 법률을 제정해 무역 이익을 침해하는 제3국의 법률을 따르지 말도록 규정하고 있다.[69] 특히, 영국은 1980년 미국 레이건 행정부 당시 러시아-유럽 간 송유관 건설을 저지하기 위한 미국의 역외적용 수출규제에 대응하기 위해 대항입법을 최초로 제정했다. 중국도 2021년 1월 상무부 명령 제1호인 '부당한 외국 법령의 영토 외 적용에 대한 대응 규칙 및 기타 조치'를 발표하고, 2021년 6월에는 '반외국제재법(Anti-Foreign Sanction)'을 제정해 외국이 중국인과 중국 기업에 대한 제재 부과 시 이에 대응해 중국 내 자산 동결 및 중국인과의 거래 금지 등의 반제재 조치를 가능하게 했다.[70]

외국 제재법령의 부당한 역외적용이 발생했다고 판단하는 기준으로 △국제법 및 국제관계의 기본 원칙 위반, △중국의 국가 주권, 안보 및 발전 이익 침해, △중국 시민, 법인 또는 기타 조직의 정당한 권익 침해, △기타 고려 등을 설정했는데, 이러한 기준을 외국 사법부의 판결에도 적용하고 있다.[71]

최근에는 유럽 각국 법원이 대항입법을 근거로 미국의 독자제재로부터 자국 기업의 권리를 보호하기 위해 대항입법을 적극적으로 인용하는 추세인데, 이로 인해 EU 기업들은 딜레마에 봉착한다. 즉, 미국이 이란에 대해 2차적 제재를 적용하고, EU는 미국의 일방

68 캐나다 정부 홈페이지: Fact Sheet, Foreign Extraterritorial Measures Act(FEMA), https://www.justice.gc.ca/eng/rp-pr/csj-sjc/fema.html.

69 멕시코 1996년 제정 "Law to Protect Trade and Investment from Foreign Laws that Contravene International Law"; 영국 1980년 제정 "Protection of Trading Interests Act."

70 Chen, Q. and Liu, X., "China's newly passed Anti-Foreign Sanctions Law to bring deterrent effect against Western hegemony," *Global Times*, June 10, 2021.

71 유준구, 「바이든 행정부 신기술 수출 통제정책 동향과 시사점」, ≪주요국제문제분석≫, 2021-42(2021.11.24.).

제재에 따르지 말라는 대항법률을 제정함에 따라 EU 기업들에게 큰 딜레마를 야기한다.[72] 아래 대표적인 사례를 소개한다.

사례 1

2018년 11월, 독일 '도이치텔레콤'은 이란 멜리(Melli) 은행의 독일 지점인 멜리 이란 은행 측에 미국의 제재에 따라 이 은행과 계약한 통신 및 인터넷 제공 서비스 계약을 파기하겠다고 통보했으며, 은행 측은 도이치텔레콤이 유럽의 대항법을 위반했다고 맞섰다. 은행 측은 도이치텔레콤의 일방적 계약 해지가 트럼프 행정부의 이란에 대한 제재 부과 결정 직후에 이루어진 것으로 이는 도이치텔레콤이 EU의 대항법률을 어기고 미국의 역외적용 제재를 따른 것이라고 주장했으며, 도이치텔레콤 측은 독일법에 따라 계약 파기 이유를 밝히지 않고도 계약을 파기할 수 있다고 주장하면서 맞섰다.

이 심리를 맡은 독일 법원은 EU 법원에 대항법률의 적용 범위와 구체 해석에 대한 의견을 요청했으며, 2021년 12월 EU 법원은 다음과 같은 권고적 의견을 제시했다. 첫째, 미국의 압박 유무와 무관하게 EU 역내에서는 EU의 대항법률이 적용되므로, EU 기업은 미국의 역외적용 제재를 따를 의무가 없다. 즉, 도이치텔레콤은 이란 은행과의 거래를 중단하라는 미국 재무부 OFAC의 압박이 있더라도 EU의 대항법률에 따라 이란계 은행과의 계약을 유지해야 한다. 둘째, 당사자는 유효한 계약 종료나 파기 시 이것이 역외적용 제재에 순응하기 위한 것이 아니라는 점과 따라서 EU의 대항법률을 위반하지 않았다는 점을 증명해야 한다. 즉, 입증 책임이 계약 파기자에게 있음을 확인했다. 셋째, 법원은 EU 대항법률을 준수함으로써 발생하는 손해와 계약 파기 당사자가 계약을 파기하지 않을 경우 입을 손해 간 비례성(proportionality)을 비교해야 한다. 결과적으로 유럽재판소의 권고적 의견은 EU의 대항법률을 준수하고, 규정을 이행해야 한다는 것이었다.

---

72 Kevin Gaunt, "Navigating EU sanctions Blocking After Bank Melli vs. Telekom," *Law* 360(2022.2.28.), https://www.law360.com/articles/1468853/navigating-eu-sanctions-blocking-after-bank-melli-v-telekom(검색일: 2022.6.30.).

사례 2[73]

이탈리아 은행은 이란 기업인과 공동으로 투자해 운영하는 이탈리아 기업에 이란과의 거래 관계를 이유로 은행 서비스를 더 이상 제공할 수 없다고 통보했으며, 이에 맞서 해당 이탈리아 기업은 법원에 제소했다. 이탈리아 법원은 해당 은행의 결정은 EU 대항법 위반이므로 계속 해당 기업에 금융서비스를 제공해야 한다고 판결했다.

또 다른 사례 역시 이탈리아 은행과 관련된 것인데, 해당 은행은 이탈리아 기업의 계좌 내 이란 기업과의 수출계약에 따라 지불된 대금을 동결했다. 이탈리아 법원은 미국의 제재법은 EU 내에서 효력이 없다고 판결하면서, 은행 측에 해당 동결 예금을 반환하도록 했다. 해당 은행은 미국 제재법을 따른 것이 아니라, 이란 관련 금융거래를 함으로써 미국 금융기관 내 달러화 거래 계좌 폐쇄 가능성을 포함한 경영상 심각한 위협으로 인해 경영 차원에서 정상적인 절차를 거쳐 이루어진 행위라고 항변했다. 이에 법원은 EU의 대항법은 무조건 미국의 제재법에 따라 이란 관련 모든 거래를 지속하도록 강제하는 것이 아니라, 기업 판단에 따라 이란과의 거래를 지속하거나 중단할 자유를 보장하기 위한 것이라고 하면서, 은행 측 사유를 인정했다.

2) WTO 제소

1996년 10월, EU는 WTO 분쟁해결기구에 '헬름스-버튼법'이 무역 분야에서 역외적용을 포함함으로써 다자주의 원칙을 위배하고, 일방적인 무역보복 조치를 가능케 한다고 하면서 WTO 측에 제소했다. WTO는 1996년 11월 EU 측의 제소를 받아들여 분쟁조정기구에 헬름스-버튼법 심의위원회(패널)를 설치했다.[74]

---

73 Vanessa Wilkinson, "US Secondary Sanctions and Navigating the EU Blocking Regulation," *Field Fisher*, November 21, 2019, https://www.fieldfisher.com/en/insights/us-secondary-sanctions-and-navigating-the-eu-block.

74 "미국-EU, '헬름스-버튼법' WTO서 격돌 … WTO, EU 제소 수용", ≪한국경제≫, 1996년 11월 21일 자,

이에 대해 미국은 '헬름스-버튼법'은 무역협정이 아니며, 설령 무역 제한 효과를 가진다고 해도 국가안보와 외교 정책에 관한 것이므로 GATT 21조의 국가안보 예외 조항에 해당한다고 주장하면서 해당 심리에의 참여를 거부했다. GATT 제21조는 ① 필수적인 안보이익을 보호하기 위해 필요하다고 간주하는 행위, ② 전시 또는 국제관계에 있어서 비상시에 취하는 조치, ③ 국제평화 및 안전의 유지를 위해 유엔헌장상 의무에 따른 행위 등을 예외로 규정하고 있다.

이후 미국과 EU 간 협상을 거쳐 WTO에서의 분쟁 대신 정치적 합의를 이루는 선에서 타결했다. 1998년 5월 미국-EU 정상회담에서 이 문제를 마무리했으며,[75] WTO 패널 보고서가 채택되기 전에 EU의 요청으로 패널 심리가 중단되었다.

미국은 '헬름스-버튼법' 규정상 대통령이 국가안보 및 쿠바 내 민주화 증진 필요 등을 이유로 손해배상 청구소송 조항(Title III)을 6개월간 보류할 수 있다는 조항을 활용, 1998년부터 매 6개월 단위로 해당 조항의 적용 보류를 연장하는 형식으로 사실상 '헬름스-버튼법'의 역외적용을 회피해 왔다. 아울러 유럽 기업이 앞으로 쿠바에 투자하지 않는다는 보장하에 쿠바에 진출한 유럽 기업 경영진들에 대한 미국 입국 금지 등 제재를 유예(waive)할 수 있도록 해당 조항을 개정하기 위해 의회와 지속 협의하겠다고 약속했다.

이와 함께 클린턴 행정부는 유럽과 러시아가 이란의 핵개발을 저지하기 위한 미국의 노력에 적극 동참한다는 확약을 받은 후, 이란의 가스유전 개발을 위한 20억 달러 규모의 프로젝트에 참여한 프랑스의 토탈, 러시아의 가스프롬 및 말레이시아의 페트로나스(Petronas) 등에 대한 '이란-리비아 제재법'상의 제재 부과를 유예했다.[76] EU는 쿠바의 민

---

http://plus.hankyung.com/apps/newsinside.view?aid=1996112102071&category=(검색일: 2022.7.1.).

75 1998년 5월 18일, 미국과 EU 정상회담에서 이 문제 해결 등을 포함한 "Transatlantic Partnership on Political Cooperation"을 발표했다.

76 Dan Balz "U.S. Eases Stand on Cuba, Iran Sanctions," *Washington Post*, May 19, 1998, https://www.washingtonpost.com/archive/politics/1998/05/19/us-eases-stand-on-cuba-iran-sanctions/b67b163e-e781-4718-abac-65ea0c733b47/(검색일: 2022.7.10.).

주화 촉진 및 이란과 리비아의 WMD 개발 저지 등을 위해 미국과 적극 협력하고, WTO 제소 절차를 중단하기로 했으며, 다른 한편 향후 여사한 역외적용 법률이 입안될 경우 미국 대통령이 거부권을 행사할 것 등을 요구했다.

1996년 캐나다와 멕시코도 NAFTA에 근거해 '헬름스-버튼법'의 부당함을 제소하겠다고 했으나, 미국-EU 간 합의가 이루어짐에 따라 실제 제소로 이어지지는 않았다. 일부에서는 이 정치적 합의가 미국과 EU에만 적용되어 미국의 역외적용 법률에서 다른 국가를 보호할 장치를 만들 기회를 잃어버렸다고 하면서, 차라리 법적 선례를 만들기 위해서라도 EU가 WTO의 법적 판단을 받는 것이 좋았을 것이라는 의견도 있었다.[77]

3) 기타 대응 방안

EU 회원국들은 미국 트럼프 행정부가 대서양 관계를 훼손하면서까지 일방적으로 이란에 대한 독자적인 제재를 부과하자, 이란과의 거래를 지속하면서도 미국 독자제재 위반의 가능성을 최소화할 수 있는 시스템을 구축하기 위해 노력했는데, 그중의 하나가 앞서 3장에서 설명한 '인스텍스' 설립이다. 앞서 자세히 설명했듯이 인스텍스는 미국의 금융망을 우회하고, 대외적으로 참여 기업의 익명성을 보장해 개별 기업의 미국 제재에의 노출 위험성을 최소화한다는 이점이 있었으나, 여러 가지 한계로 인해 현재는 사실상 기능이 정지되었다.

그 외 EU는 금융 분야에서의 자율성을 확보하기 위해 유로화의 국제통화로서의 역할 강화, 외국 거래 전담 은행 및 유럽판 OFAC 설립, EU 주도 금융 결제망 구축, 유럽중앙은행(ECB)의 디지털 유로 발행 가속화 등의 프로젝트를 추진하고 있으나, 이는 모두 중·장기적 과제로 구체화하는 데는 상당 기간이 필요할 것으로 본다.

---

77 Stefaan Smis and Kim van der Borght, "The EU-U.S. Compromise on the Helms-Burton and D'Amato Acts," *The American Journal of International Law*, Vol.93, No.1(Jan. 1999), pp.235~236.

한편, EU 기업들은 EU의 대항법률을 따를 경우 미국의 금융 시스템에서 배제될 위험과 함께 형사상·민사상 처벌을 받을 수 있으며, 그렇다고 해서 자국의 대항법을 어길 수도 없는 매우 곤란한 상황에 처해진다. 이를 해결하기 위한 단기적이고 현실적인 대안은 미국과 이슈별·국가별로 제재 정책을 긴밀히 조율하면서 유럽 기업들에 대한 제재 면제 예외 조치를 확보하는 것이다.

국제정치적 차원에서도 우크라이나 전쟁에서 러시아에 대한 공동전선을 형성해야 하고, 중국과의 전략적 경쟁도 격화되고 있는 상황에서 미국과 EU의 분열은 바람직하지 않다는 주장이 힘을 얻고 있다. 미국 내에서는 역외적용 제재법을 두고 유럽과 미국이 상호 반목하는 상황은 대서양 동맹을 약화시키는 결과를 가져올 수 있으므로 역외적용 제재를 자제해야 한다는 목소리도 있다. 실제로 2021년 5월 바이든 대통령은 '적성국제재법'상 러시아제재의 역외적용 조항에 따라 '노르트스트림 2' 프로젝트에 참여한 독일 회사와 간부진을 제재해야 했지만, 트럼프 대통령 당시 심각하게 훼손된 대서양 관계를 복원한다는 차원에서 해당 제재의 적용을 유예하기도 했다.[78]

78 "Nord Stream 2 sanctions would be 'counter-productive' for European ties - Biden," *Reuters*, May 26, 2021, https://www.reuters.com/business/energy/nord-stream-2-sanctions-would-be-counter-productive-european-ties-biden-2021-05-26/(검색일: 2022.7.10.).

제5장

EU 및 여타 국가의 제재 정책

1. 개요

EU[1]는 특정 국가나 개인, 단체가 EU의 외교안보 정책에 부합하는 방향으로 정책이나 행동을 변경하도록 압박하기 위해 제재를 부과한다.[2] 자체적인 군사 조직이 없는 EU로서는 제재를 EU의 공동외교안보 정책을 이행하는 데 효과적인 외교 정책 수단으로 인식하고 있으며 시간이 갈수록 제재를 유용하게 활용하고 있다.[3] EU의 제재는 27개 회원국뿐만 아니라 영국, EU 가입 후보국들과 유럽경제지역(EEA: European Economic Area) 국가[4]들도 동참하기에 참여하는 국가의 범위와 경제적 영향력이 미국 못지않게 크다는 평가이다.

1 EU법을 소개하는 EU홈페이지(EUR-Lex) 내 "General Framework for EU Sanctions" 부분을 주로 참조했다. https://eur-lex.europa.eu/EN/legal-content/summary/general-framework-for-eu-sanctions.html#:~:.

2 Council of European Union(2018.5.4.): Guidelines on Implementation and Evaluation of Restrictive Measures.

3 Francesco Giumelli, and Fabian Hoffmann, "The when, what, where and why of European Union sanctions," *European Security*, Vol.30, No.1(2021), pp.1~23.

4 EU 회원국이 아닌 EEA 가입국들은 덴마크, 아이슬란드, 리히텐슈타인, 노르웨이다.

EU는 회원국 간 조율을 통해 2012년 이란산 원유 및 가스 금수, 2014년 러시아의 크림반도 강제병합 및 2022년 2월 우크라이나 침공에 맞서 러시아를 대상으로 신속하게 제재를 부과하고, 미국 트럼프 대통령의 일방적 탈퇴에도 불구하고 이란 핵 합의인 JCPOA를 지켜내기 위해 노력하는 등 국제정치 무대에서 EU의 위상을 확대해 왔다.

EU의 제재는 러시아에 대한 경제 및 금융제재를 본격적으로 도입하기 이전에는 안보리 제재와 유사하게 무기 금수, 여행 금지 및 자산 동결이 기본 방식이었다. 1990년대에는 무기 금수 조치가 중심이었으나, 2000년대 들어와서는 유엔 안보리 제재에 맞추어 특정 개인 및 단체를 대상으로 하는 스마트 제재, 즉 여행 금지와 자산 동결이 일반적인 제재 부과 방식으로 부상했다. 그러다가 2010년대 들어와서 이란의 핵개발 프로그램을 저지하기 위해 에너지 분야를 중심으로 한 산업별 제재를 부과하기 시작했고, 2014년 러시아의 크림반도 강제병합 이후 본격적으로 러시아에 대한 산업별 제재를 부과하기 시작하다가 2022년 러시아의 우크라이나 침공 이후 러시아산 에너지 금수 등 강력한 제재를 부과하고 있다.

EU의 제재는 크게 두 가지 차원에서 이루어진다. 하나는 유엔헌장 7장에 따라 채택되어 전체 유엔 회원국에 법적 의무를 부과하는 안보리 제재 결의이다. 안보리 제재 결의가 채택되는 즉시 EU 회원국 모두에 효력을 갖는 EU 법으로 전환되며, 각 회원국의 국내 법령에 반영되어 이행된다. 둘째는 EU 차원의 독자제재로서 유럽이사회의 만장일치 결정에 따라 부과된다. EU가 독자적으로 제재를 부과하는 경우는 유엔 안보리에서 5개 상임이사국 간 이견으로 제재 결의가 채택되지 못할 경우, 또는 유엔 안보리 제재가 그 범위와 강도에 있어 충분하지 못할 경우 이를 보완하기 위해서이다.[5] EU의 독자제재는 EU의 공동외교안보 정책(CFSP: Common Foreign and Security Policy)의 일환으로 이루어지는데, EU 개별 회원국 또는 외교안보 고위 대표가 제재 내용을 제안할 수 있으며, 이사회의

5 Council of European Union Guidelines on implementation and evaluation of restrictive measures 제3항(2018.5.4.).

만장일치로 채택된 후 EU 공보에 등재되면서 효력을 발생한다.

EU는 1993년 11월 유럽연합 조약(Treaty on European Union), 즉 마스트리히트 조약이 발효된 이후부터 독자적으로 제재를 부과하기 시작했다. EU는 '제재'라는 용어보다는 '제한적 조치(restrictive measure)'라는 용어를 사용하는데, 이 용어는 유럽연합의 기능에 관한 조약(Treaty on the Functioning of the European Union, 이하 EU 기능 조약) 제4장에 명시되어 있다.[6]

마스트리히트 조약 제29조는 EU 이사회(Council of the European Union)가 특정 사안 또는 역외 국가의 특정 문제에 대해 공동체 차원의 정책을 결정할 수 있으며, 회원국들은 이런 결정을 따라야 한다고 규정함으로써 특정 국가 및 이슈에 대해 제재를 부과할 수 있는 법적 근거를 제공하고 있다.[7]

마스트리히트 조약 제21조는 공동외교안보 정책의 목표를 구체적으로 규정하고 있는데, △EU의 가치·핵심 이익·안보·통합을 수호하며, △민주주의 가치 증진, 법에 의한 지배 확립, 인권 보호 및 국제법 준수를 강화하고, 이를 위해 △평화 증진, 분쟁 예방 및 국제안보 증진 등의 세 가지 범주를 외교 정책의 목표로 제시하고 있다.[8] 이에 따라 공동외교안보 정책의 목표를 이행하고 지원하기 위해 민주주의 증진, 평화 유지, 분쟁 예방 및 국제안보 강화 등을 위해 제재가 부과되는데, 구체적으로는 WMD 확산, 테러리즘, 인권침해, 외국 영토 강제병합, 주권침해, 사이버 공격 등에 대응해 부과된다.[9] 제재 부과를 결정하는 이사회(Council)의 결정문 서문에 보통 제재 부과 사유를 명시하고 있다.

'EU 기능 조약' 제215조는 유럽이사회가 EU 조약 29조에 따라 결정한 제재를 이행하

---

6 EU 기능조약 제4장: TITLE IV "Restrictive Measures."

7 유럽연합 조약(TEU) 29조: The Council shall adopt decisions which shall define the approach of the Union to a particular matter of a geographical or thematic nature. Member States shall ensure that their national policies conform to the Union positions.

8 마스트리히트 조약 21조 2항.

9 유럽이사회 홈페이지, "How and when the EU adopts sanctions," https://www.consilium.europa.eu/en/policies/sanctions/.

기 위해 경제 및 금융제재 조치를 도입할 수 있음을 명시하고 있다. 특히 215조 2항은 자연인과 법인 등 비국가단체에 대한 제재를 부과할 수 있다고 규정한다.[10]

EU의 독자제재는 공동외교안보 정책의 차원에서 이루어지므로 이사회의 만장일치로 채택된다. EU 회원국 또는 EU의 외교부라 할 수 있는 대외관계청(European External Action Service)이 특정 제재안을 제안할 수 있다. 제안된 제재안은 정치안보위원회(Political Security Committee) 등 관련 위원회의 심의를 거쳐 이사회의 만장일치로 채택되며, EU 관보(Official Journal of the EU)에 게재되어 발효된다.

EU 회원국의 관할권에 속하는 무기 금수나 여행 금지 등은 이사회 결정에 따라 즉시 회원국에 의해 이행된다. 그러나 금융자산 동결이나 수출입 제한 등 EU 역내 전체에 직접적인 영향을 미치는 사안은 EU의 권한에 속하기 때문에 이사회 결정에 추가해 EU 차원에서 제재를 이행하기 위한 별도의 이사회 규칙(Council Regulation)을 제정한다. EU 이사회 결정이 EU의 권한에 속하는 제재를 포함할 경우 EU 이사회 규칙은 EU 이사회의 가중 다수결(qualified majority)로 채택된다.[11] 즉, 이사회의 제재 결정은 회원국의 만장일치로 결정되지만, EU 차원에서 결정을 이행하기 위한 규칙은 회원국의 가중 다수결[12]로 채택되는 것이다.

이사회 규칙은 EU 시민과 기업에 직접 법적 구속력을 가진다. 이사회 규칙은 제재의 내용에 따라 회원국과 집행위원회에 의해 이행되며, 집행위원회는 회원국이 제재 이행을 시한에 맞춰서 적절하게 이행하고 있는지 확인한다. 이사회 결정은 각 회원국들에 의해 국내적으로 이행되며, 제재 위반 처벌이나 벌금은 각 회원국 국내 법률로 규정되는데, 처

---

10 EU 기능 조약 215조 2항: Where a decision adopted in accordance with Chapter 2 of Title V of the Treaty on European Union so provides, the Council may adopt restrictive measures under the procedure referred to in paragraph 1 against natural or legal persons and groups or non-State entities.

11 EU 기능 조약 215조 1항.

12 각 회원국이 무조건 1표를 행사하는 것이 아니라, ① 회원국 55%(27개국 중 15개국) 이상 찬성, ② EU 전체 인구 65% 찬성으로 결정하는 것이다.

벌은 효과적이고, 비례적이며, 제재를 충실히 이행할 유인을 제공할 정도여야 한다는 원칙이 존재한다.

EU 제재는 보통 6개월에서 1년을 기한으로 하는 일몰 조항(sunset-clause)을 포함하고 있다. 대부분은 이사회 결정으로 제재가 매년 연장된다. EU 제재의 해제를 위해서도 회원국 전체의 만장일치가 필요하며 현재까지 어느 회원국도 제재 해제에 반대표를 던진 사례는 없다.

1993년 마스트리히트 조약 발효 이후 부과된 첫 번째 사례는 1994년 3월의 수단에 대한 무기 금수 조치였으며, 현재까지 이어지고 있는 가장 오래된 제재는 1988년 미얀마 군부 쿠데타 세력에 대한 무기 금수와 1989년 천안문 사태로 인한 대중국 무기 금수이다. 이 밖에 드물지만, EU 이사회 결정과는 무관하게 EU 회원국이 독자적으로 제재를 부과하는 경우가 있는데, 네덜란드의 독자적인 테러리즘 관련 제재 명단이나 벨기에의 국가 테러리즘 명단 등에 따른 독자제재 부과 등이 있다.

영국의 경우 2020년 1월 31일부로 EU를 탈퇴했으므로 EU 제재를 이행할 의무가 없어졌다. 그 대신, 영국은 2018년 별도로 '제재 및 돈세탁방지법(Sanctions and Anti-money Laundering)'을 제정해 미국과 EU와의 조율하에 독자적으로 제재를 이행하고 있다. 이상의 내용들을 보여주는 최근의 EU 제재 채택 결정문을 사례로 소개한다.

2022년 7월 25일 이사회 결정(공동외교안보정책) 2022/1313호[13]

우크라이나의 상황을 불안정하게 하는 러시아의 행동에 대응해 제재(restrictive measures)를 부과한 2014년의 이사회 결정(2014/512/CFSP)과 관련해, EU 이사회는 EU 조약 제29조를 감안하고, EU 외교안보 고위 대표의 제안을 감안해 다음과 같이 결정한다(adopted this decision).

---

13 영문 원문은 다음 EU법 및 결정문 홈페이지에서 볼 수 있다. https://eur-lex.europa.eu/legal-content/EN/TXT/HTML/?uri=CELEX:32022D1313&from=EN.

제1조 2014년의 제재결정(Decision 2014/512/CFSP)을 2023년 1월 31일까지 연장한다 (shall apply).

제2조 이 결정은 EU의 공보(Official Journal of the European Union)에 반영되는 날부터 효력을 발생한다.

아래는 2022년 8월 5일 EU의 보도자료 내용이다.[14]

2022년 7월 25일, 이사회는 이사회결정 2022/1313호를 채택했다.
이 결정을 통해 2014년 러시아에 대한 제재가 2023년 1월 31일까지 연장되었다.
EU 후보 국가인 북마케도니아, 몬테네그로, 알바니아와 우크라이나, 잠재적 후보 국가인 (potential candidate) 보스니아-헤르체고비나, 그리고 EFTA 국가인 아이슬란드, 리히텐슈타인, 그리고 EEA 국가인 노르웨이가 위 결정에 동참하기로 했다. 이들 국가는 자국이 이사회 결정을 충실히 이행할 것임을 확인했다.
EU는 이들 국가의 공약을 평가하며 환영한다.

일부에서는 이사회에서의 만장일치 제도로 인해 변화하는 정세에 신속하고 유연하게 대응하기가 어렵다는 이유로 제재 채택에 있어서는 만장일치 제도를 폐지하고 가중치 다수결 제도를 도입하자는 의견도 제기되었다.[15] 이러한 주장은 EU가 공통의 가치에 어긋나는 정책을 시행하는 회원국에 투표권 정지와 같은 회원국으로서의 권리를 제한할 때 적용되는 가중치 다수결(EU 회원국의 55% 및 EU 인구의 최소 65% 이상 찬성)을 역외 국가에 대한 제재 결정 시에도 적용하자는 주장이다.

14 유럽 이사회 보도자료(2022.8.5.), https://www.consilium.europa.eu/en/press/press-releases/2022/08/05/.

15 G. Forwood, S. Nordin, et al., "EU Restrictive Measures," *Law Business Research*(2021), pp.40~58.

예를 들어, EU는 2022년 5월 29일 러시아산 원유 수입량을 연말까지 90% 감축하는 새로운 제재를 부과했으나, 해상운송을 통한 원유 수입만 중단하고 파이프라인을 통해 육로로 반입하는 러시아산 원유는 금수 대상에서 제외했는데, 이는 육로를 통한 러시아산 원유 수입에 의존하는 일부 국가들의 반대에 따른 것이었다. 따라서 러시아에 대한 원유 수입 금지의 효과도 반감되었다.[16]

아울러 27개 회원국 간 의견 조율에서도 상당한 시간과 비용이 소요되는데, 경우에 따라서는 제재가 너무 늦게 채택되거나, 제재를 채택하더라도 상당 기간의 유예기간을 두는 경우가 종종 있다. 예를 들어, 2012년 이란의 가스와 원유 수입을 전면 금지한 EU 제재는 이란의 원유 수입에 크게 의존하던 그리스, 이탈리아, 스페인 등의 반대를 극복하기 위해 제재 채택 후 실제 이행까지 6개월의 유예기간을 두었다. 또한, 2022년 6월 원칙적으로 러시아산 원유에 대한 유가상한제 도입을 결정한 이후 실제로는 6개월 후인 12월에야 확정해 이행했다. 그러나 의사결정 구조 자체를 바꾸는 것도 만장일치제가 적용되기에 현재까지 논의의 진전이 없는 상황이다.

2. 제재 분야

EU는 기본적으로 앞에 설명한 마스트리히트 조약 제21조의 목적을 실현하기 위해 6개 분야에서 제재를 부과하고 있는데, 무기 금수, 여행 금지(비자발급 금지), 자산 동결, 금융거래 제한, 무역 제한, 외교 관계 제한 등이 그것이다. EU는 2023년 5월 기준 32개 국가에 대해 제재를 부과하고 있는데, 유엔 안보리처럼 EU도 홈페이지를 통해 국가별 및 분야별 제재 내용을 상세히 안내하고 있다.[17]

---

16 "EU, 러시아산 원유 수입 금지 맞나 … 수입량 '은근슬쩍' 늘어", ≪한국무역협회 종합무역뉴스≫, 2022년 6월 21일 자, https://www.kita.net/cmmrcInfo/cmmrcNews/cmercNews/cmercNewsDetail.do?pageIndex=1&nIndex=1824006.

테러리즘, 화학무기, 사이버 범죄, 중대한 인권침해 등은 특정 국가와 연계하지 않고 국경을 초월해 부과된다. EU의 제재 현황 홈페이지(EU Sanctions Map)에는 제재 대상 국가와 함께 제재 대상 분야도 상세히 소개되어 있는데, 사이버 공격, 화학무기 사용, 인권침해, 테러리즘이 포함되어 있다. 특히, 2000년대 들어 유엔 안보리 제재가 포괄적 제재에서 스마트 제재로 이행하면서 EU도 특정 개인 및 단체를 대상으로 주로 스마트 제재를 부과하고 있으므로 여행 금지와 자산 동결 등 스마트 제재의 속성을 가진 제재가 가장 많은 부분을 차지하고, 그다음은 무기 금수이다.

시리아와 이란에 대해 부과한 제재는 유엔 안보리 결의와 함께 미국과의 조율을 통해 무기 금수, 여행 금지, 원유 및 귀금속 등 특정 산업 및 운송 분야, 무역 금수 및 금융 제재가 복합적으로 부과되었다. 대부분의 경우 자산 동결과 여행 금지 등 2-3개 조치가 중첩적으로 이루어지는데, 미얀마에 대한 제재는 이들 모두가 포함되며, 2014년 러시아의 크림반도 강제병합 등으로 러시아에 부과한 제재는 외교 관계 축소를 제외하고는 모든 종류의 제재가 부과되었다.

2022년 2월 러시아의 우크라이나 침공 이전, EU의 제재 부과 사유로 가장 많이 꼽힌 것은 민주주의 증진과 위기 후 안정 및 관리를 위한 것이었다. 특히 2010~2011년 이른바 아랍의 봄 등 중동 및 북서아프리카 지역에서 민주주의 시위를 잔혹하게 진압한 독재정권에 대한 제재가 집중되었다. 현재도 아프리카와 아시아 국가들에 대해 부과한 제재의 대부분은 민주주의 증진을 이유로 한 것이다. 인권침해를 이유로 부과되는 제재는 민주주의를 증진하는 목적에도 포함된다. 아울러 내전 등 분쟁 이후의 제재는 합의 이행 또는 후임 정권의 안정을 위해 민주적으로 선출된 정부를 부정하는 무력단체 등에 대해 부과된다.

2014년 러시아의 크림반도 강제병합 및 우크라이나의 동부 돈바스 지역 개입에 대응해 부과한 제재는 위기관리 항목에 해당된다. 보스니아 내전을 종식시킨 1995년의 데이

---

17 EU 제재 현황(EU Sanctions Map), https://www.sanctionsmap.eu/#/main.

턴(Dayton) 협정 체결 이후에도 보스니아-헤르체고비아 내 정정(政情) 불안을 부추기는 무장단체에 대한 무기 금수는 계속 연장되어 유지되고 있다.[18] 국제규범 이행은 유엔헌장상 주권과 영토고권을 보장하고, 국제인권법 등 인도주의 관련 국제규범을 강제하기 위해 부과된다. 우크라이나 사태는 영토주권 등 국제규범 준수 항목에도 포함된다.

대량파괴무기 비확산은 가장 최근에야 부상한 제재 부과 사유이다. 이란과 북한의 핵무기개발 프로그램이 중요한 부분을 차지하고 있다. WMD 확산을 이유로 부과되는 제재는 기본적으로 관련 이중 용도 품목 금수 및 무기개발 책임자에 대한 스마트 제재를 기본으로 하는데, 이란과 북한의 경우에는 산업별 제재와 함께 강력한 금융제재도 같이 부과되어 있다.

3. 제재 이행

EU 제재는 미국과 마찬가지로 특정 행위가 EU와 핵심적으로 연관되어야 한다는 원칙(nexus linking)에 따라 속인주의와 속지주의를 결합한 형태로 적용된다. 즉, EU 회원국의 모든 영토, 영공, 영해에 적용되며, 거주지와 무관하게 모든 EU 회원국 국민 및 기업에 효력을 미친다. 아울러 EU 회원국의 관할권 내 모든 항공기와 선박에 적용되며, 국적과 소재지를 불문하고 EU 회원국 국내법에 의해 설립된 모든 법인 및 자회사, 그리고 EU 역내에서 전부 또는 일부라도 활동하는 모든 기업 및 단체에게 효력을 미친다.

참고로 앞에서도 설명했지만 미국의 독자제재는 위의 관할권에 추가해 미국과 거래하는 제3국의 기업 및 개인, 제3국에서 미국 기술을 이용해 생산된 제품 등에도 적용될 수 있다는 점에서 EU 제재의 적용 범위보다 훨씬 강력하다. 제재의 내용은 유엔 안보리와 미국이 부과하는 제재와 거의 동일하다.

---

18 'EU Sanctions Map'상 보스니아 부분, https://www.sanctionsmap.eu.

1) 자산 동결

제재 대상 개인이나 단체가 EU 역내에서 소유하거나, 관리하거나, 운영하는 자산은 동결된다. 자산(funds)은 포괄적 의미로 사용되는데, 현금 및 예금 등 금융자산과 함께 모든 유가증권(수표, 증권, 채권, 주식 등) 및 배당금 등 운용수익을 모두 포함한다. 그러나 자산 동결에서 일반적인 예외로 인정되는 행위도 있는데, △동결된 계좌 및 자산의 관리 및 수수료, △법적 자문료 지급 및 △의료비 등 인도주의적 지출은 예외로 인정된다. 아울러 제재 대상으로 지정되기 전에 체결한 계약 또는 합의에 따른 자금 지출도 예외로 인정된다.

2) 여행 금지

EU 회원국 입국 및 경유를 금지하는 것이다. 다만, 자국민에 대해서는 입국 거부가 적용되지 않는다. 또한, 인도주의적 목적으로 경유 또는 입국하거나, 유엔 등 국제회의 참가 또는 외교적 협상에 참가하기 위해 경유하거나 입국하는 행위는 예외로 인정된다.

3) 금융제재

기본적으로 EU의 자본시장과 금융시장으로의 접근을 제한하는 방식이다. 또한, 북한, 이란, 시리아, 예멘 등을 테러 자금 조달 및 자금세탁을 이유로 특별히 '고위험 국가(EU list on high risk third countries)'로 지정, 금융거래 시 강화된 보고 의무를 부과하고 있다.[19]

여기에 더해 EU 개인이나 기업이 직간접적으로 제재 대상 개인이나 단체의 경제적 이

---

19 EU 이사회 홈페이지 안내 자료: High risk third countries and the International context content of anti-money laundering and countering the financing of terrorism.

익에 기여하는 방식으로 자금이나 여타 경제적 자산을 제공하는 행위도 금지한다. 경제적 자산(economic source)은 자산이나 자본 생성에 기여하는 상품이나 서비스 등 제재 대상자에게 수익을 안겨주는 모든 유·무형의 경제적 자본을 의미한다. 간접적이라는 의미는 제재 대상자가 소유·관리하는 기업이나 자산과 연계된 제3의 개인이나 단체에 경제적 이익을 안겨주는 모든 경제적 활동을 의미한다.

소유권(ownership)은 단체 또는 기업 지분의 50% 이상을 소유하는 것을 의미하는데, 미국과는 달리 복수의 제재 대상자들 소유 지분을 모두 합해 50% 이상인 경우에도 통제한다는 규정은 없었다. 그러다가 2022년 4월 제재 이행 관련 공지를 통해 한 명 또는 두 명 이상의 제재 대상자가 제재 대상이 아닌 기업의 주식을 소유할 경우, 그 주식의 총합이 50%를 넘을 경우에는 해당 비제재 대상 기업은 제재 대상자들이 소유하거나 통제하고 있는 것으로 간주하고 있다. 통제(controlled)의 의미는 의결권을 행사한다거나, 해당 기업의 임원진을 선임할 권리를 행사하는 등 기업의 경영에 직간접적으로 참여하는 행위를 의미한다.

한편, EU가 부과하는 제재 중 가장 취약한 부분이 금융제재이다. 이는 제재 대상의 자산 통제 범위를 확정해야 해당 자산을 동결할 수 있는 데, 자산의 범위는 계속 변하고 이에 대한 EU의 대응은 느리기 때문이다. 고급 주택이나 빌딩 등 부동산은 식별이 상대적으로 용이하므로 즉각적인 동결이 가능하나, 금융자산의 경우에는 대부분 위장 회사 또는 다수의 차명으로 보유하는 경우가 대부분이어서 파악하는 데 애로가 있다. 또한, 현금이나 자본투자 수익의 경우에는 대리 주주(proxy shareholder) 등을 통해 동결 명령 이전에 이미 역외 국가로 이전되었을 확률이 높다.

이런 취약점들을 해소하기 위해서는 미국 재무부의 OFAC이나 영국 재무부의 OFSI 등 전문 조직이 필요하나, EU 차원에서는 아직 그런 수준의 금융제재 전문기관이 존재하지 않는다는 것이 취약 요인으로 꼽힌다.

4) 이중 용도 수출 제한 및 무기 금수

군사용으로 전용할 수 있는 이중 용도(dual use) 물품·기술이나 군사 장비의 수출이나 이전을 금지하는 것이다. 예를 들어, 러시아에 대해서는 군사적 목적으로 활용될 수 있거나, 또는 최종 사용자가 군사기관일 경우 직간접적으로 이중 용도 물품과 기술의 수출·재수출·공급·이전을 금지하며, 군사 장비, 시설, 탄약, 무기, 방산 기술의 러시아로의 수출·판매·이전도 금지하고 있다. 이전 금지 대상에는 기술협력, 지원, 중개, 금융서비스 등 무형의 서비스도 해당된다.

5) 산업별 제재

EU의 부문별 제재는 2012년 이란의 에너지 분야를 대상으로 부과되었다. 이후 2014년 러시아의 크림반도 강제병합 시 러시아에도 산업별 제재를 본격적으로 부과하기 시작했다. 러시아제재 편에서 상세히 설명하겠지만, 기본적으로는 러시아산 원유 및 가스의 수입을 제한하고, 에너지 및 운송 분야에서의 교역, 투자 및 기술이전을 제한하는 것이다.

러시아에 대해서는 에너지 분야에 추가해, 방산, 정보통신, 우주항공 분야에 대한 제재도 시행하고 있다. 특정 산업 분야에 대한 제재에는 교역뿐만 아니라 투자도 포함되기 때문에 부문별 제재에는 필수적으로 금융제재도 동반된다. 즉, 제재 대상 산업 분야와 관련된 금융거래를 제한하면서, 동시에 관련 개인 및 단체들의 자산을 동결하고, 이들의 EU 자본시장 및 금융시장으로의 접근을 제한한다.

EU는 2014년 러시아의 크림반도 강제병합 시 러시아가 점령한 크림반도와 세바스토폴 지역에 대해 사실상의 금수 조치를 부과했는데, △이들 지역으로부터의 전면적인 수입 금지, △이들 지역 내 부동산, 운송, 통신, 에너지, 원유 및 가스, 광물자원의 탐사 및 생산 분야에 대한 투자 및 지원 금지, △이들 지역에 대한 여행 및 관광 서비스 제공 금지 등의 조치를 부과했다.

4. 제재회피 금지 규정

EU의 모든 제재 규정에는 '제재회피 금지(Anti-circumvention clause)' 규정이 포함되어 있는데, EU 내 개인과 단체로 하여금 의도적으로 제재를 회피하기 위한 행위에 참여하는 것을 금지하는 내용이다. 예를 들어, 2014년 7월에 채택된 러시아에 대한 제재 규정(12조)에는 아래 내용이 포함되어 있다.[20]

> 알면서, 또는 의도적으로 본 조항에서 금지하고 있는 내용을 회피하기 위한 목적으로 이루어지는 행위에 참여하면 안 된다.

이 제재회피 금지 규정은 제재의 효과와 목적을 저해하는 모든 의도적인 행위를 금지함으로써 EU 제재의 실제 적용 범위를 확대하는 효과를 지닌다. 예를 들어, EU 기업은 제재를 우회하기 위해 규정상 금지된 행동을 역외 기업에 위탁 또는 아웃소싱 할 수 있는데, 제재 규정을 문헌적으로만 해석하면 해당 EU 기업의 행위는 제재 위반은 아니나, 상기 제재회피 금지 규정에는 위반된다.

이중 용도 물품이나 기술을 제재 대상국으로 이전할 경우, 이른바 '유턴(U-turn) 수출'로 불리는 제재회피 방법이 있는데, EU 기업이 제재 대상이 아닌 튀르키예나 두바이의 자유무역항을 통해 제재 대상국인 시리아나 예멘으로 이중 용도 품목을 수출하는 방식이다. 해당 EU 기업은 튀르키예나 두바이까지만 제품을 수출하고, 이후 대리인을 통해 시리아나 예멘으로 이전하는 방식인데, 제재회피 금지 규정 위반이다. 제재 결정과 제재 규칙이 회원국에 법적 구속력을 가짐에도 불구하고, 회원국이 이를 성실히 이행하지 않았을 경우, EU 차원에서 이를 직접 강제하고 처벌할 방법은 없다.

---

20 Council Regulation(EU) 833/2014 concerning restrictive measures in view of Russia's actions destabilising the situation in Ukraine, July 31, 2014.

EU의 배타적 권한에 속하는 역내 시장 등에서 집행위원회의 제소권, EU 사법재판소의 재판권 및 벌금 부과 등의 행정집행권은 가능하지만, 상대적으로 회원국의 주권을 높은 수준으로 인정하는 공동외교 정책에서는 EU 기관이 회원국의 이행을 강제할 권한을 갖고 있지 않다. 따라서 EU 차원의 제재는 실질적으로는 회원국의 자발적 이행에 의존하고 있다.[21] 이러한 취약점을 감안해 2022년 12월 EU 집행위는 제재회피 금지를 포함한 제재 위반 행위에 대해서는 단순한 벌금 등 행정처분을 넘어 형사처벌까지 할 수 있도록 관련 법령 개정을 제안하기도 했다.[22]

이와 함께 EU는 역내 개인 및 기업들에게 주의의무(diligence liability)를 부과하고 있는데, 모든 EU 시민이나 단체, 기업들은 가용 정보들을 활용해 자신들의 행위가 제재 위반에 해당하지 않도록 최대한의 주의를 기울일 의무가 있다. 이를 위해 기업들은 상대 거래기업의 과거 행적, 최종 사용자, 최종 수익자, 최종 용도 등을 파악하기 위해 합리적인 범위 내에서 최대한의 주의를 기울여야 한다.

5. 구체 이행

EU의 제재 안내문(Sanctions Map)[23]에는 러시아, 이란, 북한, 베네수엘라 등 32개의 국가별 제재와 인권, 화학무기사용, 사이버 범죄, 테러리즘 등 4개의 이슈별 제재 부과 현황을 상세히 안내하고 있다. 국가별 제재에서 특이한 사항을 소개하면 다음과 같다.

첫째, EU는 미국과는 달리 포괄적(comprehensive) 경제제재를 부과하지는 않는다. 앞서 설명했듯이 EU의 제재는 2000년대부터 유엔 안보리 제재와 같이 특정 개인 및 단체

21 전혜원, 「EU 제재 정책의 현황과 시사점」, ≪주요국제문제분석≫ 2016-23(2016.7.20.), 12쪽.

22 EU 집행위 보도자료(2022.12.2.): "Commission proposes to criminalise the violation of EU sanctions."

23 https://www.sanctionsmap.eu/#/main/.

를 직접 겨냥해 여행 금지 및 자산 동결 등의 제재를 부과하는 스마트 제재가 주를 이룬다. 다만, 북한, 이란, 러시아에 대해서는 이와 함께 금융제재와 산업별 제재를 추가해 부과하고 있다. 특히, 러시아에 대해서는 2014년 크림반도 강제병합 및 인근 돈바스 지역 내 군사적 긴장 조성 등의 이유로 산업별 제재를 본격화했으며,[24] 2022년 러시아의 우크라이나 침공을 계기로 에너지, 군수, 첨단산업, 광산, 운송 분야에 대한 제재와 함께 이 분야에 대한 금융제재도 부과하는 등 사실상 포괄적인 제재를 부과하고 있다. 러시아의 우크라이나 침공에 따른 제재는 후에 러시아제재 편에서 상세히 다룰 예정이다.

둘째, 가장 오래된 제재는 중국에 대한 것으로 지난 1989년 천안문 사태 직후 취한 무기 금수 조치가 여전히 시행 중에 있다. EU는 1989년 6월 마드리드에서 개최된 유럽정상회의의 공동성명 형식으로 중국에 대한 제재 조치로 △국제 무대에서 중국 내 인권문제 지속 제기, △중국과의 군사협력 중단 및 무기 금수, △각료급 이상의 고위급 교류 중단, △새로운 협력사업의 무기한 연기 등의 조치를 취했는데, 현재도 무기 금수 조치는 유지하고 있다. 다만, EU의 대중국 무기 금수는 이사회 결정이 아니라 공동성명 형식으로 중국과의 무기거래 금지를 촉구한 것으로 수출 금지 대상 기술이나 무기의 목록이 없어 일반적인 의미의 무기 금수 조치는 아니었다. 즉, 무기 수출의 실질적 금지를 통한 압박보다는 정치적 상징성의 의미가 컸으며, 실제로도 회원국에 따라 다르게 이행되어 왔다.[25] 최근에는 독일이 중국에 잠수함 엔진 수출을 거부함에 따라 중국이 태국에 수출하려던 잠수함 인도에 제동이 걸렸는데, 중국에 대한 독일산 잠수함 엔진의 수출이 거부된 것은 중국에 대한 EU의 무기 금수 조치 때문이라는 보도도 있었다.[26]

셋째, 러시아 이외 최근에 부과된 제재로는 베네수엘라와 미얀마에 대한 제재인데, 둘 다 인권침해 및 민주주의 쇠퇴 등을 이유로 한 것이다. 2017년 11월, 마두로(Maduro) 정

---

24 EU Council Regulation No.833/2014(2014.7.31.).

25 전혜원, 「EU 제재 정책의 현황과 시사점」, 7쪽.

26 "태국 수출 中 잠수함에 독일산 엔진 못 넣는 건 EU 금수 때문", ≪한국무역협회 통상뉴스≫, 2022년 4월 4일 자.

권의 심각한 인권침해 행위 및 부정선거로 인한 민주주의 가치 침해 등을 이유로 베네수엘라에 대한 무기 금수와 함께 관련 정치인 및 관료들을 대상으로 EU 국가로의 여행 금지와 자산 동결 등의 스마트 제재를 부과했다. 베네수엘라에 대한 제재는 이후 매년 갱신되어 2023년 11월까지 연장되었다.

EU는 1996년 10월부터 민주주의 세력 탄압 및 심각한 인권침해 등을 이유로 미얀마 집권 군부에 대해 무기 금수, 여행 제한 및 고위급 교류 중단 등의 제재를 부과해 왔다. 이후 미얀마에서 자유선거 실시 등 민주주의가 진전됨에 따라 EU는 2013년 4월 내부 탄압용 무기류를 제외하고는 무기 금수와 여타 제재를 해제했다. 그러다가 다시 2018년 미얀마의 군경에 의한 소수민족 탄압 등의 이유로 무기 금수와 함께 관련 군경 지도부에 대한 스마트 제재를 재차 부과했으며, 2021년 2월 미얀마에서 군사쿠데타가 발생하자 제재 범위를 확대했다.

넷째, 2023년 3월 기준 EU는 북한에 대해 △WMD 관련 개인 73명, 기관 17개, △사이버 불법 활동 관련 기관 1개, △글로벌 인권레짐 관련 개인 2명, 기관 1개 등 광범위하게 독자적인 대북제재를 시행하고 있다. 이와 함께 유엔 안보리 결의에 따라 제재 대상으로 지정한 개인은 80명, 기관은 75곳이다. 가장 최근에 제재 대상으로 추가된 것은 2022년 12월로 ICBM을 포함해 최소 63차례 탄도미사일을 발사해 유엔 안보리 결의를 명백히 위반했다는 이유로 관련자 8명과 군수공업부 산하기관인 로켓 공업부 등 기관 네 곳에 대해 자산 동결과 여행 금지 등의 제재를 부과했다. 또한, 제재회피에 관여하며 북한의 불법 무기 개발에 재정적으로 지원한 중국 선박 2척도 제재 대상에 포함되었다.[27]

특정 국가를 떠나 특정 이슈별로 제재를 부과하는 분야로는 테러리즘, 화학무기사용, 사이버 범죄, 인권 등 4개의 제재 레짐이 있다. 첫째, 테러리즘을 이유로 제재를 부과한 것은 2001년 9·11 사태 직후였다. EU는 '테러리스트 제재 명단(Terrorist List)'을 별도로

27 EU 이사회 보도자료(2022.12.12.): "DPRK/North Korea - EU imposes additional restrictive measures on eight persons and four entities responsible for or involved in the development of ballistic missiles," https://www.consilium.europa.eu/en/press/press-releases/2022/12/12/.

작성해 운영하고 있는데,[28] 이는 국가별 리스트가 아니고 개인 및 하마스(Hamas), 바스크 분리주의자, IRA 등 무장단체를 대상으로 하고 있다. 이 명단에 등재된 개인 및 단체에 대해서는 자산 동결, 금융거래 금지, 여행 금지, 군사 장비 및 이중 용도 기술의 수출 및 이전 등이 금지된다.

둘째, EU의 화학무기 관련 제재는 2018년 3월 러시아의 전직 정보부 요원인 세르게이 스크리팔(Sergei Skripal)에 대한 노비촉(Novichok) 독극물 테러 및 시리아의 자국민 대상 화학무기 공격 이후 본격화했다. EU는 2018년 10월부터 화학무기 사용 및 이전 관련 별도의 제재체제를 유지하고 있다. 이 역시 특정 국가를 대상으로 하는 것이 아니라, 화학무기금지 협약(CWC: Chemical Weapons Convention) 이행 및 검증을 지원하면서, 협약상의 의무를 이행하지 않고 화학무기를 사용하거나 또는 제3국으로 이전하는 단체와 개인을 제재하고 있다. 2023년 5월 현재 러시아 정보기관인 GRU, 시리아의 화학무기연구소(Scientific Studies and Research Center) 및 일부 시리아 인사를 제재 명단에 등재하고 있다.

셋째, 사이버 공격 관련 제재이다. 러시아 군 정보기관인 GRU의 헤이그 소재 화학무기금지기구(OPCW) 본부에 대한 사이버 공격 등 EU 역외에서 EU와 그 회원국들을 대상으로 하는 사이버 공격에 대응하기 위해 2019년 5월에 도입했다. 사이버 공격에 직간접적으로 가담했거나, 이들에게 재정적·기술적 지원을 제공한 자들을 대상으로 자산 동결과 여행 금지 등의 제재를 부과하고 있다.

2020년 7월에 처음으로 OPCW에 대한 사이버 공격, 워너크라이(WannaCry), 낫페트야(NotPetya) 공격에 연루된 자들을 제재 대상으로 지정했으며, 2023년 5월 현재 러시아 군 정보기관인 GRU 관련 인사, 중국 및 북한의 개인 및 단체들이 제재 대상에 포함되어 있다. 북한 단체로는 '조선 엑스포(Chosen Expo)'가 포함되어 있는데, 조선 엑스포는 폴란드 금융 당국 및 소니픽처스(Sony Pictures) 등에 대한 사이버 공격을 감행한 기관으로 알려져

28 EU Council Regulation No.2580/2001: on specific restrictive measures directed against certain persons and entities with a view to combating terrorism.

있다.[29]

넷째, 인권침해를 이유로 제재를 부과하는 것으로 이는 앞서 소개한 글로벌 마그니츠키 제재에 따른 것이다. 유럽이사회는 2020년 12월 글로벌 인권제재법, 일명 글로벌 마그니츠키 제재법을 채택했는데, 심각한 인권침해를 자행했거나 이에 연루된 정권, 개인 및 단체들을 국적 및 관할권 여부와는 무관하게 제재할 수 있도록 했다. 특히, 인종 청소, 대량학살, 인도주의에 반한 죄 등은 일반 국제법에서도 강행 규범으로 간주해 특정 국가의 관할권 여부와는 무관하게 보편적 관할권이 적용되는 범죄이다.

이들 범죄뿐만 아니라 체계적이고 무자비하게 자행되는 고문, 비사법적 살인, 강제실종, 조직적인 강제노동 등 심각한 인권침해와 인권유린에도 적용된다. 이들에 대한 제재는 여행 금지와 자산 동결 등이 기본적으로 적용되지만, 이에 더해 직간접적으로 이러한 행위에 연루된 자들에 대한 금융지원 및 여타 편의 제공도 금지된다. 2023년 5월 현재, EU의 인권 분야 제재 리스트에는 미국과 조율하에 러시아 야당 인사 알렉세이 나발니(Aleksey Navalny) 독살 사건에 직간접적으로 연루된 러시아 정부 관련자 4명, 북한의 정경택 국가보위상과 리영길 사회안전상 등 개인 2명과 중앙검찰소 등 기관 1곳이 포함되어 있다.[30]

한편, EU 집행위는 2022년 9월 강제노동을 이용해 생산된 제품의 EU 역내 생산·판매·수입·수출을 금지하는 '강제노동제품금지(Forced Labour Product Ban)' 규정을 입법 제안했는데, 이는 EU 시장으로 상품을 수출하는 제3국 기업에 적용된다.[31] 일부에서는 신장 위구르 소수민족 등을 강제노동에 동원하고 있는 중국을 겨냥한 조치로 해석하기도 한다.[32] 이 규정안은 향후 유럽의회와 EU 이사회에서의 논의 및 의결을 거쳐 발효될 예

29 주벨기에 대한민국 대사관 보도자료(2020.8.3.): 「EU, 사이버제재 대상 명단 최초 발표」(7.30.).

30 EU "Sanctions Map"상 인권침해, Lists of persons, entities and items 부분.

31 EU 집행위 보도자료(2022.9.1.): "Commission moves to ban products made with forced labour on the EU market."

32 Monika Pronczuk, "Europe Plans to Ban Goods Made With Forced Labor," *New York Times*,

정이다.

6. 역외적용과 대항법률

EU의 제재 현황 홈페이지(EU Sanctions Map)에는 특이하게 미국이 포함되어 있는데, 미국을 제재 대상에 포함한 것이 아니고, 미국 독자제재의 역외적용 문제에 대한 EU의 대응을 설명한 것이다. 1996년 11월 22일, EU 이사회는 '이란-리비아 제재법'과 '쿠바 제재법' 등 미국의 역외적용 효과를 갖는 법률이 EU에 부정적 영향을 미친다고 판단하고, 이에 적극적으로 대응하기로 결정했다. EU는 미국의 역외적용 법률이 국제법 위반이라는 확고한 입장을 견지하고 있으며, 미국의 역외적용 법률에 대응해 EU 기업들을 보호하기 위해 이른바 '대항법률(blocking regulation)'을 제정했다. 이는 앞의 미국의 독자제재 중 역외적용 문제를 다룬 장에서 이미 설명한 바 있다.

그간 EU와 미국은 제재 등 국제안보 분야에서 상호 긴밀히 조율하면서 상당히 유사한 외교 정책을 실시해 왔으며, 특정 국가 및 개인에 대해 제재를 부과할 경우에도 긴밀히 조율해 왔다. 러시아, 이란 및 북한에 대한 제재와 '글로벌 마그니츠키 인권법'에 따른 인권 분야 제재에서의 공조 및 협력이 좋은 사례이다. 그러나 2018년 5월 트럼프 행정부가 이란 핵합의(JCPOA)에서 일방적으로 탈퇴하면서 이란에 대해 독자적인 제재를 다시 부과하고, 특히 제3국 기업을 대상으로 하는 세컨더리 보이콧을 발동함에 따라 이란과 거래하는 EU 기업들이 미국의 제재 대상으로 지정될 가능성이 커졌다. EU는 1996년 미국의 쿠바에 대한 역외적용 제재 부과 시 제정된 대항법률[33]을 이란 사례에 맞추어 2018년 8월 재차 개정

September 14, 2022, https://www.nytimes.com/2022/09/14/world/europe/eu-ban-forced-labor-china.html(검색일: 2022.10.4.).

33 Council Regulation(EC) No.2271/96(1996.11.22.) on protecting against the effects of the extra-territorial application of legislation adopted by a third country, and actions based thereon or

했다.

앞서 설명했듯이 대항입법은 미국법의 역외적용에 따른 미국의 법원 결정을 EU 역내에서 인정하지 않으며, 미국의 역외적용 제재로 재산상 피해를 입은 개인이나 기업은 EU 회원국 내에서 손해를 초래한 미국인 및 기업을 대상으로 법률 비용을 포함한 손해배상 청구소송을 제기할 수 있도록 했다.[34] 다만, 미국의 대(對)이란 일방제재를 따르지 않을 경우 막대한 손실이 발생하므로 불가피하게 미국의 제재를 따를 수밖에 없다는 점을 입증하면 해당 대항입법의 적용에서 예외를 인정받을 수 있도록 했다.

많은 다국적 기업은 법적관할권이 다른 여러 국가에서 활동하므로 각 국가의 수출 통제나 제재 정책을 잘 숙지해야 한다. 각국별로 제재 정책이 상이할 경우, 혹은 상충할 경우, 그리고 특정국의 제재 정책이 역외에도 적용될 경우, 해당 기업들은 부지불식간에 특정 국가의 제재 정책을 위반할 가능성이 크다. 특히, 쿠바와 이란제재에서 미국과 EU가 상이한 정책을 시행하고 있으므로 미국과 EU에서 영업하는 다국적 기업들은 위험부담을 안고 있다.

예를 들어, 미국 트럼프 행정부는 2020년 1월 행정명령 13902호를 통해 이란 내 건설, 광산, 제조업 및 섬유산업과 관련된 거래를 금지하면서 이 분야에서 의도적으로 이란에 관련 물자나 기술, 서비스를 판매하거나 제공하는 제3국 기업도 제재할 수 있도록 했다.[35] 그러나 EU는 대항입법을 통해 미국의 독자제재에 따르지 말도록 했으므로 EU 기업들에게는 어느 쪽 정책을 따를지에 대한 딜레마에 빠진다.[36] 이러한 딜레마가 현실화된 것이 앞서 제4장에서 소개한 2021년 12월 EU 사법재판소에 권고적 의견을 구한 것으로

---

resulting therefrom.

34 EU Guidance Note(2018.8.7.), Questions and Answers-Adoption of update of the Blocking Statute, https://eur-lex.europa.eu/legal-content/EN/TXT/?uri=CELEX%3A52 018XC0807%2801%29.

35 E.O. 13902(2020.1.10.), "Imposing Sanctions With Respect to Additional Sectors of Iran."

36 Kevin Gaunt, "Navigating EU sanctions Blocking After Bank Melli vs. Telekom," *Law 360*, February 28, 2022, https://www.law360.com/articles/1468853/navigating-eu-sanctions-blocking-after-bank-melli-v-telekom(검색일: 2022.10.3.).

독일에서 영업하는 이란계 은행인 멜리 이란과 도이치텔레콤 간 분쟁이다. 즉, EU 기업이 EU의 대항법률에 따라 미국의 제재 대상인 특정 기업과의 계약을 반드시 유지해야 하는가의 문제였다. 이에 대한 유럽재판소의 권고적 의견은 EU의 대항법률을 준수하고, 규정을 이행해야 한다는 것이었다.

다만, EU 대항법률을 준수함으로써 발생하는 손해와 미국의 역외적용을 따르지 않아서 발생할 손해 간 비례성도 검토해야 한다고 함으로써 EU 기업이나 개인이 이란이나 쿠바와의 거래를 계속하도록 강제하는 것은 아니지만, EU 규정과 경영상 필요성 등을 종합적으로 감안하여 거래 행위의 지속 여부를 판단하도록 여지를 남겼다. 즉, EU 대항법률의 요체는 EU가 인정하지 않는 미국의 역외적용 제재에 따라 EU 기업이나 개인이 강제적으로 영업을 중단하도록 하는 것이 아니라 해당 개인과 기업이 각자 판단에 따라 거래를 계속하든지, 중단하는지 결정할 수 있도록 하는 것이라는 점을 확인했다.

위 EU 사법재판소의 권고적 의견은 계약을 종료하기 위한 조건과 대항법률을 위반했을 경우 가능한 법적 책임에 대해 가이드라인을 제공한 것으로 평가되며, 당분간 EU 기업은 미국의 역외적용 제재 규정과 EU의 대항법률 간 민감한 줄타기를 해야 하는 상황에 처해 있다.[37] EU 내에서 대항법률을 어기면 행정적·형사적 처벌을 받고, 손해배상 청구소송도 당할 가능성이 있으며, 역으로 대항법률을 준수할 경우 미국 재무부 OFAC의 제재 대상으로 지정될 위험성이 있다.[38]

사실, 제3국의 개인이나 기업은 미국의 역외적용 제재를 준수할 유인이 매우 크다. 미국 기업의 자회사 또는 협력 관계로서 미국 본사와 긴밀한 경제적 관계가 있을 경우는 더욱 그렇다. 또는 이사진이 미국인이라든가, 미국 달러화를 사용하고 미국 금융시장을 이용해야 하는 상황에서는 OFAC의 제재 대상 명단에 등재될 위험성을 최소화하기 위해 자

---

37 Sue Millar, Stephen Ashley, "Judging the EU Sanctions Blocking Regulation: Bank Melli v Telekom Deutschland," Stephenson and Harwood(2022.2.8.), https://www.shlegal.com/news/judging-the-eu-sanctions-blocking-regulation-bank-melli-v-telekom-deutschland(검색일: 2022.10.4.).

38 Kevin Gaunt, *Navigating EU sanctions Blocking After Bank Melli vs. Telekom.*

발적으로 미국의 제재법령을 따를 수밖에 없을 것이다. 이러한 상황에서 제3국의 기업이 EU와 밀접한 경제적 관계가 있을 경우에는 역시 EU의 대항법률도 준수해야 한다. 이 경우 해당 제3국 기업은 EU의 대항법률과 미국의 역외적용 제재의 중간에 끼이는 셈이 된다. 따라서 이란 및 쿠바와 거래하는 제3국 기업들은 OFAC의 제재로 인해 회복 불가능한 치명적인 손실을 받을 수 있다는 점을 이유로 EU로부터 대항법률 규정 면제를 받거나, 아니면 OFAC의 허가를 받는 것이 현실적으로 유일한 방법일 것이다.

7. 영국의 제재 정책[39]

EU에서 탈퇴한 영국도 2018년 5월 '제재 및 자금세탁방지법'을 채택했는데, 무기 금수를 포함한 무역제재, 자산 동결을 포함한 금융제재, 여행 금지, 항공기와 선박의 운항 통제 및 등록 취소 등의 제재를 부과하고 있다. 아울러 제재 사유에 마그니츠키 인권법을 반영해 '중대한 인권유린 및 침해'를 사유로 관련 인물에 대해 제재를 부과하도록 했다.

영국의 금융제재는 2018년 제정된 '제재 및 자금세탁방지법(Sanctions and Anti-Money Laundering Act)'을 중심으로 이루어지는데 대상 국가, 제재 내용, 반테러 등으로 구분된다. 기본적으로 미국 재무부 OFAC과 유사한 기능을 하는 영국 재무부의 '금융제재이행청(OFSI: Office of Financial Sanctions Implementation)'이 금융제재를 담당하는데, 미국 OFAC과 마찬가지로 제재 명단(sanctions list)을 관리한다. 영국 상무부와 국방부는 미국의 상무부와 국방부가 유사하게 각각 이중 용도 물품 및 기술의 수출 통제와 무기류의 통제를 담당하고 있다.

영국은 2022년 3월 '경제범죄법(Economic Crime, Transparency and Enforcement Act)'을 제

39 영국 정부 홈페이지 '제재정책' 부분: Guidance on UK sanctions, Information on UK sanctions currently in place and how to apply for the appropriate licences, https://www.gov.uk/guidance/uk-sanctions.

정했는데, 핵심은 영국 내 토지를 보유한 해외법인의 실소유자 등록제도를 신설하고, 미해명 자금의 출처를 공개하도록 하며 제재 대상을 긴급하게 지정할 수 있는 절차를 도입한 것이다. 또한, OFSI의 권한을 강화하기 위해 조사 요건을 완화, 대상자가 금융제재를 위반했거나, 위반했다고 의심할 만한 이유를 OFSI가 입증할 책임을 삭제했다. 러시아에 대한 제재는 위 세 가지 법에 추가해 2019년에 제정한 '러시아제재 규정(Russia Sanctions Regulation)'에 따라 이행하고 있는데 미국 및 EU와 유사한 내용과 범위로 산업별 제재와 금융제재를 부과하고 있다.[40]

8. 중국의 제재 정책

중국은 정부 차원에서의 수출 통제 및 수입 금지 등 투명하고 직접적인 제재 없이 비공식적인 불매운동을 통해 보복하는 방식으로 특정 국가의 수입을 제한해 왔다. 이른바 '한한령(限韓令)'으로 불리는, 한국 정부의 사드(THAAD) 배치에 대한 반발로 중국에 진출한 한국 기업에 대해 각종 경제적인 압박을 가하고도 대외적으로는 민간 부분의 자발적 행동일 뿐이라고 주장한 것이 대표적 사례이다.

미국의 전략국제문제연구소(CSIS)는 2023년 2월 보고서를 통해 중국이 2010년 이후 정치·외교적인 이유로 경제보복을 가한 대표적인 사례를 상세하게 소개하면서 중국의 경제보복은 비효율적이며, 중국이 장기적으로 더 큰 비용을 치를 것이라고 분석했다.[41] 이 사례에는 우리의 사드 배치에 대한 경제보복(2016년), 티베트 달라이라마(Dalai Lama)의 방문에 따른 대(對)몽골 경제보복(2016년), 중국 반체제 인사인 '리우 시아보(Liu Xiaobo)'에게

---

40 영국 정부 홈페이지 러시아제재 부분: UK sanctions relating to Russia, https://www.gov.uk/government/collections/uk-sanctions-on-russia.

41 Matthew Reynolds and Matthew P. Goodman, "Deny, Deflect, Deter: Countering China's Economic Coercion," *CSIS*, March 21, 2023, pp.1~104.

노벨평화상을 수여했다는 이유로 한 대(對)노르웨이 경제보복(2010년), 호주의 코로나 바이러스 기원에 대한 조사 촉구를 이유로 한 대(對)호주 경제보복(2020년), 대만 대표부 개설을 허용한 리투아니아에 대한 경제보복(2021년) 등 8개의 사례를 소개하고 있다.

실제 스웨덴 국립중국센터의 조사 결과 2008년부터 2021년까지 중국의 불매운동 사례는 매년 평균 13건, 총 91건이었으며, 이 중 3분의 1은 중국 정부가 관여했다는 보도도 있었다.[42] 같은 기간 중 중국의 보이콧 대상은 미국, 일본, 프랑스, 독일, 한국 기업 순이었으며, 홍콩이나 대만, 티베트의 주권 문제와 관련한 기업의 광고나 해당 국가의 입장 표명 등이 보이콧을 촉발한 경우가 가장 많았다고 한다.

아울러 중국은 2020~2022년간 총 73회에 걸쳐 19개 국가를 대상으로 수입 금지와 같은 방식으로 보복했다는 통계도 있는데, 이 중 호주를 대상으로 한 무역 보복이 21건으로 제일 많았고, 리투아니아와 대만에 대한 무역 보복은 각각 11건, 8건이었다.[43] 지역별로는 유럽에 대한 무역 보복이 35건으로 전체의 47%를 차지한 것으로 나타났다. 특히, 호주에 대해서는 지난 2020년 4월 호주 총리가 '코로나 19' 발생 기원에 대한 독립 조사를 제안한 이후 중국이 주요 호주산 수입품(쇠고기, 보리, 와인 등)에 대한 수입규제 조치를 내리기도 했다.

그런데 최근 중국도 제재를 주요 외교 정책의 수단으로 활용하려는 경향이 두드러지고 있다. 이러한 배경에는 트럼프 행정부의 대중국 압박 정책에 대한 반발과 신장·위구르 지역의 인권 및 홍콩 민주화 쇠퇴를 이유로 미국과 EU 등이 중국 관료와 기업에 대한 제재를 부과하는 데에 적극 대응하기 위한 것으로 보인다. 실제로 미국은 중국의 화웨이 등 거대정보통신 기업들에 대한 압박뿐만 아니라, 2020년 6월에는 '위구르 인권법'을 제정해

---

42 "수시로 외국기업 불매하는 中 … 매년 13건 보이콧에 명품도 굽신", 연합뉴스, 2022년 7월 12일 자, https://www.yna.co.kr/view/AKR20220712072200009#:~:text.

43 "Australia top target of Chinese trade restrictions," *Reuters*, February 22, 2023, https://www.reuters.com/world/asia-pacific/australia-top-target-chinese-trade-restrictions-study-2023-02-22/(검색일: 2023.2.28.).

소수민족에 대한 인권 탄압을 자행한 중국 관리 등에 대해 제재를 부과했다.

2021년 3월 미국, EU, 영국 등이 '글로벌 마그니츠키 인권법'에 따라 중국 내 위구르족 등 소수민족의 인권 탄압에 연루된 중국 공무원들을 제재하자, 중국도 이에 반발해 중국의 주권과 이익을 심각히 침해하고 악의적으로 거짓말과 허위 정보를 확산했다는 이유로 EU 인사 10명과 단체 4곳을 제재했다.[44] 또한, 2022년 8월 낸시 펠로시(Nancy Pelosi) 미국 하원의장의 대만 방문 이후 중국은 경제제재를 발표, 원산지로 대만(Made in Taiwan 또는 R.O.C)을 표기한 모든 부품의 수입을 금지했다.[45] 다만, 원산지 표기에서 대만이 중국의 일부임을 명시할 경우에는 수입을 허용했다.

중국은 2020년 9월 '신뢰할 수 없는 기업에 대한 규칙'을 통해 중국의 주권·안전·발전을 침해하거나 자국 기업에 피해를 초래하는 외국 기업에 대해서는 무역 및 투자를 제한하고, 관련자에 대해서는 중국 입국 및 체류를 제한할 수 있도록 했다. 중국은 더 나아가 2020년 12월 수출통제 제도의 법적 근거를 마련하고 수출통제 제도의 현대화를 위해 '수출통제법'을 제정했다. 중국의 '수출통제법'은 기본적으로 미국과 EU 등의 수출 통제와 유사한 내용으로 구성되어 있지만, 물품·기술뿐만 아니라 운송 및 적재 수단에 대한 통제 조치도 포함하고 있다. 중국이 '수출통제법'을 제정한 이유로는 미국의 화웨이에 대한 제재를 포함한 미·중 갈등의 결과로 보는 시각이 있으며, 향후 미·중 갈등 상황에 따라 미국에 보복 조치를 취할 수 있는 법적 근거를 마련한 것으로 분석하는 시각이 다수이다.[46]

중국은 더 나아가 2021년 6월, '외국의 중국제재 방지에 관한 법률('반외국제재법')'을 제정해 중국을 제재하는 국가에 대한 보복 조치를 명문화했다. 이 법은 중국 신장·위구르 인권문제를 비판하고, 홍콩의 민주적 자치권을 보장하도록 촉구하는 선진 7개국(G7) 공

---

44 "미국·EU·영국·캐나다, '위구르 탄압' 중국 제재 … 중국, EU 인사 10명 제재", *Voice of America*, March 23, 2021, https://www.voakorea.com/a/6057201.html.

45 "중국, 대만산 수입제품 원산지 표기 강화", ≪한국무역협회 종합무역뉴스≫, 2022년 8월 9일 자.

46 이원석, 「중국 수출 통제법의 주요 내용과 시사점」, ≪한국무역협회 통상이슈 브리프≫, 2020년 11월 5일 자.

동성명이 발표된 뒤 공포되었다.[47] '반외국제재법'은 △중국의 내정에 간섭하는 외국 정부에 대해 대응 조치를 실시하며, △외국 정부가 중국 국민과 기업, 단체에 대해 부당한 차별과 제한을 가할 경우 상응 조치를 취하도록 했다.[48]

요약하면 중국도 미국 등의 일방적인 제재에 맞서 EU의 '대항법률'과 비슷한 법률을 제정한 것인데, 중국 권익을 침해할 경우 해당 기업과 개인을 상대로 손해배상 청구도 할 수 있게 하며, 해당인에 대한 입국 금지, 중국 내 자산 동결 및 추방 등의 조치도 가능하게 했다.[49] '반외국제재법'에 따른 첫 번째 사례는 2021년 7월 윌버 로스(Willbur Ross) 전(前) 미국 상무장관을 포함한 미국 인사 7명을 홍콩 문제에 간섭했다는 이유로 제재한 것이었는데, 이들에 대해 중국 입국·체류 제한, 중국 내 자산 동결 및 중국 기업·개인과의 거래 금지 등의 보복 조치를 시행했다.[50]

---

47 "G7 calls on China to respect rights in Xinjiang and Hong Kong," *Reuters*, June 13, 2021, https://www.reuters.com/article/g7-summit-commmunique-china-idUSS8N2MQ0AZ(검색일: 2022.9.20.).

48 "중국, 외국의 중국제재 방지에 관한 법률(반외국제재법) 제정", 법제처 세계법제정보센터(2021.8.25.).

49 "China's newly passed Anti-Foreign Sanctions Law to bring deterrent effect against Western hegemony," *Global Times*, June 10, 2021, https://www.globaltimes.cn/page/202106/1225911.shtml(검색일: 2022.9.30.).

50 "China retaliates with sanctions on former U.S. commerce secretary Ross, others," *Reuters*, July 24, 2021, https://www.reuters.com/world/china/china-imposes-counter-sanctions-former-us-commerce-secretary-ross-others-2021-07-23/(검색일: 2022.9.30.).

제6장

미국의 대북 독자제재

북한은 이란, 쿠바, 시리아와 함께 국가 전체를 대상으로(country-based) 제재가 부과되는 4개 국가 중 하나이며, 무역, 산업, 금융 등 전 분야에서 포괄적이고 광범위한 제재를 받고 있다. 미국이 북한에 제재를 부과하는 형식도 유엔 안보리 제재 결의 이행, 대통령 행정명령 발령 및 북한을 특정한 제재법에 따른 의무적 제재 부과 등으로 다양하다. 재무부 해외자산통제국(OFAC)이 각종 법률 및 행정명령 등에 기초해 북한제재 프로그램을 총괄하고 있는데, 구체적인 제재 내용은 『연방규정집(CFR:Code of Federal Regulation)』 제510장에 상세히 설명되어 있다.[1]

북한에 대한 미국의 독자제재의 특징을 살펴보면 보면 다음과 같다. 첫째, 북한에 대한 제재는 매우 다층적이다. 다층적이라 함은 미국이 북한에 제재를 부과하는 이유가 매우 다양하며, 전 분야에 걸쳐 있다는 의미다. 유엔 안보리와 EU가 주로 북한의 WMD·탄도미사일 개발을 이유로 제재를 부과하는 반면, 미국은 WMD·탄도미사일 프로그램뿐만 아니라 인권, 자금세탁, 위조지폐 및 마약 거래, 지역 불안정 조성, 테러리즘, 사이버 불법활동, 비민주적 정치체제 및 비시장경제 등의 이유로도 제재를 부과하고 있다.

---

1 31 Code of Federal Regulations Part 510 – North Korea Sanctions Regulations.

일반적으로 미국 대통령은 독자제재의 핵심 근거가 되는 '국제경제긴급권한법'을 인용해 국가별로 WMD 확산이나 국제테러리즘이 미국의 국가안보, 외교 정책 또는 국가경제 등에 비상하고 특별한 위협을 구성한다고 선언하면서 제재를 부과한다. 북한의 경우에는 모든 불법행위를 나열하면서 이들 요인 모두 미국의 국가안보를 위협한다고 선언하고 있다. 예를 들어, 2010년 3월 발생한 북한의 천안함 폭침 이후 미국 오바마 대통령은 북한의 WMD와 탄도미사일 개발, 안보리 결의 위반, 지역 불안정 조성, 자금세탁, 화폐 위조 및 밀수, 현금 다발(bulk cash) 밀반입, 마약 밀매, 역내 미군과 동맹국 위협 등이 미국의 국가안보와 외교 정책에 비상하고 특별한 위협을 구성한다고 선언했다.[2]

이에 더해 오바마 대통령은 2014년 11월 북한의 미국 영화사 '소니픽처스' 해킹을 계기로 2015년 1월 사이버 범죄 행위와 중대한 인권침해까지 미국의 국가안보를 위협하는 이유로 추가했다.[3] 즉, 미국의 대북한제재는 핵 및 탄도미사일 프로그램뿐만 아니라 자금세탁, 화폐 위조, 인권, 사이버 공격 등의 불법 활동을 이유로도 부과되어 있으므로[4] 핵 문제만 해결된다고 해서 북한에 대한 모든 제재가 해제되지는 않는다.

예를 들어, 핵무기 개발 관련 무역 관련 제재가 해제된다고 해도 북한에 대한 무역 제한 및 금융제재 등 상당수의 제재는 그대로 남게 된다. 미국의 대북한제재의 다층적인 면을 고려할 때, 원칙적으로 미국의 북한에 대한 모든 제재가 해제되기 위해서는 WMD의 불가역적 폐기와 모든 불법 활동의 중단, 인권문제 개선과 함께 미국과의 관계 정상화가 필요하다. 이는 대북 협상과 관련해 중요한 함의를 지니는데, 테러리즘이나 WMD 확산 등 타국의 안보에 위협이 되는 행위에 대해서는 협상이 가능하겠지만, 인권문제와 비시

---

2 E.O. 13551(2010.9.1.), "Blocking Property of Certain Persons With Respect to North Korea."

3 백악관 보도자료(2015.1.2.): "Statement by the Press Secretary on the Executive Order Entitled "Imposing Additional Sanctions with Respect to North Korea.""

4 Troy Stangarone, "Removing Sanctions on North Korea, Challenges and Potential Pathways," Special Report No.504, *US Institute of Peace*(2021), pp.7~8, https://www.usip.org/publications/2021/12/removing-sanctions-north-korea-challenges-and-potential-pathways.

장경제 등 경제·사회적 개혁 문제는 김정은 정권의 유지와 체제 속성에 직접 관련되는 사안이므로 이에 대한 협상은 매우 어려울 것이다. 이 점에서 이란과의 핵합의(JCPOA) 방식이 하나의 참고가 될 수 있는데, 2015년 JCPOA 협상은 이란의 탄도미사일 개발, 테러 지원 및 인권문제 등 여타 사안은 제외하고 오직 이란의 핵 프로그램에만 초점을 맞추어 진행되었으며, 핵 프로그램과 직접 관련된 제재 해제 문제만 협상 대상이 되었다.

둘째, 미국의 대북한제재는 중층적이다. 중층적이라 함은 같은 종류의 제재가 다수의 행정명령과 북한을 특정한 제재 법률에서 중복되어 부과되고 있다는 의미이다. 예를 들어, 인권문제와 관련된 제재는 '북한제재강화법', '적성국제재법', '오토웜비어법' 및 여러 행정명령 등에서 중복적으로 부과되고 있다. 따라서 특정 법률에 규정된 인권 분야 제재를 정지하거나 해제한다고 해서 인권 분야 제재가 모두 해제되는 것은 아니다.

마찬가지로 설령 미국 대통령이 미국의 국가안보 위협이 해소되었다고 선언하면서 특정 제재를 해제하더라도 여타 사유로 인해, 또는 법률상 부과된 동일한 내용의 제재는 유지된다. 예를 들어, 미국은 6자회담에서 북핵 검증 관련 합의로 인해 2008년 6월 북한을 테러지원국 명단에서 제외하고 '적성국교역법' 적용 대상국에서도 제외했으나, 북한에 대한 제재는 여러 법률과 행정명령에서 중복적으로 적용되기 때문에 제재 면제의 범위는 매우 한정적이었으며, 면제 효과도 크지 않았다.

더군다나 당시 부시 행정부는 '적성국교역법' 적용 대상에서 북한을 제외하면서 동시에 '국제경제긴급권한법'에 따라 WMD 확산 등을 이유로 국가비상사태를 선언하고, '적성국교역법'상 자산 동결 등 상당수의 제재는 유지했다. 마찬가지로 '애국법', '국제경제긴급권한법', '수출통제법', '무기수출법', '대외원조법', '수출입은행법', '국제금융기구법' 등은 테러리즘을 이유로 같은 성격의 제재를 중복적으로 부과하고 있다.

셋째, 2016년 북한의 4차 핵실험 이후 북한만을 특정해 제재를 부과하는 별도 법률이 연이어 제정되었다는 점이다. 이전에는 '적성국교역법', '국제경제긴급권한법', '수출관리법', '무기수출통제법', '유엔참여법' 등 일반 법률과 이를 이행하기 위한 행정명령을 통해 북한에 제재가 부과되었지만, 2016년부터 북한을 특정해 '북한제재강화법'(2016), '적성국제재법'(2017), '오토웜비어법'(2019)이 연이어 제정되었다. 일반법이 아닌 북한만을 특정하는 법률에 의해 제재가 부과되고 이행된다는 의미는 북한 문제와 관련한 의회의 영향력이 증대하고, 협상 진전에 따라 행정부 재량으로 제재를 중단하거나 해제한다는 등의 자율적 공간이 좁아지고 있다는 점을 의미한다.

예를 들어, '국제경제긴급권한법' 등은 제재 부과 및 중단·해제 등에 있어 대통령에게 상당 부분의 자율성을 인정하고 있지만, 북한 관련 특별법은 특정 행위에 대해 의무적으로 제재를 부과하도록 하고(statutory designation), 제재 면제 및 해제에 대해서도 WMD의 불가역적 폐기, 인권 상황 개선 등의 특정 조건을 부과하고 있다. 이러한 점에서, 향후 대북 협상이나 대북 제재 해제 교섭에 미국 의회의 관여와 동의가 필수적이 되고 있다.

다음은 북한을 특정해 제재 부과 의무를 규정한 법률이다.

- 2016년 '북한제재강화법(North Korea Sanctions and Policy Enhancement Act)'.
- 2017년 '북한차단 및 제재현대화법(Korean Interdiction and Modernization of Sanctions Act)' / 2017년 '적성국제재법' 제3장에 통합.
- 2019년 '오토웜비어법(Otto Warmbier North Korea Nuclear Sanctions and Enforcement Act)' / 2020년 '국방수권법'에 포함되어 발효.

1. 미국의 대북한제재 개요

미국의 독자제재는 한국전쟁 당시까지 거슬러 올라간다. 미국은 북한의 남침 직후 '수출통제법(Export Control Act)'[5]에 따라 북한에 대한 전략물자 등의 수출을 금지했다. 이후

5 '수출통제법'은 소련 등 공산국가들의 군사적 증강을 견제하기 위해 무기 및 전략물자 수출을 통제하기 위해 1949년에 만들어진 법이다.

1950년 12월, 트루먼 대통령은 '적성국교역법'에 따라 한국전쟁으로 인한 국가비상사태를 선포하고, 북한에 포괄적인 금수 조치를 단행했는데, 식량 및 의약품 등 인도적 지원도 금지했다. 이어 1951년에는 '무역협정확장법(Trade Agreement Extension Act)'에 따라 공산국가라는 이유로 북한과의 정상적 교역관계도 정지시켰다.

1974년 '무역법(Trade Act of 1974)'이 제정된 이후 비시장경제 및 자국민에 대한 해외이주 금지를 이유로 무역에 있어 북한에 최혜국 대우를 금지하고, 미국 정부의 수출보험 제공, 융자, 투자 보증 등의 금융서비스 제공을 금지했다. 특히 1990년대 들어 북한의 WMD 프로그램에 따른 제재가 지속적으로 강화되면서 인권, 불법 활동 등에 대해서도 제재가 부과되었다.

현재 미국의 대북한 독자제재는 앞서 소개한 3개의 북한제재 특별법, 다수의 일반 법률 및 행정명령에 따라 포괄적으로 이루어지고 있다. 기본적으로 미국인(개인과 법인 포함)에 대한 조치이나, 이를 위반한 제3국의 개인이나 단체에도 제재를 부과할 수 있는 세컨더리 보이콧 요소도 포함되어 있다.

미국은 이전 법률에서 규정한 내용들을 폐기하지 않고, 이를 수정하고 보완하는 방식으로 새로운 법률을 제정한다.

예를 들어, 2016년의 '북한제재강화법'은 2000년 '이란·북한·시리아 비확산법(Iran, North Korea, and Syria Nonproliferation Act)'과 일반 법률 및 그간의 행정명령상 제재 내용을 모두 아우르고 있으며 이후에 제정된 '적성국제재법'과 '오토웜비어법'도 2016년 '북한제재강화법'을 보완·강화한 것으로 이전 법률의 주요 내용을 모두 포함하고 있다.

제재 대상은 매우 포괄적이다. △WMD 개발 및 무기거래, △불법행위(자금세탁, 상품·화폐 위조, 현금 다발 유입, 마약 밀거래 등), △사치품 수입, △사이버 안보 저해, △인권침해·검열 활동 등의 불법 활동에 가담한 개인·단체를 대상으로 하고 있으며, 이 분야에서 제재 대상을 수시로 추가 지정하고 있다. 특히, '북한제재강화법'과 '오토웜비어법' 및 그 이후의 행정명령들은 제재 대상자를 지원하는 행위를 이유로 제3국의 개인과 단체들도 제재하도록 하는 '세컨더리 보이콧' 규정을 포함하고 있다. 이에 따라 미국 재무부 해외자산

통제국(OFAC)은 2017년 8월 △WMD 분야 제재 대상자와의 거래, △에너지 분야에서의 거래, △북한 해외노동자 파견 지원, △미국 금융망에 대한 우회 거래 지원 등을 이유로 중국, 러시아, 싱가포르 기업 10곳과 개인 6명을 제재 대상자로 지정하기도 했다.[6]

제재 대상으로 지정될 경우, △미국 내 자산 동결, △미국 금융서비스 이용 금지, △미국 기업·정부와의 거래 금지 등 사실상 미국과의 모든 경제·금융활동이 금지되며, 미국 개인이나 단체가 이를 위반할 경우에는 제2장 금융제재 편에서 설명했듯이 민·형사상 처벌을 받게 된다. 미국 재무부는 2005년부터 2023년 3월까지 총 507개의 개인·단체·선박·항공기를 제재 대상으로 지정(개인 179, 단체 206, 선박 106, 항공기 16)하고 있는데, 이 중에는 김정은, 김여정을 포함한 북한 최고위층과 국방위원회, 정찰총국, 국가보위부, 선전선동부 등 북한의 주요 정부기관 등이 다수 포함되어 있다.[7]

현재 시행중인 대북한제재의 주요 내용은 다음과 같다.

북한과의 무역 금지

- 북한으로의 상품, 서비스, 기술의 직간접적 수출, 재수출, 이전 금지.
  - 비군사용, 중·저급 기술이 포함된 일반 상품(EAR 99 품목)도 원칙적 수출 금지.
  - 식량 및 의약품 등 인도주의적 물품 지원도 사전허가(license) 필요.
- 북한으로부터 상품, 서비스, 기술의 직간접적 수입, 재수입, 이전 금지.
  - 북한에서 생산된 완제품뿐만 아니라 북한의 부품이나 인력, 기술로 만들어진 제품도 원칙적으로 수입 금지.

---

6 재무부 보도자료(2017.8.22.): "Treasury Targets Chinese and Russian Entities and Individuals Supporting the North Korean Regime," https://home.treasury.gov/news/press-release/sm0148.

7 김정은(인권침해, 2016.7.), 황병서(인권침해, 2016.7.), 김여정(검열, 2017.1.), 최룡해(검열, 2018.12.) 등이 있다. 정부기관으로는 국방위원회, 선전선동부, 국가보위부, 정찰총국, 노동당 39호실 등이 제재 대상에 포함되어 있다.

금융제재

- 북한에 대한 투자 및 금융서비스 제공 금지.
  - 미국 정부의 대외원조, 수출신용, 자금 공여, 보증 등 금융지원 프로그램 전면 금지.
  - 미국 정부의 원조는 탈북민, 북한 내로의 정보 유입, 북한 민주주의 증진을 위한 NGO 등 인권단체의 활동 지원에만 한정.
- 미국 내 자산 동결.
  - 현재 미국인 소유라고 해도 북한으로부터 유래된 모든 자산은 동결.
  - 북한 자산이 미국 금융기관을 통하지 않고 해외 금융기관을 통해 미국으로 유입되었더라도 동결.
- 북한의 국제금융기구 가입이나 지원 등 봉쇄.
  - 미국이 회원국인 국제금융기구의 대북한 지원 및 북한 가입에 반대 표시.

포괄적으로 제재 대상 지정(자산 동결, 여행 금지, 거래 금지 등 제재 부과)

- 북한 정부, 노동당, 관계자, 이들을 위해 수익을 창출하는 북한인 및 단체, 재무부 장관이 지정하는 여타 제재 대상과 일체의 거래 금지.
- 은행, 선박, 운송회사, 국가기관, 그리고 북한 안보기관과 연계된 개인 모두 북한의 불법행위에 연루된 것으로 간주.

항공, 운송 및 여행 제한

- 북한 여행 금지.
  - 공무, 언론 및 적십자 등 제한적인 외교 및 인도주의적 사유로 북한 방문 시 통상 여권이 아닌 특별히 허용된 1회용 여권 발급.
- 북한 선적 선박의 등록, 임차, 운영, 보증, 보험 제공 금지.
- 북한 방문 항공기 및 선박의 미국 내 입국 제한.
  - 북한에 기착한 항공기는 출발일로부터 180일 내 미국 내 착륙 금지.

- 북한을 기항한 선박 및 해당 선박과의 '선박 간 환적'에 연루된 선박은 180일간 미국 입항 금지.

2차 제재

- 고의로 제재 대상 또는 북한과의 거래 금지 및 여사한 거래를 촉진·지원·보증·후원하는 행위 금지.
- 북한제재회피·위반 지원 및 공모·미국인의 제재 위반 유발 행위 금지.

2. 국가비상사태 선포

미국은 '국제경제긴급권한법'상 행정명령을 통해 국가비상사태를 선포한 후 북한에 대한 제재를 부과해 왔으며, 국가비상사태에 해당하는 사유도 WMD 및 탄도미사일 개발, 테러지원, 인권침해, 위폐 제조 및 마약 유통, 자금세탁, 사이버 공격 등의 불법행위 등으로 계속 확장되어 왔다.

미국이 처음으로 북한의 특정 행위에 대해 '국제경제긴급권한법'상 국가비상사태를 선포하고 제재를 부과한 것은 2008년 6월이었다. 당시 조지 W. 부시 대통령은 북한을 '적성국교역법' 적용 대상에서 해제하면서,[8] 동시에 행정명령 13466호[9]를 발령해 북한 내 핵분열 물질의 존재와 확산 위험이 미국의 국가안보와 외교 정책에 '비상하고 특수한 위협(unusual and extraordinary threat)'을 구성한다는 이유로 국가비상사태를 선포했다.

---

8 Proclamation 8271(2008.6.26.), "Termination of the Exercise of Authorities Under the Trading With the Enemy Act With Respect to North Korea," https://www.govinfo.gov/link/cpd/executiveorder/13466.

9 E.O 13466(2008.6.26.), "Continuing Certain Restrictions With Respect to North Korea and North Korean Nationals."

이에 따라 북한의 자산 동결 등 '적성국교역법'상의 제재를 대부분 유지했다. 이에 더해 미국인의 북한 내 선박 등록과 북한 기국 선박의 소유·임차·운영 및 보험 제공을 금지했다. 이후 미국은 추가 행정명령을 통해 북한 관련 국가비상사태 구성 범위를 계속 확대했다.[10] 2010년 8월 오바마 대통령이 발령한 행정명령 13551호[11]는 그해 3월 천안함 폭침, 2009년 북한의 핵실험과 탄도미사일 발사, 사치품 밀수 등 안보리 결의 1718호와 1874호 지속 위반, 자금세탁과 물품 및 통화 위조, 현금 대량 밀수, 마약 밀매, 한반도 정세 불안 조성, 미군과 동맹국 위협 등도 국가비상조치 유지가 필요한 사유에 포함시켰다.

2014년 말 미국 소니픽처스에 대한 북한의 해킹 공격이 발생한 이후 오바마 대통령은 2015년 1월 행정명령 13687호[12]를 발령, 북한의 '파괴적이고 위협적인 사이버 공격 행위'와 '심각한 인권유린 상황'을 국가비상조치 유지가 필요한 사유에 추가했다. 2017년 9월, 트럼프 대통령은 북한의 6차 핵실험 및 연이은 ICBM 시험 발사에 대응하기 위해 행정명령 13810호[13]를 발령, 북한의 계속된 WMD 및 탄도미사일 개발과 확산 행위가 미국의 국가안보, 외교 정책, 경제에 지속적인 위협이 되고 있음을 명확히 했다.

한편, 미국 재무부는 2010년 11월 행정명령 13466호 및 13551호 등에 의해 위임된 북한제재 업무를 이행하기 위해 '북한제재 규정(North Korea Sanctions Regulations)'을 제정했다. '북한제재 규정'은 앞서 설명한 『연방규정집』의 재무부 OFAC 편에 포함되어 있는데, 행정명령상 제재 내용을 상세하게 설명하면서, 관련 용어를 정의하고 구체적인 해석을 제공하고 있다. 또한, 일반적으로 승인되는 몇 가지 예외적인 거래도 규정하고 있는데, 예를 들어 제재 대상자에게 특정 법률서비스나 위급한 의료서비스를 제공하는 행위는 일

10 백악관 설명 자료(2022.6.13.), "Notice on the Continuation of the National Emergency with Respect to North Korea," https://www.whitehouse.gov/briefing-room/presidential-actions/2022/06/13/notice-on-the-continuation-of-the-national-emergency-with-respect-to-north-korea-2.

11 E.O. 13551(2010.8.30.), "Blocking Property of Certain Persons With Respect to North Korea."

12 E.O. 13687(2015.1.2.), "Imposing Additional Sanctions With Respect to North Korea."

13 E.O. 13810(2017.9.20.), "Imposing Additional Sanctions With Respect to North Korea."

반적으로 승인된다.

3. 미국의 대북한제재 방식: 일반 법률

북한에 제재를 부과할 근거가 되는 법률은 상당수 존재한다. 이런 법률에 따른 제재는 다음과 같은 특징을 지닌다. 첫째, 제재 내용에 있어 상당 부분 중첩되는 경향을 보인다. 예를 들면 '적성국교역법'에 따른 제재와 '수출관리법'에 따른 제재는 내용상 유사하다. 제재가 중첩되어 부과될 경우의 문제점은 법률 A에 따른 제재를 해제한다고 해도, 여타 법률 B에 따른 제재는 그대로 유효하다는 점이다.

둘째, 일반 법률에 근거해 제재를 부과할 경우에는 보통 행정명령을 통해 이루어진다. 즉, 우선 '국제경제긴급권한법'에 따라 국가비상사태를 선포하고, 관련 법률을 인용해 제재를 부과하는 방식이다. 그러나 북한을 특정하는 제재 법률에서 제재를 부과해야 하는 특정 행위를 명시하고, 의무적으로 제재를 부과하도록 규정하는 경우에는 행정명령 없이 바로 제재를 부과한다. 북한을 특정한 제재 법률에서 대통령에게 제재 부과 여부에 관해 재량권을 부여한 경우에는 별도의 행정명령을 발령해 제재를 부과한다.

셋째, 일반 법률은 대통령에게 제재 부과, 이행, 유예, 면제 등에 있어 상당한 재량권을 부여한다. 대통령은 해당 법률에 따른 제재를 부과할 수도 있고, 부과하지 않을 수도 있다. 아울러 특정 제재를 부과하더라도 국가안보 및 외교 정책상의 이유로 해당 제재를 유예하거나 중단할 수 있다. 바로 이 지점이 북한을 특정한 제재 법률과 큰 차이를 보이는 부분이다. 북한제재 특정 법률은 대부분 대통령에게 제재를 부과하도록 의무를 부과하고, 제재 해제나 유예 등에 있어 특정 조건을 부과하거나 의회의 동의를 구하도록 하는 등 대통령의 재량권을 제한하고 있다. 제재 관련 중요한 일반 법률을 다음과 같이 소개한다.[14]

1) 적성국교역법(1917)

‘적성국교역법’은 1917년에 제정되었는데, 미국이 제1차 세계대전 중 독일에 선전포고를 한 직후 제정되었다. 주요 목적은 전쟁 중 대통령에게 적성국과 관련된 미국 내 자산을 압류하고, 적성국과의 교역을 금지하는 권한을 부여하기 위한 것이었다. 이후 평시에도 대통령의 긴급사태 선포 권한을 부여한 것이 앞서 미국의 제재 편에서 소개한 ‘국제경제긴급권한법’이다. 현재 ‘적성국교역법’의 적용을 받는 국가는 쿠바뿐이다. 북한의 경우 한국전쟁 당시 적성국으로 지정되어 ‘적성국교역법’상 제재를 받다가 2008년 6자회담 진전에 따라 적성국에서 제외되었다. 현재는 ‘국제경제긴급권한법’ 등 일반법과 북한을 특정한 제재 법률에 의해 제재를 부과하고 있다.

2) 국가긴급사태법(1976)과 국제경제긴급권한법(1977)

북한제재에서 핵심적인 역할을 하는 법률이 ‘국제경제긴급권한법’이다. 대통령은 미국의 국가안보, 외교 정책, 또는 경제 전반에 대한 위협이 존재하며, 해당 위협이 전체, 또는 상당 부분 미국 외부에서 유래되었다고 판단할 때,[15] 국가긴급사태(national emergency)를 선포하고 행정명령을 발령해 제재를 부과할 수 있다. 앞서 소개한 대로 미국은 2008년 6월 처음 북한의 핵개발 프로그램을 이유로 ‘국가긴급사태법’과 ‘국제경제긴급권한법’을 원용해 국가비상사태를 선포하고 행정명령 13466호를 발령했다.

이후 오바마와 트럼프 행정부는 2010~2017년에 천안함 폭침·연평도 포격 도발 등 지

---

14 Dianne E. Rennack, “North Korea: Legislative Basis for U.S. Economic Sanctions,” *CRS Report*, June 16, 2022, https://sgp.fas.org/crs/row/R41438.pdf; 민태은 외, 『미국의 대북독자제재: 정치적 배경과 법적기반 분석』.

15 원문은 다음과 같다. “The President find that a threat to U.S. national security, foreign policy, or economy exists, and that its source is in whole or substantial part outside the United States.”

역 불안정 조성 및 동맹국 위협, 일련의 핵실험 및 장거리 탄도미사일 발사, 안보리 결의 미이행, 자금세탁, 위조지폐 제작, 현금 다발 밀수, 마약 밀매, 사이버 공격, 심각한 인권 침해 등으로 국가긴급사태 구성 범위를 꾸준히 확장하면서 이에 따른 행정명령 13551호, 13570호, 13687호, 13722호, 13810호 등을 연이어 발령했다.[16]

3) 애국법

테러의 억제와 처벌을 목적으로 하는 법인데, 특히 자금세탁의 우려가 있는 국가 및 개인에 대해서는 미국 내 은행계좌 개설 금지 등 금융제재를 부과할 수 있도록 규정하고 있다. 특히 311조는 재무장관으로 하여금 돈세탁과 테러금융 행위를 방지하기 위해 매우 강력한 금융제재를 부과할 수 있도록 권한을 부여했는데, 재무부 장관은 특정 국가뿐만 아니라 금융기관을 '자금세탁 우려기관'으로 지정할 수 있다.[17]

미국 재무부는 2005년 마카오의 BDA 은행(Banco Delta Asia)을 북한과의 금융거래를 이유로 '자금세탁 우려기관'으로 지정했으며, 2016년 6월에는 북한 자체를 '자금세탁 우려국가'로 지정했다. 현재 재무부가 자금세탁 우려국가로 지정한 나라는 북한과 이란(2011년 지정)이 유일하다.[18] 최근 북한 관련 이유로 자금세탁 우려기관으로 지정된 곳은 중국 은행이다. 재무부는 2017년 11월 '애국법' 311조에 따라 중국의 단둥 은행(Bank of Dandong)을 북한의 불법 금융을 지원한다는 이유로 '자금세탁 우려기관'으로 지정하고, 미국 금융기관과의 거래를 금지했다.[19]

---

16 백악관 설명 자료(2021.6.21.), "Notice on the Continuation of the National Emergency with Respect to North Korea."

17 '애국법' 311조: Sec. 311. Special measures for jurisdictions, financial institutions, or international transactions of primary money laundering concern.

18 Victor Cha, "Treasury Department Designates North Korea Under Section 311," *CSIS News Letter*, June 1, 2016, https://www.csis.org/analysis/treasury-department-designates-north-korea-under-section-311.

4) 유엔가입법(1945)

'유엔가입법'은 유엔 안보리 결의를 국내적으로 이행하기 위한 법률이다. 미국은 이 법에 따라 안보리 대북제재 결의에 따른 제재를 이행하고 있다. 유엔 안보리는 2015년 이란 핵합의에 따라 안보리 결의 2231호를 채택해 이란에 대한 기존의 핵 관련 제재를 해제했으며, 미국도 '유엔가입법'에 따라 이를 이행해 안보리 제재를 해제했다. 그러나 여타 법률에 따른 독자제재는 계속 유지했으므로 사실상 '유엔가입법'에 따른 제재 해제는 큰 효과가 없었다. 이는 앞서 언급한 제재의 중복성과 연결되는데, 설령 유엔 안보리에서 북한 관련 제재가 완화되거나, 해제되어도 미국의 독자제재는 여전히 유효하다.

5) 무기수출통제법(1976), 수출관리법(1979), 핵확산금지법(1994), 수출통제개혁법(2018)

국가안보에 관련된 민감 이중 용도 물품 및 기술, 서비스의 수출, 재수출, 이전을 통제하는 법률들로서 대통령에게 수출 통제와 관련한 감독, 규제, 금지 등의 포괄적 권한을 위임하고 있다. 상무부가 '수출관리령(EAR)'을 제정해 수출 통제를 이행하고 있다는 것은 앞서 '미국의 독자제재' 편에서 상세히 소개한 바 있다. 아울러 북한은 핵물질 생산 및 핵기폭장치 실험으로 인해 국무부 소관 '무기수출통제법', 상무부 소관 '수출관리법' 및 '수출통제개혁법', 에너지부 소관 '핵확산금지법' 등에 따라 제재를 받고 있다.

북한은 1961년 '대외원조법', 1976년 '무기수출통제법', 2018년 '수출통제개혁법(Export Control and Reform Act)'에 의해 국제테러지원 국가로 지정되어 있으며, 이에 따라 무기 금수, 미국 정부 원조 금지, 수출입 금지 등의 제재가 부과된다. 테러지원국으로 지목된 북한, 이란, 쿠바, 시리아 4개국에 대해서는 수출 승인 배제가 원칙이다. 북한은 KAL 858기

19 재무부 보도자료(2017.11.2.): "FinCEN Further Restricts North Korea's Access to the U.S. Financial System and Warns U.S. Financial Institutions of North Korean Schemes."

폭파 테러로 1988년 테러지원국으로 지정되었다가 2008년 6자회담 진전에 따라 해제되었으나,[20] 말레이시아에서의 김정남 독극물 피살 사건 이후 2017년에 재차 테러지원국으로 지정되어 있다. 아울러 '무기수출통제법'상 미국의 대테러 노력에 동참하지 않는 국가로 지정되어 무기거래 금지 국가로 분류되어 있다.

1994년 '핵확산금지법(Nuclear Proliferation Prevention Act)'은 비핵국가가 핵 프로그램을 추진할 경우 해당 국가를 제재하도록 규정한 법이다. 이후 '2000년 이란·북한·시리아 비확산법'에 의해 금지 대상 및 제재 범위가 구체화되었는데,[21] 북한의 경우 2006년 1월 이후 핵 프로그램에 전용될 수 있는 물품과 기술을 제공한 국가 및 제3국의 개인과 기업도 제재할 수 있는 2차적 제재 요소가 포함되었다. 수출 통제 품목도 핵공급국 그룹(NSG) 등 기존 국제 수출통제체제에서 규정한 기준보다 강화되었다.

6) 1945년 수출입은행법, 1961년 대외원조법, 1974년 무역법

북한은 비시장경제, 공산국가 및 핵무기 프로그램 개발국가로 지정되어 있어 이에 따른 제재를 받고 있다. '수출입은행법(Export-Import Bank Act)'은 마르크스-레닌주의 공산주의 정권에 대해서는 미국 정부의 수출신용 제공 및 보증, 대외원조를 금지하고 있다. 이에 추가해 1996년 9월 이후 의도적으로 비핵국가가 핵기폭장치나 핵물질을 확보할 수 있도록 지원한 개인이나 단체에 대해 미국의 수출신용이나 보험 제공 등 금융서비스의 제공을 금지한다.

1961년 '대외원조법(Foreign Assistance Act)'도 공산국가와 테러지원 국가, 인권침해 국가 등에 대한 지원이나 원조를 금지하며, 북한도 이에 따른 제재를 받고 있다. 이 외에

---

20 Memorandum on Certification of Rescission of North Korea's Designation as a State Sponsor of Terrorism(2008.6.26.), https://www.govinfo.gov.WCPD-2008-06-30-Pg912

21 기존 '이란·시리아 비확산법'에 북한을 추가한 법이다. 제재 내용은 국무부 설명 자료: Iran, North Korea, and Syria Nonproliferation Act Sanctions.

도 북한의 심각한 인권침해를 이유로 '대외원조법'(1961), 1998년 '국제종교자유법(International Religious Freedom Act)', 2000년 '인신매매피해자보호법(Trafficking Victims Protection Act, 2000)'에 따른 제재가 부과되고 있다.

의회가 매년 국무부 예산을 심의하면서 국무부 '대외활동수권법(Foreign Operations, Export Financing, and related Programs Appropriations Act)'에 북한제재 관련 조항을 포함하는 경우도 있는데, 일반적으로 북한에 직접적인 지원이나 중·장기 개발을 위한 경제지원펀드(ESF: Economic Support Funds), 미국 금융기관의 대출, 신용, 보험, 수출입은행의 보증 등이 금지된다.

4. 미국의 대북한제재 방식: 특정 법률

2016년 1월 북한의 4차 핵실험 이후 미국은 북한만을 특정한 별도의 제재 법률을 연이어 제정했다. 대표적인 것이 2016년 '북한제재강화법', 2017년 '적성국제재법', 2019년 '오토웜비어법'이다. 북한을 특정하는 이들 제재 법률은 북한의 특정 행위에 대해 의무적으로 제재를 부과하도록 하면서, 제재의 중단이나 종료에 대해서도 전제조건을 부과해 대통령의 재량권을 제한하고 있다.

특히 '북한제재강화법'과 '오토웜비어법'은 제재 중단과 해제에 있어 매우 구체적인 조건을 부과하면서 행정부로 하여금 이의 충족 여부를 사전에 의회에 입증(certify)하도록 요구하고 있다. 제재를 일시적으로 유예할 경우에도 건별(case-by-case)로 유예 여부를 심사하도록 하고, 유예기간도 최대 1~1년 6개월로 정해 제재 유예의 효과를 상당 부분 제한했다.

1) 2016년 북한제재강화법

북한제재강화법은 2016년 2월 18일 제정되었으며, 정식 명칭은 '북한제재 및 정책 강화법(North Korea Sanctions and Policy Enhancement Act; 이하 2016년 '북한제재강화법')'이다. 북한의 4차 핵실험을 계기로 북한만을 제재하기 위해 제정된 최초의 법률인데, 기존의 일반법 및 대통령 행정명령 형태의 북한제재 조치들에 직접적인 법적 근거를 제공했다. 앞서 설명한 행정명령 13466호, 13551호, 13570호 등에 따른 북한제재도 '북한제재강화법'에 포함되어 있다. 이 법은 북한의 WMD 프로그램, 인권, 사이버 등 광범위한 분야에서 의무적(mandatory)으로 제재를 부과해야 할 사안과 행정부의 재량에 맡기는(discretionary) 사안으로 구분해 제재 대상 행위를 체계화하고, 구체적인 제재 조치를 명시함으로써 제재의 실효성을 강화했다.

구체적으로 북한의 WMD 거래 및 관련 금융거래, 인권침해, 자금세탁, 사이버 안보 침해, 무기거래, 제재회피, 유엔 안보리 제재 결의 위반 등에 연루된 개인과 단체에 대해서는 의무적으로 제재하도록 하고 있다. 따라서 아래 9개 사항에 해당할 경우에는 의무적으로 제재를 부과해야 하는데,[22] 고의적으로, 직간접적으로 이루어진 행위 모두를 포함한다.

- WMD 및 운반 수단 개발 프로그램을 지원하기 위한 물품, 서비스, 기술의 수출·재수출·이전.
- 상기 목적의 교육훈련·자문·지원·금융서비스 등 제공.
- 북한에 대한 사치품 수출입 및 재수출.
- 북한 정부의 주민 대상 사찰 및 감시.
- 북한 정부의 심각한 인권침해 관여 및 촉진.
- 북한 정부 및 고위층을 위한 돈세탁, 상품 및 화폐 위조, 현금 다발 밀수, 마약 밀매.
- 북한 정부를 대신해 외국 정부나 기관의 사이버안보를 저해하는 행위.
- WMD 프로그램 및 확산 행위, 북한 노동당·군부·보안 및 첩보기관·정치범 수용소·강제노동 캠프를 운영하거나 유지하는 데 필요한 귀금속·광물·석탄· 철광석·알루미늄 등

22 '북한제재강화법'(H.R. 757) 104조(a): Sec. 104. Designation of persons.

의 판매, 공급, 이전.

• 북한과의 모든 무기류 및 관련 물자의 수출입·재수출 행위.

한편, 제재 대상자에게 직간접적으로 물품, 기술, 서비스 및 금융서비스 등을 제공하거나 북한 소유 자금·자산의 이전에 연루된 개인과 단체에 대해서는 행정부 재량에 따라(discretionary designation) 제재 대상으로 추가 지정할 수 있도록 했다. 행정부 재량에 따른 추가 제재 지정이 바로 2차적 제재이다. '북한제재강화법'은 '고의로' 제재 대상자로 지정된 개인이나 단체에게 금융적·물질적·기술적 지원을 제공하거나, 물품 또는 서비스를 제공한 제3국의 개인이나 단체도 제재 대상자로 지정할 수 있도록 하는 세컨더리 보이콧을 처음으로 명문화했다.

'북한제재강화법'은 더 나아가 강제노동을 제재 부과 사유로 명시했는데, 북한에서 생산된 물품과 제3국에서 북한의 해외노동자가 생산과정에 투입된 물품은 강제노동 생산 물품으로 간주해 수입을 금지하고 있다. 또한, 북한 정부나 노동당에 상당한 규모의 수익을 가져다줄 수 있는 북한 노동자의 해외 송출에 직간접적으로 관여한 경우에는 북한 노동자를 고용한 해당 외국인 또는 기업을 제재할 수 있도록 했다.

이에 더해 북한의 운송 분야에 대한 제재도 강화, 북한의 WMD 프로그램에 관련된 선박이나 항공기 등 운송 수단이 미국 관할권 내로 들어오면 압류 및 처분할 수 있도록 했다.[23] 북한에 대한 금융제재도 한층 강화했는데 북한 정부와 노동당, 그리고 북한 관련 활동에 관여한 개인이나 단체의 미국 내 자산 및 자산 이득을 동결하고 거래를 금지하는 것을 넘어 미국인으로 소유권이 이전된 자산 및 자산 이득분도 동결하고 거래를 금지했다.[24] 이 법 제201조에서는 재무장관에게 북한을 주요 자금세탁 우려국으로 지정해야 하는 합리적 근거가 있는지, 만약 있다면 금융 관련 특별 조치를 1개 이상 부과하고 의회에 보고하도록 하고

23 '북한제재강화법' 205조: Enhanced Inspections Authorities.

24 법 104조 (a)항.

있다.[25] 재무부는 이 조항에 따라 2016년 6월 북한을 주요 자금세탁 우려국으로 지정했다.

'북한제재강화법'은 제재 유예·중단·종료에 있어 매우 엄격한 조건을 부화하고 있다. 유예(waive)는 대통령이 사안별로(case-by-case) 인도주의적 사유 또는 국가안보에 중요하다는 이유를 적시해 의회에 서한을 제출해야 하는데, 이 경우 30일에서 1년 동안 제재 유예가 가능하며, 연장이 가능하다.[26]

제재를 중단[27]하기 위해서는 대통령이 의회에 아래 사항에 대한 진전이 있었음을 확인(certify)해야 하며, 이 경우 최장 1년간 해당 제재의 적용을 중지할 수 있다. 이후 필요 요건을 지속적으로 충족한다고 확인할 경우에 한해 180일 단위로 연장이 가능하다.

① 미국 화폐 위조 중단, ② 자금세탁 중단·예방 절차에 순응, ③ 유엔 안보리 결의 준수 여부를 검증할 수 있는 조치의 진전, ④ 북한에 억류된 타국 시민 송환 진전, ⑤ 인도주의적 원조 분배·모니터링 관련 국제기준 수용 진전, ⑥ 정치범 수용소 생활조건 향상. 이 6개 조건 중 미국 화폐를 위조하는 행위는 중단되어야 하며, 나머지 5개 조건은 해당 분야에서 진전이 있었음을 확인해야 한다.

제재를 해제(terminate)하기 위해서는 대통령이 의회에 북한이 상기 제재 중단 요건을 충족했으며, 이에 더해 다음 5개 사항에 대한 실질적인 진전(significant)이 이루어졌음을 증명해야(certify) 한다.[28]

① WMD와 운반 수단의 완전하고 검증 가능하며 불가역적인 폐기, ② 모든 정치범 석방, ③ 평화적 정치활동에 대한 검열 중단, ④ 개방되고, 투명하며 대의적 사회 건설(open, transparent, and representative society), ⑤ 억류 미국인 및 유해 송환.

---

25 법 201조: Determinations with respect to North Korea as a jurisdiction of primary money laundering concern.

26 법 208조: Exemptions, Waivers, and Removals of Designation 등.

27 법 401조: Suspension of sanctions and other measures.

28 법 402조: Termination of sanctions and other measures.

2) 2017년 적성국제재법 제3장(북한차단 및 제재현대화법)[29]

'적성국제재법'의 정식 명칭은 'An Act to provide congressional review and to counter aggression by the Governments of Iran, the Russian Federation, and North Korea, and for other purposes'이며, 줄여서 CAATSA 라고 부른다. 크게 이란, 러시아, 북한제재 파트로 이루어졌다. '적성국제재법' 제3장의 북한제재 부분은 하원에서 통과한 '북한차단 및 제재현대화법(Korean Interdiction and modernization of Sanctions Act)'을 거의 그대로 반영했는데, 2016년 '북한제재강화법'상 의무적 제재 지정 대상 행위를 확대하고, 2017년의 안보리 북한제재 결의의 내용을 확대해 반영했다.[30]

'적성국제재법'은 '북한제재강화법'상 의무적으로 제재를 부과해야 하는 행위에 다음 5가지 행위를 추가했다.[31] 의도적으로 이루어지는 직간접적인 행위를 모두 포함한다.

- 북한으로부터 금, 티타늄 등 광물, 구리, 은, 니켈, 아연 등 희토류를 구입하거나 조달하는 행위.
- 북한에 로켓, 항법 장비, 항공유(민간 여객기가 북한 외부에서 북한으로 입국하거나 출발지로 귀환할 목적으로 사용하는 항공유는 제외)를 판매하거나 이전하는 행위.
- 유엔 안보리 결의 또는 미국 행정명령상 제재 대상으로 지정된 북한 선박 및 항공기 또는 제재 대상이 소유하거나 관리하고 있는 선박 및 항공기에 대해 연료, 물품 등의 지원 서비스를 제공하거나, 운항 또는 정비 서비스를 제공하는 행위.
- 북한 정부가 소유하거나 관리하고 있는 선박(안보리가 특별히 예외를 허용한 선박은 제외)에 대한 보험, 등록, 또는 그와 관련된 행위를 주선하는 행위.

---

29 미 하원을 통과한 후, 상원에서 러시아, 이란, 북한 관련 제재 법률안을 '적성국제재법'으로 통합했다.

30 '적성국제재법' 제3장: Subtitle A – Sanctions to Enforce and Implement United Nations Security Council Sanctions Against North Korea.

31 '적성국제재법' SEC. 311 (a) Expansion of Mandatory Designations.

- 북한 금융기관들과 환거래 계좌를 유지하는 행위.

아울러 행정부 재량에 따른 제재 대상 행위도 구체적으로 규정하고 있는데, 아래의 행위에 대해서는 행정부 재량에 따라 자산 동결, 미국 금융서비스 이용 금지, 환거래 계좌 개설 금지, 여행 금지, 미국 관할권 내 선박이나 항공기 압류, 미국 정부조달 시장 참여 금지 등의 제재를 부과할 수 있다.[32] 제재 대상은 북한인뿐만 아니라 미국인과 외국인을 포함하는 모든 개인과 법인(any person)이다.

- 북한으로부터 상당한 분량의 석탄, 철광석, 의류제품 등 안보리 금수 품목을 수입하는 자.
- 안보리 결의를 위반해 북한 정부의 자금이나 자산의 이전을 지원·주선하는 자.
- 북한과 또는 북한으로부터 현금 다발, 귀금속, 보석류 등을 수출입하는 자.
- 원유, 콘덴세이트, 정유, 원유제품, 천연가스 등을 공급하거나 제공하는 자.
- 온라인 게임 등 북한 정부의 온라인 상업 활동에 관여하는 자.
- 북한으로부터 어업권을 구매하는 자.
- 북한으로부터 상당한 분량의 식량이나 농산물을 구입하는 자.
- 북한 정부나 노동당의 수익을 창출할 수 있는 북한 노동자 해외 송출에 관여하는 행위.
- 북한의 운송, 광산, 에너지, 금융서비스 분야에서 거래하는 자.
- 북한의 북한 금융기관의 해외 자회사, 지점, 사무소의 영업을 지원하는 행위.

동시에 미국의 금융기관들로 하여금 외국 은행의 환거래 계좌가 간접적으로라도 제재 대상자에게 금융서비스를 제공하는 데 사용되지 않도록 할 의무를 부과했다.[33] 또한, 국토안보부로 하여금 365일 전에 북한을 출입한 선박이나 항공기에 대해서는 화물 검색을

32 '적성국제재법' SEC. 311. (b) Expansion of Additional Discretionary Designations.

33 '적성국제재법' 312조. Prohibition on Indirect Correspondent Accounts.

강화하도록 하면서 북한 정부나 북한인이 소유 또는 관리하는 선박은 미국 영해로의 진입과 미국관할권 내로의 화물 운송을 금지하고, 이를 어길 경우 압류할 수 있도록 했다.

'적성국제재법'은 추후 제재를 확대할 수 있는 여지를 두고 행정부로 하여금 아래 사항에 대해 조사하도록 요구하고 있다.

- 북한과 이란 간 협력 사례.
- 여타 유엔 회원국들의 북한에 대한 안보리 제재 결의 이행 여부.
- 북한 중앙은행 등 추가적인 제재 지정 대상 여부.
- 외국 개인이나 정부가 북한 금융기관에 SWIFT 금융서비스를 제공하는 정도.
- 2008년 국가테러리즘 지원 국가 명단에 포함될 수 있는 기준 충족 여부.

특히, 이 법은 금융제재를 강화했는데, 우선 북한 금융기관과 직접 환거래 계좌를 운영하는 행위뿐만 아니라, '간접적으로(indirectly)' 환거래 계좌를 운영하는 행위도 제재 대상으로 지정하도록 했다. 이는 미국 금융기관으로 하여금 적법하게 개설된 제3국의 환거래 계좌가 북한과의 금융서비스에 이용되지 못하도록 의무를 부과한 것이다.[34] 따라서 만약 중국 금융기관이 미국 금융기관 내 운영하고 있는 환거래 계좌를 이용해 북한과 금융거래를 한다면 해당 중국 금융기관의 미국 내 환거래 계좌는 폐쇄된다.

둘째, '북한제재강화법'은 현금 다발의 북한 내 밀수 행위만 제재했으나, '적성국제재법'에서는 이를 확대해 현금 다발의 거래 내지 이전 행위도 제재 대상에 포함했다.

셋째, '적성국제재법'은 별도 하위 항목으로 인권 관련 제재도 확대·강화했는데,[35] 대표적인 것이 북한의 해외파견 노동자 관련 사항이다.

---

34 같은 글.

35 '적성국제재법' 제3장 Subtitle B – Sanctions With Respect to Human Rights Abuses by the Government of North Korea.

우선, 북한 노동인력에 의해 채굴되거나, 생산되거나, 제조된 완제품 및 북한 노동인력을 부분적으로 활용한 제품의 미국 내 수입을 금지했다. 여기에는 이른바 '반박가능 추정 원칙(rebuttable presumption)'을 적용했는데, 구체 증거로 반박해 증명하지 않으면 사실이라고 전제하는 원칙이 적용된다. 미국이 중국 신장·위구르 내 인권문제를 이유로 2022년 6월에 제정한 '위구르족 강제노동방지법(Uyghur Forced Labor Prevention Ac)'에도 "신장에서 생산되는 모든 상품은 일단 강제노동을 이용한 생산품으로 간주한다"는 '반박가능 추정원칙' 조항이 포함되어 있다.

이에 따라, 북한 노동력을 사용해 만든 제품은 불법적인 북한의 해외파견 노동자를 고용해 생산된 것으로 간주해 미국 내 수입을 금지한다.[36] 이는 북한 노동자를 대량으로 고용해 물건을 생산하는 러시아, 중국, 일부 아랍 및 아프리카 국가들을 겨냥한 것이다. 이에 더해 해외에 파견된 북한 노동자를 고용한 외국인 또는 기업을 제재 대상에 추가 지정할 수 있는 권한도 대통령에게 부여했다.

사실, 미국 기업들은 북한에 이미 충분한 제재를 부과하는 '북한제재강화법'을 이행하고 있었으므로 '적성국제재법'으로 인해 미국 기업에 추가적인 이행부담은 거의 없다고 봐야 한다. 다만, '적성국제재법'상 2차적 제재가 명문화되었으므로 중국, 러시아 등 여전히 북한과 거래하는 국가들의 개인과 단체들에 대한 압박 효과는 있다고 본다.

3) 오토웜비어법

가장 최근에 제정된 북한제재 법률은 '오토웜비어법'인데, 2020년 '국방수권법' 71장[37]에 포함되었다. 이 법은 2015년 말 북한을 방문했다가 억류된 상태에서 고문 등으로 식

36 '적성국제재법' SEC. 302A. Rebuttable Presumption Applicable to Goods Made with North Korean Labor.

37 National Defense Authorization Act for Fiscal Year 2020: Title LXXI – Sanctions with Respect to North Korea.

물인간 상태가 된 후 2017년 6월 미국에 송환된 직후 사망한 '오토 웜비어'의 이름을 따서 제정되었다. '오토웜비어법'은 2016년 '북한제재강화법' 등 기존의 북한제재 관련 법률에 금융제재 분야를 대폭 강화하고, 추가 제재대상 범위를 확대했다. '오토웜비어법'은 제재대상에게 고의로 금융서비스를 제공한 외국 금융기관에 대한 제재를 별도 조항으로 규정하고 있는데,[38] 이들 외국 금융기관에 대해서는 미국 내 자산을 동결하거나, 또는 미국 금융기관 내 환거래 계좌를 개설할 수 없도록 했다.

미국 재무부는 2016년 6월 '애국법' 311조에 의해 북한을 '자금세탁 우려 주요국가'로 지정하고, 북한 금융기관의 미국 은행 내 환거래 결제계좌 개설 및 유지를 금지했으며, 이에 추가해 제3국 은행의 미국 내 환거래 계좌가 북한과의 금융거래에 간접적으로 이용되지 않도록 했다. 이에 더해 2017년 9월 행정명령 13810호는 재무장관에게 외국 금융기관을 제재할 수 있는 권한을 부여했는데(is authorized), '오토웜비어법'은 이런 금융제재 규정을 강화해 북한과 거래하는 외국 금융기관을 의무적으로 제재하도록 했다(shall).

또 하나의 특징은 장소를 불문하고 미국 금융기관이 소유 또는 통제하는 기업이나 단체가 북한 및 제재 대상자와 의도적으로 거래하는 것을 금지했다는 점이다. 즉, 미국 금융기관의 해외 지사뿐만 아니라, 미국 금융기관이 주식 등을 통해 소유하거나, 의결권을 행사하는 모든 기업이나 단체로 하여금 북한과 거래하는 것을 금지했다.

그간 일반 법률이나 행정명령을 통해 제재를 부과할 때 2차 제재는 행정부의 재량 사항으로 되어 있었다. 그러나 2017년 '적성국교역법'과 2019년 '오토웜비어법'은 제재를 위반한 개인이나 단체에 대해서도 의무적으로 2차 제재를 부과하도록 했다. 아울러 '오토웜비어법'은 '북한제재강화법'상 의무제재 사항에 다음 6개 행위를 추가했다.[39] 고의로, 직간접적으로 행한 모든 행위에 해당한다.

---

38 법 7121조(SEC. 7121): Sanctions with respect to Foreign Financial Institutions that provide Financial Services to Certain Sanctioned Persons.

39 법 제7122조(Sec. 7122): Mandatory designations under North Korea Sanctions and Policy Enhancement Act of 2016.

- 상당량의 석탄, 섬유, 수산물, 철광석, 안보리 상한을 초과하는 정유제품 및 원유 등의 수출입에 관여하거나 관련 서비스를 지원하는 행위.
- 안보리 결의를 위반해 북한 소유 상당한 규모의 자산이나 자금의 이전을 주선하는 행위.
- 북한 정부나 노동당의 이익을 창출하는 방식으로 북한 노동자의 해외 송출 및 고용에 관여하는 행위.
- 북한에 선박을 판매하거나 이전하는 행위.
- 북한 소유 또는 북한인이 운영하는 선박을 임차, 등록 및 보험을 제공하는 행위.
- 북한 관료에 대한 고의적인 뇌물 제공 및 북한 관료의 이익을 위한 자금 유용, 횡령 등에 관여하는 행위.

'오토웜비어법'은 제재 면제(waiver) 및 종료(termination)에 대해서는 기존 '북한제재강화법'상의 요건을 계속 적용했다. 그러나 제재 중단의 경우에는 이 법에서 새로 도입한 제재, 즉 ① 제재 대상과 고의로 거래한 외국 금융기관에 대한 의무적 제재 부과, ② 미국 금융기관의 소유 또는 통제하에 있는 외국 소재 기업이나 단체의 제재 대상과의 직간접 거래 금지, ③ 의무적으로 제재해야 할 행위로 추가된 6개 행위 등에 대해서는 제재 중단 요건을 강화했다. 즉, 아래 사항을 의회에 확인할 경우 최장 180일간 제재 중단이 가능하며, 이후에는 해당 요건 충족 확인 시 180일 단위로 재연장이 가능하도록 했다.[40]

- 북한이 WMD와 운반 수단의 개발 및 확산을 검증 가능한 방법으로 중단하겠다는 점을 약속한 경우(committed).
- WMD와 미사일 프로그램의 항구적이고 검증 가능한 방법으로 제한하겠다는(limit) 목표하에 미국 정부를 포함한 다자협상에 참여하기로 합의한 경우.
- 미국의 국가안보에 필수적인 경우(vital).

40 법 제7143조(SEC. 7143) (b) Suspension.

또한, 안보리의 북한제재 결의를 충실히 이행하지 않는 국가에 대한 국제금융기구의 재정 지원을 반대하도록 규정했는데, 이는 향후 중국에 대한 세계은행 대출 등을 저지하는 근거로 활용할 수 있다. 다만, 미국의 국가이익에 부합하거나, 해당국 정부의 이행 능력이 부족하거나, 개선 노력을 취한다고 인정할 때에는 해당 반대를 유예(waive)할 수 있도록 했다.[41]

아울러 행정부의 대(對)의회 보고 의무를 강화해 매 180일마다 △신청 및 발급된 거래 허용(라이선스) 현황, △수출 통제 대상 품목의 대북 이전 및 수출 우려 국가 명단, △고의적으로 북한과 금융거래를 하거나, 금융서비스를 제공한 금융기관의 명단을 작성해 의회에 제출하도록 했는데, 이는 대외 신인도에 민감한 국제금융기관들의 대북 거래를 더욱 회피하도록 하는 효과를 가져왔다.

5. 미국의 대북한제재 방식: 행정명령

행정명령은 행정부가 의회에서 제정한 법률을 이행하거나, 대통령의 외교 정책에 관한 재량권을 활용해 발령하는 일종의 시행령이다. 행정명령에 따른 제재 부과는 앞서 설명한 대로 '국가긴급사태법'과 '국제경제긴급권한법'에 따라 국가비상사태를 선포하고 특정 행위에 대한 제재를 부과하는 형태로 이루어진다. 북한제재와 관련된 특별법을 제정하기 시작한 2016년 이전에는 기존 일반법상 대통령에게 부여된 재량권을 이행하기 위한 행정명령이 대다수였다. 2005년 북한의 1차 핵실험 이후 북한을 제재하기 위해 발령한 2005년 6월의 행정명령 13382호 이후 수시로 북한제재를 위한 행정명령이 발령되었다. 행정명령 13382호(2005)는 국무부가 북한의 WMD 및 운반 수단 확산에 기여한 개인 및 단체를 제재 대상으로 지정할 수 있도록 하면서, 재무부에게는 이 행정명령에 따라 지정된 제

---

41 법 제7124조(SEC. 7124): Opposition To Assistance by the International Financial Institutions.

재 대상을 지원하는 자를 추가적으로 제재 대상으로 지정할 권한을 부여했다. 주요 행정 명령의 내용을 살펴보면 다음과 같다.

1) 행정명령 13466호(2008년 6월)

2008년 6월 28일, 당시 부시 대통령은 북한이 6자회담에서의 합의에 따라 핵 프로그램 신고서를 제출하면서 북한을 '적성국교역법'의 적용 대상에서 제외하면서 일부 제재를 완화했다. 그러나 동시에 부시 대통령은 행정명령 13466호를 발령, '국제경제긴급권한법'과 '국가긴급사태법'을 원용해 북한의 무기급 핵물질 보유 및 확산을 국가안보위협으로 선언하면서 '적성국교역법'상 일부 제재를 해제하더라도 특정 제재는 계속할 필요가 있다고 하면서 북한 자산의 동결은 계속 유지했다. 이에 추가해 북한 선박의 등록·임차·운용 등도 금지했다.[42]

2) 행정명령 13551호(2010년 8월)[43]

행정명령 13551호는 △핵·미사일 실험 및 유엔 결의 위반, △자금세탁, 사치품 거래, 상품·화폐 위조, 마약 밀매 등 불법행위, △천안함 폭침 등 지역안정 불안정 조성 및 미국 동맹국 위협 등의 이유로 추가 제재를 부과하고 관련자의 미국 내 자산 동결 및 거래를 금지했다. 특히, 오바마 대통령은 2010년 3월의 천안함 폭침에 북한의 책임이 있음을 명백히 했다. 행정명령 13551호의 제일 큰 특징은 돈세탁과 지폐 위조를 북한의 대표적인 불법행위로 규정하고 있다는 점인데, 재무부는 다음과 같은 사유로 제재 대상자의 미국 내 자산에 대한 접

---

42 E.O 13466(2008.6.26.), "Continuing Certain Restrictions With Respect to North Korea and North Korean Nationals."

43 E.O. 13551(2010.8.30.), "Blocking Property of Certain Persons With Respect to North Korea."

근을 금지하고 동결했다.

- 북한과의 무기 및 무기류 관련 물자의 수출입, 재수출에 직간접적으로 관여하거나, 유통, 제조, 유지, 사용, 훈련, 조언 및 금융 등 서비스나 조력 제공.
- 북한으로의 사치품 수출, 재수출.
- 돈세탁, 상품 및 지폐 위조, 현금 다발 밀수, 마약 거래 및 북한 정부나 정부 인사들이 관여하거나 이들을 지원하기 위한 불법적인 경제활동에 직간접적으로 연관.
- 금지 활동 및 자산 동결 대상자가 소유하거나 통제하고 있는 단체에 대한 재정적·기술적·물질적 지원.

3) 행정명령 13570호(2011년 4월)

행정명령 13570호(2011.4.)[44]는 안보리 제재 결의인 1718호와 1874호, '무기수출통제법'에 따른 무역금지 조치를 강화했는데, 북한으로부터의 모든 상품·서비스·기술의 직간접적인 수입을 금지했다. 이로 인해 직간접적으로라도 북한의 기술이나 인력이 투입되어 제조된 제품은 미국으로의 수입이 금지되는데, 이에 따라 원칙적으로 개성공단과 같이 남북 합작으로 만들어진 제품은 미국으로 수출할 수 없다.

4) 행정명령 13687호(2015년 1월)

행정명령 13687호는 2014년 12월에 발생한 북한의 소니픽처스 사이버 공격을 계기로 북한에 새로운 제재를 부과했는데, 사이버 공격 행위를 이유로도 제재할 수 있다는 것을 보여준 첫 번째 사례이다.[45] 행정명령 13687호는 소니 영화사에 대한 사이버 공격을 단

44 E.O. 13570(2011.4.18.), "Prohibiting Certain Transactions With Respect to North Korea."

순 해킹이 아닌 표현의 자유를 억압할 목적으로 예술가들을 억압한 인권침해 사건으로도 규정했다.

이 행정명령으로 북한 정부, 노동당 관료·단체, 북한 정부나 제재 대상에 경제적 지원이나 상품·서비스를 제공한 자에 대해 미국 내 자산 동결 및 거래 금지, 미국 입국을 금지하고 정찰총국 등 북한 정부기관과 노동당 관료·단체 등을 직접 제재 대상에 추가했다.

5) 행정명령 13722호(2016년 3월)[46]

2016년 1월 북한의 4차 핵실험과 2월 장거리 로켓인 '광명성' 발사에 대응하기 위해 제정된 '북한제재강화법'과 안보리 결의 2270호 이행을 위한 행정명령이다. 이 행정명령으로 북한 정부와 노동당의 미국 내 모든 자산을 동결하고 관련 인사의 미국 입국을 금지했다. 아울러 북한 정부 및 노동당과 특정 산업(운송, 광업, 에너지, 금융서비스) 및 특정 광물(금속, 흑연, 석탄)의 거래 행위, 인권침해, 북한 노동자의 해외 송출, 사이버 공격, 검열 활동 등에 관련된 개인과 단체를 제재해 이들의 미국 내 자산을 동결하고, 미국 입국을 금지했다. 아울러 제재 대상자를 지원 또는 대리하거나 제재 대상 행위에 관여한 3국 개인 및 단체의 미국 내 자산을 동결하는 '세컨더리 보이콧'도 포함했다.

행정명령 13722호는 기존 행정명령인 △13382호(WMD 개발), △13551호(여타 불법행위), △제13687호(인권 및 사이버 공격)에 이어 광물·운송·에너지·금융 및 노동자 해외 송출 문제를 다루고 있어 '북한제재강화법'을 이행하는 행정명령 체계를 마무리한 것으로 평가된다.

---

45 정구연, 「미국의 대북제재 현황: 행정명령 13687호의 함의」, ≪주요국제문제분석≫ 2015-10(2015).

46 E.O. 13722(2016.3.15.), "Blocking Property of the Government of North Korea and the Workers' Party of Korea, and Prohibiting Certain Transactions With Respect to North Korea."

6) 행정명령 13810호(2017년 9월)

북한의 2017년 7월 연이은 ICBM 발사 및 9월의 6차 핵실험 등 전략적 도발에 대응하기 위해 발령되었다. '유엔참여법'에 의해 안보리 결의 2356호(2017.6.), 2371호(2017.8.) 및 2375호(2017.9.)의 이행을 강화하는 목적도 있었다. 행정명령 13810호의 제일 큰 특징은 외국 금융기관을 대상으로 2차적 제재를 강화했다는 점인데, 트럼프 대통령은 "외국 은행들은 미국과 거래를 할 것인지, 북한의 불법 정권과 거래를 할 것인지 매우 명확한 선택에 직면하고 있다"라고 강조했다.[47] 행정명령 13810호는 국적과 무관하게(any person) 다음과 같은 사항에 해당하는 개인이나 단체의 미국 내 자산을 동결하도록 했다.

- 북한의 건설·에너지·금융서비스·어업·IT·제조·의료·광업·섬유·운수 분야에 종사하는 모든 개인과 기업.
- 북한 내 항구, 공항, 육로 입국장 등 시설을 소유·관리·운영하는 모든 개인과 기업.
- 북한과 한 번이라도 상당한 분량의 물품, 서비스, 기술을 수출입한 자.
- 북한 정부나 노동당의 수입을 창출시키는 상업 활동에 종사한 자.

이 행정명령은 외국 금융기관에 대한 2차 제재를 강화해 고의로 제재 대상을 대리해 금융거래를 촉진·주선·지원·중개하거나, 북한과의 무역이나 거래를 촉진·주선·지원·중개하는 외국 금융기관에 대해서 미국 내 환거래 계좌를 폐쇄하고, 미국 내 자산을 동결하도록 했다. 이에 추가해 제재를 회피하거나, 제재 위반을 유발하거나(case a violation), 또는 공모하는 개인이나 기업도 제재 대상에 추가하도록 함으로써 2차 제재를 강화했다.

아울러 북한인이 소유·통제하는 자본은 물론 지분을 구성하는 자산도 동결하도록 했

---

47 "Trump announces new crackdown on North Korea's trade," *Politico*, September 21, 2017; 해당 발언 원문은 다음과 같다. "Foreign banks will face a clear choice: do business with the United States or facilitate trade with the lawless regime in North Korea."

고, 북한인이 소유·관리하거나, 또는 북한 관련 자금을 이전하는 데 사용되었던 제3국의 은행계좌를 통해 미국으로 유입되는 자금도 동결했다. 또한, 북한에 기착한 항공기는 출발일로부터 180일 내에는 미국 내 착륙을 금지했으며, 북한에 기항한 선박과 불법적인 '선박 간 환적'에 연루된 선박도 180일간 미국 입항을 금지했다.

6. 2차 제재 이행과 북한 개인·자산에 대한 인도 요청

'북한제재강화법', '적성국제재법', '오토웜비어법'과 행정명령 13722호와 13810호는 모두 2차 제재 규정을 포함하고 있으므로 북한과 거래하는 제3국의 개인이나 단체도 제재할 수 있다. '북한제재강화법' 제정 이후 미국 재무부는 북한과 밀거래 혐의로 중국과 라트비아의 중소 규모 은행을 제재하는 등 북한의 밀무역을 지원하고 거래한 3국의 기업들을 제재했다.[48]

또한, '적성국제재법'에 따라 재무부는 2017년 6월, 북한을 대리해 거래를 주선한 중국 개인과 기업을 제재 대상으로 지정했으며, 중국 단둥은행을 '애국법' 311조상 '자금세탁 우려기관'으로 지정했다. 당시 스티븐 므누친(Steven Mnuchin) 재무장관은 "미국은 북한 정권을 지원하는 개인, 기업, 은행들에 대해 단호한 조치를 취할 것이라는 메시지를 전 세계에 알리는 것"이라고 강조했다.[49]

2017년 6월에는 미국 법무부가 중국 은행을 대신해 거래를 주선한 중국 밍정(Minzheng) 무역상사의 미국 내 자산 약 190만 달러를 압류했으며,[50] 8월에는 북한과 석탄 및 원유를

48 "미 재무부, 북한과 거래한 라트비아 은행 제재 … 2005년 BDA와 같은 조치", *Voice of America*, February 14, 2018, https://www.voakorea.com/a/4251535.html.

49 미국 재무부 보도자료(2017.6.29.): "Treasury Acts to Increase Economic Pressure on North Korea and Protect the U.S. Financial System," https://home.treasury.gov/news/press-releases/sm0118.

50 미국 법무부 보도자료(2017.6.15.): "United States Files Complaint to Forfeit More Than $1.9 Million

거래하면서 자금을 세탁한 싱가포르 및 중국 기업의 미국 내 자산 약 1000만 달러를 압류했다.[51]

2017년 8월에는 각각 중국과 러시아에서 활동하는 10개 기업과 6명의 개인을 제재 대상에 추가했는데, 이들 개인과 기업들은 각각 △제재 대상자로 지정된 북한인을 지원하고, 제재회피를 공모했으며, △북한과 에너지 분야에서 거래를 했고, △북한의 해외노동자 송출에 관여했으며, △제재 대상 북한 기업의 미국 내 금융시장 접근을 지원했다.[52]

일반적으로 미국이 북한에 대해 도입하고 있는 2차 제재는 쿠바와 이란의 사례에 비교할 때 강도가 약하고 실제 집행 사례도 많지 않다. 실제로 현재까지 미국은 중국의 주요 기업이나 대규모 은행에 대해서는 2차 제재를 부과하지 않고 있다. 아마도 세계 경제 2위 대국인 중국의 메이저 금융기관을 이란 수준으로 제재할 경우 미국뿐 아니라 국제 금융시장에 큰 부담으로 작용할 것이라는 점을 우려했을 것으로 보인다.

이와 함께 미국의 대북한제재 이행 과정에서 두드러지게 나타난 것이 미국의 북한 개인·자산에 대한 인도 요청이다. 특히, 미국 법원이 재판 관할권을 행사해 미국법 위반을 이유로 제3국에 소재한 북한 국적자 및 제재 위반자를 미국으로 인도받아 신병과 자산을 확보한 사례가 증가하고 있다. 두드러진 사례로 2019년 발생한 북한 선박인 '와이즈어니스트(Wise Honest)호' 몰수 사건이 있는데, 미국 정부가 대북 독자제재를 위반한 북한 선박을 미국 법원의 결정으로 몰수해 소유권을 미국 정부에 귀속시킨 최초의 사례이다.[53]

From China-Based Company Accused of Acting as a Front for Sanctioned North Korean Bank."

51 미국 법무부 보도자료(2017.8.22.): "US Files Complaints to Forfeit More Than $11 Million From Companies That Allegedly Laundered Funds To Benefit Sanctioned North Korean Entities," https://www.justice.gov/usao-dc/pr/united-states-files-com plaints-forfeit-more-11-million-companies-allegedly-laundered.

52 재무부 보도자료(2017.8.22.): "Treasury Targets Chinese and Russian Entities and Individuals Supporting the North Korean Regime," https://home.treasury.gov/news/press-release/sm0148.

53 "美, 北 석탄운송 화물선 '어니스트호' 압류 '제재 위반' 北선박 압류 첫 조치", ≪서울경제≫, 2019년 5월 10일자, https://www.sedaily.com/NewsView/1VJ35HZ6Z3(검색일: 2022.8.30.).

'와이즈어니스트호'는 북한이 보유한 대형 선박으로 2018년 4월 북한산 석탄을 불법 운송한 혐의로 인도네시아 당국에 억류되었다. 이후 미국 측이 형사사법 공조 차원에서 인도네시아 측에 인도를 요청했으며, 2019년 4월 미국으로 인도되었다. 미국은 와이즈어니스트호가 미국의 '국제경제긴급권한법'과 '북한제재강화법'을 위반했으며, 이 선박의 소유주가 이미 미국 정부의 제재 대상으로 지정되어 있고, 소유주가 미국 은행을 통해 금융거래를 했다는 점을 들어 관할권을 주장했다. 미국 측은 이 선박 인수 후 국내법을 근거로 압류 후 매각했다.[54]

이 사례는 미국이 제재 대상 국가의 미국 내 자산 동결에 이어 제재 위반을 이유로 외국 정부의 자산을 몰수하고 매각할 수 있다는 점을 보여준 사례로 북한 등 제재 대상국들을 더욱 압박하는 수단으로 활용될 수 있음을 보여준다. 특히, 미국 당국이 제 3국에 위치한 제재 대상 소유 자산에 대해 미국의 재판 관할권을 주장한 사유 중의 하나가 '미국 금융기관을 통한 거래'였으며, 이 사유가 인정되었다는 점을 주목해야 한다.

북한 정부 소유 자산뿐만 아니라 북한 국적인의 미국 송환 사례도 있다. 2019년 5월, 미국 법원은 북한인 '문철명'이 안보리 및 미국 제재를 위반해 고급 위스키와 시계 등 사치품을 북한으로 밀반입했고, 이 과정에서 유령 회사를 통해 자금을 세탁한 혐의로 체포영장을 발부하고 말레이시아 정부에 신병 인도를 요청했다. 이후, 말레이시아정부가 이를 승인해 미국에 인도했다.[55] 북한 선박(와이즈어니스트호) 인도와 북한 국적자(문철명) 인도 모두 첫 번째 사례이다.

---

54 미국 법무부 보도자료(2019.10.21.): "Department of Justice Announces Forfeiture of North Korean Cargo Vessel," https://www.justice.gov/opa/pr/department-justice-announces-forfeiture-north-korean-cargo-vessel(검색일: 2022.8.30.).

55 "첫 美 인도 북한인 문철명 씨, FBI 구금 … '불공정 재판' 주장", ≪중앙일보≫, 2021년 3월 22일 자, https://www.joongang.co.kr/article/24016930(검색일: 2022.8.30.).

7. 사유별 북한제재

1) WMD 확산

WMD 확산을 이유로 북한에 제재를 부과하는 대표적인 일반법은 "국제경제긴급권한법"이다. 그 외 '무기수출통제법', '이란·북한·시리아 비확산법', '유엔참여법' 등이 있다. '이란·북한·시리아 비확산법'은 '이란·시리아 비확산법'에 2006년 북한이 포함된 것으로 WMD와 미사일 관련 전략물자나 기술을 거래하는 기업과 개인을 제재하도록 한 법이다. 북한을 특정한 제재법으로는 '북한제재강화법', '적성국제재법', '오토웜비어법'이 있다.

핵무기 등 WMD 확산을 국가안보 위협으로 규정하고 제재를 부과하기 시작한 것은 아버지 부시 대통령 때인 1990년부터였다. 당시 H. W. 부시 대통령은 행정명령 12735호(1990.11)를 통해 WMD 확산이 미국의 국가안보에 직접적인 위협임을 선포하고, 이에 대응하기 위해 특정 이중 용도 품목 및 기술의 수출 통제를 강화하고, 미국 정부의 대외원조 중단, 신용 제공 및 조달계약 금지 등의 제한적 금융제재를 부과했다.

2005년 6월, 조지 W. 부시 대통령은 행정명령 13382호를 발령, WMD 확산 위협에 대처하기 위해 금융제재를 강화했는데, WMD 및 그 운반 수단(주로 탄도미사일)의 제조·획득·보유·개발·운반·이전 및 이를 기술·재정적으로 또는 여타 수단으로 지원하는 모든 개인(any person)의 미국 내 자산을 동결했다.[56] 이와 함께 행정명령 13382호는 WMD 확산에 기여한 이란, 시리아, 북한의 8개 단체를 제재 대상으로 지정했는데, 이 중에는 조선광업개발무역회사(KOMID), 용봉총회사(RyongBong General Corporation), 단천산업은행(Tanchon Commercial Bank) 등 3개의 북한 기업이 포함되었다.[57] 이들 북한 기업은 2009년

56 E.O. 13382(2005.6.28.), "Blocking Property of Weapons of Mass Destruction Proliferators and Their Supporters."

57 KOMID(탄도미사일 개발 관련), 용봉총회사(무기판매), 단천산업은행(WMD 확산금융 연관).

에 안보리 제재 대상으로도 지정되었다.

2006년 10월 북한의 1차 핵실험 후 부시 대통령은 같은 해 12월 '무기수출통제법' 및 '원자력법'에 따라 비핵국가인 북한이 핵무기 폭발실험(a nuclear explosive device)을 실시했음을 확인하고, '무기수출통제법', '원자력법', '수출입은행법' 등에 따라 제재를 부과했다. 이때의 제재에는 인도주의적 식량 제공 이외 모든 원조 금지, 방산물자 및 서비스 수출 금지, 군사원조 금지, 정부 예산으로 행해지는 수출신용 제공 등 재정 및 금융지원 금지, 국제금융기구에서의 대북한 금융지원에 반대, 이중 용도 제품 이전 금지, 미국 수출입은행의 신용 등 자금 지원 금지 등이 포함되었다.

이어 부시 대통령은 2008년 6월, '국가비상사태법'과 '국제경제긴급권한법'에 따라 "북한이 무기급 핵분열물질을 보유하고 이를 확산할 가능성이 있어 미국의 국가안보에 중대한 위협이 된다"고 선언하고, 행정명령 13466호를 발령해 북한 자산 동결, 북한 선박의 등록·임차·운용·보험 제공 등 금지, 제재회피 지원 및 공모 금지 등의 제재를 추가로 부과했다.[58]

북한의 화학무기 사용과 관련한 제재도 부과되었다. 2017년 말레이시아 공항에서 발생한 김정남 피살 사건 이후 미 국무장관은 2018년 2월 북한이 국제법을 위반해 자기 국민을 대상으로 화학무기를 사용했다고 규정하고,[59] 1991년 '생화학무기 통제법(Chemical and Biological Weapons Control Act Warfare Elimination Act)'에 따른 제재를 추가로 부과했다. 하지만 신규 제재는 기본적으로 기존 제재와 상당 부분 중첩된 내용이었다. 여타 행정명령과 '북한제재강화법', '적성국제재법', '오토웜비어법' 등에 따른 제재는 앞에서 충분히 설명했으므로 생략한다.

---

58 E.O. 13466(2008.6.26.), "Continuing Certain Restrictions With Respect to North Korea and North Korean Nationals."

59 미국 국무부 Public Notice 10340(2018.3.2.), https://public-inspection.federalregister.gov/2018-04320.pdf(검색일: 2022.8.30.).

2) 테러리즘 지원

'무기수출통제법(Arms Export Control Act)', '해외원조법(Foreign Assistance Act)', '수출관리법' 모두 국무부가 국제테러리즘 지원 국가 명단을 작성, 유지하도록 하고 있다.[60] 테러리즘 지원 국가 명단은 1979년 '수출관리법(EAA: Export Administration Act)'에 의해 처음 작성되었으며, 2018년 '수출통제개혁법(Export Control Reform Act)'으로 일원화되었다. 초기 '수출관리법'에 따른 테러지원국에는 리비아, 이라크, 남예멘, 시리아가 포함되었으며, 이후 쿠바, 이란, 북한, 수단이 테러지원국 명단에 추가되었다.

북한은 1988년 1월 20일 대한항공(KAL) 858기 폭파 사건 이후 테러리즘 지원 국가 명단에 포함되었다. 이후 '수출관리법'을 대체하는 2018년 '수출통제개혁법'에 따라 테러지원국으로 계속 지정되어 있다. 2007년 6자회담에서 10·3 합의가 도출되고 북한이 핵 프로그램 신고서를 제출함에 따라 부시 대통령은 2008년 6월 26일 북한을 테러리즘 지원 국가 명단에서 제외한다고 발표했으나,[61] 2017년 11월 '적성국제재법' 규정에 따라 김정남 피살 사건 등을 이유로 북한을 재차 테러리즘 지원 국가 명단에 포함했다.

북한은 2019년 '국방수권법(National Defense Authorization Act)' 및 미국 국무부 반테러국(Bureau of Counter-Terrorism)에서 매년 발간하는 국가별 테러 보고서에도 지속적으로 테러리즘 지원 국가 리스트[62]에 포함되어 있는데, 2023년 5월 현재 테러리즘 지원 국가로 등재된 국가는 북한, 이란, 시리아 3개국뿐이다. 리비아는 미국과의 관계 개선 및 핵무기 개발 포기 선언으로 2006년 테러지원국 명단에서 삭제되었으며, 이라크 역시 2003년 사담 후세인 축출 이후 명단에서 해제되었다. 가장 최근의 사례로는 수단이 있는데, 수단은

---

60 미국 국무부 홈페이지: State Sponsors of Terrorism 부분, https://www.state.gov/state-sponsors-of-terrorism.

61 Memorandum on Certification of Rescission of North Korea's Designation as a State Sponsor of Terrorism(2008.6.26.).

62 미 국무부 홈페이지, www.state.gov/reports/country-reports-on-terrorism-2020.

1993년 알카에다의 수장 오사마 빈 라덴에게 은신처를 제공했다는 이유로 테러지원국으로 지정되었다가, 2018년 12월 안보리 결의 준수, 대테러 협력 및 종교와 언론자유 개선 등을 이유로 테러지원국 명단에서 해제되었다.[63]

테러리즘 지정에 따라 '해외원조법'(1961), '농산품 교역 및 지원법'(1954), '수출입은행법'(1945), '의회세출법' 등에 따라 북한과의 거의 모든 교역, 개도국 지위에 따른 무역 특혜, 거의 모든 해외개발원조, 수출입은행 신용 및 보증 제공, 국제금융기구로부터의 지원, 인도주의 활동 등이 제한 또는 금지되고 있다. 아울러 '무기수출통제법'상 미국의 반테러 활동에 협조하지 않는다는 이유로 북한에 대한 방산 관련 물품·서비스의 판매 및 이전도 금지되고 있다.

다만, '국무부세출법'에는 예외 사항도 규정되어 있는데, WMD 비확산, 지뢰 제거, 아동 보호, 환경 및 생물 다양성 보호, 국제적 재해 지원, 반테러 활동 등에 대해서는 테러지원국으로 지정되어 있어도 대통령 재량에 따라 예외적으로 원조적 성격의 자금 지원이 가능하다.

테러지원국 지정에 따른 무시하지 못할 효과가 미국민의 북한 정부를 대상으로 하는 손해배상 청구소송이다. 미국은 '외국주권면제법(Foreign Sovereign Immunities Act)'에 따라 개인의 외국 정부에 대한 소송을 금지하고 있으나, 테러지원국의 경우에는 예외를 인정하고 있다. 2008년 북한이 테러지원국에서 해제되기 전, 그리고 2017년 재지정된 후 그간 북한의 불법행위로 피해를 입은 미국인의 대북한 소송은 푸에블로호 승조원부터 웜비어 유족에 이르기까지 6건이 제기되었는데, 푸에블로호 승조원 및 그 가족들에 의한 미국 내 손해배상 청구소송 등 대표적인 사례 몇 가지만 소개한다.

미군 함정 푸에블로호는 1968년 1월 공해상에서 북한에 나포되었는데 이 과정에서 승조원 1명이 사망하고, 나머지 승조원 82명은 11개월 후 석방되었다. 이에 승조원 및 가족

---

63 "미 정부, 수단 테러지원국 공식 해제 … 북한 등 3개국만 남아", *Voice of America*, December 15, 2020, https://www.voakorea.com/a/korea_korea-politics_sudan-remo val-sponsor-terrorists/6050938.html (검색일: 2022.8.26.).

5명이 북한 억류기간 중 고문, 구타 등으로 입은 신체적 피해 및 후유증에 대해 16억 달러의 피해배상을 요구하는 청구소송을 제기했다. 미국 법원은 2008년 12월, 북한으로 하여금 총 6500만 달러를 배상하라고 판결했으며, 2차 소송은 유사한 이유로 승조원, 가족, 상속인 등 171명이 총 6억 달러를 청구했다. 2008년 승소판결 이후 북한이 테러지원국에서 제외되면서 소송이 중단되었다가 2017년 11월 북한이 테러지원국으로 재지정된 후 2018년 2월 추가 소송이 재개되었다. 미국 연방법원은 2021년 2월, 북한이 승조원과 가족, 유족 등 171명에게 약 23억 달러를 배상해야 한다고 판결했는데, 이는 미국 법원이 명령한 북한의 배상액 중 가장 큰 액수이다.[64]

역시 2012년 11월 북한에 입국했다가 2년여 동안 강제 억류되었던 미국 국적 선교사 '케네스 배(Kenneth Bae, 한국명: 배준호)'도 북한 정권을 대표하는 리선권 외무상을 상대로 억류기간 중 자신과 가족이 겪은 정신적·육체적 경제적 피해 및 징벌적 손해배상 등 총 2억 5000달러의 손해배상 청구소송을 제기했다.[65]

2016년 북한에 억류되었다가 2017년 석방 직후 고문 후유증으로 사망한 미국인 오토 웜비어의 유족들이 북한을 상대로 약 10억 달러의 손해배상을 청구했으며, 미국 법원은 2018년 12월 북한에 약 5억 달러를 배상하라고 판결했다.[66]

물론, 북한이 이에 응할 리가 없으므로 피해자와 유족들이 실제로 피해배상액을 받을 수는 없을 것이다. 그러나 이러한 누적된 판결로 북한을 범죄집단으로 낙인찍는 효과가 클 것이며, 향후 미국과의 관계 정상화 과정에서도 여러 건의 피해배상 문제가 불거질 가능성이 있다.

---

64 "미 법원, 푸에블로호 승조원·가족 등에게 북한 23억 배상 판결 … 최종 판결문 공개", *Voice of America*, February 26, 2021.

65 "北 억류됐던 케네스 배, 2,974억 상당 손해배상 소송 청구", YTN, 2020년 8월 22일 자, https://ytn.co.kr/_ln/0101_202008221516161654(검색일: 2022.8.31.).

66 "미 법원 "북, 웜비어 유족에 5,634억 원 배상", ≪중앙일보≫, 2018년 12월 25일 자, https://www.joongang.co.kr/article/23237045(검색일: 2022.8.31.).

북한으로부터 배상 판결을 받은 피해자 및 유족들은 미국 등이 동결 또는 압류한 북한 자산에 대해 소유권을 주장하는 방식으로 배상액을 회수하기 위해 노력하고 있으며, 실제 웜비어의 유족은 미국이 압류한 북한 화물선 '와이즈어니스트호'에 대한 소유권을 주장하고, 그간 미국이 동결한 미국 내 북한 자산 공개를 청구하기도 했다.

한편, 미국은 테러지원국으로 지정된 국가의 행위로 인해 피해를 입은 미국인을 위해 테러지원국 피해기금(Victims of State Sponsored Terrorism Fund)을 운영하고 있는데, 이 제도는 테러지원국으로부터 압류 또는 동결한 자산을 활용해 피해자들에게 배상금을 지급하도록 하고 있다. 실제로 2022년 1월에는 미국 뉴욕주가 압류한 북한 조선광선은행 동결 자금 24만 달러를 웜비어 유족에게 지급하라는 미국 법원의 판결도 있었다.[67] 참고로 2021년 9월 재무부 OFAC이 발표한 「2020 테러리스트 자산 보고서」에 따르면 미국 정부는 미국 내 북한 자산 약 3100만 달러를 동결하고 있다.[68]

3) 자금세탁, 화폐 위조 등 불법행위: 자금세탁 우려 주요국가

앞서 설명한 대로 오바마 대통령은 2010년 8월 행정명령 13551호를 발령해 북한의 WMD 프로그램 및 천안함 폭침 등 지역정세 불안정 문제뿐만 아니라 자금세탁, 사치품 거래, 화폐 위조 등의 불법행위를 열거하면서 해당 불법행위에 직간접적으로 연관된 개인 및 기관의 미국 내 자산을 동결했다. 이후 '북한제재강화법' 201조는 재무부 장관으로 하여금 법 발효 180일 이내에 '애국법 311조에 따라 북한을 자금세탁 우려국가로 지정할 충분한 근거가 있는지 조사할 것을 요구'했다.

이에 따라 2016년 5월, 미 재무부 산하 '금융범죄 집행센터(FinCen: Financial Crimes En-

---

67 "미 법원, 웜비어 유족에 북 동결자산 24만 달러 지급 판결", *RFA*, January 14, 2022.

68 미국 재무부: Release of the 2020 Terrorist Assets Report(2021.9.8.), https://home.treasury.gov/policy-issues/financial-sanctions/recent-actions/20210908.

forcement Center)'가 상세한 조사 결과를 발표했는데, 보고서에는 △북한의 불법 활동과 이에 대응하기 위한 대통령 행정명령, △자금세탁 등 불법 금융활동에 연루된 북한기관(광성상업은행, 단천은행, 대동은행, 조선무역은행 등)의 활동을 상세히 포함하고 있다.[69]

재무부는 2016년 6월 1일부로 북한 전체를 '자금세탁 주요 우려 대상'으로 지정하고, '애국법' 311조상 환거래 계좌 개설금지 등의 제재를 부과했는데, 이에 따라 미국 금융 시스템을 통한 북한과의 거래는 원천 봉쇄되었다. 재무부는 이에 추가해 제3국의 금융기관들이 미국 금융기관 내에 운영하고 있는 환거래 계좌가 직간접적으로 북한과의 금융거래에 이용되지 않도록 추가적인 주의의무도 부과했다. 아래는 당시 재무부가 언론에 설명한 내용이다.

> 비록 현재도 미국법은 미국의 금융기관들로 하여금 직간접적으로 북한 금융기관과의 거래를 금지하고 있지만, 이 규정이 시행되면 미국의 금융기관들은 북한의 금융기관들이 부적절하게 간접적인 방식으로 미국 내 환거래 계좌에 접근하지 않도록 추가적인 주의의무(due diligence)를 기울여야 함.
>
> 비록 북한의 금융기관들이 미국 금융기관 내에 환거래 계좌를 개설하지 못하지만, 북한 금융기관들은 흔히 북한 정부와 기업들을 대신해 거래를 진행함. 새로운 규정은 북한 금융기관을 위해 제3국의 미국 내 환거래 계좌가 이용되는 것도 금지함.[70]

한국 정부는 북한이 자금세탁 우려국가로 지정됨에 따라 북한의 모든 은행이 '자금세탁 주요 우려 대상'으로 지정되는 효과가 있으므로, 개별 은행에 대해서만 지정한 과거의 'BDA식 제재'보다 광범위한 효과가 있을 것으로 평가했다.[71]

---

69 미국 재무부 FinCen 보고서(2016.5.27.), "Finding That the Democratic People's Republic of Korea is a Jurisdiction of Primary Money Laundering Concern."

70 미국 재무부 보도자료(2016.6.1.): "Treasury Takes Action to Further Restrict North Korea's Access to the U.S. Financial System."

4) 인권

미국은 북한 내 심각한 인권침해 상황을 이유로 제재를 부과하고 있는데, 기본적으로 1961년 '대외원조법(Foreign Assistance Act)', 1998년 '국제종교자유법', 2000년 '인신매매피해자보호법' 등에 따른 제재를 부과하고 있다. 이들 법은 '북한제재강화법' 및 '오토웜비어법'에도 반영되어 있다.

북한은 2001년부터 '대외원조법'과 '국제종교자유법'에 따라 매년 '특별우려국가(country of particular concern)'로 분류되고 있으며, 2003년부터 '인신매매피해자보호법'상 강제노동 및 성적 착취를 목적으로 한 인신매매 분류에서 최하등급으로 분류되어 있다.

2004년에 제정된 '북한인권법'은 매 4년마다 연장되는데, △북한 주민의 인권 향상, △북한 주민에 대한 지원 및 △북한 난민의 보호 등을 주요 내용으로 한 것으로 제재 법률은 아니다. 2017년 '북한인권재승인법(North Korea Human Rights Reauthorization Act)'은 북한으로의 정보 유입, 방송, 탈북자 관련 및 인권 증진, 북한 내 민주주의 확산, 한반도의 평화로운 통일을 조성하기 위한 프로그램에 자금을 지출할 수 있도록 규정하면서, 2016년 '북한제재강화법'상 검열 및 인권 침해자에 대한 제재를 지속하도록 했다.[72]

2014년 북한 인권과 관련해 중요한 전환점이 발생했는데, 하나는 2014년 12월 유엔총회에서 북한의 정치범 수용소 등에서의 심각한 인권유린 문제를 유엔 안보리와 국제형사재판소에 회부하기로 결정한 것이었고, 다른 하나는 유엔 안보리에서 북한 인권문제를 안보리 의제로 상정해 논의했다는 점이다.[73] 이를 계기로 오바마 대통령은 북한에 대한

---

71 한국 외교부 보도자료(2016.6.2.): 「미국의 대북 자금세탁 주요 우려 대상 지정 발표에 대한 외교부 대변인 논평」.

72 2017년 '북한인권재승인법' 제3조 4항.

73 유엔 등 국제사회에서의 초기 북한 인권문제 논의 현황에 대해서는 신동익, 「북한 인권문제 관련, 미국 및 EU 등의 제재 현황과 국제사회의 공조 방안」, 『IFANS FOCUS』, 국립외교원 외교안보연구소(2016)에 잘 정리되어 있다.

독자제재 사유로 인권문제까지 포함한 행정명령 13687호(2015.1)를 발령했다. 이후 행정명령 13722호(2016.3)는 인권문제와 함께 북한의 노동자 해외 송출 문제도 다루고 있음은 앞서 설명한 바 있다. 행정명령 13687호는 인권침해 관련 '북한 정부와 노동당 구성원 및 그 지원자'를 제재하도록 했고, 행정명령 13722호는 '인권침해에 연루되거나 책임이 있는' 모든 개인과 단체에 대해 제재를 부과하도록 하고 있다.

2022년 '통합지출법(Consolidated Appropriations Act, 2022)'은 국제테러리즘을 지원하는 국가 및 북한의 사이버 범죄를 지원하는 국가에 대한 원조 제공을 금지하고, 북한으로의 정보 유입, 방송, 탈북자 관련 및 인권 증진을 위한 프로그램에 자금을 지원하도록 규정하고 있다.[74] 특히, 2016년 '북한제재강화법'은 4개 장 중 하나가 북한 인권으로만 구성[75]되어 있을 정도로 북한의 인권 상황을 심각하게 다루고 있으며 제재의 중지, 종료, 유예를 위한 조건에도 북한 인권 증진 내용을 포함하고 있다.

'북한제재강화법'은 법 발효 후 180일 이내에 국무장관이 △북한 인권문제에 대한 미국의 전략을 담은 보고서(탈북자 강제송환국 명단, 북한 노동자 수입국 및 고용주 명단 포함), △정치범 수용소에 관한 보고서, △심각한 인권침해 및 검열에 관한 보고서를 의회에 제출하도록 하고, 매 6개월마다 정례적으로 북한인권보고서를 제출해 인권침해 관련 개인·기관을 제재 대상으로 지정하도록 규정하고 있다.

이에 따라 국무부는 6개월마다 「북한의 심각한 인권침해 및 검열 관련 보고서(Report on Human Rights Abuses and Censorship in North Korea)」를 의회에 제출하면서, 인권 관련 제재 대상 명단도 같이 발표하고 있다. 재무부는 이 보고서 발표에 맞추어 국무부 명단에 기재된 개인 및 기관을 제재 대상으로 지정하고 있다. 이 중 특기할 만한 보고서를 소개하면 다음과 같다.

2016년 7월에 처음 발표된 보고서는 △북한 내 전반적인 인권침해 및 검열 실태(불법

74 2022년 '통합지출법' Section 7048(b).

75 '북한제재강화법' TITLE III – Promotion of Human Rights.

처형, 강제 실종, 자의적 체포 및 구금, 강제노동, 고문, 언론 통제 등) 및 △정부기관의 인권침해 행위를 기술하면서 김정은 포함 개인 15명과 국방위원회, 조직지도부 등 정부기관 8개를 제재 대상에 포함했다.[76] 재무부는 같은 날 이들을 제재 명단에 등재했는데, 미국이 외국 지도자를 인권침해만을 이유로 제재 대상에 지정한 최초의 사례였다.

2017년 1월에 발표된 보고서의 제재 명단에는 북한 김여정, 김원홍, 최휘, 조용원 등 북한 고위간부가 포함되었다.[77] 2017년 10월에 발표된 보고서에는 △북한 해외노동자 송출, △북한 내 강제노동 및 학대, △탈북민 강제 송환 등에 관여한 개인 7명과 기관 3개를 신규 제재 대상으로 지정했다.[78]

미국은 북한 인권 개선을 수교의 주요 조건으로 제시하고 있기 때문에 북한 인권문제는 북·미 간 관계 정상화 및 수교문제에도 큰 함의를 지닌다. 예를 들어, 2020년 6월 국무부가 발표한 「국제 종교의 자유 보고서」에는 북한과의 관계 정상화를 위해서는 종교의 자유를 포함한 인권을 다루는 것이 필요함을 적시하고 있다.[79]

북·미 간 수교는 행정부가 △의회에 조약(treaty)으로 비준(상원 3분의 2 찬성)을 요청하거나, △비준이 필요 없는 행정협약(executive agreement)으로 처리할 수 있다. 의회에 비준을 요청할 경우 의회에서 북한 인권문제가 제기될 가능성이 매우 크며, 이 경우 비준에 필요한 상원 3분의 2 이상의 찬성을 확보하기가 매우 어려울 것이다.

미국 행정부는 중국(1979), 베트남(1995), 쿠바(2015)와 수교 시 외교 관계 수립은 대통

76 미 국무부: Report on Serious Human Rights Abuses or Censorship in North Korea(2016.7.6.).

77 미 재무부 보도자료(2017.1.11.): "Treasury Sanctions Additional North Korean Officials and Entities In Response To The North Korean Regime's Serious Human Rights Abuses and Censorship Activities," https://home.treasury.gov/news/press-releases/jl0699(검색일: 2022.9.1.).

78 미 국무부 홈페이지: Report on Serious Human Rights Abuses or Censorship in North Korea (2017.10.26.).

79 미 국무부 홈페이지: 2019 Report on International Religious Freedom: Democratic People's Republic of Korea; 해당 원문은 다음과 같다. "The U.S government consistently made clear full normalization of relation will require addressing human rights, including religious freedom."

령의 단독 권한이라는 입장하에 의회에 비준 절차를 요청하지 않고, 행정협정의 형식으로 추진했는데, 이 경우에도 의회는 대사관 예산 배정(상·하원 과반 동의 필요) 및 대사 인준(상원 과반 동의 필요) 지연 등을 통해 관계 정상화 과정에 영향력을 행사할 수 있다.

5) 비시장 경제

'수출입은행법'(1945)은 마르크스-레닌주의 국가들에 대한 수출신용, 보증, 보험 및 여타 금융 지원을 금지하도록 규정하고 있으며, '해외원조법'(1961) 역시 공산국가들에 대한 비인도적 분야에서의 해외원조를 금지하고 있는데, 북한도 이에 해당된다. 북한은 이들 법률에 의해 1950년대부터 제재 대상이 되었는데, 대통령은 북한이 더 이상 마르크스-레닌주의 국가가 아니라고 선언할 수 있으며 의회가 동법상 리스트에 있는 북한을 해제하는 조치를 취하거나, 대통령이 재량권을 활용해 상기 법 규정의 적용을 유보(waiver)하는 것은 가능하다.

아울러 1951년 '무역협정확장법(Trade Agreement Extension Act)'은 모든 공산국가에 대해 최혜국대우〔현재 정상교역관계(Normal Trade Relations)로 변경〕를 정지하도록 규정하고 있는데, 북한은 1951년 9월부터 최혜국대우에서 제외되어 있다. '최혜국대우'에서 제외되었을 경우, 행정부는 해당 국가와 무역 관련 협정을 체결할 수 없고, 미국 정부가 시행하는 각종 무역증진 지원, 수출신용 제공, 보장, 투자 보증 등 서비스 제공 대상에서 제외된다.

8. 적성국교역법 적용 종료와 자산 동결

1994년 제네바 합의 및 1999년 북한의 미사일 발사 유예 합의 이후 클린턴 대통령은 비군사용 소비재의 수출입 허용, 북·미 간 직통전화 개설을 위한 통신 허용, 북한으로의 송금 등 부분적인 금융거래 허용, 농업·광업·목재 등 분야에서 부분적인 대북 투자 허용 등 국가안보와 직접 관련이 없는 분야에서 부분적으로 제재를 중단했으나, 테러지원국 지정 및 '적성국교역법'에 따른 대다수의 제재는 해제할 수 없었다.[80]

그러다가 2008년 6월 26일, 부시 행정부는 북한이 6자회담에서의 합의에 의해 핵 신고서를 제출함에 따라 1950년 12월부터 계속되어 온 북한에 대한 '적성국교역법'의 적용을 종료(termination)했다.[81] 또한, 같은 날 부시 대통령은 북한이 최근 6개월간 국제 테러행위를 지원하지 않는 등 테러지원국 해제 요건을 충족시켰다고 확인하면서 북한을 테러지원 국가에서 해제했다(rescission).[82]

앞서 언급했다시피, 부시 대통령은 북한을 '적성국교역법' 적용 대상에서 제외하면서 동시에 행정명령 13466호(2008.6)을 발령해 북한 내 핵물질 존재 및 확산 가능성을 국가비상사태로 규정하고, '적성국교역법'에 따라 부과되는 자산 동결 조치는 계속 유지했다.

북한 정부와 북한 인사의 자산 동결은 이후에도 계속 확대되었는데, 재무부는 2010년 8월 북한과 관련된 특정 인물들의 재산을 차단하는 행정명령 13551호(2010.8)에 따라 김영철 당시 정찰총국장, 정찰총국, 노동당 39호, 제2경제위원회 등 주요 인사와 정부기관을 제재 대상으로 지정했다.[83]

행정명령 13810호(2017.9)는 가장 포괄적으로 자산 동결 등 금융제재를 규정하는데, 북한 내 건설·에너지·금융서비스·어업·IT·제조업·의료·광산·봉제·운송사업 등에 종사하는 개인과 단체, 북한의 항만·공항·육상에서의 통관 시설을 소유, 지배, 관리하는 개인 및 기업, 그리고 북한 정부나 노동당을 위해 수익을 창출하는 모든 개인 및 기업이 소유

80 이승현, 「미국의 대북제재 현황과 테러지원국 지정해제의 영향」, 현안보고서 7호, 국회입법조사처(2008).

81 Proclamation 8271: Termination of the Exercise of Authorities Under the Trading With the Enemy Act With Respect to North Korea(2008.6.26.).

82 Memorandum on Certification of Rescission of North Korea's Designation as a State Sponsor of Terrorism(2008.6.26.).

83 미국 재무부 공지사항(2010.8.30.): North Korea Executive Order / North Korea Designations/ Non-proliferation Designations, https://home.treasury.gov/policy-issues/financial-sanctions/recent-actions/20100830.

하는 자산을 동결하도록 했다.

9. 향후 대북제재 이행 방향

미국은 현재 '오토웜비어법' 제정 이후 새로운 법률을 제정하기보다는 주의보(advisory) 등을 통해 대북제재 위반 가능성에 대해 경각심을 제고하고, 제재 위반자 송환 및 벌금 등을 통해 기존 제재 법률의 효과적인 이행에 초점을 두고 있다.

최근 들어서는 대북제재의 효과적 이행을 확보하기 위해 동맹 및 우방국들과의 공조 강화와 함께 안보리 북한제재위원회의 전문가 패널이 지적한 대북제재의 허점을 메우는 차원에서 중국 기업이나 은행에 대한 2차 제재를 강화해야 한다는 목소리가 늘고 있다.[84] 즉, △유엔이 정한 상한선을 초과하는 정제유 수입과 석탄의 불법 수출 등을 차단하고, △북한의 불법 해외 네트워크에 대한 통제와 감시를 강화하며, △북한의 국제 금융 시스템 접근을 완전히 차단하기 위해서는 2차 제재의 확대 적용이 필요하다는 주장이 힘을 얻고 있다.

따라서 앞으로도 미국을 포함한 국제사회의 대북한제재는 이행 측면에서 한층 강화될 것이며, 이런 과정에서 미국 의회의 영향력도 확대될 것으로 본다. 특히, 최근 북한이 사이버 해킹 등 불법 사이버 활동을 통해 WMD 자금을 조달하는 것으로 알려지고 있어 이 분야를 중심으로 한 제재가 더욱 강화될 것이다.

북한이 2017년부터 탈취한 사이버머니 규모는 약 1조 5000억 원에 이르고, 2022년 한 해에만 약 8000억 원에 이른다는 통계도 있다.[85] 북한의 2021년 전체 수출액이 약 8000

---

84 Anthony Ruggiero, Gehnam Ben Taleblu, "Time to reconstitute pressure on Pyongyang," *The Hill*, March 19, 2022, https://thehill.com/opinion/international/598898-time-to-reconstitute-pressure-on-pyongyang/(검색일: 2022.9.1.).

85 한국 외교부 보도자료(2023.2.10.) 중 「북한가상자산 탈취 바로 알기」.

만 달러, 1000억 원대에 그쳤다는 점을 볼 때 불법 사이버 활동으로 확보한 재원의 규모가 막대하다. 미국 재무부는 2020년 북한의 불법 사이버 활동에 대한 별도의 주의보(advisory)를 발령, 북한이 WMD 개발을 위한 자금을 마련하기 위해 △사이버 금융절도, △돈세탁, △가상화폐 탈취 등의 사이버불법 활동에 적극 나서고 있다고 지적하면서 이를 '숨겨진 코브라(hidden cobra)'로 지칭하고 있다.[86]

안보리 북한제재위원회 전문가 패널도 2019년 중간보고서에서 북한이 가상화폐 탈취 및 돈 세탁 등을 통해 2019년 한 해에만 20억 달러에 상당하는 규모의 자금 탈취를 시도했다고 명시하고 있으며,[87] 2023년 연례보고서에서는 북한이 2022년 한 해에만 약 6억 3000~10억 달러 상당의 가상자산을 탈취했다고 하면서 이와 관련된 주요 기관들을 상세히 설명하고 있다.[88]

전문가 패널은 북한의 불법 사이버 활동을 방지하기 위해 구체적 사항을 권고하고 있는데, 요지는 다음과 같다.[89]

- 회원국 금융기관 가상자산사업자들이 가상자산 거래소에 접근을 시도하는 모든 가상자산 사용자들에게 2단계 인증(two-factor authentication) 등의 보안 수준을 강화할 것을 요구.
- 회원국들이 국제자금세탁방지기구(FATF)의 가상자산 관련 권고사항을 신속히 이행할 것을 권고.
- 사이버 공격을 당했을 경우, 탈취자산을 조속히 회수하기 위해 신속히 이를 보고하고, 분석기관 등 관련 기관들과 협력할 것을 권고.
- 회원국에 '고객 확인(know your customer)' 절차를 강화하고, 가상자산서비스 공급자 등

---

86 미국 재무부, "Guidance on the North Korean Cyber Threat,"April 15, 2020, https://home.treasury.gov/system/files/126/dprk_cyber_threat_advisory_20200415.pdf.

87 S/2019/691, pp.26~30.

88 S/2023/171, pp.74~77.

89 S/2023/171, p.77.

록 절차를 강화하는 등 관련 사이버 보안 지침을 조속히 수립할 것을 권고.

• 역내 국가 간 상호협력 및 정보 공유를 강화할 것을 권고.

한국 정부도 2023년 2월 불법 사이버 활동을 통해 북한의 핵·미사일 개발 자금을 조달하는 북한 개인 4명과 기관 7개를 독자제재 대상으로 지정했는데, 이는 한국 정부의 첫 사이버 분야 대북 독자제재 조치이다.[90]

앞서 미국의 대북한 독자제재의 중요한 특징으로 △중층적·중첩적으로 제재가 부과되고 있으며, △일반 법률 및 행정명령에 따른 제재보다는 북한만을 특정한 제재 법률에 의한 제재 부과 사례가 증가하고 있고, △이에 따라 북한 문제와 관련한 의회의 영향력이 증대해 행정부 재량으로 제재를 중단하거나 해제하는 등의 자율적 공간이 좁아지고 있다는 점을 들었다.

대북제재에서 의회가 영향력이 증대된다는 것은 향후 대북 협상이나 대북 제재 해제 교섭에서 미국 의회의 관여와 동의가 필수적이 되고 있다는 점을 의미한다. '적성국제재법'이 이란, 러시아 북한제재를 하나의 법안으로 통합해 다루고 있는 점에서 보듯이 미국 의회는 이란, 러시아, 북한에 대해 강경한 방침을 고수하고 있다. 2017년 '적성국제재법'은 각각 하원(찬성 419, 반대 3)과 상원(찬성 98, 반대 2)에서 거의 만장일치로 채택되었다. 이들 나라에 대한 강경한 입장은 초당적 지지를 받고 있다는 점을 말해 준다.

아울러 법안으로 제정되지는 않았으나, 대북·대중 강경파인 미국 상원 공화당의 코리 가드너(Cory Gardner) 의원은 2020년 7월 '대중 전략법안(Strategic Act)'을 발의했는데,[91] 북한의 완전한 비핵화 전까지 경제적 압박을 강화하고, 중국이 유엔 안보리 북한제재 결의를 이행하도록 압박하며, 선박 간 불법 환적을 포함한 해운활동 차단 등의 내용이 포함되

---

90 한국 외교부 보도자료(2023.2.10.): 「사이버 공간을 활용한 북한의 불법적 외화벌이 차단」.

91 미국 상원 외교위 보도자료(2020.7.22.): "Risch, Gardner, Romney, Young Introduce Landmark Legislation to Compete with China," https://www.foreign.senate.gov/press/rep/release/risch-gardner-romney-young-introduce-landmark-legislation-to-compete-with-china(검색일: 2022.9.1.).

어 있다. 또한, 2019년 2월에는 민주당 하원의 브렌던 보일(Brendan Boyle) 의원 등이 인권과 제재를 연계해 북한 내 인권 상황에 개선이 없을 경우 북한제재를 해제하는 것을 금지하는 법안을 발의하기도 했다.[92]

이러한 경향을 볼 때, 10장 제재 해제 편에서 상세히 다루겠지만, 북한의 불가역적인 WMD 폐기와 함께 불법행위 중단, 인권 개선 등을 통해 미국과 북한 간 관계 정상화 없이는 미국이 북한에 대한 제재를 전면적으로 중단하거나 해제할 가능성은 거의 없다.

92 "미 하원, '대북제재 철회금지' 법안 발의", *RFA*, June 15, 2018, https://www.rfa.org/korean/in_focus/nk_nuclear_talks/sanction-06152018104056.html(검색일: 2022.9.1.).

제7장

이란제재

이란 제재는 북한에 대한 제재와 종종 비교 사례로 다루어진다. 예를 들어, 2006~2015년에 이란에 대한 제재는 JCPOA라는 핵합의를 도출해낸 데 비해, 북한에 대한 제재는 북한의 태도 변화를 이끌어내는 데 효과가 없었다는 점을 들어 체제 속성, 제재 설계 및 이행을 비교하면서 그 이유를 설명하는 것이다. 즉, 정치·사회적 속성, 핵 개발 의지 및 수준, 인프라 능력, 협상 목표, 협상 행태, 제재 수준 및 이행 등을 비교 연구해 그 이유를 연구하고, 북한핵 관련 시사점을 도출하는 것 등이다.[1]

동시에 이란에 대한 제재는 제재의 효과성, 핵협상 방식, 안보리 결의와의 관계, 미국 내 행정부와 의회 간 역학관계, 미국의 역외적용 효과를 갖는 2차 제재 및 이에 대한 유럽의 대응, 해제된 제재의 원상복구(소위 '스냅백') 등 여러 면에서 매우 흥미로운 사례를 보여주고 있다.

첫째, 제재의 효과성 차원에서 성공 요인에 대한 시사점을 제공한다. 이란의 핵개발 프로그램과 관련된 제재는 미국과 EU 국가들의 독자제재와 유엔 안보리의 다자제재가 중

---

1 이 분야에서 일목요연하게 정리한 자료는 인남식, 「바이든 정부 이란 핵합의 복귀 전망」, ≪IFAS 주요국제문제분석≫, 2021-02 참조.

층적·복합적으로 작용해 이란을 최대한으로 압박했다. 2015년 이란 핵합의(JCPOA: Joint Comprehensive Plan of Action)의 타결을 촉진한 제일 중요한 요인은 이란의 리더십 교체를 촉발하고 협상으로 나오도록 한 강력한 경제제재, 즉 미국과 EU의 최대한의 압박이었다는 데에 큰 이견이 없다.

특히, 이란에 대한 제재는 이란이 가장 아파하는 산업, 즉 원유의 채굴·생산·수출·운송 등 분야에서 집중적인 제재를 가함으로써 제재의 경제적 효과를 높였는데, 2012년 2월 이란의 최고지도자인 하메네이(Khamenei)는 제재가 "고통스럽다(painful and crippling)"고 언급할 정도였다.[2] 2012년 6월에 공개된 유엔 안보리 이란제재위의 전문가 패널 연례보고서에서는 제재가 이란에 경제적 타격 등 큰 영향을 미치고 있다고 평가하고 있다. 이러한 제재는 온건파 정부로의 정권 교체를 가져와 결국은 JCPOA라는 핵합의에 이르게 한 요인이 되었다.

이 점에서 제재가 효과를 발휘하기 위한 중요한 요소 중 하나는 제재 대상국의 경제적 구조라는 점이 확인된다. 이란의 경제는 수출입 의존 구조이다. 미국과 EU의 제재가 본격화하기 시작한 2006년 이란은 GDP의 32%를 수출에 의존했으며, 전체 수출액의 약 84%가 원유였다. 에너지로 인한 수입(收入)은 정부 재정수입의 66%를 차지했다.[3] 특히, 원유 수출 대금은 달러화로 결제되어 이란의 미국과 EU 금융시장에 대한 의존도는 절대적이었다. 게다가 이란 GDP의 34%는 원유 및 정유시설과 관련한 해외직접투자에 의한 것이었다.[4] 이러한 이란의 대외의존적 경제구조는 북한 경제가 사실상 외부로부터 고립된 자력갱생 구조인 점과 비교되어 경제제재의 효과성 분석 시 자주 인용되고 있다.[5]

---

2 2012년 「안보리 이란제재위원회 연례보고서」, https://www.securitycouncilreport.org/un-documents/iran.

3 주요 통계는 윤서영·박철형, 『이란의 주요 산업』(서울: 대외경제정책연구원, 2010) 참조.

4 Kenneth Katzman, "Iran Sanctions," *CRS Report*, 2022, https://sgp.fas.org/crs/mideast/RS20871.pdf.

5 Bo Ram Kown, "The Conditions for Sanctions Success: A Comparison of the Iraian and North Korean Case," *The Korean Journal of Defense Analysis*, Vol.28, No.1(2016.3), pp.139~161.

둘째, 제재 해제의 성공적인 사례를 보여주었다는 점이다. 비록, 2018년 5월 트럼프 행정부가 JCPOA에서 일방적으로 탈퇴하면서 제재를 복원했지만, 한때 유엔 안보리·EU·미국의 독자제재가 동시에 완화 또는 해제되었다.

셋째, 미국이 JCPOA 합의, 이행 및 탈퇴 과정에서 미국 의회와 행정부 간 상호 견제 및 갈등이 표면화되었다는 점이다. 리비아, 수단, 베트남 등 여타 국가와의 국교정상화 및 제재 해제 과정과는 다르게 이란과 쿠바 등 역사적으로 뿌리 깊은 불신이 팽배한 국가에 대해서는 의회와 행정부 간 의견 대립이 표면화되고, 행정부 교체에 따라 기존 합의도 번복될 가능성이 크다는 점을 확인시켜 주었다.

넷째, 이란 핵 합의 자체인데, 협상 목표와 대상을 대폭 축소해 이란의 핵무기 개발 능력 축소라는 목표에만 한정했다는 점이다. 협상 대상을 축소하고 집중하는 것은 협상 타결을 촉진하는 긍정적 효과도 지니지만, 동시에 인권, 테러리즘 지원 및 탄도미사일 개발 등 협상 대상에서 제외된 부분을 이유로 추후 재협상 요구가 점증하거나, 기존 타결된 협상을 파기하는 이유를 제공하기도 하는 양면성이 있다는 점에 유의해야 한다.

마지막으로 JCPOA 이행 및 파기 이후 조치에 관한 것인데, 협상국들은 JCPOA를 유엔 안보리 결의로 채택해 국제적으로 법적 효력을 갖도록 했다. 이후, 미국 트럼프 행정부가 JCPOA에서 일방적으로 탈퇴함에 따라 인스텍스와 '스냅백'이라는 생소한 개념이 널리 회자되었다는 점도 제재 분야에서의 새로운 현상이었다. 위의 특징들을 상세히 알아보기 전에 우선 이란에 대한 다자 및 독자제재의 내용을 살펴본다.

1. 유엔 안보리 제재

2006년부터 유엔은 안보리 결의를 통해 이란에 제재를 부과하기 시작했다. 주로 핵 프로그램 및 탄도미사일 개발을 이유로 이중 용도 품목의 수출입 제한, 재래식 무기 수출 및 이와 관련된 운송 및 금융활동 제한, 특정 개인에 대한 자산 동결 등을 주요 내용으

표 7-1 유엔 안보리의 제재 내용

결의	제재·부과 내용
1737호(2006.12.13)	· 농축 및 재처리, 중수로 관련 활동 중지 결정 · 핵 및 미사일 개발 관련 부품, 기술, 서비스 수출 금지 · 다자수출 통제체제(NSG 및 MTCR)상 통제 물품의 수출 금지 ※ 핵 활동 관련 10개 단체 및 12명의 개인 자산 동결
1747호(2007.3.24)	· 재래식 무기의 대이란 판매·이전 자제 · 재래식 무기 관련 기술·서비스· 교육훈련 제공 금지 · 이란으로부터 모든 재래식 무기 및 관련 물자 수입 금지 · 인도적 개발 목적 이외 신규 재정 지원 금지 요청 ※ 자산 동결 대상 추가
1803호(2008.3.3)	· 핵·미사일 관련 수출 금지 대상 확대 · 회원국 공항 및 항구에서 이란행·이란발 화물 검색 요청 · 대이란 수출신용 및 보험 제공 시 주의 요청 · 회원국 내 이란 은행의 활동에 주의 요청 ※ 자산 동결 대상 추가
1929호(2010.6.09)	· 이란 내 우라늄 채광, 농축, 재처리 관련 투자 등 금지 · 재래식 무기의 대이란 공급, 판매 및 이전 금지 · 금지 대상 물품을 적재하고 있다고 믿을 경우, 회원국 영토 내에서 이란행·이란발 화물 검색 · 기국 동의하에 공해상에서 의심 선박 검색 및 물품 압류 · 의심 선박에 대한 연료 공급 등 지원 금지 · 자산 동결 대상에 이란 혁명수비대(IRGC) 포함 제재 대상자의 회원국 입국 및 경유 금지 · 이란 핵·미사일 개발에 기여가 의심되는 경우 회원국 내 △이란 은행의 신규 지점, 자회사 및 대표 사무소 설치 금지, △이란 은행의 회원국 은행 소유, 회원국 은행과의 합작 투자 및 환거래 계좌 개설 및 유지 금지를 촉구(call upon) · 이란 핵·미사일 개발에 기여가 의심되는 경우 이란 내 회원국 은행의 대표사무소, 자회사 개소 금지 및 이란 은행에 계좌 개설 금지를 촉구(call upon) ※ 자산 동결 대상 추가

로 했다. 2002년 8월 이란이 비밀리에 핵 프로그램을 가동, 우라늄 농축시설과 중수로를 건설하고 있다는 의혹이 제기되면서 국제원자력기구(IAEA)의 사찰 활동이 강화되었으며, 영국, 프랑스, 독일 등 주요 EU 국가의 이란과의 교섭도 활발히 이루어졌다.[6] 그러나

6 이란의 핵무기 개발 배경과 과정에 대해서는 이서항, 「이란 핵문제의 현황과 전망」, ≪주요국제문제 분석≫, 30호(외교안보연구원, 2003)에 잘 정리되어 있다.

IAEA와 이란 간 수차례에 걸친 핵 사찰 관련 협의에도 불구하고 합의에 도달하지 못했고, 2003년에는 이란이 우라늄 농축 및 가공 활동을 시작하면서 프랑스, 독일, 영국의 이란과의 협상도 실패했다.

2005년 국제원자력기구는 9월 이사회에서 이란이 사찰 관련 의무 사항을 준수하지 않았다고 확인하고, 이란의 핵 프로그램 문제를 유엔 안전보장이사회에 정식으로 회부했다.[7] 이에 따라 유엔 안보리는 2006년 12월 제재 결의 1737호를 시작으로 2010년 6월 제재 1929호까지 4개의 제재 결의를 채택해 이란의 핵 프로그램 및 탄도미사일 프로그램을 저지하고자 했다. 2010년 6월 9일 채택된 대(對)이란 마지막 제재 결의인 1929호는 이란의 핵 프로그램뿐만 아니라 탄도미사일 관련 활동도 금지했고, 금융제재 범위를 확대했다.

즉, 이란의 핵·미사일 개발에 관련성이 의심되는 경우 회원국 내 △이란 은행의 신규 지점, 자회사 및 대표사무소 설치 금지, △이란 은행의 회원국 은행 소유, 회원국 은행과의 합작 투자 및 환거래 관계 설정 및 유지 금지, △이란 내 회원국 은행의 사무소, 자회사 개소 금지 및 이란 은행에 계좌 개설 금지를 촉구(call upon)했다. 또한, 이란의 정부 조직인 이란 혁명수비대(IRGC)와 이란 국영해운회사(IRISL)를 제재 대상으로 지정해 이들의 회원국 내 자산을 동결했다.

아울러 무기 금수 조치를 강화해 유엔재래식 무기등록 제도상 7대 무기류의 공급, 판매 및 이전을 완전히 금지했다. 결의 1929호에서 눈에 뜨이는 사항은 이란에 대한 이전이 금지된 품목을 적재했다고 의심되는 이란행·이란발 모든 화물에 대해 회원국 내 항구·공항뿐만 아니라, 공해상에서도 검색을 촉구하고, 의심 선박에 대한 연료 공급 등 지원 서비스 제공을 금지한 것인데, 이는 북한제재 결의인 1874호의 화물 검색 관련 내용을 모델로 한 것이다.

---

7 IAEA 이사회 GOV/2005/77(2005.9.24.), "Implementation of the NPT Safeguards Agreement in the Islamic Republic of Iran."

이란에 대한 안보리 결의의 또 다른 특징은 처음부터 제재 중단(suspend) 및 해제(terminate) 조건을 구체적으로 명시했다는 점이다. 제재 결의 1737호는 IAEA가 이란이 모든 농축 및 재처리 관련 활동을 중단했음을 확인하고 협상을 수락하면 모든 제재를 중단하고, 안보리가 이란이 모든 안보리 결의상 의무를 이행하고 IAEA의 요구 사항을 충족했음을 확인하면 제재를 해제한다고 명시했다. 동시에 결의를 이행하지 않을 경우 헌장 7장 41조에 의한 추가적인 강제조치를 취할 것임을 경고했다. 안보리 결의 1929호(2010)도 이란이 기존 안보리 결의상 의무를 모두 이행하고, IAEA의 요구 사항을 모두 충족할 경우에만 제재가 해제된다는 내용이 명시되었다.[8]

그러나 결의 1929호는 회원국에게 모든 제재 내용의 이행 의무를 부여한 것은 아니고, 회원국의 행동을 촉구(call upon)하는 내용이 대부분이었으며, 결의 전문에 이란 에너지 산업과 핵 프로그램의 연관 가능성을 언급하면서도 중국 등의 유보적 입장으로 이란 에너지 산업에 대한 제재는 포함되지 않았다는 한계가 있었다.[9]

아울러 유엔 안보리의 대이란제재는 이란과의 금융거래를 전면 차단하지는 않는 등 미국과 EU의 독자제재와 비교할 때 그 강도와 범위가 제한적이었다. 그렇지만 이란에 대한 제재 부과의 정당성을 유엔 차원에서 부여했다는 정치적 의미가 있다. 유엔 안보리 결의를 통해 이란에 대한 제재는 미국의 독자제재에서 국제적인 다자제재로 전환했다. 안보리 결의 1929호 채택 이후 EU, 일본, 캐나다, 호주, 노르웨이, 스위스 등 국가들도 독자적으로 대이란제재를 채택했다. 한국 정부도 대외무역법 및 기획재정부 장관 고시 등을 근거로 2010년 9월 대이란제재에 동참했다.

---

8 결의 1929호 제37항 원문: … it shall terminate the measures specified in … it determines, … Iran has fully complied with its obligations under the relevant resolutions of the Security Council and met the requirements of the IAEA Board of Governors ….

9 임경한·이창현, 「이란 핵개발 제재와 중국의 대(對)이란 에너지 외교전략」, ≪국제정치연구≫, 제13권, 제2호(2010), 133~152쪽.

2. 미국의 독자제재

미국의 이란에 대한 독자제재는 1979년 이란 테헤란에서 발생한 미국 대사관 직원 인질 사건을 계기로 시작되었다.[10] 지미 카터(Jimmy Carter) 당시 미국 대통령은 행정명령을 통해 미국 내 이란의 모든 자산을 동결하고, 의료품 등 인도주의적 물품을 제외한 모든 상품의 수출을 금지했다.[11] 1983년 이란의 지원을 받는 헤즈볼라 세력이 레바논 베이루트에서 미 해군을 대상으로 테러를 자행한 직후 미국은 이란을 테러지원국으로 지정하여, 무기 수출 및 대외원조를 금지하고 미국 내 조달시장 참여 등의 제재를 추가로 부과했다. 1995년 클린턴 행정부는 이란의 핵무기 등 WMD 프로그램을 이유로 이란 내 원유 분야에의 투자를 제한하고, 이란에 대한 모든 무역거래 및 투자를 중단하는 행정명령을 연이어 발령했다.[12]

이란 핵 프로그램이 불거지면서 미국의 대이란 독자제재도 지속적으로 강화되었는데, 크게 이란을 특정한 제재 법률에 의한 제재와 행정명령에 따른 제재로 구분할 수 있다. 앞서 설명한 대로 이란에 대한 제재는 WMD 프로그램뿐만 아니라 테러리즘, 지역불안정 조성, 인권 등 다양한 이유로 부과되었다.

이란에 대한 제재는 원유 등 에너지 수출로 인한 수익을 제한하는 데 초점이 맞추어졌기에, 에너지 및 운송 등과 관련된 분야에서의 부분별 제재가 그 핵심을 이루고 있다. 에너지 분야에 대한 제재는 당시까지만 해도 가장 강력한 안보리 제재 결의라고 평가되던 결의 1929호 전문에 에너지 분야에서의 재정수입이 이란의 핵개발 프로그램에 전용될 가능성을 명시함으로써 미국과 EU 국가들이 원유 및 가스 부문에서 대이란제재 조치를 더욱 강화하게 하는 근거가 되었다.

---

10 Zachary Laub, "International Sanctions on Iran," *Council on Foreign Relations*(2015)에 미국의 대이란 제재 연표가 잘 정리되어 있다 https://www.cfr.org/backgrounder/inter national-sanctions-iran.

11 1979년 행정명령 12170호, 1980년 행정명령 12205 및 12211호.

12 1995년 3월 행정명령 12597호, 1995년 5월 행정명령 12613호.

이란에 대한 에너지 분야 제재는 △원유 및 관련 제품의 거래 제한, △이란의 원유 수출 이익 활용 제한, △새로운 유정 개발 및 생산시설에 대한 투자 제한 등을 포함하고 있으며, 원유 등을 운반하는 선박 및 선박회사에 대한 스마트 제재와 이들 선박에 대한 보험 등 금융서비스 제공 금지, 원유 거래와 직간접적으로 연계된 금융서비스의 제공을 금지하는 금융제재로 구성되어 있다. 특히, 이란과 거래하는 제3국의 금융기관이나 개인들이 미국 금융서비스를 이용하지 못하도록 하고, 달러화 거래도 금지함으로써 미국 재무차관이 이란에 대한 '사형선고(death penalty)'라고 칭할 정도의 강력한 압박 효과를 가져왔다.[13]

2011년 11월 미국 재무부는 이란을 '애국법' 311조 규정에 따라 '자금세탁 우려 주요국가'로 지정했으며, 2019년 11월에는 재무부가 이란 금융기관의 미국 내 환거래 계좌 개설 및 운영을 금지하고, 외국 금융기관의 미국 내 환거래 계좌가 이란과의 금융거래에 직간접적으로 이용되는 것도 금지했다.[14]

이란에 대한 금융제재는 이미 제2장 미국의 금융제재에서 다루었으므로 이 장에서는 에너지 분야 제재를 중심으로 소개하고자 한다.

2016년 이전 미국의 대북한 독자제재와 대이란 독자제재의 차이점 중 하나는 제재 근거다. 이란제재는 '국제경제긴급권한법'을 원용한 제재도 있었으나, 에너지 분야 제재 등 중요 부분은 1996년 미국 의회가 제정한 '이란제재법'이라는 특정 법률에 바탕을 두었다. 이에 반해 2016년 이전의 북한제재는 대통령 행정명령에 따른 조치가 주를 이루었다.

미국의 이란에 대한 독자제재의 두드러진 특징 중 하나는 행정부보다는 의회가 제재를 주도했다는 점이다. 이에 따라 대외 정책에서의 자율성을 중시하는 행정부와 행정부를

---

13 Written Testimony of David S. Cohen Under Secretary for Terrorism and Financial Intelligence US Department of the Treasury, "Iran Nuclear Negotiations: Status of Talks and the Role of Congress," January 21, 2015(Zachary Laub, *International Sanctions on Iran*에서 재인용).

14 Federal Register: Imposition of Fifth Special Measure Against the Islamic Republic of Iran as a Jurisdiction of Primary Money Laundering Concern(2019.11.4.).

통제하려는 의회 간 긴장 상태가 돌출되곤 했다.[15] 이란을 특정한 제재 법률로는 '2006년 이란·리비아 제재법', '2010년 포괄적 이란제재법(CISADA)', '2012년 이란위협감축 및 시리아인권법(ITRSHR)', '2012년 국방수권법', '2013년 국방수권법'에 포함된 '이란 자유 및 반확산법(IFCPA: Iran Freedom and Counter-proliferation Act)', '2017년 적성국제재법'이 있다.

이들 제재 법률은 이란의 핵개발 프로그램부터 시작해 인권, 테러리즘 및 역내 불안정 조성 등의 사유로 제재를 부과하고 있는데, △처음부터 이란의 에너지 분야를 대상으로 하고 있으며, △특정 행위에 대해 의무적으로 제재를 부과하도록 하고 있고, △이를 위반한 제3국의 개인이나 단체에 대해서 제재를 부과하는 2차적 제재를 명시하고 있다.

1) 2006년 이란제재법

이란에 대한 제재가 법령으로 제정되어 본격화된 것은 1996년이다. 미국은 1996년 8월 '이란·리비아 제재법'을 제정해 이란과 리비아의 에너지 산업 부분에 투자하는 개인이나 단체를 제재했다. 2006년 리비아에 대한 제재가 완전히 해제된 이후 '이란제재법(ISA: Iran Sanction Act)'으로 명칭이 변경되었다. '이란제재법'은 5년의 일몰 조항을 두었으며, 이에 따라 2016년까지 매 5년간 연장되었다.[16] 2016년 12월에는 2026년까지 10년간 연장되었다.

'이란제재법'은 미국의 이란의 에너지 부문에 대한 제재와 함께 이를 위반해 이란의 에너지 분야에 투자한 외국 기업들에 대해서도 미국 금융기관과의 거래 금지 등 처음으로 2차 제재를 명문화했다. 이 외에도 기본적인 제재, 즉 이란과의 무역 제한, 미국 금융기관과의 거래 금지, 미국 조달시장에서 참여 금지 등이 포함되어 있다. '이란제재법'은 의무

15 Jordan Tama, *Forcing the President's Hand: How the US Congress Shapes Foreign Policy through Sanctions Legislation*, pp.399~400.

16 2001년 8월, 2006년 12월, 2011년 12월에 각각 5년간 연장되었다.

적으로 제재를 부과해야 하는 행위들을 명시하고 있는데, 구체적으로 금지되는 행위는 다음과 같다.

- WMD 관련 기술, 최신형 재래식 무기, 우라늄 채광 사업에 관여한 개인과 기업.
- 이란의 원유와 가스 유정 개발에 1년간 2000만 달러 이상 투자한 개인과 기업.
- 이란에 가솔린 등 정제유 및 관련 기술·부품을 판매하는 행위(1년간 합계 500만 달러 상당 또는 건별 100만 달러 상당).
- 원유, 가스, 석유화학제품 생산에 필요한 장비·서비스를 제공하는 행위(건당 100만 달러 또는 1년간 합계 500만 달러 규모).
- 이란의 원유 운송 또는 운송에 관련된 물적·기술적·재정적 지원.

위의 위반 행위에 대해서는 의무적으로 제재를 부과하도록 하되 제재 내용에 대해서는 행정부의 재량을 인정했는데, 이른바 '제재 메뉴(sanctions menu)'가 처음으로 등장했다. 행정부는 다음 6개의 제재 메뉴에서 의무적으로 2개 이상의 제재를 부과해야 한다.[17]

- 미국 수출입은행의 대출, 신용, 보증 등 거부자금 지원 거부.
- 군사용 또는 군사적으로 활용할 수 있는 기술 수출 금지.
- 1년간 총합이 1000만 달러를 초과하는 은행 대출 금지.
- 제재 대상이 금융기관인 경우, 미국 국채 거래 금지.
- 미국 정부 공공조달에의 참여.
- 제재 대상자로부터의 수입 금지.

이 법은 대통령이 미국의 국가이익을 위해 필요하다는 점을 의회에 확인하면 최대 6개

17 '이란제재법'(1996) 6조(Sec.6): Description of Sanctions.

월간 제재를 유예(waive)할 수 있도록 했다.[18] 미국 행정부는 이 조항을 이용해 미국과 같은 목적으로 이란에 제재와 압박을 가하는 우방 국가들의 개인과 기업들에 대해서는 제재를 유예해 왔다. 오바마 대통령은 JCPOA 합의 이후 미국의 제재 해제 의무를 이행하기 위해 이 조항을 이용하여 이란의 에너지 분야와 관련된 제재를 대부분 유예했으나, 이후 트럼프 행정부가 JCPOA에서 탈퇴한 후 이러한 유예를 정지하고 대부분의 제재를 복원했다.

'이란제재법'은 제재를 해제하는 데 있어 엄격한 조건을 명문화하고 있다. 이 조건은 이후 이란제재 법률에도 유사하게 반영되어 있다. 즉, 대통령이 의회에 아래 사항을 확인하고 증명하는(determines and certifies) 조건하에서만 제재가 해제된다.[19]

- WMD와 탄도미사일을 개발, 제작, 보유하려는 노력을 중단한 경우.
- 국제테러리즘 지원활동을 중단하고, 테러지원 국가 명단에서 제외된 경우.
- 미국과 동맹국의 국가안보와 이익에 상당한 위협을 끼치지 않는 경우.

2) 2010년 포괄적 이란제재법

미국의 이란에 대한 독자제재에서 중요한 법률은 2010년 7월에 제정된 '포괄적 이란제재법(CISADA: Comprehensive Iran Sanction, Accountability, Divestment Act)'이다. '포괄적 이란제재법'은 한 달 전인 2010년 6월 9일 유엔 안보리 결의 1929호 채택 이후 제정되어 유엔 차원에서의 제재와 미국의 독자적인 이란제재가 시너지를 얻도록 설계되었다. 표면적으로 '포괄적 이란제재법'은 안보리 제재 결의 1929호를 이행하면서 기존의 '이란제재법'을 강화해 에너지와 금융 분야에서 제재 범위를 크게 확장했다. 특히, 원유를 포함한 에너지 산업 부분에의 투자를 넘어 이 분야에서 이란과 거래하는 제3국의 개인이나 기업을 제재

---

18 '이란제재법'(1996) SEC. 4. Multilateral Regime (c) Waiver.

19 '이란제재법'(1996) 제8조(Sec. 8): Termination of Sanctions.

할 수 있도록 함으로써 2차 제재는 물론 역외적용 문제까지 내포했다.[20]

이 법의 주요 내용은 이란의 에너지 개발에 투자하는 행위에 파이프라인 건설 및 기존 설비 개·보수도 포함했으며, 정유제품 및 정제기술을 공급하는 행위에 대해서도 제재를 부과하도록 했다.

아울러 제재 대상 에너지 부분에 △LNG 가스를 포함하고, △이란 내 정제유 생산에 관련한 상품·서비스·기술·정보 등을 판매, 임대, 제공한 업체 △이란으로 정제유를 수출하거나 이란의 정제유 수입 능력 향상에 기여하는 상품·서비스·기술·정보 등을 판매, 임대, 제공한 업체를 추가했다. 상기 거래의 기준액은 건별 100만 달러 이상 혹은 1년 내 합계 500만 달러 이상으로 규정했다. 이 법은 정유제품 관련 조치 이외에, 이란 혁명수비대 및 제재 대상 은행·기관 등과 거래하는 외국 은행을 제재하도록 하면서, 미국과 거래하는 외국 기업은 자회사까지 포함해 이란과 교역하지 않고 있음을 증명하도록 했다.

아울러 이란의 WMD 프로그램에 기여할 수 있는 이중 용도 품목을 제3국을 통해 우회 수출·재수출·이전·환적하는 행위를 제재 대상에 포함하고, 더 나아가 이란 내 언론 및 표현의 자유를 제한하는 정부기관에 관련 물자와 기술을 수출하는 기업에 대해서도 미국 내 조달시장 참여 금지 등의 제재를 부과했다. 이 법으로 인해 미국과 이란에 동시에 진출하고 있는 다국적 메이저 기업들의 대이란 거래 중단 효과를 가져왔다.

앞서 소개했다시피 안보리 결의 1929호도 금융제재를 포함하고 있지만, 회원국들에게 의무를 부여하지는 않고 권고하는 수준이었다. 그러나 '포괄적 이란제재법'은 이란의 에너지 부분에 대한 기존의 제재를 강화하고, 이란과 거래하는 외국 금융기관의 미국 내 금융시장 접근을 금지했다. '포괄적 이란제재법'은 아래 사항을 금지하고 있다.

- 의도적으로 이란의 원유산업에 2000만 달러 이상 투자(각 500만 달러 규모이거나 또는 12

20 미국 재무부 설명 자료, "The Financial Provisions of "CISADA," The New Iran Sanctions Administered by the U.S. Treasury Department," https://ofac.treasury.gov/media/7871/download?inline.

개월 동안 총합계 2000만 달러 이상 해당).

- 의도적으로 이란에 상품, 기술, 서비스, 정보를 판매·임차·제공하거나, 100만 달러 이상의 시장 가치 또는 12개월간 총합계 500만 달러 이상의 가치를 지니는 거래.
- 이란 국내적으로 정유제품을 생산하거나 확장·유지하는 것을 지원하거나, 정유시설을 건설, 현대화, 보수 유지하는 데 직접적으로 기여.
- 이란이 정유제품을 수입하는 능력을 확대하는 데 기여할 경우 이를 위해 계약을 하거나, 보증하거나, 보험, 재보험을 제공할 경우.
- 이러한 활동에 자금 지원을 하거나, 판매, 대여, 제공을 주선(brokering)하는 행위.
- 정유제품을 이란으로 운반하는 선박을 제공하거나, 여타 운송 서비스를 제공할 경우.
- 이란에게 정유제품을 판매하거나 제공할 경우(해당 제품이 최소 100만 달러 이상의 시장가치를 갖거나, 12개월 동안 총 500만 달러 가치를 초과할 경우).

이상에 해당할 경우, '이란제재법'상 6개 제재 내용에 3개의 제재 항목을 추가했는데, 행정부로 하여금 9개 제재 항목 중에서 최소 3개 항목의 제재를 의무적으로 부과하도록 하고 있다. '포괄적 이란제재법'에 의해 추가된 3개 제재 내용은 △미국과의 외환거래 금지, △미국의 금융 시스템 접근 금지(뉴욕 등을 통한 달러 거래 금지), △제재 대상자의 미국 내 투자자산의 취득, 보유, 사용 및 거래 금지 등이다.

3) 2012년 국방수권법상 이란제재 법률

미국 의회는 이란의 원유 수출을 금지하기 위해 원유 수출 대금을 받고 관리하는 이란 중앙은행에 대해 직접적인 금융제재를 부과하는 방안을 검토해 왔다. 그 결과 2012년 '국방수권법'에 이란 중앙은행 또는 제재 대상 이란 금융기관과 의도적으로 금융거래를 하거나 거래를 주선한 외국 금융기관들을 미국의 금융 시스템에서 차단하는 내용의 금융제재를 포함했다.[21]

구체적으로 2012년 '국방수권법'은 이란의 원유 수출과 무관한 금융거래라고 할지라도 이란 중앙은행과 여타 제재 대상인 이란 금융기관과 의도적으로 금융거래를 수행하거나 주선한 외국의 민간 금융기관(private foreign financial institutions)을 의무적으로 제재하도록 하고 있다. 단, 인도주의적 차원에서 이란에 식량, 의약품 및 의료기기를 판매하기 위한 금융거래는 예외로 했다.

2010년의 '이란제재강화법'이 의도적으로 이란과 관련된 개인이나 기업과 금융거래를 수행한 중앙은행 포함 모든 외국 금융기관을 제재하도록 한 데 비해, 2012년 '국방수권법'은 이란 중앙은행과의 금융거래를 금지하면서도 제재 대상에서 외국의 중앙은행이나 정부 소유 은행은 예외로 했다.

반면, 이란의 원유 수출과 연관된 금융거래에 대해서는 외국의 중앙은행까지도 제재하도록 했는데, 이란과 원유 및 원유제품을 거래하기 위해 이란의 중앙은행 및 제재 대상 금융기관과 거래한 외국의 중앙은행 포함 모든 금융기관은 제재 대상이 되었다.

한편, '국방수권법'에는 예외 규정도 두었는데, 이란산 원유 수입을 이미 상당 수준 감축했거나 직전 6개월 기간과 비교해 상당량의 이란산 원유 수입을 감축하기로 한 국가의 금융기관들은 이란 중앙은행 등과 거래해도 제재 대상에서 제외할 수 있도록 했다.[22] 이에 따라 한국, EU 일본 등 상당수 서방국가 은행들이 해당 제재의 적용 대상에서 예외로 인정되었다.[23]

---

21 미국 국무부 설명 자료: "Fact Sheet: Section 1245 of the National Defense Authorization Act for Fiscal Year 2012," https://2009-2017.state.gov/e/eb/tfs/spi/iran/fs/200286.htm.

22 2012 '국방수권법' 1245조: Application to Countries Reducing the Volume of their Oil Purchases from Iran.

23 "美, 이란 관련 제재대상국에서 한국 제외 결정", ≪KOTRA 해외시장뉴스≫, 2012년 6월 13일 자, https://dream.kotra.or.kr/kotranews/cms/news/actionKotraBoardDetail.do? SITE_NO=3&MENU_ID=410&CONTENTS_NO=1&bbsGbn=242&bbsSn=242&pNttSn=114721(검색일: 2022.9.2.).

4) 2012년 이란위협감소 및 시리아인권법

다음으로 중요한 법률은 2012년 8월에 제정된 '이란위협감소 및 시리아인권법(ITRSHRA: Iran Threat Reduction and Syria Human Rights Act, 이하 '이란위협감소법'으로 표기)'이다. 이 법은 제재를 부과해야 할 행위로 다음 세 가지를 추가했다. 이 역시 국적이나 관할권과 무관하게 모든 개인 및 단체를 대상으로 한다.

- 이란 국영원유회사(National Iranian Oil Company) 및 이란 국영운송회사(National Iranian Tanker Company) 측에 보험이나 재보험을 제공한 행위.
- 채권 등 이란 정부의 국채를 구입하거나 국채 발행을 지원하고 주선하는 행위.
- 이란 혁명수비대(IRGC) 또는 관련 기관과 거래하거나 거래를 주선하는 행위.

'이란위협감축법'의 두드러진 특징 중 하나는 이른바 '에스크로 계좌'를 도입한 것이었는데, 이는 이란의 중앙은행이 원유 등의 수출로 획득한 외화를 WMD 프로그램 등에 전용하지 못하도록 고안된 것이다. 동법 504조는 이란과의 교역에서 예외를 인정받은 국가들은 이란에 지급할 수출 대금을 이란 중앙은행에 지급하지 않고, 해당 거래를 수행한 금융기관 소재 국가의 특정 계좌에 예치하도록 했다.[24]

이는 사실상 이란의 원유 수출 대금을 동결하는 효과가 있으며, 원칙적으로 이란은 해당 자금이 예치된 국가의 상품을 수입하는 데만 해당 자금을 쓸 수 있다. 이에 따라 이란은 스리랑카에 수출한 2억 5000만 달러 상당의 원유 대금을 스리랑카 차(tea)로 받을 수밖에 없었다는 보도도 있다.[25]

---

24 '이란위협감축법' 504조: SEC. 504. Expansion of Sanctions under Section 1245 of the National Defense Authorization Act for Fiscal Year 2012.

25 "Sri Lanka to settle $251 million oil import dues to Iran by bartering tea," *Reuters*, December 22, 2021, https://www.nasdaq.com/articles/sri-lanka-to-settle-$251-mln-oil-import-dues-to-iran-by-bartering-te

한국의 경우 예외적으로 원유 수입 금지 대상에서 제외되었으나, 이 법에 따라 이란 당국에 직접 원유 수입을 지불하지 않고, 국내 원화계좌에 예치했다. 2010년 미국 오바마 행정부가 이란의 핵 개발을 이유로 '포괄적 이란제재법'을 시행하자 한국과 이란은 우리은행과 IBK 기업은행에 원화 결제계좌를 만들어, 이란산 원유 수입 대금을 여기에 예치하고 한국 기업들이 이란에 수출하는 물품의 대금을 이 자금에서 지불하는 시스템을 만들었다.

한국 기업들의 이란산 원유 수입액이 대이란 수출액보다 컸기 때문에 이 계좌에 돈이 쌓였다. 2018년 트럼프 행정부가 이란 핵합의(JCPOA)를 일방적으로 탈퇴한 뒤 제재를 강화했고, 이에 따라 2019년 5월부터 해당 원화 결제계좌를 통한 이란과의 거래도 금지되었다.[26] 한국에는 한때 약 70억 달러가량의 이란 자금이 원화로 동결되어 있었던 것으로 알려졌다. 이는 도널드 트럼프 미국 행정부가 2018년 JCPOA에서 탈퇴하고 이란에 대한 제재를 복원하면서 이란의 석유 판매 대금 계좌가 동결된 것이었다.

'이란위협감축법'은 이란 중앙은행 및 제재 대상 금융기관에 금융메시지서비스(SWIFT)를 제공하거나, 직간접적으로 서비스 제공을 주선하고 지원하는 모든 개인과 기업의 명단을 보고하도록 하면서, 의도적으로 이란 중앙은행과 제재 대상 이란 금융기관에게 SWIFT 서비스를 제공한 개인에 대해 제재를 부과할 수 있도록 했다(may impose).[27] 이 제재 조치는 2012년 3월 EU가 제재 대상인 이란 금융기관들이 SWIFT에 접근하지 못하도록 하는 조치(2012/152/CFSP)를 시행하는 근거가 되었다.

---

a-minister(검색일: 2022.9.5.).

26 박민희, "한국에 이란 동결자금이 가장 많은 이유는", ≪한겨레≫, 2021년 1월 11일 자, https://www.hani.co.kr/arti/opinion/column/978209.html(검색일: 2022.9.5.).

27 '이란위협감축법' 220조: SEC. 220. Reports on, and authorization of imposition of sanctions with respect to, the provision of specialized financial messaging services to the Central Bank of Iran and other sanctioned Iranian financial institutions.

5) 2012년 이란 자유 및 반확산법

2013년 '국방수권법'에 포함되어 이행되었다. 대부분의 제재는 JCPOA 이행 기간 중에 유예되었다(waived). '이란 자유 및 반확산법(IFCA: The Iran Freedom and Counter-Proliferation Act)'은 제재 대상에게 물품이나 서비스 등 일체의 지원을 제공한 모든 개인과 기업을, 국적과 무관하게, 의무적으로 제재하도록 했다.[28] 아울러 금융제재도 강화했는데, 이란제재 대상자들을 위해 금융거래를 한 모든 외국 은행은 미국 내에서 영업을 하지 못하도록 했다. 특히, 이 법을 위반해 이란으로부터의 천연가스 수입 대금을 수입국의 특정 계좌에 예치하지 않고 직접 이란 측에 지급한 모든 외국 은행을 제재하도록 했다.[29]

아울러 에너지 분야, 선박 건조 및 운영, 운송, 이란 내 항만 운영 등의 분야에서 이란을 지원한 개인과 단체들의 미국 내 자산을 동결했다. 그리고 이란의 핵 및 미사일 프로그램과 군사적 용도로 전용할 수 있는 금 등 귀금속과 중간재, 프로그램들을 제공한 자들에 대해서도 의무적으로 제재하도록 했다.[30] 특히, 이 분야에 연루된 외국 은행들은 미국 내 영업을 금지했으며, 앞서 제정된 '이란제재법' 등에서 금지한 행위에 보험이나 보증 등 금융서비스를 제공한 개인과 기업도 제재하도록 했다.

이렇듯 미국이 이란 에너지 산업에 대해 부과한 제재는 '이란제재법', '포괄적 이란제재법', '이란위협감소법' 등을 통해 제재 범위와 강도가 지속적으로 확대되고, 강화되어 왔다. 이들 법률을 통해 에너지 분야에서 부과된 미국의 독자제재를 정리하면 다음과 같다.

- 유정·가스정 개발 투자, 이란의 원유, 천연가스, LNG, 유조선(원유·LNG), 수송 파이프라인(원유·LNG) 등 에너지 개발 및 운송 분야에 연간 2000만 달러 이상 투자하는 모든 기

28 동법 1244조 (Section 1244).

29 Section 1247 of IFCA.

30 Section 1245.

업을 제재.

- 우라늄 채굴·생산·운송에 관련된 이란 기업 및 이 분야에서 합자회사를 설립해 참여한 모든 기업을 제재.
- 건당 100만 달러, 또는 연간 500만 달러에 상응하는 휘발유·항공유·기타 정제류를 판매하는 모든 기업을 제재. 단, 연료유(Fuel oil)와 석유부산물은 제외.
- 이란이 정유를 생산·판매하는 과정에서 건당 100만 달러, 또는 연간 500만 달러에 상응하는 부품·설비·서비스를 제공한 모든 기업(예: 원유정제시설 건설·관리, 원유 운송 및 항만 운영 등).
- 원유·가스·석유제품의 생산·유통·판매와 관련된 설비 및 서비스 제공(건당 100만 달러 또는 연간 500만 달러 상당).
- 이란의 석유제품 생산시설 유지·확장을 위해 관련 설비 및 서비스 제공(건당 25만 달러 또는 연간 합계 100만 달러 이상).

'이란제재법'부터 '이란제재강화법'까지 금지된 행위를 위반한 모든 개인과 기업에 대해서는 법에 예시된 제재 메뉴(Sanctions Menu) 중에서 몇 개를 의무적으로 부과하도록 하고 있다.[31] 처음 '이란제재법'에는 6개 제재 항목에서 의무적으로 2개의 제재를 부과하도록 했으며, 이후 '포괄적 이란제재법'과 '이란위협감축법'에서 추가로 제재 내용을 추가했다. 현재 총 12개의 제재 항목 중 의무적으로 5개의 제재를 부과하도록 했다.

- 미국 수출입은행의 대출, 신용, 보증 등 거부자금 지원 거부.
- 미국의 군사용 또는 군사적으로 활용할 수 있는 기술 수출 금지.
- 제재 대상자로부터의 수입 금지.
- 1년간 총합이 1000만 달러를 초과하는 은행 대출 금지.

---

31 Kenneth Katzman, "Iran Sanctions," p.14.

- 제재 대상이 금융기관인 경우, 미국 국채 거래 금지.
- 미국 정부 공공조달에의 참여.
- 외환거래 금지.
- 미국 금융기관을 이용한 신용 또는 지급 금지.
- 제재 대상자의 미국 내 투자자산의 취득, 보유, 사용 및 거래 금지.
- 제재 대상자에 대한 투자 금지 및 제재 대상자가 발행한 채권 등 매입 금지.
- 제재 대상 기업에 미국인의 이사진 취업 및 주식 취득 금지.
- 제재 대상 기업의 주 사무소에 대해서도 제재 부과.

이 중 제재 대상 기업과의 거래 금지는 의무적으로 제재 내용에 포함되어야 한다.

6) 2017년 적성국제재법

'적성국제재법'은 이란, 러시아, 북한에 대한 제재 법률을 통합해 제정한 것인데, 제1편이 이란에 대한 제재로서 '이란 불안정 행위 대응법(Countering Iran's Destabilizing Activities Act)'으로도 불리고 있다.[32] 이 법은 이란 핵합의인 JCPOA 타결 이후에 제정되었으므로 핵 프로그램과 관련된 내용을 다루지는 않았고, 대신 JCPOA가 다루지 않은 테러지원, 지역불안정 조성 행위 및 인권침해에 대한 제재만 다루었다.

별칭에서 말해 주듯이 이 법은 이란의 역내 불안 조성 행위를 겨냥하는 조치들을 포함하고 있는데 이란에 재래식 무기를 판매하거나, 이란의 탄도미사일 등 WMD를 장착해 운반할 수 있는 여하한 시스템의 개발 프로그램을 지원한 모든 개인과 단체에 대한 제재 부과를 의무화했다.

2005년 6월의 행정명령 13382호[33]도 WMD 확산에 연루된 모든 외국인과 외국 단체의

32 '적성국제재법' 제1장: Countering Iran's Destabilizing Activities Act.

미국 내 자산을 동결하고 미국 금융 시스템에의 접근을 금지했는데, '적성국제재법'에서는 외국인 여부를 불문하고 모든 개인과 단체로 확대했으며, 제재회피 목적으로 설립된 위장 회사 등 모든 단체도 제재 대상에 포함했다.[34] 아울러 이란에 대한 무기 금수를 확대해 이란에 재래식 무기를 공급·판매·이전하는 제3국인이나 단체도 제재하도록 함으로써 2차적 제재 요소를 강화했다.

이란의 혁명수비대(IRGC)와 그 하부 조직도 제재 대상으로 명시하고, 이들과 금융거래를 하는 외국 금융기관을 제재하도록 하면서 혁명수비대를 지원하는 이란 중앙은행을 지원하는 개인과 단체도 제재 대상에 포함했다.[35] 사실, 이란의 혁명수비대는 여러 곳에서 제재 대상으로 지정되어 있으므로 추가적인 실효성은 크지 않았는데, 행정명령 13224호는 혁명수비대의 엘리트 군사 조직인 쿠드스군(Quds Force)을 이미 제재 대상으로 지정했다. 그럼에도 불구하고, 미국 의회가 법률을 통해 IRGC 자체를 테러지원 단체로 지정함으로써 이들에 대한 테러금융활동에 경각심을 불러일으켰다.

아울러 인권침해자에 대한 제재도 추가했는데, 기존 인권침해 관련 제재에 추가해 이란 정부나 관료의 불법행위를 폭로하려는 개인에 대한 탄압이나, 국제기준에 부합하는 인권이나 권리를 행사하고, 이를 쟁취하거나 수호하기 위한 행동을 탄압하는 행위도 제재 대상에 포함했다. '적성국제재법' 제정 이후 트럼프 대통령은 한발 더 나아가 2019년 4월, 이란의 혁명수비대를 해외테러기관(Foreign Terrorist Organization)으로 지정하고, 이를 지원하는 개인과 은행들에 대한 형사처벌까지 도입했다.[36]

---

33 E.O. 13382(2005.6.28.), "Blocking Property of Weapons of Mass Destruction Proliferators and Their Supporters."

34 K. C. Georgi, "Evaluating the Iran Section of CAATSA: More Secondary Sanctions Codified, More Congressional Oversight, But Not Much Real Change," *Arent Fox Schiff*, August 15, 2017, https://www.afslaw.com/perspectives/alerts/evaluating-the-iran-section-caatsa-more-secondary-sanctions-codified-more(검색일: 2022.9.5.).

35 '적성국제재법' 제104조.

36 미국 국무부 홈페이지: Designated Foreign Terrorist Organizations.

7) 행정명령

2001년 9월, 조지 W. 부시 대통령은 9·11 테러 이후 자금세탁 및 테러지원 금융활동을 차단하고, 테러활동에 연루된 개인과 단체의 미국 내 자산 동결 및 미국인과의 모든 거래를 중단시키는 행정명령 13224호[37]를 발령했다. 원칙적으로 테러리즘과 관련된 제재에는 인도주의 성격의 거래도 금지된다.

행정명령 13224호는 9·11 테러 이후 12일 만에 발령된 것으로 '국제경제긴급권한법'과 '국가비상사태법', '유엔참여법'을 원용해 외국 테러리스트에 의한 테러 행위와 테러 위협이 미국의 국가안보, 외교 정책, 경제에 비상하고 특별한 위협을 구성한다고 선언하면서 테러범과 테러단체들의 자금 조달 네트워크를 봉쇄하고, 이들을 제재 대상으로 지정하도록 했다. 아울러 제재 대상자의 하부 조직, 위장 회사, 유령 회사 및 연루자들에 대해서도 포괄적으로 제재를 부과했다.

행정명령 13224호는 이란에 대한 제재로도 활용되었는데 여러 행정부에 걸쳐 하마스 등 역내 무장단체 지원 및 이로 인한 역내 불안정을 조성한다는 이유로 이란 관련 단체들을 제재 대상으로 지정했다. 특히, 트럼프 행정부는 이란의 혁명수비대에게 자금을 지원하는 개인과 단체들을 제재 대상으로 지정했는데, 2017년에는 이란 혁명수비대의 해외기관인 쿠드스군, 2019년에는 이란 혁명수비대를 지원한다는 이유로 이란 중앙은행마저 테러지원단체로 지정했다.[38]

미국은 2019년 4월 이란의 최정예군인 혁명수비대를 테러 조직으로 지정했다. 당시 도널드 트럼프 대통령은 '혁명수비대는 국제 테러리스트 활동을 지휘하고 실행하는 이란 정부의 주요 수단'이라고 규정했다.[39] 미국 정부가 외국의 정규군을 테러 조직으로 지정

37 미국 국무부 설명 자료(2001.9.23.): https://www.state.gov/executive-order-13224/.

38 Kenneth Katzman, "Iran Sanctions," p.76, table D-2(Iran-Related Entities Sanctioned Under Executive Order 13224).

39 Edward Wong and Eric Schmitt, "Trump Designates Iran's Revolutionary Guards a Foreign Terrorist

한 것은 이란 혁명수비대가 처음이었다. 2020년 10월에는 제재 대상인 혁명수비대의 쿠드스군을 지원한다는 이유로 이란 석유부·석유장관·이란 국영원유공사·이란 국영 유조선 공사도 신규 제재 대상으로 지정했다.[40]

금융제재에서 중요한 의미를 지니는 것은 2012년 2월에 발령한 행정명령 13599호이다. 행정명령 13599호는 2012년 '국방수권법'에 포함된 이란제재 규정, 즉 이란 중앙은행에 대한 2차 제재를 부과한 규정을 이행하기 위한 것으로 이란 중앙은행과 이란 정부가 소유·통제·관리하는 기업과 단체의 미국 내 자산을 동결했다.[41]

이란 에너지 분야에 대한 제재에서 중요한 의미를 지니는 것이 행정명령 13622호[42]이다. 행정명령 13622호는 명시적으로 외국 금융기관에 대한 2차 제재를 규정하고 있는데, 이란으로부터 원유, 원유제품 및 석유화학제품을 수입하거나, 이란 국영석유공사와 거래하는 외국 금융기관을 미국 금융 시스템에서 배제했다. 아울러 이란 중앙은행, 국영석유기업 등에게 물품이나 서비스를 제공한 기업, 이란 정부가 미국 달러화, 금 등 회귀금속이나 보석을 구입하는 데 지원한 모든 개인과 기업의 미국 내 자산을 동결하도록 했다.

행정명령 13622호는 2015년 이란과의 JCPOA가 타결되면서 철회(revoked)[43]되었으나, 트럼프 대통령이 2018년 5월 JCPOA에서 탈퇴한 후 그해 8월 다시 원유 수입을 금지하는 행정명령 13846호[44]를 발령했다. 2005년 6월에 발령된 행정명령 13382호는 WMD 개발 및 확산

Group," *New York Times*, April 8, 2019.4.8., https://www.nytimes.com/2019/04/08/world/middleeast/trump-iran-revolutionary-guard-corps.html(검색일: 2022.9.10.).

40 재무부 보도자료(2020.10.26.): "Treasury Sanctions Key Actors in Iran's Oil Sector for Supporting Islamic Revolutionary Guard Corps-Qods Force," https://home.treasury.gov/news/press-releases/sm1165(검색일: 2022.9.10.).

41 E.O. 13599(2012.2.5.), "Blocking Property of the Government of Iran and Iranian Financial Institutions."

42 E.O. 13622(2012.7.30.), "Authorizing Additional Sanctions With Respect to Iran."

43 E.O 13716(2016.1.16.), "Revocation of Executive Orders 13574, 13590, 13622, and 13645 With Respect to Iran."

44 E.O. 13846(2018.8.6.), "Reimposing Certain Sanctions With Respect to Iran."

에 연루된 개인과 단체의 미국 내 자산을 동결했으며, 2020년 9월의 행정명령 13949호는 JCPOA 발효 및 안보리 결의 2231호의 규정에 의해 대이란 무기 금수가 해제되자, 미국 독자적으로 재래식 무기 및 부품의 교역을 금지했다.

이란제재에 있어 거래의 의미는 상당히 포괄적인데, 미국 재무부 OFAC이 관리하는 '이란거래제한 규정(ITR: Iranian Transactions Regulations)'에는 이란과의 거래에서 금지되는 내용들을 상세하게 포함하고 있다.[45] 주의를 요하는 내용 몇 가지를 소개하면 다음과 같다.

1차적 제재 대상은 이란, 이란 정부, 이란 내 거주자, 이란에 소재하거나 이란법에 의해 설립된 기업이며, 제재 행위는 이란 또는 이란 정부를 최종 목적지로 하는 직접적·간접적인 방식으로의 공급, 운송, 수출, 재수출, 이전이 모두 금지된다. 특히, 최종 수혜자가 이란이라는 점을 인지하는 경우, 또는 이란임을 알 것이라는 충분한 이유가 있을 경우에는 제3국인에 대한 수출, 재수출, 판매, 공급, 이전도 금지된다.

이란을 통한 환적(trans-shipment)도 금지되는데, 이란이 최종 목적지가 아니더라도 이란을 통한 환적 자체를 금지하고 있다. 북한제재에도 북한을 통한 환적이 금지되어 있는데, 이란발·이란행, 북한발·북한행 선박이나 항공기의 미국 내 취항을 특정 기간 동안 금지하고, 이란·북한발 화물의 수입 및 이전을 금지하는 방식으로 환적을 통제한다. 이에 따라 중동에서 활동하고 있는 다국적 기업과 미국 기업들에게 큰 부담으로 작용하는데, 두바이, 아프가니스탄, 파키스탄, 오만 등 인접 국가들에 대한 수출 및 재수출 시 이란을 경유하지 않도록 특별한 주의가 필요하기 때문이다.

거래 주선 행위(facilitation)도 금지된다. 소재지와 무관하게 모든 미국인(사인과 법인 포함)은 이란과 거래하는 제3국 국민에게 이란과의 거래 관련 중개·주선·지원·담보 제공·보증 등의 서비스를 제공할 수 없다. 우리말로 '주선'을 의미하는 영어 단어 'facilitation'에는 미국인이 단순히 제3국인에게 이란과의 거래를 추천하는 것도 포함된다(no reference).

45 재무부 OFGAC 홈페이지 내 이란제재 관련 FAQ, https://home.treasury.gov/policy-issues/financial-sanctions/faqs/topic/1551.

다음은 투자 금지이다. 이란 또는 이란 정부가 소유·관리·통제하는 자산이나 기업에의 투자를 금지하는 통상적인 의미를 넘어 이란 금융기관에 자금을 예치하거나 적금을 두는 행위도 투자로 간주해 금지된다. 이란 단체나 기업에 대한 신용공여는 물론 미래의 투자 약속(commitment)도 금지된다. 이를 어길 경우 민사상 25만 달러 또는 거래액의 두 배에 해당하는 벌금이 부과되며, 의도적으로 위반했을 경우에는 형사사건으로 기소되며 이 경우 추징금 100만 달러와 징역 최대 20년 형이 선고될 수 있다.

3. EU 제재

영국, 프랑스, 독일 등 EU 국가들은 이란의 핵개발 의혹이 불거진 2003년 이후 처음에는 제재 등 강압적인 수단보다는 이란과의 협상에 중점을 두었다. 그러다가 2005년 이란과의 협상이 결렬되자 본격적으로 유엔 안보리에서 이란제재 결의안 작성 및 채택을 주도했고, 2007년 각료이사회 결정을 통해 이란의 핵 및 탄도미사일 프로그램 관련 물품·장비·기술·소프트웨어의 수출·이전·공급 및 이와 관련된 금융서비스의 제공을 금지했으며, 이와 관련된 개인 및 단체의 EU 내 자산을 동결했다.[46]

EU는 2010년 7월, 각료이사회 결정(2010/413/CFSP)으로 안보리의 이란제재 결의 1929호의 제재 내용을 강화했는데, 기본적으로 결의 1929호에서 자제를 권고한 행위들을 금지한 것이었다. 즉, 원유 및 천연가스 산업 분야에서 신규 유정 탐사 및 개발에 필요한 장비·기술의 이전을 금지했으며, 이란의 원유 및 가스 등 에너지 기업들에 대한 신용 제공 등 금융서비스 제공과 이란 기업들과의 합작회사 설립도 금지했다.

또한, 이란 중앙은행을 포함해 이란 금융기관과의 환거래 계좌 개설을 금지하고, EU 금융기관의 이란 진출도 금지했다. 이에 더해 모든 이란 화물기 및 이란발 화물기의 EU

46 2007/140/CFSP: Restrictive Measures against Iran.

내 착륙을 금지했다. 정리하면, 2010년 6월 안보리 결의 1929호 채택 한 달 만에 미국은 '포괄적 이란제재법'을 제정했고, EU는 각료이사회 결정을 채택해 안보리 결의 1929호의 제재 내용을 확대·강화했다.

안보리 결의 1929호는 전문에 에너지 부분에서의 재정수입이 이란의 핵개발 프로그램에 전용될 가능성을 명시함으로써 향후 유엔 회원국들이 원유·가스 부문에서 대이란제재 조치를 취할 수 있도록 하는 근거를 포함했다. EU는 이 내용을 근거로 삼아 이란산 원유의 수입을 전면 금지했다. 2012년 1월, EU는 △이란산 원유·석유제품 및 석유화학제품의 수입을 전면 금지하고, △이란 중앙은행의 자산을 동결하며, △금 및 다이아몬드 등 귀금속의 거래를 금지하는 강력한 제재를 채택했다.[47]

이란에 대한 원유 등 에너지 부분에 대한 제재는 EU의 조치가 미국에 비해 훨씬 강력했다. 미국은 2012년 '국방수권법'을 통해 이란산 원유를 거래하는 외국 금융기관의 미국 금융시장 접근을 제한하는 간접적 방식으로 이란산 원유 거래를 금지했다. 반면, EU는 2012년 1월 이사회 결정을 통해 직접 회원국 및 회원국 기업들을 대상으로 이란산 원유, 석유제품, 석유화학제품에 대해 전면적인 수입 금지를 결정했다.

2012년 3월에는 이사회 결정을 이행하기 위한 이행 규정이 제정되었는데, EU 역내 국가들은 7월부터 이란산 원유 수입을 중단하는 한편, 이란산 원유를 수송하는 유조선 등 운송 수단에 대해 EU 역내 보험사들의 보험 제공도 중단하기로 결정했다.[48] 보험 제공 중단 대상에는 EU 회원국 기업 및 역외국 기업들이 모두 포함되었다. 이란산 원유를 운송하는 선박에 대한 보험 제공 중단은 막강한 효과를 가지는데, 원유 수송에 필요한 화물보험, 선박보험 및 사고배상책임보험(protection& indemnity)이 모두 포함되기 때문이다.[49]

---

47 2012/35/CFSP(2012.1.23.): Amending Decision 2010/413/CFSP concerning Restrictive Measures against Iran, 원유 수입 금지는 Article 3a-Article 3b에 규정.

48 Council Regulation (EU) No 267/2012(2012.3.23.).

49 ① 화물보험(Cargo Insurance): 선적한 화물에 드는 보험, ② 선박보험(Hull Insurance): 배 자체에 드는 보험, ③ P&I(사고배상책임보험, protection& indemnity): 사고로 인해 제3자에게 가해지는 피해(인명피

특히, 사고배상 및 책임보험은 금액이 매우 크므로 해운회사들이 공제조합 형태로 구성한 13개 메이저 보험회사에 100% 의존하는데, 이 중 EU 기업이 9개로 사실상 이란 원유를 운반하는 모든 선박은 보험에 가입할 수 없는 상황이 되었다.[50]

또한, EU는 2012년 3월 각료이사회 결정(2012/152/CFSP)으로 이란의 제재 대상 개인과 금융기관을 SWIFT에서 배제했으며,[51] 이에 따라 벨기에 소재 SWIFT 본부는 2012년 3월 17일부로 EU의 제재 대상인 이란 금융기관에 대한 SWIFT 서비스 제공을 중단했다.[52] SWIFT는 벨기에의 국내법에 따라 설립되었으므로 벨기에의 국내법을 준수해야 하며, EU의 결정은 벨기에의 국내법으로 수용되기 때문이다. 아울러 2012년 10월에는 각료이사회 결정으로 이란에 대해 추가 제재를 부과했는데, △이란산 천연가스의 수입을 금지하고, △이란 은행과의 모든 거래를 금지했으며, △이란 내 조선 산업과 선박 수리를 위한 부품, 기술 및 금융지원 등의 서비스 지원을 금지했다.[53]

4. JCPOA 타결

2010년 6월 안보리 결의 1929호 채택 이후 미국과 EU의 강화된 독자제재가 연이어 채택되고, 급기야 2012년에는 이란산 원유 및 천연가스에 대한 금수 조치가 이루어졌다. 제재 효과는 우선적으로 경제성장과 원유 수출 감소, 외국투자(FDI) 급감 등으로 나타났는데, 단적인 예로 2011년에는 하루 원유 수출량이 250만 배럴이었는데, 2013년에는 110

해, 오염피해 등)를 보상하기 위해 드는 보험.

50 지식경제부 보도자료(2012.5.15.).

51 EU 이사회 보도자료(2012.3.15.): "Council elaborates EU sanctions against Iran."

52 SWIFT 보도자료(2012.3.15.): "Swift instructed to disconnect sanctioned Iranian banks following EU Council decision," https://www.swift.com/insights/press-releases/swift-instructed-to-disconnect-sanctioned-iranian-banks-following-eu-council-decision#(검색일: 2022.9.10.).

53 2012/636/CFSP(2012.10.15.).

만 배럴로 거의 반 이상이 감소한 것으로 나타났다.[54] 2011~2012 회계연도에 1180억 달러에 달했던 원유와 가스 수출액은 1년 뒤에 약 47% 감소한 630억 달러, 2013~2014 회계연도에는 다시 10% 감소한 560억 달러 수준인 것으로 추산되었다.[55] 이 결과 2012~2014년 이란의 경제는 9% 역성장한 것으로 나타났으며, 원유 수출액을 포함한 이란의 해외 동결자산 규모도 1200억 달러에 달한 것으로 추정되었다.[56]

이렇듯 2010~2012년 사이에 연속으로 제정된 이란제재 법률은 이란에 큰 압박으로 작용했는데, 이란 지도부는 이러한 경제적 이유로 미국과 대화할 명분을 찾게 되었다고 알려졌다.[57] 악화된 경제 상황은 2013년 대선에서 대화파인 하산 로하니 대통령 선출로 이어졌는데, 이후 미국과의 비밀협상으로 이어져 결국에는 JPA, JCPOA로 결실을 맺었다. 즉, 경제적 압박이 이란을 핵협상으로 이끌게 했다는 분석이 대다수이다.[58]

2013년 11월 잠정 합의(JPA: Joint Plan of Action)에 도달한 지 약 1년 반 만인 2015년 7월에 타결된 JCPOA의 핵심은 이란의 재처리 및 농축 등 모든 핵 프로그램을 완전히 폐기하는 것은 아니었고, 핵무기에 필요한 고농축우라늄의 확보 기간(break-out time)을 협상 타결 전 2~3개월에서 1년 이상으로 늦춘 것이다.[59] 즉, 이란이 단기간에 핵무기를 제조할 수 있는 능력을 제한하고, 이란의 원자력 활동이 핵무기 개발로 전용되지 않도록 국제원

---

54 Zachary Laub, *International Sanctions on Iran*.

55 양의석·김아름, 「對이란제재·해제 과정 및 주요국의 에너지 외교활동」, ≪세계 에너지 현안 인사이트 스페셜≫, 16-1호, 에너지경제연구원(2016.4.).

56 Kenneth Katzman, "Iran Sanctions," p.53.

57 Thomas Erdbrink, "Iran's Leaders Signal Effort at New Thaw," *New York Times*, September 19, 2013, https://www.nytimes.com/2013/09/19/world/middleeast/irans-leaders-signal-effort-at-new-thaw.html(검색일: 2022.9.20.).

58 Steven Mufson, "Slow economy could prompt Iran to take nuclear deal," *Washington Post*, March 30, 2015, https://www.washingtonpost.com/business/economy/for-iran-boosting-its-economy-is-the-real-incentive-to-cut-a-nuclear-deal/2015/03/29/8ad83fd0-d19d-11e4-a62f-ee745911a4ff_story.html(검색일: 2022.9.20.).

59 JCPOA 개요 및 관련 분석은 다음 논문에 잘 정리되어 있다. 인남식, 「이란 핵협상 타결의 함의와 전망」, ≪주요국제문제분석≫, 2015-19.

자력기구(IAEA)의 사찰과 검증 활동을 강화한 것이었다.

이란 핵협상의 성공 요인으로는 △미국과 EU의 독자제재와 유엔 안보리의 제재가 시너지 효과를 갖도록 조화롭게 이행되어 이란에 최대한의 압박을 가했으며, △동시에 E3라고 불리는 영국, 프랑스, 독일의 지속적인 중재, △그리고 미국-이란 간 톱다운(top down) 방식과 매우 세부적으로 기술적 검증을 다룬 보텀업(bottom-up) 방식의 조화 등을 들 수 있다. 무엇보다 극단적 대립을 막고 중동 내 혼란을 해소하기 위한 정치적 해법이 필요하다는 점에 협상 참가자들이 동의했다는 점이 핵심 요인으로 평가된다.

JCPOA의 특징은 ① 소수 핵심 국가 간 합의, 이후 안보리 결의를 통해 국제법적 구속력 부여, ② 인권이나 테러리즘, 탄도미사일 등 여타 쟁점들을 차치하고 핵 문제에만 집중, ③ 최대 압박을 통해 대화 테이블로의 유도, ④ 포괄적이나 점진적 이행, ⑤ 제재 해제와 핵 프로그램 간 맞교환, ⑥ 제재 해제는 이란의 핵심 조치 이행과 상응해 단계적으로 설계한 것 등을 들 수 있다. JCPOA 자체의 특징은 아래 세 가지로 살펴볼 수 있겠다.

첫째, 이란 핵 협상은 실제 이행은 단계적·시계열적으로 이루어지지만, 단 한 번의 포괄적인 합의와 단일 문서인 포괄적 행동계획(JCPOA)으로 마무리했다는 점에서 일괄 타결로 볼 수 있다.[60] JCPOA는 합의 본문과 매우 기술적이고 세부적인 5개의 부속서 등 총 159쪽으로 이루어졌으며, 핵 시설별·단계별·시간 계획별로 양측이 취해야 할 구체적·기술적 조치가 상세히 규정되어 있다.

둘째, JCPOA는 P5+1국가들과 이란 간 법적 구속력이 있는 조약이 아니라 영문 그대로 'Plan of Action', 즉 행동계획에 대한 합의이다. 이는 조약의 경우에는 미국 상원의 비준을 받아야 하는 미국 행정부의 부담과 자신의 국가 주권에 대한 문제를 조약의 형태로 제한받지는 않겠다는 이란의 입장을 절충한 것으로 볼 수 있다.[61] 다만, JCPOA는 국제법적

---

60 위성락, "일괄 타결 vs 단계적 해결 사이에서 접점 찾아야", ≪중앙일보≫, 2019년 4월 26일 자, https://www.joongang.co.kr/article/23451355#home(검색일: 2022.9.21.).

61 Marc Weller, "The Controversy about the Iranian Nuclear Sanctions Snapback," *American Society of International Law Insights*, Vol.24, Issue 27(2020), https://www.asil.org/insights/volume/24/issue/2

으로 준수 및 이행 의무를 확보하기 위해 안보리 결의 2231호(2015.7.20.)로 채택되었다. 결의 2231호는 '유엔 회원국은 안보리의 결정을 수락하고 이행한다는 유엔헌장 25조를 직접 원용'하고 있다.[62]

셋째, 유엔 안보리 제재에 일종의 일몰 조항을 도입하고 있다는 점이다. 안보리의 재래식 무기 금수는 JCPOA 발효 5년이 지난 시점에, 탄도미사일 관련 제재는 발효 8년이 지난 시점에 각각 종료되도록 규정하고 있다. 발효 10년이 지나면 결의 2231호 등 이란 핵 관련 모든 안보리 결의가 종료되어 안보리 제재의 복원(snap-back) 조항도 없어진다. 안보리 제재에 일몰 조항을 둔 이유는 특정 국가가 방해하더라도 안보리 제재는 합의 기간 내 반드시 해제된다는 확신을 이란 측에게 주기 위한 목적이었다. 물론, 미국과 EU의 독자제재에는 일몰 조항이 적용되지 않는다.

이 책의 주제상 JCPOA에서 규정한 이란의 핵 관련 구체 의무 사항을 소개하지는 않고,[63] 제재와 관련된 구체적인 이행계획을 소개하면 다음과 같다.

- 채택일(Adoption Day): JCPOA를 승인하는 안보리 결의(2231호)가 채택된 날로부터 90일이 경과된 시점이다. 2015년 10월 18일이며, 이날부터 JCPOA가 효력을 발효한다. 90일의 경과 기간을 둔 것은 미국 의회에 검토할 시간을 주고, 혹시 의회가 반대하면 오바마 대통령이 거부권을 행사하도록 시간적 여유를 주기 위한 것이었다.[64]

7/controversy-about-iranian-nuclear-sanctions-snapback(검색일: 2022.10.8.).

62 결의 2231호 전문 마지막 부분: Underscoring that Member States are obligated under Article 25 of the Charter of the UN to accept and carry out the Security Council's decisions.

63 미국 군축협회(Arms Control Associations)의 "Implementation of the Joint Plan of Action at a Glance"에 잘 정리되어 있다. https://www.armscontrol.org/Implementation-of-the-Joint-Plan-of-Action-At-A-Glance.

64 Somini Sengupta, "Snapback Is an Easy Way to Reimpose Iran Penalties," *The New York Times*, July 17, 2015, https://www.nytimes.com/2015/07/17/world/middleeast/snapback-is-easy-way-to-reimpose-iran-penalties.html(검색일: 2022.9.20.).

- 이행일(Implementation Day): 안보리가 IAEA로부터 이란이 JCPOA상 초기 조치를 합의대로 이행했음을 확인하는 보고서를 접수한 날이다. 실제로는 2016년 1월 16일이다. 이날부터 무기 금수 등 일부 제재를 제외하고 유엔 안보리의 대이란제재 결의가 일괄 종료되고, 미국과 EU의 핵 관련 독자제재도 완화 및 해제된다. 이행일 이전까지는 2014년 JPA 합의에 따른 일부 제재만이 유예될 뿐이었다.
- 전환일(Transition Day): 채택일로부터 8년 또는 IAEA가 이란의 모든 핵 활동이 평화적임을 확인하고 결론을 도출하는 날을 의미한다. 안보리는 미사일 관련 제재를 해제하고, EU는 모든 잔여 핵 관련 제재를 해제하며, 미국은 일부 제재를 법적으로 종료시키는 절차를 개시한다.
- 결의 2231호 종료일(Resolution 2231 (2015) Termination Day): 안보리 제재가 다시 복원되지 않았다는 전제에서 채택일로부터 10년이 지난 시점이다. 이날로 안보리 결의 2231호의 모든 조항이 종료된다. 즉, 스냅백 조항도 종료되어 이날 이후부터는 스냅백을 통한 기존 제재의 복원도 불가능하다.

5. 안보리 결의 2231호 채택

2015년 7월 20일, P5+1 국가와 이란 간 타결된 JCPOA를 승인하고, JCPOA 이행계획에 맞추어 안보리의 대이란제재 결의를 종료시키는 안보리 결의 2231호가 만장일치로 채택되었다.[65] 특히, 2015년 7월 14일 JCPOA 합의 이후 일주일도 안 되는 시간에 안보리의 15개 이사국 전원이 공동 제안국으로 참여해 만장일치로 신속하게 결의를 채택함으로써 JCPOA에 대한 국제사회의 강력한 정치적 지지를 확인했다.

65 결의 2231호 원문 및 배경은 유엔 안보리 홈페이지 참조: Resolution 2231(2015) on Iran Nuclear Issue, https://www.un.org/securitycouncil/content/2231/background.

결의 2231호는 본문과 2개의 부속서(annex)로 구성되는데 부속서는 JCPOA 전체 합의문과 P5+1 및 이란의 별도 선언문을 포함하고 있다. 별도 선언문은 △민감 핵물질, 재래식 무기, 미사일 금수 조치, △이행일에 해제될 여행 금지 및 자산 동결 대상자·단체 명단, △화물 검색 등 분야별 제재의 유지 기간, 방법 및 예외를 상세히 규정하고 있다. 결의 2231호는 P5+1국가와 이란 간 정치적 합의 문서인 JCPOA에 국제법적 구속력을 부여하고, 기존 안보리의 대이란제재 결의를 일괄 종료하되, 일부 제재는 일정 기간 유지되도록 했다. 결의 2231호의 주요 내용은 다음과 같다.

- JCPOA를 승인하고(endorse) 완전한 이행을 촉구.
- IAEA가 JCPOA상 이란의 핵 관련 공약의 이행 여부를 검증하고 이행 관련 우려 사항이 있을 경우 안보리와 IAEA 이사회에 보고.
- 동 결의는 10년 후에 종료.
- 이란 관련 모든 안보리 결의는 IAEA가 JCPOA상 이란의 핵 관련 초기 조치 이행을 확인하는 즉시 종료하되, 일부 제재는 일정 기간 동안 유지.
  - 단, 기한 전이라도 IAEA가 이란의 모든 핵 활동이 평화적이라는 포괄적 결론을 도출하면 모든 제재는 즉시 종료.
- 이란과의 민감 핵기술 이전 및 활동 관련 제재는 10년간 유지.
- 재래식 무기 금수는 5년간 유지, 미사일 활동 관련 제재는 8년간 유지.
- 현재 제재 대상에 대한 여행 금지는 5년, 자산 동결 및 금융거래 제한은 8년간 유지. 단, 이란의 JCPOA상 의무를 이행하기 위한 개인과 단체는 여행 금지 및 자산 동결 대상에서 제외.
- 제재유지 기간 동안 이란에 대한 핵, 재래식 무기 및 미사일 관련 협력은 안보리의 건별 사전 승인이 필요.
  - 단, JCPOA상 이란 내 민감 핵물질을 역외로 반출하는 경우 등은 예외.
- 이란의 의무 불이행 시 기존 유엔 제재 결의 재적용(스냅백 조항).

- JCPOA 참여국(a JCPOA participant State)이 이란의 의무 불이행을 안보리에 통보한 후 30일 이내에 제재 해제를 연장하는 결의에 대해 표결을 실시, 제재 해제 연장결의가 채택되지 않을 경우 기존 유엔제재는 자동으로 복원.

• JCPOA가 여타국에 대해, 또는 NPT 등 국제 핵비확산 원칙 적용에 대한 선례를 구성하지 않음.

결의 2231호는 이란에 대해 우라늄 농축 관련 활동을 중단하라는 요구는 하지 않았고, 미사일 실험을 금지하기보다는 그러한 행동을 하지 말도록 촉구(call upon)하는 수준으로 내용을 완화했다. 또한, 기존 무한정의 제재 및 제한 조치를 없애고 대신 제재 조치의 만기일을 명시했는데, 무기 금수와 여행 제한 조치는 2020년에, 미사일 제한 조치는 2023년에, 핵 활동 관련 제재 조치는 2025년에 종료되는, 일종의 일몰 조항을 포함했다.

제재복원, 즉 스냅백 적용에 있어서도 일몰 조항을 적용했는데, 채택 10년 후인 2025년 이후에는 스냅백 조항도 종료되어 안보리 제재를 복원할 수 없도록 했다. 이에 따라 무기 금수 및 탄도미사일 등 일부 제재를 제외하고 기존 안보리 제재와 미국 및 EU의 핵 관련 주요 독자제재는 IAEA가 이란의 JCPOA상 초기 조치 이행을 확인하는 즉시 정지 또는 종료된다. 즉, 이행일에 미국과 EU는 원유 및 가스 등 에너지 분야, 운송 분야, 귀금속 등 거래 등에 연루된 개인과 단체에 대한 제재를 해제해야 한다. 다만, 미국의 핵 관련 제재를 규정한 법률을 폐지하는 문제는 의회의 동의와 행동이 필요하기 때문에 JCPOA 이행일로부터 8년 후 또는 IAEA가 이란의 모든 핵 활동이 평화적이라고 결론을 내리면 관련 법률의 폐기를 시작하는 것으로 했다.

6. JPA 및 JCPOA에 따른 제재 완화 및 해제

1) JPA에 따른 제재 완화

2013년 11월의 잠정 합의인 JPA에서는 포괄적 합의가 도출되기 전까지 이란은 일부 민감 핵시설에 대한 사찰 허용 및 우라늄 농축 중단을 약속하고, 서방국가들은 부분적으로 제재를 완화하기로 했다. 부분적인 제재 완화이기 때문에 이란의 행동에 따라 언제든지 복원할 수 있다는 전제가 있었다. 이에 따라 미국의 부분적인 제재 완화가 이루어졌는데, 미국의 제재 완화는 △법률상 대통령의 유예 권한을 활용하거나, △행정명령으로 부과된 제재를 유예하는 방식으로 이루어졌다. 제재 유예도 미국인을 대상으로 한 것이 아니고, 2차 제재의 적용을 일시적으로 유예하는 방식으로 이루어졌는데, 이에 따라 제3국인의 이란 내 석유화학 및 자동차 산업에서의 거래를 허용하고(행정명령 13622호 유예), 금 등 귀금속 수출입도 허용했다(행정명령 13645호 유예). 아울러 제3국의 이란산 원유 수입도 제한적으로 이루어졌다.

미국인을 대상으로 하는 1차적 제재(primary)의 경우에는 인도주의적 분야에서만 제한적으로 제재를 완화했는데, 이란의 민간항공기 안전을 위해 민항사에 항공기 부품 등의 공급이 허용되었다(행정명령 13382호 유예). 단, 이 경우에도 재무부 제재 명단에 등재된 개인과 단체와의 거래는 계속 금지되었다. 2014년 1월부터 부분적으로 제재 해제가 이루어졌으며, JCPOA 협상이 지연됨에 따라 제재 해제 기간이 몇 차례 연장되었다.

제재 유예의 직접적인 혜택이 이란 측으로 돌아간 부분은 180억 달러에 달했던 이란의 해외동결 자금 중 약 40억 달러를 동결에서 해제한 것과 하루 원유 수출량을 110만 배럴로 허용한 것이었다.[66] 제3국의 이란산 원유 수입 허용은 대통령 권한에 따라 2012년 '국

---

66 William J. Burns, *The Back Channel: A Memoir of American Diplomacy and the Case for Its Renewal*(New York: Random House, 2019), pp.372~375.

방수권법'상 원유 거래 관련 금융제재 예외 규정 및 2012년 '이란위협감소법'상 추가 수입 물량 축소 규정의 적용을 유예하는 방식으로 이루어졌다.

2) JCPOA에 따른 제재 완화 및 해제

2016년 1월 16일 이행일(Implementation Day)부터 미국 독자제재의 유예 및 해제가 이루어졌다. 미국은 △이란제재 관련 행정명령 취소, △이란 개인 및 단체 등에 대한 특별제재 대상(SDN) 지정 해제, △무역 재개를 위한 일반허가권 발급, △제재 법률상 대통령 권한을 활용한 유예 부여 등의 방식으로 이란에 대한 제재를 유예 또는 해제했다.

우선, 미국 오바마 행정부는 이란의 핵 프로그램과 관련되어 제재를 부과한 행정명령들을 취소(revoke)하는 방법으로 해당 제재를 해제했다. 오바마 대통령은 2016년 1월 이행일에 맞추어 행정명령 13716호를 발령해 기존의 행정명령 13574호, 13590호, 13622호, 13645호 전체와 행정명령 13628호의 핵 관련 조항을 폐기(revoke)했다.[67]

법률상 부과된 제재는 대통령에게 유예할 수 있는 권한이 부여된 항목에 대해서만 제재를 유예했다. 예를 들어, '이란제재법'은 사안별로 대통령에게 제재유예(waiver) 권한을 부여했는데, 유예는 6개월 단위로 연장된다. 다만, JCPOA 합의 대상이 아닌 WMD 확산, 테러리즘 지원, 인권침해 및 탄도미사일 개발 관련 제재는 유지되었다. 이에 따라, 2012년 '국방수권법'상 이란으로부터의 원유 수입을 큰 폭으로 줄이지 않는 국가의 금융기관에 대한 2차 제재가 유예되었으며, '포괄적 이란제재법'·'이란위협감소법'·'이란 자유 및 반확산법'에 규정된 제재 중 인권과 탄도미사일 관련 제재는 유지하고, 핵 프로그램과 관련한 제재만 유예했다.

---

67 E.O. 13716(2016.1.16.), "Revocation of E.O. 13574, 13590, 13622, and 13645 With Respect to Iran, Amendment of E.O. 13628 With Respect to Iran, and Provision of Implementation Authorities for Aspects of Certain Statutory Sanctions Outside the Scope of U.S. Commitments Under the JCPOA of July 14, 2015."

아울러 이란의 원유 수입 및 제3국의 이란에 대한 정유 수출 및 에너지 분야 투자 금지를 위한 2차 제재도 대부분 유예되었고, JCPOA 부속서에 명시된 이란 기업·단체·개인들에 대한 제재가 해제되어 외국의 기업이나 개인들이 이들과 거래할 수 있게 되었다. JCPOA 부속서 II는 이행일 도래와 함께 이란의 400여 개인·단체·기업을 미국의 제재 대상 명단에서 제외하도록 하고 있는데, 이에 따라 미국 정부는 이란 중앙은행 등 주요 은행, 이란 국영석유회사(NIOC), 이란 국영선사(IRISL), 이란 국영유조선회사(NITC), 이란 항공 등과 그 자회사들을 재무부의 제재 리스트에서 해제했다.

그러나 미국은 자국민(개인과 법인 포함)에 직접 적용되는 1차적 제재는 대부분 유지했는데, 그 이유는 1차적 제재 대부분은 법에 규정되어 있어 포괄적으로 유예할 수 없었기 때문이다. JCPOA에서는 전환일(Transition Day, 안보리 결의 2231호 채택일로부터 8년이 되는 2023년 10월 18일 또는 IAEA가 이란의 핵 개발 프로그램이 평화적이라는 결론을 도출하는 날 중 먼저 도래하는 날)이 도래하면 미국 의회로 하여금 핵 관련 모든 법률상 제재를 해제하도록 요구(request)하고 있는데, 이는 의무 사항은 아니었다.

위와 같은 제재 유예 및 해제에 따라 이란은 미국 이외 제3국에 대해서는 자유롭게 원유를 수출할 수 있게 되었으며, 외국 은행에 압류되어 있던 약 500억 달러에 달하는 유동자산도 운용할 수 있게 되었고, 제3국의 금융기관들은 이란 금융기관과 정상적으로 거래할 수 있게 되었다.[68]

한편, JCPOA 합의에 포함되지 않은 이란의 △미사일 프로그램, △테러지원, △인권문제에 대한 제재는 계속 유지되었는데, 특히 이란 중앙은행과의 거래는 제한적으로 허용했지만, '애국법' 311조 및 행정명령 13224호에 의해 해외테러단체로 지정된 이란의 혁명수비대와 관련 기업 및 단체들에 대한 제재는 유지되어 이들과의 거래는 계속 금지되었다. 이란 중앙은행도 행정명령 13224호에 의해 테러단체(terrorist entity)로 지정되었으나, 이란의 대외무역에서 차지하는 경제적 비중을 감안해 예외적으로 2차 제재를 유예해 제3국과

68 양의석·김아름, 「對이란제재·해제 과정 및 주요국의 에너지 외교활동」, 16~18쪽.

의 거래를 허용했다. 다만, 달러화 거래 및 이를 위한 미국 내 금융서비스에 대한 접근은 계속 금지했다.

또한, 이와 함께 △WMD 확산 행위와 △안보리 결의 2231호 채택 후 5년간 유지되는 재래식 무기 이전과 관련된 제재도 지속되었으며, 이와 관련된 분야에서의 2차 제재 역시 계속 유지되었다. 아울러 2017년의 '적성국제재법'은 재래식 무기, 역내 불안 조성, 미사일 및 인권문제를 주로 다루기 때문에 JCPOA와는 무관하게 '적성국제재법'상 제재도 계속 유지했다.

EU도 2012년에 이란에 부과했던 제재 중 핵무기 프로그램에 관련된 제재만 해제하고, 인권과 테러리즘 관련 제재는 계속 유지했다. 즉, 이란산 원유와 천연가스 금수를 해제하고, 운송 선박에 대한 보험 등 금융서비스 제공도 허용했다. 또한, 금과 다이아몬드 등 귀금속 거래를 허용하고, 이란 중앙은행의 EU 내 동결자금을 해제했으며, 유럽 금융기관과 이란 금융기관 간 금융거래도 허용했다. 그러나 이란에 대한 무기 금수, 미사일 기술과 여타 확산 위험이 있는 물자 및 기술에 대한 금수는 유지했으며 인권침해를 이유로 한 제재도 계속 유지했다.

SWIFT도 2012년 3월 제재 대상 이란 은행을 SWIFT에서 배제한 이후 JCPOA에 따라 금융제재를 해제해 다시 SWIFT 서비스를 제공했다. 그러다가 미국 트럼프 행정부의 2차 제재 위협으로 인해 2018년 하반기에 재차 미국의 독자제재 대상으로 지정된 은행들을 SWIFT에서 배제했다.[69]

한국 정부도 이행일 도래를 환영하면서 WMD 관련 전략물자를 제외하고 원유개발, 정유제품, 석유화학제품, 조선, 해운, 항만, 자동차, 귀금속 등 거의 모든 품목에 대한 수출입 제한이 해제되어 앞으로 한국 기업들이 이란과 자유롭게 교역할 수 있게 되었음을 알렸다. 다만, 당시 한국 정부는 이란과의 교역이 자유로워지고, 투자금 송금 등 자본거래도 가능하지만 이란과의 거래에서 미국 달러화 사용은 계속 금지되기 때문에 교역 및 투자 대금 결

69 "미국의 JCPOA 탈퇴 및 對이란제재 복원(Snapback)", ≪법률신문≫, 2018년 11월 23일 자.

제를 위해 현행 원화결제 시스템을 당분간 유지한다고 밝혔다.[70]

참고로 한국은 이란과의 교역 및 투자 대금 결제를 위해 이란 중앙은행과 연계된 원화결제 시스템을 유지하고 있는데, 이는 이란과의 무역 대금 결제 시 국제송금이나 미국 달러화를 사용하지 않고, 한국과 이란 양국에 개설된 일종의 에스크로 계좌에서 상계 처리하는 방식이다. 한국의 정유사 등 수입 기업은 이란 중앙은행 명의의 국내 원화계좌에 원화로 수입 대금을 입금했다.

그러나 이행일 도래에도 불구하고 미국의 조치는 법률에 따른 제재를 단순히 유예하는 수준에 불과했으며, 이란 제재 법률은 계속 유효하기 때문에 언제라도 제재 조치가 다시 시행될 위험성이 있었다.[71] 이후 트럼프 행정부 들어와서 그 위험이 현실화되었다.

7. 미국의 JCPOA 탈퇴

미국 조야에서 JCPOA의 핵심 논쟁 포인트는 일몰 조항이었다.[72] JCPOA 이행계획, 즉 채택일, 이행일, 전환일, 종료일의 순서로 일몰을 규정한 것은 미국 내 강경파들의 반발을 불러왔는데, 특히 가장 비판을 많이 받은 부분은 종료일(termination day)이었다. 일몰 규정은 사안별로 5년, 8년, 10년, 15년 등의 시차를 두고 이란의 합의 이행이 지속적으로 검증될 경우 하나씩 제한이 해제되도록 하는 조항이다.[73] 이에 따르면 2031년에는 이란

---

70 외교부, 기획재정부, 산업통상자원부 공동 보도자료(2016.1.17.): 「이란에 대한 국제사회의 경제제재가 해제되어 앞으로 이란과의 무역 및 투자가 자유로워져」, https://www.motie.go.kr/motie/ne/presse/press2/bbs/bbsView.do?bbs_cd_n=81&bbs_seq_n=157927.

71 "JCPOA 이행일 도래에 따른 對이란 경제제재 해제", ≪이란 News Alert≫, 법무법인 율촌(2016.1.).

72 인남식, 「바이든 정부의 이란 핵합의 복귀 전망」, 11쪽.

73 "Key Sunsets Under the JCPOA and UNSC Resolution 2231," *Foundation for Defense of Democracies* (2021.2.19.)에 도표로 잘 정리되어 있다. https://www.fdd.org/analysis/2021/02/19/key-sunsets-under-the-jcpoa-and-unsc-resolution-2231/.

에 대한 핵 관련 모든 제한이 풀려 이란이 농축 및 재처리 권한까지 보유할 수 있다. 트럼프 대통령이 JCPOA 탈퇴의 중요 이유로 제시한 것 중 하나도 바로 이 일몰 조항이었다.

그럼에도 불구하고, 서방국가들이 일몰 조항을 수용한 배경에는 선거를 통해 국민의 여론이 정치에 반영되는 이란의 정치 시스템상 서방 경제로의 편입이 원활하게 이루어지면 결국에는 신정체제의 속성이 변할 것이라는 낙관론에 근거한 것으로 분석되기도 한다.[74]

특히, 미국 의회는 2015년 이란의 JCPOA 이행 여부를 감독하기 위해 이란 핵합의 검토법(INARA: Iran Nuclear Agreement Review Act)을 제정, 대통령으로 하여금 매 90일마다 이란의 JCPOA 이행 여부를 인증(certify)하도록 하고, 아래 요건 중 하나라도 충족되지 않을 경우에는 '불인증(decertify)'하도록 했다. 이에 따라, 대통령은 매 90일마다 아래 사항을 의회에 인증해야 했다.

- 이란의 JCPOA 의무 사항 완전 이행 여부.
- 이란의 JCPOA의 중대한 위반(material breach) 여부.
- 이란의 핵무기 프로그램을 중대하게 진전시킬 수 있는 행위 부재.
- 제재의 중단이 이란의 JCPOA 이행을 위해 적절하고 비례적이며, 미국의 안보 이익에 필요하다고 판단되는지 여부.

대통령이 불인증할 경우 자동적으로 제재가 다시 부과되는 것은 아니며, 불인증 시 의회는 60일 이내 핵 관련 이란제재를 다시 부과할지 여부를 검토하도록 되어 있다. 만약 의회가 제재를 다시 부과하도록 결정하면 대통령은 이를 이행해야 하며, 유예할 수도 없도록 했다.

대통령은 특정 법률과는 무관하게 자신의 재량권으로 유예된 제재를 다시 복원하거나,

74 인남식, 「바이든 정부의 이란 핵합의 복귀 전망」, 11쪽.

폐기된 행정명령을 되살려 해당 제재를 부활하거나, 또는 새로운 행정명령을 통해 제재를 부과할 수 있다. 트럼프 대통령은 JCPOA 합의가 △탄도미사일 문제, △이란의 역내 불안정 조성 및 테러리즘 지원 행위, △이란의 인권문제를 누락했다고 비판했다. 동시에 JCPOA 자체에 대해서도 이란이 핵무기 연구개발 시설을 은닉할 가능성이 있고, 핵 프로그램의 전면 폐기가 아닌 미봉책에 불과하며, 이란 내 모든 군사시설에 대한 사찰이 누락되었고, 일정 시간 후에 JCPOA의 효력이 소멸된다는 점(일몰 규정)을 이유로 문제가 많은 합의라고 비판했다.

트럼프 대통령은 2017년 10월 이란의 JCPOA 준수 여부를 불인증한다고 발표했으며,[75] 이후 2018년 1월 및 4월에도 불인증했다. 그러나 의회 차원에서 이란에 대한 제재를 다시 부과할지 여부는 논의되지 않았다. 불인증 사유로는 이란의 농축 및 재처리 관련 제한이 일정 기간 이후 종료되고, 이란의 이행을 확보할 수단이 미비하며, 이란의 탄도미사일 관련 사항이 누락되었다는 점을 들었다.

트럼프 대통령은 마침내 2018년 5월 8일, 다음의 이유를 들어 JCPOA에서 탈퇴하고, 제재를 다시 부과하는 대통령 성명(Memorandum)을 발표했다.[76] 탈퇴 이유로 이란의 합의 불이행 사례를 거론하지는 않았는데, 이는 이란의 합의 불이행 문제보다는 JCPOA 자체의 결함을 이유로 든 것이다.

- 이란은 1979년 혁명 이후 지속적으로 미국과 동맹국들에 대한 적대감을 선언했고, 현재도 테러지원 국가로서 헤즈볼라, 하마스, 탈레반, 알-카에다 및 여타 테러 조직을 지원하고 있음.

75 "Trump Disavows Nuclear Deal, but Doesn't Scrap It," *The New York Times*, October 13, 2017, https://www.nytimes.com/2017/10/13/us/politics/trump-iran-nuclear-deal. html.

76 국가안보 관련 대통령 성명(2018.5.8.): National Security Presidential Memorandum on Ceasing United States Participation in the JCPOA and Taking Additional Action To Counter Iran's Malign Influence and Deny Iran All Paths to a Nuclear Weapon. https://www.govinfo.gov/app/details/DCPD-201800311.

• 이란은 이라크 내 종파적 갈등과 폭력을 조장하고, 예멘과 시리아 내전을 지원하고 있으며, 심각한 인권침해 범죄를 자행하고 있음.

• 이란은 핵무기 개발을 통해 혁명적 목적을 쟁취하려 하고 있으며, 이란에 농축을 허용함으로써 언제든지 무기급 우라늄 농축을 재개할 수 있음.

미국은 트럼프 대통령의 JCPOA 탈퇴 성명 이후 유예 기간을 거쳐 핵 프로그램 관련 제재를 복원하는 행정명령 제13846호[77]를 발령했다. 제재 복원 시 국무부 소관 제재는 90일, 재무부 소관 금융제재는 180일 유예기간을 적용했다. 이에 따라 그간 적용이 중단되거나 해제되었던 제재는 2018년 11월 5일부로 모두 원상 복구되었다.[78] 또한, 유예기간 90일이 경과하는 8월 7일부터 미국 달러화 판매 및 리알화 구매 금지, 이란과의 금 등 귀금속 거래 금지, 알루미늄, 철강, 석탄, 흑연 등 광물과 중간재, 산업 현장에 사용되는 소프트웨어의 이전·수출·공급 금지 및 이란 국채 등의 매매가 금지되었다. 여기에는 2차 제재도 적용된다. 180일 이후인 11월 5일부터는 에너지·운송·금융 분야에서 JCPOA 이전의 모든 제재가 복원되었으며, 재무부 제재 명단(SDN)도 복구되었다.

미국 트럼프 행정부는 이란에 최대한의 압박(maximum pressure)을 가한다는 목표 아래 이란의 원유 수출을 전면 봉쇄했는데, 이에 따라 2017년 일 250만 배럴이었던 이란의 원유 수출이 2020년에는 일평균 40만 배럴로 대폭 감소했다.[79] 이란에 대한 제재를 복원하는 데 있어 우선적으로 필요한 것이 재무부 OFAC의 제재대상명단(SDN)에서 제외된 대상자들을 재차 제재 대상으로 지정하는 것이었다. 이들은 이란의 에너지, 운송 및 금융 분

---

77 E.O 13846(2018.8.6.), "Reimposing Certain Sanctions With Respect to Iran."

78 재무부 Q&A 설명 자료(2018.5.8.): FAQ Regarding the Re-Imposition of Sanctions Pursuant to the May 8, 2018 National Security Presidential Memorandum Relating to JCPOA, https://home.treasury.gov/policy-issues/financial-sanctions/sanctions-programs-and-country-information/iran-sanctions/may-2018-guidance-on-reimposing-certain-sanctions-with-respect-to-iran.

79 Energy Information Administration, "Iran's crude oil production fell to an almost 40-year low in 2020," August 12, 2021, https://www.eia.gov/todayinenergy/detail. php?id=49116.

야 등에 종사하므로 이들을 재차 제재 대상으로 지정한다는 의미는 이들과 거래하는 3국의 개인과 기업들도 제재할 수 있다는 것으로 2차 제재가 되살아난다는 의미이다. 180일 이후, 즉 2018년 11월 4일부로 완전히 복원되는 제재 대상에는 이란 중앙은행, 이란 국영운송회사, 이란 항공, 이란 국영석유회사 등이 모두 포함되었다.[80]

미국은 2018년 5월 JCPOA에서 탈퇴한 이후 이란에 대한 모든 제재를 복원, 유지하고 있으며, 트럼프 대통령은 2020년 1월 행정명령 13902호[81]를 통해 건설, 제조, 광산, 섬유 분야에 대한 제재를 추가로 부과했다.

이란은 미국이 JCPOA에서 탈퇴하자, 그다음 해부터 '제한적 의무준수(reduced compliance)' 전략을 채택, JCPOA의 의무 사항을 차례로 불이행하기 시작했다. 이란은 미국의 JCPOA 탈퇴 이후에도 JCPOA를 준수하는 모습을 보이다가, 트럼프 행정부가 제재유예 조치를 파기하자 이에 대응해 점점 수위를 높여 JCPOA 불이행 사례를 축적해 왔다.

특히, JCPOA상 이란의 핵심 의무 사항인 농축 우라늄과 중수 관련 의무 사항을 준수하지 않고 있으며, 2020년 1월에는 JCPOA상 제한에 구애받지 않겠다고 선언했고, 2021년 2월에는 JCPOA상 안전조치 기준은 준수하겠지만, IAEA의 안전조치는 수용하지 않겠다고 발표했다.

8. 제재복원 규정(스냅백)

스냅백, 즉 제재복원 규정은 유엔 안보리 결의 2231호 제11, 12조에 규정된 것으로 유엔 안보리 제재가 다시 복원될 수 있다는 내용이다.[82] 원칙적으로 JCPOA상 분쟁해결 메

---

80 K. Katzman, V. Heitshusen, "U.S. Decision to Cease Implementing the Iran Nuclear Agreement," *CRS Report*, May 9, 2018, https://sgp.fas.org/crs/nuke/R44942.pdf.

81 E.O. 13902(2020.1.10.), "Imposing Sanctions With Respect to Additional Sectors of Iran."

82 결의 2231호 "Application of Provisions of Previous Resolutions" 10-15조.

커니즘 가동 이후 JCPOA 참여국이 이란의 '중대한 위반 행위'를 이유로 스냅백 절차를 가동할 수 있다. 스냅백 절차는 안보리 결의 2231호에 명시된 대로 JCPOA 참여국이 유엔 안보리에 'JCPOA상 중요한 불이행 사례(significant non-performance)가 발생했음'을 알리면서 시작된다. JCPOA 참여국이라 함은 P5 + 독일 + 이란을 의미하며, EU는 국제법상 국가가 아니므로 제외된다. 다만, 안보리 결의 2231호에는 중요한 불이행 사례(significant non-performance)에 대한 명확한 정의는 없다.

이후 안보리가 동 통지 접수 후 30일 이내에 스냅백을 받아들이지 않고 제재 해제를 계속 유지한다는 결의안을 채택하지 않는다면 안보리 결의 1696호부터 1929호까지의 모든 제재는 자동적으로 복원된다. JCPOA 참여국만이 안보리에 이란의 중요 불이행 사례를 이유로 스냅백 절차를 개시할 수 있지만, 안보리 이사국 모두 해당 문제 제기를 받아들이지 않고 제재 해제를 유지한다는 결의안을 제출할 수 있다. 만약 10일 이내 안보리 회원국이 스냅백을 반대하는 결의안을 제출하지 않으면, 안보리 의장국이 그러한 결의안을 작성해 투표를 요청할 수 있으며, 당연히 상임 이사국들은 해당 결의안에 대해 거부권을 행사할 수 있다.

미국이 안보리 결의 2231호상 스냅백 규정을 원용한 것은 이란에 대한 무기 금수를 계속 유지하기 위한 목적이었다. 미국이 JCPOA에서 탈퇴했지만, 이를 승인한 안보리 결의 2231호는 계속 유효하다. 그리고 안보리 결의 2231호는 JCPOA 이행계획에 따라 5년 뒤인 2020년 10월 18일부로 이란에 대한 무기 금수를 해제하도록 했다. 미국으로서는 중동 지역 내 이란의 위협을 억제하고, 미국이 테러집단으로 지정한 하마스, 헤즈볼라 등으로의 무기 공급을 막기 위해서는 안보리의 무기 금수 해제를 막아야 하는 입장이었다.

무기 금수가 해제되는 것을 막기 위해서는 △무기 금수를 유지하는 독자적인 안보리 결의를 채택하거나, △결의 2231호상 스냅백 규정을 원용하거나, 또는 △미국이 2차 제재 성격을 가진 독자제재를 부과하는 세 가지 방법 밖에는 없다. 미국은 우선 2020년 8월 14일, 무기 금수를 유지하는 신규 안보리 결의안을 제출했으나, 중국과 러시아가 거부권을 행사해 결의 채택에 실패했다.[83] 당시 미국 결의안에 찬성한 안보리 이사국은 도미니

카공화국뿐이었다.

이후 미국은 무기 금수를 유지하기 위해 안보리 결의 2231호상 스냅백 규정을 원용하기 시작했다. 당시 이란은 미국의 일방적인 JCPOA 탈퇴에 대응해 '제한된 준수(reduced compliance)' 전략에 따라 JCPOA상 농축도 상한과 보유량을 초과해 우라늄을 농축했고, 허용량 이상으로 중수를 보유했다. 이에 맞서 유럽 국가들은 JCPOA상 분쟁해결 메커니즘을 가동했는데, 미국이 이를 활용한 것이었다.

8월 20일, 미국 폼페이오(Pompeo) 국무장관은 유엔 안보리 의장에게 서한을 보내 이란 측의 심각한 불이행 사례(significant non-compliance)를 이유로 들면서 유엔 안보리 제재를 복원하는 스냅백 절차를 가동했다.[84] 그러나 나머지 모든 안보리 이사국이 미국의 스냅백 시도를 반대했으며, 당시 안보리 의장국이었던 인도네시아는 안보리 내 컨센서스(consensus)가 없다는 이유로 아무런 조치도 취하지 않았다.

미국은 안보리에 서한 발송 30일 후인 9월 19일 기존 유엔 안보리 결의에 따른 대이란 제재가 모두 복원되었다는 요지의 폼페이오 국무장관 명의 성명을 발표했다. 그러나 JCPOA 참여국인 러시아와 중국은 물론이고, 영국, 프랑스, 독일도 공동으로 성명을 발표해 미국이 JCPOA에서 일방적으로 탈퇴했으므로 JCPOA 당사국이 아니며 따라서 스냅백 규정을 원용할 수 없다고 맞섰다.[85] 9월 안보리 의장국인 니제르 역시 안보리 이사국 간 컨센서스가 없다는 이유로 미국의 스냅백 메커니즘 개시 이래 아무런 조치를 취하지 않아 안보리 차원에서의 움직임은 없었다.[86]

---

83 Michael Schwirtz, "U.N. Security Council Rejects U.S. Proposal to Extend Arms Embargo on Iran," *New York Times*, August 14, 2020, https://www.nytimes.com/2020/08/14/world/middleeast/UN-Iran-embargo.html.

84 Security Council Report: S/2020/815.

85 "E3 foreign ministers' statement on the JCPoA," 20 September 2020, https://www.gov.uk/government/news/e3-foreign-ministers-statement-20-september-2020.

86 Rick Gladstone, "Security Council Leader Rejects U.S. Demand for U.N. Sanctions on Iran," *The New York Times*, August 25, 2020.

신규 안보리 결의안에 이어 스냅백 주장도 효과가 없자, 트럼프 행정부는 9월 이란에 대해 무기 금수를 부과하는 행정명령 13949호를 발령, 이란의 핵·탄도미사일·재래식 무기 관련 27명의 개인·단체를 제재 대상으로 지정하고, 이들과 거래하는 제3국의 개인과 단체도 제재하는 2차적 제재를 부과했다.[87] 행정명령 13949호는 안보리 결의 2231호에 의해 10월 18일부로 해제될 예정인 대이란 무기 금수 제재를 사실상 다시 되돌리는 것이었다.[88]

미국의 스냅백 원용 과정에서 제일 큰 논란이 된 것은 JCPOA를 탈퇴한 미국이 스냅백을 원용할 수 있는가의 문제였다. JCPOA 참여국인 영국, 프랑스, 독일, 러시아, 중국은 미국이 JCPOA에서 탈퇴했으므로 안보리 결의 2231호상 스냅백을 가동하기 위한 JCPOA 참여국(participating state)에 해당하지 않으며, 이에 따라 미국이 개시한 스냅백 발동 절차는 법적 효력이 없다고 주장했다.[89]

반면, 미국은 △JCPOA는 정치적 합의이므로 미국이 법적으로 이를 위반할 수 없으며, △안보리 결의 2231호 10조상 미국은 JCPOA 참가국 중 하나로 규정되어 있으므로 결의상 여전히 당사국이며 따라서 스냅백 조항을 원용할 수 있다고 주장했다.[90]

안보리 결의 2231호는 채택 후 10년이 지나면 종료된다는 규정 이외 탈퇴나 효력 정지와 관련된 규정은 없다. 이 결의에 참여국을 변경할 수 있다는 내용도 없으므로 논리적으로 볼 때 미국 주장대로 결의 2231호상 참여 국가는 다른 안보리 결의에 의해 대체되지 않는 이상 바꿀 수 없다. 그러나 안보리 결의 2231호가 JCPOA를 승인했고(endorse), 결의에 JCPOA 합의문을 첨부했으므로 전체 유엔 회원국이 준수해야 하는 법적 효력이 생

---

87 E.O. 13949(2020.9.21.), "Blocking Property of Certain Persons With Respect to the Conventional Arms Activities of Iran."

88 "Iran nuclear deal: US unveils new sanctions targeting arms sales," BBC News, September 22, 2020.

89 "United States Fails to Secure Multilateral Snapback Sanctions Against Iran," *American Journal of International Law*, Vol.115, Issue 1(2021.1), pp.140~146.

90 Marc Weller, *The Controversy about the Iranian Nuclear Sanctions Snapback*, p.4.

졌다고 해석하는 것이 일반적이다.

또한, 스냅백은 JCPOA상 분쟁해결 메커니즘 작동이 전제되어야 하는데, 이는 JCPOA의 참가국에만 가능한 것으로 미국은 JCPOA상 분쟁해결 메커니즘에 참여할 수 없었다.[91] 정치적으로도 스냅백 조항은 당사국들이 합의를 이행하도록 지원하는 수단으로 도입한 것이지, 외부에서 합의를 파기하려고 존재하는 것은 아니라는 취지를 존중해야 한다는 주장도 있었다. 그리고 마지막으로 필자가 보기에 미국이 유엔의 대이란 무기 금수를 유지하기 위한 세 가지 방법 중 우선적으로 '별도 안보리 결의안 채택'을 추진했다는 것은 미국 스스로도 자국이 스냅백을 원용하는 것은 문제가 있음을 인식하고 있었음을 보여주는 증거라고 본다.

바이든 행정부 들어 다시 이란과의 JCPOA 복원을 위한 협상 의지를 공식화하고, 2021년 2월 18일, 유엔 안보리에 서한을 보내 앞서 트럼프 행정부의 유엔제재가 복원되었다는 주장을 공식적으로 철회하면서 이란과 JCPOA 복원을 위한 협상에 돌입했다.[92] 바이든 행정부는 2021년 4월부터 이란과 JCPOA 복원을 위한 협상을 진행하고 있는데, 현재까지 미국은 물론 유럽 국가들과의 협상 전망도 불투명하다.

우선적으로 미국은 트럼프 행정부에서 원상 복구한 제재와 트럼프 행정부가 신규로 부과한 제재들을 중단(suspend)해야 하며, 이란은 이에 더해 이란 혁명수비대(IRGC)의 외국 테러 조직(FTO) 지정 철회, 제재 부활 방지 보증 등을 요구하고 있는 것으로 전해진다. 그러나 트럼프 대통령이 2019년 4월 외국 테러 조직으로 지정한 이란 혁명수비대는 제재 사유가 테러리즘이었으므로 JCPOA 협의 대상에 해당되지 않는다는 점이 문제이다.

---

91 같은 글, p.4.

92 Michelle Nichols, "U.S. rescinds Trump White House claim that all U.N. sanctions had been reimposed on Iran," *Reuters*, February 19, 2021, https://www.reuters.com/article/us-iran-nuclear-un-idUSKBN2AI2Y9.

9. 평가

안보리 결의 2271호 상의 스냅백 규정은 매우 참신한 아이디어였으며, 매우 효율적으로 설계되었다. JCPOA에도 분쟁해결 메커니즘이 있고, 이 안에 스냅백 규정이 포함되어 있지만, 실제 스냅백 절차를 가동하기 위해서는 지난한 과정이 필요하다. 의무 불이행 여부를 둘러싸고 분쟁이 일어날 경우 '분쟁해결 메커니즘(Dispute Resolution Mechanism)'을 통해 해결 노력을 기울여야 하며, 끝내 분쟁이 해결되지 않아 안보리에 문제를 제기하기 위해서는 참여국 간 만장일치가 필요하다. 즉, JCPOA 내 분쟁해결 절차는 끝없는 지연이 가능하다. 반면, 결의 2231호는 JCPOA 참여국이 안보리에 문제를 제기한 지 30일 이내에 제재 복원 여부가 결정된다.

또 하나의 참신한 역발상은 결의 2231호상 스냅백을 통해 제재를 다시 부과하는 데에는 P5 국가들의 거부권이 적용되지 않는다는 것이다.[93] 이란이 JCPOA상 의무를 이행하지 않을 경우 제재를 다시 부과하는 결의안이 제출되는 것이 아니라, 역으로 제재 해제를 유지하는 결의안을 제출하도록 함으로써 P5 국가가 거부권을 행사하면 자동적으로 제재가 부과된다. 즉, 거부권은 제재를 부과하는 데 적용되지 않고, 역으로 제재 해제를 유지하는 결의안에 적용된다. 스냅백은 제재를 다시 부과하려는 미국의 권리를 보호하는 방향으로 고안된 것으로, 미국은 미래에 이란의 의무위반 사항에 문제를 제기하고, 자국의 문제 제기를 받아들이지 않는 결의안에 대해 거부권을 행사할 수 있도록 했다.

다만, 제일 큰 문제점은 스냅백 조항에 대해서도 일몰 조항이 적용되어 2025년 이후에는 모든 안보리 결의가 종료되므로 결의 2231호상 스냅백 조항도 없어진다는 점이었다. JCPOA 및 결의 2231상 제재를 복원하고 합의 준수를 강제할 수 있는 가장 효과적인 방법은 JCPOA 틀 안에 머물면서 해당 권리를 행사하는 것이다. 스냅백은 절대적으로 미국

93 "Snapback is an easy way to reimpose Iran penalties," *The New York Times*, July 17, 2015, https://www.nytimes.com/2015/07/17/world/middleeast/snapback-is-easy-way-to-reimpose-iran-penalties.html(검색일: 2022.9.20.).

에 유리한 도구였으며, 향후 북한 등 여타 문제국가들과의 교섭 과정에서도 매우 유용하게 활용할 수 있었다. 필자가 보기에 트럼프 대통령은 바로 이러한 유용한 수단을 스스로 포기한 셈이다.

트럼프 대통령의 일방적인 JCPOA 탈퇴와 독자제재 복구로 인해 유엔 안보리와 국제사회에서 이란이 아니라 오히려 미국이 소외당했으며, 미국의 신뢰는 저하되고 국제적인 지지도 상실한 결과를 초래했다는 평가가 지배적이다.[94]

협상 차원에서는 제재 부과와 함께 제재 해제의 조건과 시기를 명확히 하는 것이 중요한데, 바로 이 지점에서 협상의 공간이 생기기 때문이다. 부시 전 대통령은 제재 해제라는 개념에 매우 부정적이었지만 협상을 위해서는 제재 해제의 조건을 명확히 하는 것이 중요하다는 점을 이해했으며,[95] 결국 안보리의 첫 번째 이란제재 결의인 1737호부터 제재 중단 및 해제의 조건을 구체적으로 반영했다.

반면, 협상 타결 후에 다른 이유를 들어 제재를 다시 부과한다면 상대방이 협상에 나설 유인은 전혀 없을 것이다. 이는 미국의 가장 효과적인 정책 수단의 하나인 제재의 효용성과 신뢰성을 저하시키는 행위이다.[96] 이에 더해, 정치적으로 스냅백이라는 효과적인 수단이 없어짐으로써 제재 해제를 수단으로 협상을 타결하는 데 부정적인 미국 의회 내 강경파나 여론을 효과적으로 설득할 수 있는 수단도 잃어버린 셈이다.

설령 유엔 안보리 제재가 복원된다고 해도 이란에 대한 경제적 혜택은 미미했을 것이라는 분석도 있다. 이란은 미국의 포괄적이고 2차 제재 성격을 갖는 독자제재의 대상이므로 안보리 제재 결의가 복원된다고 해도 실제 효과는 크지 않다는 지적이다. 실제 안보리 제재는 이란과의 금융거래를 금지하지도 않았으며, 이란의 원유 수출을 금지하지 않

94 Marc Weller, *The Controversy about the Iranian Nuclear Sanctions Snapback*, p.5.

95 Richard Nephew, "The Implication of An Iran Sanctions Snapback," *Center on Global Energy Policy*, Columbia/SIPA(2020.9.).

96 Kelsey Davenport, "The Dangerous Consequences of Trump's Plan to Snapback UN Sanctions on Iran," *Arms Control Association*, August 17, 2020.

았다. 실제 효과는 크지 않으면서 EU 등 우방국들과의 관계만 악화시켰다는 지적이다.[97]

현재의 교착 상황이 길어질수록 유럽과 미국이 JCPOA로부터 얻는 혜택은 지속적으로 축소되고, 대신 이란의 중·장기적 혜택은 증가하고 있다는 시각도 있다. 예를 들어, 안보리 결의 2231호에 따라 2025년 이후부터는 이란에 대한 핵 활동 제한 조치가 없어질 예정이며, 이란은 트럼프 대통령이 일방적으로 JCPOA에서 탈퇴한 이후부터 지난 3년간 원심분리기를 새로 개발하고, 농축 활동을 지속한 노하우를 계속 보유하고 있을 것이라는 지적이다.

이에 따라 JCPOA 타결 시 '핵무기 한 개를 만들 충분한 양의 고농축 우라늄 확보 시간', 즉 '브레이크 아웃(break-out) 타임'이 1년이었다고 할 때, 현재는 불과 수 주일로 추정되며, 지금 당장 JCPOA를 되돌린다고 해도 '브레이크 아웃 타임'은 불과 6개월 미만일 것이라는 분석이 있다.[98]

트럼프 대통령의 JCPOA 탈퇴와 우방국인 EU의 반발까지 불러온 독자제재 부과 등의 일방적 행위는 신뢰의 문제를 야기하는 등 여러모로 악수(惡手)였다는 점이 분명해진다.[99]

---

97 Henry Rome, Louis Dugit-Gros, "Snapback Sanctions on Iran: More Bark Than Bite?," *The Washington Institute for Near East Policy*, October 25, 2022, https://www.washingtoninstitute.org/policy-analysis/snapback-sanctions-iran-more-bark-bite.

98 "The zombie nuclear deal," *The Economist*, June 4, 2022, https://www.economist.com/united-states/2022/06/02/the-zombie-nuclear-deal(검색일: 2022.8.23.).

99 William J. Burns, "The Back Channel: A Memoir of American Diplomacy and the Case for Its Renewal," p.387.

제8장

대러시아제재

구소련과 러시아는 유엔 안보리 상임이사국으로 거부권을 행사할 수 있으므로 유엔 안보리 차원의 제재는 불가능했으며, 그간 구소련 및 러시아에 대한 제재는 미국과 EU의 독자제재였다. 구소련 시기 미국과 유럽 국가들은 주로 소련 및 공산권 국가에 대한 무기류 및 전략물자 수출을 통제하는 공산권수출 통제위원회(COCOM: Coordinating Committee for Multilateral Export Controls)를 통해 무역을 제한했다.

미국은 1949년 '수출통제법' 및 '무역법' 등에 따라 구소련 등 공산국가와의 교역을 추가로 제한했으며, 1974년 '개정 무역법'〔소위 잭슨-배닉(Jackson-Vanik) 수정법〕에 따라 구소련이 자국 내 거주 유태인들의 자유로운 해외 이주를 허용하기 전까지는 미국과의 정상적인 무역관계를 제한하도록 했다. 1979년 구소련의 아프가니스탄 침공으로 미국과 서방세계의 러시아에 대한 경제 및 외교적 제재가 부과되었으며, 그 일환으로 서방국가들은 1980년 모스크바 하계 올림픽을 보이콧했다.

냉전 이후 미국과 EU 국가들이 공동으로 러시아에 부과한 첫 번째 제재는 '마그니츠키 인권법'에 따른 인권 분야 제재였다. 앞서 설명한 대로 미국은 2012년 '세르게이 마그니츠키' 변호사의 사망에 연루된 러시아 관리들의 입국을 금지하고 자산을 동결하는 '마그니츠키 인권법'을 제정했으며, 캐나다와 EU 국가들도 이에 동참했다.

이후 2016년 '글로벌 마그니츠키 인권법'으로 확대되어 러시아뿐만 아니라 전 세계의 중대한 인권 유린자들을 제재해 왔는데, 2023년 2월 기준 미국 재무부의 제재 대상에는 러시아의 인권 유린자 약 50여 명이 포함되어 있다. EU도 2021년 3월 '글로벌 마그니츠키 인권법'에 따라 러시아의 야권 운동가 '알렉세이 나발니(Alexei Navalny)'의 독살 시도에 연루된 러시아 관리를 제재했다.

러시아에 대한 또 다른 형태의 제재는 러시아에 대한 직접 제재가 아니라, 이란, 시리아, 북한 및 베네수엘라 제재와 연계되어 러시아 개인이나 기업들을 제재하는 2차적 제재였다. '이란 비확산법(2000)'에 따라 이란에 WMD 및 미사일 관련 물품 및 기술을 제공한 혐의로 러시아 개인과 단체를 제재한 것이 대표적인 사례이다.

그러다가 2014년 3월 러시아가 우크라이나의 크림반도를 강제병합함에 따라 제한적인 범위 내에서 러시아에 대한 직접 제재가 부과되었고, 2014년 7월 러시아가 본격적으로 동부 우크라이나에 군사적으로 개입함에 따라 추가적으로 산업별 제재가 부과되었으며, 2022년 2월 러시아의 전면적인 우크라이나 침공에 따라 본격적으로 러시아에 대한 제재가 부과되었다.

러시아는 현재 전 세계적으로 가장 많은 제재를 받고 있는 나라이다. 통계에 따르면 2022년 2월 러시아의 우크라이나 침공 이후 2023년 5월까지 약 15개월 동안 러시아 내 약 1만 명의 개인과 약 3000여 개의 기업 및 단체 등이 제재 대상으로 지정되었다. 이 숫자는 이란(약 3500여 건), 시리아(약 2600여 건), 북한(약 2100여 건)에 비해 압도적으로 많은 수치이다.[1]

2014년 러시아의 크림반도 강제병합과 2022년 2월 우크라이나 침공에 대한 서방국가들의 대러시아제재는 제재 역사에서 몇 가지 두드러진 특징을 지닌다. 첫째, 러시아는 이른바 P5로 일컫는 핵보유국이면서 안보리 상임이사국이다. 따라서 러시아에 대한 국제사회의 제재는 제2차 세계대전 이후 처음으로 안보리 상임이사국, 핵보유국, 경제 및 군

1 https://www.castellum.ai/russia-sanctions-dashboard(검색일: 2023.6.4.).

사대국을 대상으로 부과된 제재였다.

두 번째 특징은 대러시아제재에 미국과 EU, 영국 등이 매우 긴밀하게 공조하고 있다는 점이다. 러시아에 대한 금융제재를 앞두고 미국 국무부, 재무부와 EU 관리들은 일주일에 평균 10~15시간씩 보안 통화와 화상회의를 하면서 제재 내용을 조율했다고 한다. EU 고위 인사는 러시아로 인해 대서양 동맹이 재활성화되었고, 러시아에 대한 제재를 통해 민주주의는 느리고 허약하다는 인식을 불식시켰다고 평가했다.[2]

이란에 대한 제재에서도 미국과 EU 국가 간 조율이 있었고, 마그니츠키 인권제재에서도 미국과 유럽 국가들 간 긴밀한 공조가 이루어졌지만, 2022년 러시아의 우크라이나 침공에 따른 미국과 EU의 제재는 마치 소다자(mini-multilateral) 차원에서 이루어지듯 매우 신속하게 그리고 긴밀한 협력하에 진행되었다. 아울러 미국, EU, G-7 국가들뿐만 아니라 반도체 등 최첨단 부품을 공급하는 한국과 대만까지 동참해 '독자제재의 다자화 현상'을 보여주고 있다.

세 번째 특징은 개인 및 단체를 대상으로 한 스마트 제재와 금융, 에너지, 운송, 방산 분야 등 산업별 제재가 유기적으로 결합되어 사실상 포괄적 제재가 적용되고 있다는 점이다. 이란 및 리비아에 대한 제재에서도 원유, 가스 등 에너지 산업 부분에 집중적으로 제재가 부과되었지만, 러시아에 대한 산업별 제재는 이란보다 훨씬 큰 경제 대국에 대한 제재이고, 그 범위도 에너지를 넘어, 군수, 운송, 정보통신, 우주항공산업에 이르기까지 광범위하게 이루어졌다.

마지막으로는 러시아에 진출한 다국적 기업들도 자발적으로 러시아에서 철수하고 있다는 점이다. 직접 제재 대상이 아닌 소비재와 소비금융 분야에서도 골드만삭스(Goldman Sachs), 자라(ZARA), 유니레버(Unilever), 펩시콜라(Pepsi Cola), 맥도날드(McDonalds) 등 다국적 기업들이 자발적으로 러시아 내 영업을 중단하고 철수했다. 이러한 다국적 기업들

---

2 "Weaponization of finance: How the west unleashed 'shock and awe'on Russia," *Financial Times*, April 6, 2022.

의 탈러시아 현상은 핵심 산업 분야에서의 제재와 함께 시너지 효과를 일으켜 상당 기간 러시아의 국제적 고립을 가져올 것이며, 중·장기 경제성장에 악영향을 미칠 것으로 분석된다.[3]

1. 미국의 대러시아 독자제재[4]

미국의 러시아에 대한 제재는 두 가지 방향에서 이루어지고 있다. 첫째, 동맹 및 우방국들과의 긴밀한 공조 아래 각자의 독자제재를 넘어 러시아에 대한 제재를 다자화시키고 있다. 현재 러시아에 대한 제재에는 미국, EU, G-7 국가들뿐만 아니라 한국, 호주, 대만, 싱가포르 등 전 세계 GDP의 약 60%를 차지하는 40여 개 국가들이 동참하고 있다. 이는 미국 재무부의 2021년 「제재 정책 검토 보고서」에서도 강조되었듯이 독자제재의 한계를 극복하고 제재의 효과를 최대한 확보하기 위해서는 다른 국가들과의 연대와 조율하에 이행되어야 한다는 점을 반영한 것이다.

둘째, 현직 미국 재무부 아데예모(Adeyemo) 부장관이 맞춤형 제재(bespoke sanctions), 족집게 타격((surgical strike) 등으로 칭할 정도로[5] 러시아의 전쟁수행 자금을 차단하고, 중·장기적인 경제 및 산업발전에 영향을 주기 위해 금융제재와 주요 산업별 제재가 연계되어 부과되고 있다. 아울러 푸틴 등 러시아 지도부와 올리가르히 등 자금줄 역할을 담당하는 개인들에 대한 스마트 제재도 동시에 부과되고 있다.

---

3 Jeffrey Frankel, "These Russia Sanctions Are Different," *Project Syndicate*, March 22, 2022, https://www.project-syndicate.org/commentary/russia-sanctions-severe-economic-geopolitical-impact-by-jeffrey-frankel-2022-03?barrier=accesspaylog(검색일: 2022. 8.20.).

4 Cory Welt, Rebecca M. Nelson et. al., "U.S. Sanctions on Russia," *CRS report*(2022.1), https://sgp.fas.org/crs/row/R45415.pdf〉; 재무부 홈페이지의 "Ukraine / Russia-related Sanctions."

5 W. Adeyemo, "America's New Sanctions Strategy."

금융 부분에서는 러시아 중앙은행에 제재를 부과해 미국과 EU 역내에 위치한 러시아 중앙은행의 자산을 동결하고, 주요 은행들을 SWIFT 서비스에서 축출했으며, 푸틴의 자금줄 역할을 하는 올리가르히에 대한 금융제재를 부과했다. 중앙은행은 유사시에 쓰기 위해 외환을 보유하고 있는데, 러시아 중앙은행은 역외에서 운용하고 있는 외환 보유액을 사용하지 못하게 된다.

미국은 이전에도 이란, 북한, 베네수엘라의 중앙은행에 제재를 부과했지만, 이들 국가와 중앙은행은 사실상 국제금융 및 무역시장에서 이미 고립된 상황이었다. 러시아 중앙은행에 대한 제재는 처음으로 경제 및 군사 대국의 중앙은행을 제재한 것이고, 더군다나 핵보유국을 대상으로 한 것이었다.

에너지 부분에서는 EU와 G7과 공조하에 러시아산 원유 및 가스의 수입을 금지하고, 여타 개도국들에게 수출되는 러시아산 원유에 대해서 가격상한제를 도입했으며, 러시아의 새로운 원유·가스정 탐사 및 개발 역량을 제한하기 위한 제재를 부과했다.

군수 및 첨단산업 부분에서는 부품 공급망을 겨냥해 강력한 수출 통제 및 무역제재를 부과함으로써 러시아의 중·장기적인 산업 및 경제 기반을 와해하려고 시도하고 있다. 이러한 복합적인 제재로 인해 2022년 한 해에만 러시아에서 이탈한 자본 규모가 2500억 달러에 달한다는 통계도 있다.[6]

1) 행정명령

2014년 러시아의 크림반도 강제합병에 따른 제재는 대부분 '국제경제긴급권한법'과 '국가비상사태법'에 따라 발령된 행정명령을 통해 이루어졌다. 관련 4개의 행정명령(행정명령 13660, 13661, 13662, 13685호)[7] 모두 오바마 대통령이 2014년에 발령한 것이다. 반면,

---

6 V. Milov, "The Sanctions on Russia are Working," *Foreign Affairs*, Jan 18, 2023, https://www.foreignaffairs.com/russian-federation/sanctions-russia-are-working.

2022년 2월 러시아의 우크라이나 침공에 따른 제재는 행정명령보다는 '적성국제재법' 등의 법률에 따라 의무적으로 부과된 것이다.

행정명령 13660호[8]는 우크라이나의 민주주의와 영토고권, 주권을 침해한 러시아 개인과 단체를 제재했고, 행정명령 13685호[9]는 크림반도에서의 교역과 투자 등 경제활동을 금지했다. 이 두 행정명령이 크림반도 관련 사항에만 국한된 반면, 행정명령 13661호[10]와 13662호는 러시아 관리와 러시아의 특정 산업 부분을 직접 겨냥하고 있다. 행정명령 13661호는 러시아 관리와 이들을 지원하는 제3국인을 제재하도록 했으며, 행정명령 13662호는 재무장관에게 러시아의 에너지, 금속, 군수 및 금융 부분을 대상으로 산업별 제재를 부과할 수 있는 권한을 부여했다.

아울러 미국은 행정명령 13757호(2016.12)와 13848호(2018.9)을 통해 러시아의 사이버 해킹 및 이를 통한 미국 대선 개입을 이유로 정보기관 관계자 및 관련 기업들에 대해 추가로 제재를 부과했다. 2017년 8월에는 '적성국제재법'을 제정, 기존 금융 및 에너지 관련 제재를 한층 강화했으며, 2차 제재 대상이 되는 구체적인 행위도 명시했다. 아울러 위의 행정명령들을 모두 법률에 반영해 법제화했다.

이후 러시아에 대한 제재는 대부분 2017년 '적성국제재법'과 2019년 '유럽에너지안보법(PEESI: Protecting Europe's Energy Security Implementation Act)'에 의해 이행되고 있는데, '적성국제재법'에는 러시아의 미국 내 선거 개입 및 사이버 안보 위협에 대한 제재 규정도 포함하고 있다.

---

7 미 국무부 홈페이지: Ukraine and Russia Sanctions, https://www.state.gov/ukraine-and-russia-sanctions.

8 E.O. 13660(2014.3.6.), "Blocking Property of Certain Persons Contributing to the Situation in Ukraine"

9 E.O 13685(2014.12.19.), "Blocking Property of Certain Persons and Prohibiting Certain Transactions With Respect to the Crimea Region of Ukraine"

10 E.O 13661(2014.3.16.), E.O 13662(2014.3.20.), "Blocking Property of Additional Persons Contributing to the Situation in Ukraine."

2) 제재 법률

러시아를 겨냥한 별도 제재 법률은 크게 5개가 있는데, 앞서 소개한 ' 마그니츠키 인권법'을 필두로 최근에 제정된 법률로는 '적성국제재법'과 2019년 '유럽에너지안보법'이 있다. 우크라이나와 직접 관련된 법률로는 러시아의 크림반도 강제병합 당시인 2014년에 제정된 '우크라이나 주권, 통합, 민주주의, 경제 안정 지원법(Support for the Sovereignty, Integrity, Democracy, and Economic Stability of Ukraine Act, '우크라이나 안정법')'과 '우크라이나 자유지원법(Ukraine Freedom Support Act)'이 있다.

'우크라이나 안정법'은 △우크라이나의 안보, 평화, 주권을 침해한 행위, △러시아에 의해 강제로 병합되거나, 러시아가 사실상 통치하고 있는 지역에서의 심각한 인권침해 행위 및 부정부패에 연루된 러시아 인사를 제재하도록 규정하고 있는데, 사실상 여러 행정명령 및 '글로벌 마그니츠키 인권법'과 중복되는 부분이 있다.

'우크라이나 자유지원법'은 △시리아, 우크라이나 동부 지역, 조지아, 몰도바 등으로 무기를 공급하거나 이전한 행위, △러시아의 원유 발굴 및 시추사업에 투자한 외국인 및 외국 기업 등을 제재하도록 하고 있다. 이 법의 핵심 조항들은 모두 2017년 '적성국제재법'에 반영되었다.

한편, 2019년 12월에 제정된 '유럽에너지안보법'은 러시아와 독일을 잇는 가스관(Nord-stream 2)과 러시아와 튀르키예를 연결하는 가스관(Turkstream) 건설에 직접적으로 관여한 유럽 기업 등 제3국의 개인과 기업들을 의무적으로 제재하도록 했다. 관여의 범위는 다음 행위로 특정했다.

- 해저 30미터(100피트) 이하에 파이프라인을 설치하는 작업에 동원되는 선박을 지원, 임대, 제공, 판매하는 기업이나 개인.
- 동 선박에 대한 보험 및 재보험 제공 등 금융서비스와 기술 등을 지원하는 개인이나 기업.

이후 '유럽에너지안보법'은 2021년 '국방수권법'에 포함, 개인이나 단체의 제재 대상 활동을 확대하고, 제재 범위도 강화했다. 예를 들어, 파이프라인을 설치하는 것을 넘어 설치 관련 모든 행위(pipe-laying activities), 장소 물색, 탐사, 시굴(trenching), 토사(backfilling) 등 모든 지원 활동을 포함했다. 또한, 개정 법률에는 제재를 부과하기 전에 노르웨이, 스위스, 영국 및 EU 회원국과 사전에 협의를 하도록 했다.[11] 당초 강화된 법률안에는 국가안보상 이유로 제재를 유보할 수 있는 대통령의 권한을 대폭 축소하고 제재 면제 시 의회의 사전심사 및 보고 의무를 부과하는 내용이 있었으나, 행정부의 반대로 심의 과정에서 대통령의 제재 유보 권한을 존중하는 것으로 완화되었다.[12]

2017년 '적성국제재법' 제2장은 러시아제재를 다루고 있는데, 별칭은 '유럽과 유라시아에서의 러시아 영향력 대응법(CRIEEA: Countering Russian Influence in Europe and Eurasia Act)'이다. '적성국제재법'은 러시아의 미국 대선 개입 스캔들에 대한 보복 및 트럼프 행정부의 친러시아 행보를 견제하기 위해 미국 의회 주도로 강력한 대러시아제재 기반을 마련한 것이다.[13] 이 법의 주요 특징을 소개하면 다음과 같다.

첫째, 우크라이나 사태 및 사이버 해킹 관련 기존의 모든 러시아제재 행정명령을 법률에 반영했다.

둘째, 대부분의 제재는 의무적으로 부과해야 하는데, 러시아를 대상으로 의무적으로 제재를 부과하도록 한 것은 처음이다. 제3국 개인이나 기업의 러시아 관련 활동에 대한 2차적 제재도 의무적으로 부과하도록 했다.

셋째, 트럼프 대통령의 대러시아제재 완화 및 해제 시도를 막기 위해 대통령의 제재유예

---

11 미 국무부 보도자료(2021.4.9.): "Protecting Europe's Energy Security Act, as Amended."

12 백악관의 대(對)의회 서한(2022.1.13.): Statement of Administration Policy - Protecting Europe's Energy Security Implementation Act, https://www.whitehouse.gov›SAP-S.-3436.pdf.

13 Anders Aslund and Maria Snegovaya, "The impact of Western Sanctions on Russia and how they can be made even more effective," *Atlantic Council*, May 3, 2021, https://www.atlanticcouncil.org/in-depth-research-reports/report/the-impact-of-western-sanctions-on-russia/.

및 해제 권한을 상당 부분 제한했는데, 러시아에 대한 제재를 수정·유예·종료할 경우에는 반드시 의회의 사전심사(review)를 거치도록 했다. 이에 대해 트럼프 대통령은 대통령의 제재유예 등 고유 권한을 침해한다는 이유로 별도 성명을 통해 항의하기도 했다.[14] 이에 따라 대통령이 러시아에 대한 제재를 해제하거나, 수정하기 위해서는 먼저 의회에 보고서를 제출해야 하고, 의회는 보고서 접수 후 30일 이내에 청문회(hearings)를 열어야 한다. 30일간의 의회심사 기간 중 상·하원이 합의하지 못하거나, 불승인(disapproval) 결의문을 채택하지 못하면 대통령이 해제 등 절차를 진행할 수 있다. 물론, 상·하원이 불승인 결의를 채택하더라도 대통령은 거부권을 행사해 진행할 수는 있다.

'적성국제재법'은 아울러 대통령에게 특정 조건하에서만 제재를 유예할 수 있는 권한을 부여했다. 대통령은 미국의 국가이익에 부합하거나, 이 법을 더욱 엄격하게 이행하는 데 필요하다고 판단될 경우에 한해 특정사안에 대한 제재를 유예할 수 있으나, 이 경우에도 사전에 의회에 통보해야 한다.

넷째, 부문별 제재를 대폭 확대했는데, 철도 분야를 제재 가능 분야로 추가했고, 금융·에너지 분야 금융제재를 강화했으며, 석유 생산이 가능한 새로운 심해저, 북극 연안, 셰일가스 개발사업(제재 대상 러시아 기업이 33% 이상 지분을 보유한 경우)에 대한 부품·장비·기술 등의 제공 및 이전을 금지했다. 아울러 제재 범위를 크게 확대해 부패와 인권침해, 사이버 안보 위협 등의 행위에 대해서도 제재를 부과하도록 했다.

아울러 강력한 2차 제재, 즉 '세컨더리 보이콧' 규정을 담고 있는데, 러시아 특별 원유개발사업[15]에 투자하는 외국 개인·기업에 대한 제재와 방산 및 특별 원유개발사업에서 제재 대상과 거래하는 외국 금융기관에 대해서는 의무적으로 제재를 부과하도록 했다.

---

14 Baker, Peter; Kishkovsky, Sophia, "Trump Signs Russian Sanctions Into Law, With Caveats," *The New York Times*, August 2, 2017, https://www.nytimes.com/2017/08/02/world/europe/trump-russia-sanctions.html.

15 러시아의 배타적 경제수역(EEZ) 내 깊이 500ft 이상 심해, 러시아 북극 연안 및 러시아 셰일 지대에서의 원유 시추 사업에 관여하는 개인이나 기업을 의미한다.

이 부분에서 미국 제재의 역외적용에 반대하는 EU 국가들과 잠재적인 갈등 요인이 될 수 있으므로 이 법에서는 대서양 동맹을 위해 러시아의 원유 및 가스관 건설 프로젝트와 관련된 제재를 이행하기 전에 우선 유럽 동맹국 및 우방국들과 협의하도록 했다.

다섯째, 대통령 재량에 따라 러시아 관련 △사이버안보 침해, △부패 행위, △인권 탄압, △시리아에 대한 무기거래 및 △제재회피, △러시아 군부 및 정보기관과 거래한 외국 개인·기업이나, 러시아의 국유재산 사유화를 위해 정부 관료 및 측근에게 부당이득을 주는 방식으로 투자(연간 총액 1000만 달러)하는 외국 개인·기업에 대해 2차 제재를 부과할 수 있도록 했다.

대통령 재량에 위임한 제재를 부과할 경우 이는 행정명령을 통해 이행된다. 예를 들어, 2018년 9월의 행정명령 13849호는 '적성국제재법'상 2차 제재의 부과 및 적용에 관한 내용을 담고 있는데, ① 미국의 금융기관으로 하여금 12개월 내 총액 1000만 달러 이상의 대출 및 신용공여 기간 연장 금지, ② 미국 관할권 내 외환거래 금지, ③ 미국 관할권 내 금융기관을 통한 신용 또는 금융거래 금지, ④ 미국인의 제재 대상자에 대한 투자, 출자, 채권 구매 금지 등의 조치를 취하도록 했다.

이 행정명령 발령과 동시에 제재 대상자인 러시아 기업으로부터 무기 및 군수품을 구입한 중국 국영 군수기업과 이사진을 제재했는데, 이는 '적성국제재법'에 따라 러시아 관련 제3국인에 대해 처음으로 2차 제재를 부과한 사례이다.[16] '적성국제재법'상 제재를 부과할 수 있는 구체적인 행위는 다음과 같다.

신규 투자 금지

러시아 국영기업에 대한 투자가 전면 금지되었다. 러시아 정부 인사, 해당 인사의 대리인(close associates) 또는 가족들에게 부당한 이득을 안겨주는 민영화 작업에의 투자 및 참

---

16 류혜정, 「미국의 대러시아 경제제재와 한국 기업의 대응방안」, ≪한국수출입은행 이슈보고서≫, Vol. 2018, 지역이슈-5(2018), 16쪽.

여도 금지했다. 투자 금액 상한액도 규정했는데, 건당 100만 달러 이상, 또는 1년간 총액 기준 1000만 달러 이상의 투자가 금지되며, 투자 행위를 주선하는 것도 금지했다. 이를 위반할 경우 아래 제재 메뉴 중에서 5개 이상의 제재를 의무적으로 부과해야 한다.

- 미국 수출입은행의 보증, 신용, 융자 등 금융서비스 금지.
- 미국 수출 통제목록상 통제 품목의 수출허가 거부.
- 연간 1000만 달러 이상 대출이나 신용 제공 금지.
- 국제금융기구의 재정 지원에 반대.
- 미국 내 조달시장 참여 금지.
- 자산 동결 및 미국 금융기관과의 거래 금지.
- 기타 금융제재.

에너지 분야 제재

모든 미국인은 러시아의 '특별 원유개발 프로젝트(Special Russian Crude Oil Projects)'에의 투자 및 지원이 금지된다. 제재 대상 러시아 기업이나 개인이 관여하고 있는 러시아의 심해저(deep-water), 북극 연안(Arctic offshore) 및 셰일가스 개발 프로젝트에 물품·기술·서비스·금융 지원을 금지했다. 이들 개발 프로젝트에 의도적으로 상당액을 투자한 외국인이나 기업도 제재 대상으로 지정되는데, 이들에게는 위의 제재 메뉴 중 최소 3개 이상을 의무적으로 부과해야 한다.

외국 금융기관에 대한 금융제재도 의무화했는데, 의도적으로 제재 대상 러시아 개인 및 단체를 대신해 금융거래를 하거나, 러시아의 원유개발 프로젝트에 투자한 외국 금융기관들은 미국 은행과의 환거래 계좌가 금지되는 등 미국의 금융 시스템으로부터 배제된다.

에너지 파이프 라인(송유관 및 가스관) 건설

다음 분야에서 건당 100만 달러 이상 또는 연간 누적 500만 달러 이상의 가치를 지닌

투자나 무역 행위를 한 외국 개인이나 기업에 대해서는 행정부 재량에 따라 제재할 수 있도록 했다. 제재 부과를 의무화하지는 않았으며, 행정부 판단에 따라 필요시 위반자에 대해서는 제재 메뉴 리스트 중에서 5개 이상의 제재를 부과할 수 있다.

- 에너지 수출용 파이프라인 건설 분야에 직접 투자.
- 에너지 수출용 파이프라인 건설, 증설, 유지, 수리 등에 물품, 서비스, 기술 제공.

한편, 상기 분야에서 제재를 부과할 경우 미국 동맹 및 우방국들과 사전에 조율할 것을 권고했는데, 이는 이전의 독일-러시아 가스관인 '노르트스트림 2' 파이프 라인 건설에 대한 미국의 일방적 제재에 유럽 국가들이 반발한 점을 고려한 것이다.[17] 추후 상황 변화에 따라 파이프라인 건설과 관련된 제재가 의무화될 가능성도 있다.

기타 산업별 제재

현재 에너지, 금융 및 군수산업에 부과되고 있는 산업별 제재에 추가해 행정부가 필요하다고 인정할 경우 추가적으로 철도, 금속, 광산 분야 국영기업에 대한 제재도 가능하도록 규정하고 있다. 이는 행정부 재량 사항으로 두었다.

제재회피 행위도 제재

제3국인이 제재 대상자의 제재회피를 지원하는 행위에 대해서도 제재를 부과하도록 했다. 제재 대상자 및 그 가족과의 거래를 주선하는 행위도 마찬가지로 제재 대상이다. 러시아제재를 위반하거나, 위반을 시도하거나, 공모하거나, 위반을 유발하는(cause) 제3국 개인 및 단체를 제재하도록 하고 있다. 이는 2012년 5월에 이란과 시리아 제재를 회피

17 Peter Jeydel, Meredith Rathbone, "A Detailed Look at the Countering America's Adversaries Through Sanctions Act," Client's Alert, *Steptoe*, August *10*, 2017, https://www.steptoe.com/en/news-publications/a-detailed-look-at-the-countering-america-s-adversaries-through-sanctions-act.html.

하는 데 지원한 제3국인을 제재하도록 한 행정명령 13608호[18]를 러시아 사례에 도입해 법제화한 것이다. 이 조항 역시 외국의 금융회사 등 기업들이 제재 대상 러시아 개인 및 기업들과 거래하는 것을 억지하는 효과가 크다.

사이버안보 위협

러시아 정부를 대신해 의도적으로 사이버 안보를 위협하는 활동에 관여한 '모든 개인과 단체(any person)'에 대해 의무적으로 제재를 부과하도록 했다. 기존 미국의 사이버안보 관련 제재는 미국 관할권 내에 영향을 미치는 사이버 활동에만 국한되었지만, 이번 법은 국경과 무관하게 세계 어느 곳이든지 피해를 미치는 모든 러시아발 사이버 공격 및 불법행위를 제재 대상으로 삼았다. 이와 관련해 러시아의 군부 및 정보기관 소속, 혹은 이들을 대리하는 자들과 의도적으로 거래한 자도 의무적으로 제재하도록 했다.

부패 및 인권

러시아 정부 인사, 그들의 대리인 또는 가족들에 의한 횡령, 정부 계약 및 천연자연 개발 과정에서의 부패 및 뇌물 수수 등 행위를 지원하거나 주선하거나, 공모한 자에 대해서 의무적으로 제재를 부과하도록 했다. 이는 범죄 수익의 해외 이전 등 제재 위반 및 회피 행위에 연관될 가능성 때문에 외국의 법률회사 및 금융기관들이 러시아 인사에게 자문이나 법률 지원 등을 꺼리게 하는 요인으로 작용하고 있다.

또한, 러시아 점령지 또는 러시아가 통제하고 있는 지역에서 심각한 인권침해 행위를 자행하거나, 공모한 자, 그리고 그러한 행위를 직접 지원하거나, 재정적·물질적·기술적 지원을 한 외국인도 의무적으로 제재하도록 했다.

18 E.O. 13608(2012.5.1.), Prohibiting Certain Transactions With and Suspending Entry Into the United States of Foreign Sanctions Evaders With Respect to Iran and Syria.

시리아에 대한 무기 및 군수품 지원

의도적으로 시리아의 WMD 및 미사일 개발이나 첨단 재래식 무기 및 군수물자를 수출, 이전, 또는 그러한 행위를 물질적·재정적·기술적으로 지원한 외국인 및 외국 기업을 제재하도록 의무화했다.

2. EU의 대러시아 독자제재

EU의 러시아에 대한 제재는 EU 이사회 결정으로 부과된다. 상세 내용은 EU 이사회 홈페이지에 안내되어 있다.[19] EU는 2014년 3월 러시아의 크림반도 강제병합, 우크라이나 동부 분리 지역인 도네츠크 및 루한스크 지역에서의 군사개입 강화, 그리고 2022년 2월 우크라이나 무력 침공에 따라 러시아에 대한 획기적으로 확대·강화해 왔다.

2014년 사태 당시에는 러시아의 크림반도 강제병합을 인정하지 않고, 병합에 직접 관련된 개인과 이들을 지원한 인사들에 대해 EU 내 자산 동결과 여행 금지 제재를 부과했으며, 이후 크림반도와 세바스토폴 지역에 한정해 금수 조치를 단행했다. 즉, 크림반도와 세바스토폴 지역으로부터의 수입 금지와 이들 지역에 대한 투자 금지가 부과되어 산업 부분은 물론 크림반도의 부동산 매입도 금지되었다. 아울러 이들 지역에서 여행 주선 금지, 유럽의 크루즈 선박 등 모든 선박의 크림반도 기항 금지, 그리고 크림반도 내 운송, 교통, 에너지, 광업 분야에서의 거래를 금지하고 이들 산업 분야에 대한 투자, 기술 및 서비스 지원 금지 등의 제재가 부과되었다.

2014년 당시에는 러시아 본토에 대한 제재는 금융, 에너지, 군수산업을 중심으로 제한적으로만 부과되었는데, 예를 들어 5대 러시아 국영 금융기관들의 EU 자본시장 접근 제

19 EU 홈페이지: EU restrictive measures against Russia over Ukraine(since 2014), https://www.consilium.europa.eu/en/policies/sanctions/restrictive-measures-against-russia-over-ukraine/.

한, 러시아 에너지 및 군수기업에 대한 수출 통제 강화, 무기류 수출 금지, 이중 용도 품목 및 기술에 대한 수출허가 요건 강화, 러시아 에너지 기업에 대한 기술 지원 제한 등이었으며, 이러한 제재들은 매 6개월 또는 1년 단위로 계속 연장되어 왔다.

2022년 2월 러시아의 우크라이나 침공에 대한 EU의 대러시아제재는 기본적으로 러시아의 경제 기반을 약화시켜 전쟁을 수행할 경제적 자원을 축소하고, 군사기술적 진전을 막기 위한 방안에 초점을 두었으며, 이에 따라 에너지, 금융, 광산 및 첨단 기술 분야에 대한 부분별 제재를 대폭 강화했다.

2023년 5월 기준 EU의 제재리스트에는 우크라이나의 영토고권과 주권, 독립을 침해했다는 이유로 1900여 건의 개인, 단체 및 기업이 제재 대상으로 포함되어 있으며, 이들에 대한 EU 내 자산 동결 및 여행 금지가 부과되어 있다. 2023년 6월 현재 EU는 러시아에 대해 총 11차례의 제재 패키지를 부과했는데, 구체적인 내용은 후술한다.

3. 크림반도 병합에 따른 제재

2004년 3월, 러시아가 크림반도를 강제로 병합한 직후 러시아에 대해 부과된 제재는 1991년 구소련 해체 이후 취해진 가장 광범위한 제재로 미국, EU, 캐나다, 호주 등이 참여했다. 러시아의 크림반도 강제병합 이후 부과된 제재는 기본적으로 스마트 제재로서 크림반도 병합과 직접 관련된 개인과 단체, 그리고 크림반도와 거래하는 개인 및 단체를 대상으로 한 것이었고, 제재 대상도 러시아 본토를 대상으로 한 것이 아니라 대부분 크림반도에만 국한되었다. 이는 러시아에 병합된 크림반도를 정치적·경제적으로 고립시키기 위한 것으로 러시아의 대형 은행인 스베르 은행(Sber bank)과 VTB는 서방의 제재를 우려해 크림반도에 진출하지 않았다.

미국은 2014년 3월 국가경제긴급권한법과 '국가긴급사태법'에 따라 국가비상사태를 선포하고 행정명령 13660호 및 13661호를 통해 러시아에 대한 제재를 부과했다. 미국의 대러시아 초기 제재는 크림반도에서 우크라이나의 주권과 영토고권을 침해하고, 우크라이나의 민주주의를 훼손하는 등 우크라이나 사태에 직접 개입한 개인과 단체들을 대상으로 한 스마트 제재였다. 개인에 대한 제재는 러시아 상원의장, 부총리, 대통령 보좌관, 크림공화국 정치인 등 11명에서 시작해 점차 제재 대상이 확대되었으며, 단체에 대한 제재도 크림반도 병합에 직접 연루된 금융기관 및 에너지 기업을 포함, 17개 단체로 시작해 점차 제재 대상이 확대되었다.

미국 재무부 OFAC은 특별제재대상 명단(SDN)에 추가로 올리가르히 및 국영기업 등을 등재하고, 이들의 입국 금지, 미국인과의 거래 금지 및 미국 내 자산 동결 등의 제재를 부과했다. 뒤를 이어 EU와 캐나다 등도 러시아의 개인 및 단체를 대상으로 스마트 제재를 부과했는데, 러시아에 대한 무기 금수 및 군사적으로 전용 가능한 이중 용도 부품·기술에 대한 수출 통제와 함께 원유개발 산업에 사용될 장비의 수출 금지, 러시아의 국채, 채권 및 금융증서 발행 제한 등 EU 자본시장으로의 접근을 제한했다.

2014년 7월, 러시아가 동부 우크라이나 지역에 대한 무력 개입을 강화하고, 러시아가 점령한 돈바스 지역에서 말레이시아 민항기가 격추된 이후에는 기존 개인 및 단체에 대한 제재에 더해 에너지·방산·금융 분야에 대한 부문별(sectoral) 제재가 추가되었다.[20] 미국도 거의 동시에 러시아의, 금융, 에너지, 방산 부문에 대한 제재를 부과해, 러시아의 에너지 기업인 로스네프트(Rosneft), 노바텍(Novatek) 그리고 가스프롬 은행(Gazprom bank)과 VEB 등 2개 은행에 대해 미국 내 회사채 발행 등 자본시장에의 접근을 금지했다.[21]

같은 해 9월, 미국은 EU의 러시아에 대한 무기 및 에너지 분야 제재에 동참해 러시아 최대 은행인 스베르 은행에 대해 미국 채권시장에의 접근을 추가로 제한하고, 러시아 원유기업인 가스프롬(Gazprom), 루코일(Lukoil) 등 5개 기업의 원유 시추 프로젝트에 대한

20 EU 이사회 보도자료 12944/14(2014.9.11.): "Reinforced restrictive measures against Russia."

21 "US Targets Major Russian Financial and Energy Firms in Sector-Specific Sanctions," Client Alert, *Wilmer Hale*, July 18, 2014, https://www.wilmerhale.com/insights/client-alerts/us-targets-major-russian-financial-and-energy-firms-in-sector-specific-sanctions.

물자·기술·금융서비스의 제공을 금지했다.[22] 미국은 2014년 12월에는 '우크라이나 자유지원법'을 제정해 러시아산 무기의 분쟁 지역 이전, 러시아의 신규 유전 개발 및 시추 등을 지원하는 외국 기업 및 금융기관을 제재하는 2차 제재를 도입했다. EU 역시 크림반도에서의 여행, 부동산 구매 및 신규 투자를 금지했고, 미국도 크림반도 지역에 대해 무역금수 조치를 부과했다.

이후 미국은 '유럽에너지안보보호법'에 따라 러시아의 에너지 부분에 대한 제재를 더욱 강화했는데, 노르트스트림 2 가스관[23] 연결 사업에 참여하는 러시아 정유회사와 유럽 등 제3국의 개인과 기업을 제재할 수 있도록 하고, 원유 및 가스 추출 장비의 수출 통제, 러시아산 원유 및 가스의 수입을 금지했다.

그러나 2014년 러시아에 대한 제재는 무역 및 금융제재 분야에서 한계가 있었다.

첫째, 러시아가 세계 제2위의 원유·천연가스 수출국이고, 독일 등 유럽 국가 대부분이 러시아의 가스 공급에 의존하고 있으므로 러시아산 에너지의 전면적인 금수 조치를 취하지는 못했다. 이는 이란과 베네수엘라에 대해 전면적인 원유 금수 조치를 취했던 것과 비교된다. 다만, 간접적으로 북극해 및 심해저에서의 유전 개발, 셰일가스 탐사 등 분야에 대해서만 신규 투자나 지원을 금지했을 뿐이었다. 당시, 미국 엑손(Exxon) 기업은 러시아 에너지 기업인 로스네프트와 공동으로 유전개발을 진행했으나, 미국 재무부가 제재 위반을 이유로 200만 달러의 벌금을 부과하자 2017년 말 10여 개의 공동 개발 프로젝트에서 철수했다.[24]

둘째, 미국 재무부는 러시아에 대한 과도한 금융제재가 국제 금융시장에 상당한 충격

---

22 미 재무부 보도자료(2014.9.12.): "Announcement of Expanded Treasury Sanctions within the Russian Financial Services, Energy and Defense or Related Materiel Sectors," https://home.treasury.gov/news/press-releases/jl2629.

23 Nord Stream 2는 러시아 북서 연안에서 발트해를 거쳐 독일 북부까지 가스관을 연결하는 사업으로 당초, 2019년 7월에 완공할 예정이었으나 계속 지연되었다. 그동안 독일·영국·프랑스·네덜란드·오스트리아 등 5개국 기업이 참여했다.

24 "Exxon Mobil Scraps a Russian Deal, Stymied by Sanctions," *New York Times*, February 28, 2018.

을 줄 것을 우려해 강력한 금융제재를 부과하는 데에는 신중한 입장이었으므로 러시아 중앙은행에 대한 직접 제재 또는 러시아 금융기관들을 SWIFT에서 배제하는 등의 강력한 금융제재는 채택하지 않았다. 다만, △러시아 주요 은행과 그 자회사의 미국 금융기관 내 환거래 계좌 폐지 및 달러화 거래 금지, △미국 개인 및 기업의 러시아 채권시장 참여 금지, △푸틴의 측근과 올리가르히에 대한 서방 자본 및 금융시장으로의 접근 금지 등의 부분적인 금융제재만 이루어졌다. 여타 금융 제재도 크림반도와 돈바스 지역과 관련된 금융활동에만 국한되었다.

이러한 제한적인 금융제재도 일부 성과를 보였는데, 예를 들어 크림반도에 진출한 러시아 기업들은 서방 자본시장에의 접근이 금지되어 자본조달에 어려움을 겪었으며, 크림반도 지역으로의 해외직접투자도 중단되었고, 서방 금융기관과 기업들의 러시아에 대한 투자 중단 및 금융거래 회피 등으로 인한 간접적 효과가 큰 것으로 나타났다. 이 같은 산업별 제재와 제한적인 금융제재로 인해 러시아의 경제는 2014년부터 매년 평균 0.3% 성장에 그쳤는데, 같은 기간 중 세계경제의 성장률은 연평균 2.3%였다. 러시아의 경제성장률이 2014년부터 매년 2.0~2.5% 감소한 셈이다.[25]

4. 2022년 우크라이나 침공에 따른 제재

2022년 2월, 러시아의 우크라이나 침공에 대한 미국과 EU 등의 러시아에 대한 제재는 스마트 제재와 에너지·해운 및 운수·금융·방위산업·항공우주산업 등에 대한 부분별 제재(sectoral sanctions)가 상호 시너지 효과를 갖도록 설계되었다. 주요 특징을 요약하면 다음과 같다.

---

25 Anders Åslund, Maria Snegovaya, "The impact of Western sanctions on Russia and how they can be made even more effective."

첫째, 금융제재는 러시아 중앙은행 등 주요 금융기관들에 대한 제재가 훨씬 강화되었는데, 러시아 중앙은행의 역내 자산을 동결하고, 러시아 주요 은행들을 SWIFT 국제결제망에서 배제했다. 러시아 금융기관들이 국제결제망에서 배제된다는 것은 러시아가 원유와 가스를 수출하더라도 달러화 및 유로화로 대금을 받지 못한다는 것을 의미하고, 설령 제재를 우회해 달러화와 유로화를 확보한다고 해도 이를 이용해 미국과 유럽에서 고성능 부품과 물자를 수입할 수 없다는 의미이다.

두 번째는 러시아에 대해 반도체, 전자통신 부품, 항공 및 선박 운행 장비 등 첨단 부품 및 기술의 수출을 금지하고, 이들 산업에 대한 투자를 금지하며, 외국 기업을 철수토록 하는 것이었는데, 이는 중·장기적으로 러시아의 산업 및 경제 역량을 감소시키는 것이다. 항공기 부품의 수출을 중단할 경우 러시아의 국제 및 국내선 운항도 어려움에 봉착할 것이다.

다국적 기업도 정부 지침과는 별도로 자체적인 제재를 부과였는데, 첨단 제조 기업뿐만 아니라 소비재 부분에 진출한 거의 모든 외국계 기업이 러시아에서 철수했다. 러시아의 우크라이나 침공 이후 1000여 개의 서방 기업들이 러시아에서 철수하거나 사업을 축소하겠다고 발표했으며, 심지어 제조 기업이 아닌 스타벅스와 맥도날드도 러시아에 진출한 지 각각 15년, 32년 만에 러시아에서 철수했다.[26]

셋째, 에너지 부분을 중심으로 한 제재이다. 러시아에 단기적으로도 큰 경제적 충격을 줄 수 있는 것이 원유와 가스 등 러시아산 에너지의 수입을 금지하는 것이었다. 독일은 즉시 '노르트스트림 2' 파이프라인 건설을 중단했고, EU는 2022년 중 러시아 가스 수입량을 3분의 2 감축하기로 결정했으며, 미국은 러시아의 침공 후 약 2주 뒤인 3월 8일 러시아로부터 원유, 천연가스 및 석탄 등 화석연료 수입을 전면 금지했다.[27]

---

26 "세계는 지금, '탈러시아' 글로벌 기업들 신냉전 잔혹사", ≪한국무역협회 종합무역뉴스≫, 2022년 6월 17일 자.

27 미국 백악관 설명 자료(2022.3.8.): FACT SHEET: United States Bans Imports of Russian Oil, Liquefied Natural Gas, and Coal, https://www.whitehouse.gov/briefing-room/statements-releases/2022/03/08/fact-sheet-united-states-bans-imports-of-russian-oil-liquefied-natural-gas-and-coal/.

그러나 이는 동시에 러시아의 에너지에 의존하는 EU 국가들에게도 경제적 위협이 되는데, 어느 정도의 경제적 고통을 감수하고서라도 러시아의 가스 및 원유 수입을 줄일 수 있는지가 EU 내에서 논란이 되어왔다. 초기, EU의 고민은 러시아산 원유와 가스 수입량을 줄일 경우 원유와 가스 가격이 상승하고, 결국에는 러시아만 이익을 가져다 줄 수 있다는 문제의식이었다. EU는 총에너지 소비량 중 57.5%를 수입하는데, 러시아는 2020년 기준 EU 전체 석유 수입의 26.9%, 석탄 수입의 46.7%, 천연가스 수입의 41.1%를 차지했다.[28]

EU가 러시아산 원유 수입을 전면 중단할 경우 국제유가는 185달러로 급증할 것이라는 연구기관의 전망도 있었듯이,[29] EU의 러시아산 에너지 제재는 국제경제적으로도 큰 파급효과를 불러올 것이라는 우려가 있었으며, 러시아의 대안으로 여타 중동산 원유 및 천연가스를 수입하는 방안은 관련 인프라 투자에만 최소 2~3년이 소요된다는 문제도 있었다. 그러다가 EU는 2022년 6월 제6차 제재 패키지에서 러시아산 원유 수입의 3분의 2를 차지하는 해상을 통한 수입을 금지했다. 파이프라인을 통한 육상 수입은 헝가리의 반대로 허용되었으나, 폴란드와 독일이 육상 파이프라인을 통한 러시아 원유 수입을 중단하기로 하면서 실질적으로는 러시아 원유 수입량의 90%가 중단되었다.

아울러 같은 해 12월에는 러시아산 원유 가격에 가격상한제를 도입해 배럴당 60달러를 초과하는 러시아산 원유를 운송하는 선박 등에 대해서는 EU의 보험 제공 등 금융지원을 금지했다. 이런 일련의 에너지 분야 제재로 인해 러시아 연간 최대 100억 달러 수준의 손실을 입을 것으로 추산되었다.[30]

---

28 민지영, “러시아 천연가스 수출규제조치의 주요 내용과 시사점”, ≪KIEP 세계경제 포커스≫, 2022년 5월 24일 자.

29 “JP모건, 러시아산 원유 제재하면 유가 185달러까지 뛸 것”, ≪조선비즈≫, 2022년 3월 4일 자.

30 “EU, 제 살 깎으며 러 때렸다. 러 12조 돈줄, 원유 90% 금수”, ≪중앙일보≫, 2022년 5월 31일 자, https://www.joongang.co.kr/article/25075704(검색일: 2022.8.21.).

1) 금융제재

미국과 EU는 러시아의 우크라이나 침공 직후부터 강력한 금융제재를 부과했는데, △ 러시아 중앙은행의 해외자산 동결 및 금융거래 제한, △ 러시아 전체 예금액의 80%를 차지하는 7대 은행(최대 은행인 스베르 은행과 VTB 은행 포함)의 SWIFT 배제, △ 러시아 국영기업과 금융기관들의 미국·EU 내 자본시장 및 금융시장 접근 금지, △ 러시아 내 자본조달시장 참여 등 러시아 정부와 국부펀드와의 거래 금지, △ 러시아 국영지역개발은행(VEB)과의 거래 금지 등이 그것이다.

러시아 엘리트들에 대한 스마트 제재도 강화되었는데, 푸틴 러시아 대통령은 물론 러시아 정부의 자금줄 역할을 해오던 올리가르히에 대해서도 금융제재를 부과해 이들의 예금 및 투자금은 물론 런던의 부동산, 지중해와 북유럽의 요트 및 부동산까지 포함한 해외 자산을 동결했다. 미국은 법무부와 재무부 합동으로 '러시아제재 TF〔a Russian Elites, Proxies, and Oligarchs (REPO) Task Force〕'를 구성해 러시아에 대한 금융제재를 이행하고 있다.[31]

러시아에 대한 금융제재 중 가장 강력한 것은 러시아 중앙은행에 대한 제재와 러시아 금융기관들을 SWIFT에서 축출한 것이었다. 2019년 기준 러시아의 외환거래 중 87%가 달러화인 것으로 나타났는데,[32] 우크라이나 침공 초기 미국 재무부는 러시아 중앙은행이 보유하고 있는 달러화를 사용해 국가채무를 변제하는 행위를 금지함으로써 러시아의 대외채무 불이행을 유도하는 데 중점을 두었다. 그러나 제한적인 금융제재에도 불구하고, 러시아가 루블화의 달러 태환 금지, 원유 수입 대금의 루블화 결제, 달러 유출 금지 등의 정책으로 금융시장 안정화 노력을 전개해 예상 외로 루블화 급락 등 금융시장에서의 큰 타격은 없는 것으로 나타났다. 이에 따라 미국 금융전문가들은 단순히 달러화 사용 금지

31 Cory Welt, "Russia's War Against Ukraine: Overview of U.S. Sanctions and Other Responses," *CRS Report*, December 20, 2022.12.20., https://sgp.fas.org/crs/row/IN11869.pdf.

32 W. Adeyemo, "America's New Sanctions Strategy."

보다는 러시아 중앙은행의 외환보유액(달러, 유로화 및 국·공채)을 동결하는 것이 더 효과적이라고 판단했다.

러시아의 우크라이나 침공 사흘 뒤인 2월 27일, EU는 3차 제재 패키지의 일환으로 러시아 중앙은행에 대한 제재를 부과해 러시아 중앙은행의 EU 역내 자산을 동결하고, 러시아 중앙은행과의 금융거래를 금지시켰다. 미국도 하루 뒤인 2월 28일 러시아 중앙은행의 미국 내 자산을 동결했다.[33] 이에 따라 러시아 중앙은행이 보유한 총 외환보유액 약 6300억 달러 중 미국과 EU 역내에 예치한 달러화, 유로화, 파운드화 등이 동결되었고, 이들 통화로 표시된 파생상품 거래도 금지되었다. 이런 조치로 러시아 중앙은행의 외환보유액 중 약 60% 정도가 영향을 받은 것으로 분석된다.[34] 러시아 중앙은행이 자국 루블화, 중국 위안화 및 금 등의 형태로 보유한 40% 정도의 대외준비자산에는 영향이 없다.

러시아 중앙은행에 대한 제재는 미국의 이란 중앙은행에 대한 제재와는 다른 특별한 의미를 지닌다. 이는 최초로 G-20 국가 중앙은행에 대해 금융제재를 부과한 것으로 달러와 서방국가의 통화라는 무기를 세계 주요 경제대국이자 주요 핵보유국에 대해 사용한 최초 사례라는 점에서 특별한 의미를 갖는다. 이런 전격적인 조치에 대해 러시아 외교장관은 '서방국가의 사실상 절도 행위'라고 강력히 비난하기도 했다.[35]

러시아 중앙은행의 해외자산을 동결하는 과정을 잘 묘사한 기사가 영국 ≪파이낸셜타임스(Financial Times)≫에 소개된 적이 있는데, 이를 시간과의 싸움으로 묘사하고 있다.[36] 러시아 측이 서방의 움직임을 인지하고, 서둘러 외환시장에 달러화 및 유로화 자산을 매각하기

---

33 미국 재무부 보도자료(2022.2.28): "Treasury Prohibits Transactions with Central Bank of Russia and Imposes Sanctions on Key Sources of Russia's Wealth."

34 "Global Sanctions Dashboard: Special Russia edition," *Atlantic Council*, March 7, 2022 https://www.atlanticcouncil.org/blogs/econographics/global-sanctions-dashboard-special-russia-edition/.

35 Robin Wigglesworth, Polina Ivanova, and Colby Smith, "Financial warfare: will there be a backlash against the dollar?," *Financial Times*, April 7, 2022.

36 "Weaponization of finance: How the west unleashed 'shock and awe' on Russia," *Financial Times*, April 6, 2022.

전에 자산 동결을 위한 세부 작업을 마무리해야 했다. 영국 재무부 관리들은 월요일 아침 7시 금융시장이 개장하기 전에 관련 세부 사항을 마무리해야 했는데, 당시 영국 수낙(Rishi Sunak) 재무장관은 일요일 새벽까지 '왓츠앱(WhatsApp)'으로 실무진과 소통해 월요일 새벽 4시에야 모든 작업이 마무리되었다고 한다. 한국도 국제사회의 대러시아 금융제재에 동참, △ 러시아 중앙은행과 7개 주요 은행과의 금융거래 중단, △ 러시아 국채 거래 중단 권고, △ 일부 러시아 은행의 SWIFT망 배제 관련 국내 보완조치 등을 이행했다.[37]

두 번째 강력한 제재는 러시아 금융기관들을 SWIFT 시스템에서 배제한 것이었다. 러시아의 우크라이나 침공 초기부터 주요 금융제재 수단으로 검토한 것으로, 2014년 크림반도 강제병합 때는 사용하지 않았던 제재였다. EU는 3월 2일 러시아 국책은행이자 제2의 은행인 VTB 은행를 비롯해 7개 은행을 SWIFT망에서 배제했다. 초기 제재 대상에는 러시아 전체 은행 자산의 약 30%를 보유하고 있는 러시아 1위 은행인 스베르 은행(Sberbank)이 제외되었는데, 이는 유럽과의 에너지 거래와 관련된 주요 대금결제 채널이기 때문이었다.[38]

사태 초기 이러한 서방의 금융제재에도 불구하고, 러 루블화와 은행들은 회복 추세를 보였다. 실제 제재 초기 루블화는 달러당 80에서 120까지 떨어졌으나, 5월에는 달러당 84까지 상승했는데, 이는 주로 중앙은행의 금리 인상, 원유 및 가스의 루블화 지급 확대, 수출기업들에게 경화 수익의 80%를 루블화로 교환할 것 등 고강도 자본통제로 환율 등 금융시장이 안정된 것으로 보인다.[39]

이에 따라 러시아에 대한 제재 강도를 획기적으로 높여야 한다는 주장이 제기되었는데, 예를 들어 2022년 4월 미국 국무부의 경제제재정책실 러시아 담당관이었던 '피쉬맨(Edward Fishman)'은 현재까지 러시아에 대한 제재 강도는 1~10 척도로 볼 때 7 또는 8의

---

37 외교부 보도자료(2022.3.7.):「한국 정부, 대(對)러시아 추가 금융제재 동참 결정」.

38 박정호 외, "우크라이나 사태와 대러 제재의 경제적 영향", ≪KIEP 오늘의 세계경제≫(2022.3.).

39 "러시아 경제, 서방제재 견더내나 … 루블화 가치 반등", 연합뉴스, 2022년 4월 8일 자, https://www.yna.co.kr/view/AKR20220408055100009(검색일: 2022.8.20.).

강도라고 하면서 러시아산 원유·가스 수입 중단 이외에 △러시아 은행·기업에 대한 전면적 차단, △보다 많은 은행을 SWIFT에서 배제할 필요성을 강조했다.[40]

미국 재무부는 2022년 4월 별도 조치를 통해 미국인의 대러 신규 투자를 금지하고, 미국 금융기관을 통한 러시아 국채의 이자 상환을 금지하며, 러시아 최대 은행인 스베르 은행 등에 대해 전면차단(full blocking) 제재를 부과했다. 아울러 주요 국영기업과 지도부의 성인 자녀까지 제재 대상으로 추가했는데, 여기에는 푸틴 대통령의 성인 자녀와 라브로프(Lavrov) 외교장관의 배우자와 자녀도 포함되었다.[41]

미국이 2014년 러시아의 크림반도 강제병합 시 스베르 은행에 대해 달러화 거래 금지 및 미국 금융기관 내 환거래 계좌 개설 금지를 내린 조치와 비교할 때, 신규 제재는 완전 차단 제재(full blocking)로 달러화 거래 유무와 무관하게 모든 미국인 및 미국 기관과의 거래가 금지되며, 미국 금융기관을 경유하는 모든 자산은 즉시 동결된다.

EU는 2022년 7월, 스베르 은행을 포함한 3개 은행을 추가로 SWIFT에서 배제했으며, 미국과 영국도 이에 동참했다. 이에 따라 러시아 은행 시장의 60% 이상을 차지하는 10개 은행이 모두 SWIFT에서 배제되었다. 이러한 금융제재에는 영세중립국인 스위스도 참여했다. 러시아의 'SWIFT 협회'에 따르면 약 300여 개의 러시아 은행이 SWIFT에 가입되어 있는데, 대부분 중소 규모이며 현재 상위 10개의 러시아 금융기관들이 SWIFT에서 배제된 상황이다.

---

40 Edward Fishman and Chris Miller, "Time for Even Tougher Sanctions on Russia, How the United States and Europe Can Target Energy and Finance," *Foreign Affairs*, April 5, 2022, https://www.foreignaffairs.com/articles/ukraine/2022-04-05/time-even-toug her-sanctions-russia.

41 미국 재무부 보도자료(2022.4.6.): "U.S. Treasury Escalates Sanctions on Russia for Its Atrocities in Ukraine," https://home.treasury.gov/news/press-releases/jy0705.

2) 에너지 분야 제재

앞서 설명했다시피 러시아의 원유 및 정유산업에 대한 포괄적인 제재가 부과되어 이 분야에 대한 투자는 물론이고 부품·기술·서비스의 제공이 일체 금지되었다. 러시아산 원유와 가스의 수입을 금지하는 정도에 있어서는 미국과 EU의 대응에 다소 차이를 보였는데, 주된 이유는 러시아산 에너지에 대한 의존도 차이 때문이다.

미국의 전체 원유 수입에서 러시아산 원유가 차지하는 비중은 2021년에 3% 수준이었고, 석유제품의 경우에는 전체 수입의 약 20% 수준이었다.[42] 미국은 러시아산 원유에 대한 의존도가 상대적으로 낮은 수준이었으므로 러시아의 우크라이나 침공 2주 만에 러시아산 원유, 가스 및 석탄의 수입을 완전히 금지할 수 있었다. 그러나 EU는 앞서 설명한 것처럼 러시아에 에너지의 상당 부분을 의지하고 있기 때문에 순차적으로 수입을 줄여나갈 수밖에 없는 상황이었다.

EU는 4월 제5차 체제를 통해 러시아로부터의 석탄 및 고체연료 수입을 금지했으며, 6월에 가서야 해상으로 운송되는 일 200만 배럴 상당의 러시아산 원유의 수입을 금지했다. 당시 일부 회원국의 반대로 육로 파이프라인을 통한 원유 수입은 2022년 12월 5일까지 허용되었다. 러시아산 석유제품은 2023년 2월 5부터 수입이 전면 금지되었다. 이어 2022년 12월 3일에는 러시아 원유의 해상을 통한 제3국으로의 수출 시 배럴당 60달러의 가격상한제를 도입했다. 이 가격은 해당 기간 내 배럴당 평균 85달러 수준에서 약 30%를 감액해 수입 가격 상한을 설정한 것으로,[43] 정기적으로 전 세계 원유 가격을 모니터링해 러시아산 원유 가격의 수입 상한을 조정하기로 했다. 원유 가격 상한제에는 미국, EU, 영국, 캐나다 등 여타 G7 국가들과 동참했다.

---

42 "The United States imports more petroleum products than crude oil from Russia," *EIA*, March 22, 2022, https://www.eia.gov/todayinenergy/detail.php?id=51738.

43 EU 이사회 보도자료(2022.12.3.): "Russian oil: EU agrees on level of price cap."

이에 따라 EU 기업들은 가격 상한선에서만 러시아산 원유의 제3국 해상 수송에 필요한 보험, 중개 서비스 등 금융서비스를 지원할 수 있다. 만약 제3국의 선박이 고의로 가격 상한선 이상의 러시아산 원유를 운반한 경우에는 해당 원유를 하역한 날로부터 90일 동안 EU 회사들의 해당 선박에 대한 보험 등 금융서비스와 벙커링(Bunkering) 서비스의 제공이 금지된다.

이 조치는 분명 제3국의 러시아산 원유 수입에도 영향을 미치는 역외적용 효과를 가져온다는 비판이 있을 수 있는데 EU는 유류 상한제 조치는 EU 관할권 내 자연인과 법인을 대상으로만 적용되며 역외적용은 없다는 점을 분명히 했다.[44] 즉, 모든 국가들은 자유롭게 원유 가격상한제에 참여할 수 있으며 이에 따라 러시아산 원유를 가격상한선 이하로 구매하는 경우 EU가 제공하는 운송 및 보험 금융서비스를 받을 수 있다. 반면에 EU 가격상한제에 참여하지 않는 경우, 즉 가격 상한선 이상으로 구매할 경우에는 EU 선박들이 해당 석유를 운송하지 않고, EU 보험사들이 선박 운항 관련 금융 및 보험서비스도 제공할 수 없게 된다는 것뿐임을 강조했다.

EU는 2023년 2월 5일, 원유 이외 러시아 석유제품에도 가격상한제를 도입했는데, 원유 가격상한제와 마찬가지로 상한 가격 이상의 러시아 석유제품에 대한 보험, 운송 등의 서비스 제공을 금지하는 방식이다.[45] 합의된 상한 가격은 디젤, 항공유 등은 배럴당 100달러, 연료용 석유 등 원유 가격보다 낮은 제품의 경우 배럴당 45달러로 설정되었으며, 매 2개월마다 시장가격 등을 검토해 조정할 수 있도록 했다.

천연가스 수입과 관련해서는 카자흐스탄, 아제르바이잔, 카타르 등이 대체 공급처로 부상하고 있지만, EU 내 가스 운송 인프라가 부족해 당장 수입선을 변경하고 러시아산 가스의 수입을 금지하는 것은 현실적으로 가능한 옵션은 아니다.

---

44 EU 이사회 설명 자료(2022.12.3.): Guidance on Oil price cap, https://finance.ec.europa.eu/system/files/2022-12/guidance-russian-oil-price-cap_en_0.pdf.

45 EU 이사회 보도자료(2023.2.4.): "EU and G7 partners agree price cap on Russian petroleum products."

러시아산 원유의 수입을 제한하는 데에는 근본적인 모순이 존재한다. 그간 미국과 EU의 에너지 정책은 국제적으로 원유 공급이 원활히 이루어져 원유 가격의 안정세를 유지하는 것이었다. 이에 따라 국제시장에 러시아산 원유의 지속적인 공급이 필요하다. 다른 한편, 러시아가 원유 수출로 벌어들이는 외화가 전쟁 수행 자금으로 전용되지 못하도록 하면서 러시아의 중·장기 성장 동력도 제한하기 위해서는 러시아의 에너지 수출을 제한해야 하는데, 이는 필연적으로 국제시장에서 원유 등 에너지 가격을 불안정하게 만든다. 국제시장에 러시아로부터의 원유 유입 감소를 보충하기 위해 미국은 베네수엘라에 대한 원유 금수를 완화하고, 자국 정유 기업이 베네수엘라 원유개발사업에 참여하도록 면제를 부여했다. 미국은 또한 전략적 원유비축량을 방출하고, 걸프 산유국들이 원유 증산을 하도록 압박했다.[46]

서방국들의 러시아산 원유에 대한 가격상한제 도입에 회의적인 의견도 있었다. 이미 이란과 베네수엘라의 원유를 밀반입하는 선박들이 다수 존재하는데 이들 선박이 가격상한제를 어기고 러시아산 원유를 운반할 충분한 유인이 존재한다는 것이다. ≪이코노미스트(The Economist)≫는 이러한 제재회피 선박을 어둠의 선단(dark fleet)'으로 표현하고 있다.[47] 이들 선박을 통해 러시아는 가격 상한제의 영향을 크게 받지 않고 안정적으로 원유를 수출할 수 있는 반면, 미국과 유럽 국가들은 에너지 비용 상승 가능성과 함께 자국 보험 및 선박회사들의 이익도 포기해야 하는 상황에 놓이게 된다는 지적이다.

아울러 러시아 푸틴 대통령이 아예 원유 수출을 금지해 국제유가가 급등하게 되면 오히려 원유 가격 결정자로서 푸틴의 입지만 강화시킨다는 우려도 있었다. 실제 푸틴 대통령

---

46 "U.S. Looks to Ease Venezuela Sanctions, Enabling Chevron to Pump OilEnergy sanctions: Crude weapon," *Wall Street Journal*, October 5, 2022, https://www.wsj.com/articles/u-s-plans-to-ease-venezuela-sanctions-enabling-chevron-to-pump-oil-11665005719.

47 "How Russia dodges oil sanctions on an industrial scale," *Economist*, January 29, 2023, https://www.economist.com/finance-and-economics/2023/01/29/how-russia-dodges-oil-sanctions-on-an-industrial-scale.

은 2022년 12월, 러시아산 원유 및 석유제품 공급 계약에 직간접적으로 유가 상한제가 적용되는 경우에는 해당 외국 및 기업에게는 러시아 원유 및 석유제품의 판매를 금지했다.[48]

3) 여타 산업별 제재

금융제재와 함께 양축을 이루는 제재는 산업별 제재인데, 미국과 EU는 러시아의 에너지, 운송, 군수, 우주항공 및 첨단산업을 대상으로 제재를 부과하고 있다. 미국은 2022년 2월 24일 '수출관리령(EAR)'을 개정해 러시아를 무기 금수국으로 지정하고, 러시아에 대한 이중 용도 품목·기술의 수출 통제를 강화했는데 주요 내용은 다음과 같다.[49] 해당 내용은 이후 벨라루스에도 동일하게 적용되었다.

- 전자제품, 컴퓨터, 정보통신, 보안, 센서 및 레이저, 항공전자, 해양 등 7개 분야 57개 품목 및 기술을 추가해 통제 품목을 확대.
- 러시아에 대한 수출허가 심사 시 '원칙적 거부(Policy of Denial)' 적용.
- 러시아 국방부 등 군수 관련 기업 및 단체를 '요주의 기업 리스트(Entity List)'에 추가.
- '해외직접생산 규정(FDPR)'에 러시아를 추가, 기존 전략물자 품목과 새로 추가한 57개 분야에서 미국산 소프트웨어 및 기술로 외국에서 생산한 제품의 러시아 수출 금지.

러시아에 대한 무형의 기술 자문도 금지했는데, △회계, 신용 및 기업설립 자문 등 금지, △양자컴퓨터, 가상화폐, IT 정보통신 분야 자문 금지, △건축 및 엔지니어링 자문 금지, △러시아 원유 운송과 관련한 기술 자문, 기술협력, 주선 및 중개, 금융지원 등을 금

48 "Putin bans Russia oil exports to countries that implement price cap," *Reuters*, December 28, 2022.

49 상무부 BIS 보도자료(2022.2.24.): "Commerce Implements Sweeping Restrictions on Exports to Russia in Response to Further Invasion of Ukraine"; 상무부 "Russia Rule Fact Sheet"(2022.2.24.).

지했다. 신규 유정개발사업에 대한 기술 제공 및 투자 금지, 첨단 기술 및 부품의 러시아로의 수출 금지 등의 제재는 향후 러시아 경제에 큰 부담으로 작용할 전망이다. 러시아가 중국 등 제3국에서 대체 투자자와 공급자를 찾을 수 있다고 해도 첨단 기술 분야에서는 아직 서방국가들을 대체할 나라가 없기 때문이다.

아울러 미국은 러시아의 우크라이나 침공 2주 만에 행정명령 14066호를 발령, 러시아산 원유, 가스 등의 수입을 완전히 금지하면서, 러시아와 벨라루스의 WTO상 정상교역관계를 정지하고, 러시아로의 사치품(고급 시계·차량·의류·주류 등) 수출과 러시아로부터의 금, 다이아몬드, 해산물 및 주류 수입을 금지했다.[50] EU도 러시아 중앙은행의 외환보유자산으로 활용되는 금, 다이아몬드 등 귀금속의 거래를 금지하고 더 나아가 천연자원에 대해서도 금수 조치를 취했다. 금을 포함한 귀금속의 거래를 금지하는 이유는 러시아 중앙은행이 자산으로 보유하고 있는 귀금속을 매매해 유동성을 확보하는 것을 막기 위한 것이다.

EU는 제5차 제재에서 제트기 연료 및 반도체 수출 금지, 러시아와 벨라루스 육로 운송업자들의 EU 내 활동 금지에 이어 철광석·철강·목재·시멘트·플라스틱·해산물·주류 및 담배류 등의 수출입을 금지했다. 해운 및 운송 분야에서는 △러시아 국적 항공기의 미국 및 EU 영공 비행 금지, △러시아 선박의 EU 영해 및 미국 내 기항 금지, △러시아와 벨라루스 화물 트럭의 EU 입국 금지, △유가 상한선을 초과해 원유를 운반하는 제3국 선박에 대한 보험 제공 금지 등의 조치를 취했다.

러시아를 지원하고 있는 벨라루스에 대한 제재도 부과되었는데, EU는 2022년 3월 러시아에 대한 제3차 제재 패키지를 통해 △벨라루스 중앙은행과의 거래 금지, △벨라루스 3대 은행에 대한 SWIFT 배제, △EU 내 벨라루스 국영기업 주식 거래 등 자본시장 접근 금지, △벨라루스 국영기업에 대한 기술·서비스 제공 금지, △벨라루스에 대한 유로화

50 E.O. 14066(2022.3.8.), "Prohibiting Certain Imports and New Investments With Respect to Continued Russian Federation Efforts To Undermine the Sovereignty and Territorial Integrity of Ukraine."

화폐 수출 및 이전 금지 등의 제재를 부과했다.

4) 스마트 제재 및 외교적 제재

푸틴 대통령을 포함한 러시아 주요 정부 인사, 올리가르히, 국영에너지 기업 이사진, 거대 방산 기업, 제철기업, 금 및 다이아몬드 채굴 기업, 주요 우주항공 기업, 올리가르히 및 그 가족, 기업 이사진, 주요 항공우주 방산 기업 이사진, 대외선전 활동 종사자, 제재 회피자 등의 해외자산을 동결하고 미국과 EU의 입국 및 경유를 금지하고 있다.

EU는 2014년 크림반도 사태 이후 2023년 2월 현재까지 총 1473명의 러시아 인사와 205개 기업 및 단체를 제재 명단에 등재하고 있으며, 미국은 이보다 더 많은 약 2200여 명의 러시아 인사와 기업들을 OFAC 제재 명단에 등재하고 있다. 특히, 제재 명단에 오른 러시아 고위 인사들은 푸틴 대통령, 총리, 외교장관, 국방장관, 재무장관, 중앙은행장, 총참모장, 주지사, 국가안보회의 멤버, 러시아 의회의 상·하원 의원 등 사실상 주요 정계인사들을 망라하고 있으며, 배우자와 미성년 자녀까지 포함되어 있다.

한편, 러시아에 대한 외교적 제재도 부과했는데, 대표적인 사례가 2014년 G8에서 러시아를 축출하고 G7으로 개편한 것이다. 당초 러시아 소치에서 개최될 예정이었던 G8 정상회의가 취소되고, 대신 2014년 6월 브뤼셀에서 G7 정상회의를 개최했다. EU는 △러시아와의 정례 정상회의 취소, △EU 회원국과 러시아와의 정상회담 중단, △러시아의 OECD 가입 협상 중단, △러시아의 국제에너지기구(IEA: International Energy Agency) 가입 거부 등의 조치를 취했다.

2022년 2월 러시아의 우크라이나 침공 이후 EU가 러시아에 대해 부과한 제재를 정리하면 〈표 8-1〉과 같다.[51] 최근에 추가된 제재는 2023년 6월에 채택된 11차 제재 패키지

---

51 EU이사회 홈페이지: Timeline - EU restrictive measures against Russia over Ukraine, https://www.consilium.europa.eu/en/policies/sanctions/restrictive-measures-against-russia-over-ukraine/history-restrictive-measures-against-russia-over-ukraine/.

표 8-1_ EU의 러시아에 대한 제재

구분	주요 내용	비고
1차 (2월 23일)	· 러시아 두마(연방의회 하원) 의원 351명 제재(자금 동결) · 도네츠크와 루한스크에 대한 엠바고(2014년 크림반도 제재와 유사) · 러시아의 EU 자본 및 금융시장 접근 제한(러시아 정부· 중앙은행 발행 채권·금융상품의 매매 금지 등)	
2차 (2월 25일)	· 푸틴 러시아 대통령, 라브로프 외무장관 등 EU 내 자산 동결, 러시아 국가안보위원회 멤버에 대한 개인 제재 부과, 잔여 두마 의원에 대한 제재 부과 · 에너지, 운송, 항공우주 분야에서 특정 물품, 기술, 금융서비스 제공 금지 · 러시아인의 EU 역내 금융서비스 이용 및 유로화 채권의 러시아 판매 제한 · 러시아 항공기의 EU 영공 비행 및 공항 착륙 금지	
3차 (3월 2일)	· 러시아 7개 은행을 SWIFT에서 축출〔오트크리티에 은행(Bank Otkritie), 노비콤 은행(Novikombank), 프롬스비야즈 은행(Promsvyazbank), 로시야 은행(Rossiya Bank), 소보콤 은행(Sovcombank), 브네쉬코놈 은행(Vnesheconombank:VEB), VTB 은행(VTB Bank)〕 · 러시아 국가펀드가 참여하는 프로젝트 투자 및 참여 금지 · 유로 화폐의 러시아로의 이전, 공급, 수출 금지 · 러시아 정부가 운영하는 방송사(Russia Today and Sputnik)의 EU 내 활동 및 송출 금지 · 러시아 중앙은행과의 거래 금지 · 14명의 올리가흐 및 주요 기업가들(가족 포함)과 146명의 러시아연방위원회(Russian Federation Council) 위원들을 제재 대상으로 추가	
4차 (3월 15일)	· 러시아 국영기업과의 모든 거래 금지 · 러시아 개인 및 단체에 대한 신용등급 부여 금지 · 러시아 에너지 부분에 대한 신규 투자 금지 · 러시아의 군수산업 종사자 및 관련자에 대한 이중 용도 물품 및 기술에 대한 통제 강화 · 철강 수입 금지 및 사치품 금수 · 군산복합체를 포함 주요 러시아 국유기업들과의 모든 거래 금지 · WTO 최혜국 대우 철회	
5차 (4월 8일)	· 러시아로부터의 석탄 등 고체 화석연료 수입 금지 · 러시아 선박의 입항 금지, 러시아와 벨라루스의 화물차량의 EU 역내 운항 금지 · 목재, 시멘트, 해산물, 주류 수입 금지 · 항공유 수출 금지 · 러시아 사이버화폐 거래 금지	
6차 (6월 3일)	· 원유와 석유화학제품 수입 금지(단, 파이프라인을 통한 육로 수입은 당분간 제외) · 러시아 국영방송사의 EU 내 활동 및 방송 내용 송출 금지 · 향후 6개월 내 러시아산 원유 운반 금지(제3국으로의 원유 수출 시 보험 제공 등 운송에 관련된 금융서비스 제공 금지 예정)	2022.12.5 러시아산 원유 수입 금지

구분	주요 내용	비고
7차 (7월 21일)	· 러시아 금 및 보석류 수입 금지(금은 에너지 다음으로 중요 수출품) · 러시아 최대 은행인 스베르 은행 자산 동결 및 스베르 은행을 포함한 3개 러시아 은행을 추가로 SWIFT에서 배제	
8차 (10월 6일)	· 러시아 원유의 해상을 통한 제3국으로의 수출 시 가격상한제 도입 결정, 12월 3일에 가격상한제를 배럴당 60불로 고정 · 러시아가 점령한 도네츠크, 루한스크에 기존 적용해 오던 제재 조치의 대상 범위를 자포리자와 헤르손 지역으로까지 확대	
9차 (12월 7일)	· 드론 엔진 수출 금지 · 광산산업에 대한 투자 금지 · 러시아지역개발은행(Russian Regional Development Bank)과의 거래 금지 등 · 러 언론매체 4곳을 제재 대상에 추가 · 주요 화학물질 신경작용제, IT전자 부품을 포함 이중 용도 제품에 대한 수출 통제 강화	
10차 (2023.2.25)	· 특수 차량, 기계부품, 제트엔진, 안테나 등 추가 수출 금지 · 러시아의 군 및 산업복합체에 대한 추가 제재 · 군용 드론을 공급 이란 기관 7곳을 최초로 제재 · EU 이중 용도 제품의 러시아 통과 금지(우회수출 금지) · 러시아 동결자산 관리 강화(회원국에 동결자산 및 부동산 보고 의무 부여)	
11차 (2023.6.23)	· 신규 무기체계 및 레이더, 드론용 카메라 등 첨단부품의 추가 수출, 이전 금지 · EU가 수출 금지 품목을 제3국에 수출할 경우 러시아 경유 금지 · 선박 간 환적 및 유가상한제 위반 선박의 EU내 항구 기항 금지	

로, 신규 분야를 발굴하여 추가로 제재를 부과하기보다는 기존의 제재를 회피, 우회하는 추세에 대응하는 데 중점을 두었다.

5. 제재 효과

러시아에 대한 제재는 제2차 세계대전 이후 처음으로 강대국에 부과된 제재로, 서방국가들의 제재 효과에 대한 논의가 무성하다. 미국과 EU의 러시아에 대한 금융제재와 산업별 제재는 러시아 경제의 취약성을 적극 공략한 것이다. 2014년 이후 러시아는 서방국가들의 제재에 대응하기 위해 대외수입 의존을 줄이고, 달러화에 대한 의존을 낮추는 등의 노력을 전개했으나, 2022년 한 해에 집중된 서방국들의 제재로 러시아 경제의 취약성이 재차 드러나고 있다.

러시아는 2022년부터 주요 경제국으로서는 최악의 경기침체를 겪을 것으로 보이며, 특히 서방국의 기업들이 모두 철수하고, 첨단 장비와 부품 조달이 중단됨에 따라 중·장기적 경제 기반도 지속적으로 약화될 것으로 전망된다. 특히, EU 국가들이 러시아의 최대 수출 품목인 원유와 가스 의존도를 줄임에 따라 러시아의 중·장기 경제 전망은 더욱 어려울 것이라는 게 일반적인 평가다.[52]

세계 3대 신용평가회사 중 하나인 S&P는 러시아의 국가신용등급을 BB+에서 정크 본드 수준으로 강등했고, 나머지 두 신용평가회사인 무디스(Moody's)와 피치(Fitch)도 6단계 등급을 하향했다. 러시아 증시는 MSCI 및 FTSE와 같은 주요 세계 증시에서도 퇴출당했다. 러시아 중앙은행은 루블화 폭락 등의 사태를 수습하기 위해 금리를 기존 9.5%에서 20%로 대폭 상향 조정했는데, 이에 따라 러시아의 국채 가격은 액면가의 10% 이하로 폭락했다.

러시아에 대한 무역 및 금융제재로 인해 2022년 한 해에만 러시아 GDP의 8%가 축소되었으며, 이미 300여 개의 외국 기업이 러시아에서 철수했다.[53] 상대적으로 러시아는 복잡한 첨단 기술 제품의 자체적인 생산이 불가능한데, 러시아의 수입 의존도는 지난 수년간 악화되어 왔다. 2021년 약 81%의 제조업자들은 필요한 러시아산 수입 대체재가 없다고 답했고, 50% 이상이 국내 생산 품질에 불만족하다고 응답했다.[54]

미국 재무부에서 제재 정책을 담당하는 '아데예모(Adeyemo)' 차관은 서방국가들의 제

---

52 "Russia to Suffer Worst Slowdown of Any Major Economy," *Wall Street Journal*, October 28, 2022.

53 Tunku Varadarajan, "The West's Economic War Plan Against Russia," *Wall Street Journal*, March 11, 2022.

54 Georgi Kantchev, Alexander Osipovich, "Russia's Push for Self-Sufficient Economy Fails Before Western Sanctions," *Wall Street Journal*, March 20, 2022.

재가 제대로 작동할 경우 앞으로 수년간 러시아의 GDP는 우크라이나 침공 이전과 비교해 30% 감소할 것이고, 더욱 중요한 것은 제재로 인해 러시아의 군산 복합체가 약화되어 이전 같은 군사대국으로서의 지위를 유지하기 힘들 것으로 내다보았다.[55]

반면, 다른 분석도 있다. 2022년 10월 미국 ≪뉴욕타임스≫에 매우 흥미로운 기사가 그림과 함께 실렸는데, 러시아로부터의 수입은 대폭 감소했으나, 일부 국가들은 오히려 러시아와의 교역을 늘리고 있다는 내용이었다. 우크라이나 침공 이후 2022년 10월까지 영국의 대러시아 교역은 79%, 미국은 35%가 감소했으며, 한국의 대러시아 교역도 17% 감소했다. 반면 튀르키예와의 교역은 198%, 인도와의 교역은 310%, 중국과의 교역은 64% 늘었다. 특히, 튀르키예는 전쟁 이후 러시아로부터의 수입을 113%, 중국은 24% 늘렸다.[56] 서방국들의 대러시아 교역 감소분을 중국, 인도, 튀르키예가 상쇄함에 따라 전쟁 초기 전년 대비 8.5% 감소할 것으로 전망된 러시아의 국내총생산은 2022년 3.4% 감소에 그친 것으로 추정되었다.

러시아가 에너지 수출 대금의 일부를 루블화로 지불하도록 해서 폭락했던 루블화 가치도 서서히 정상화되었고, 2021년부터 계속된 가스와 원유 가격의 상승으로 러시아는 수출 물량이 감소했음에도 불구하고 더 비싸게 원유를 수출해 2022년 러시아의 무역수지 흑자 규모는 지난해의 세 배 수준을 기록했다. 특히, 중국과 인도가 저렴한 러시아산 원유 수입을 수십 배 늘렸으므로 러시아는 2022년 에너지 수출로 연간 3000억 달러를 벌어들인 것으로 보이며, 이것은 제재로 동결된 러시아 중앙은행의 달러화 및 유로화 자산 규모와 비슷한 수준이다. 즉, 에너지 분야에 대한 제재가 거의 무력화되는 수준이다.[57]

아울러 제재가 러시아의 행동을 강제로 변화시킬 수 있을 만큼의 효과는 없다고 보는 시각도 있는데, 이런 분석의 주요 이유는 중국으로 중국이 미국과 유럽산 상품 공급자로

---

55 Wally Adeyemo, "America's New Sanctions Strategy: How Washington Can Stop the Russian War Machine and Strengthen the International Economic Order," *Foreign Affairs*, December 16, 2022.

56 Lazaro Gamio, Ana Swanson, "How Russia Pays for War," *New York Times*, October 30, 2022.

57 정호선, "때린 쪽이 더 아프다? … '제재'의 역설", SBS 뉴스, 2022년 10월 8일 자.

서 대체가 가능하다는 시각이다. 그러나 고도의 기술이 요구되는 차량, 항공기 등 운송 수단과 자본재의 경우에는 병행 수입이나 중국과의 무역 또는 자체 생산을 통한 확보는 거의 불가능하다는 분석이다. 장기적으로 러시아의 경제 기반이 약화될 수밖에 없다.

한편, 러시아 학계 인사는 러시아에 대한 서방국들의 제재를 '제재 쓰나미'라고 칭하며, 제재가 이란과 북한 등 작은 나라의 정치적 결정조차도 바꿀 수 없었는데 러시아와 중국 같은 대국의 정책을 바꾸리라고 기대하는 것은 어리석은 판단이라고 주장했다.[58] 또한, 북한, 이란 등과 마찬가지로 러시아 역시 제재에 적응하기 위한 기반을 마련하는 동시에 대(對)우크라이나 정책을 더욱 강경하게 만들 것이라고 주장하기도 했다. 아울러 전 세계 GDP의 60%를 차지하는 국가들이 러시아를 제재하고 있지만, 동시에 중국, 인도, 이란, 튀르키예 등은 실용적 이익에 기초해 행동하고 있어 러시아에게 움직일 공간을 마련해 주고 있다고 주장했다.

효과성 분석에 있어 제재의 목적을 살펴볼 필요가 있다.

기본적으로 국제사회의 특정 국가에 대한 제재는 국내법적으로 형사사법적 정의 구현과 유사하게, 나쁜 행동을 억지하고 규범을 강제하며 나쁜 행동에 벌을 주는 효과이다. 또한, 잠재적인 규범 위반 국가에 대한 경고 또는 전시 효과를 의도하고 있다. 즉, 특정 행위 불인정 및 행위 변화 강제, 미래 추가 행위 억지, 잠재적 위반자에 대한 전시 효과는 경제제재의 3대 주요 목적이다. 필자는 이번 러시아에 대한 제재는 미래 여사한 행위를 억제하고, 잠재적 국가에 대한 전시효과 차원에서 매우 중요하다고 본다.

예를 들어, 여사한 무력 침공 행위가 발생할 경우 미국, EU 등 서방국가들이 공조하고 협력하는 제재의 틀이 그대로 활용될 수 있다고 본다. 이번 러시아에 대한 제재는 서방국가들 간 '제재 파트너십'이 경제제재의 파급력과 영향력을 배가할 수 있음을 보여주었으며, 향후 유사한 사례가 발생할 경우 선례로 작용할 수 있다. 특히, 이란과 러시아에 대

---

58 Ivan Timofee, "Unprecedented Sanctions? By No Means," *Modern Diplomacy*, January 22, 2023, https://moderndiplomacy.eu/2023/01/22/unprecedented-sanctions-by-no-means/.

한 금융제재는 SWIFT로 대표되는 국제 금융거래 시스템과 기축통화인 달러화 및 유로화로 대표되는 금융제재의 효과성을 충분히 실증할 수 있는 좋은 기회였다. 예를 들어, 이러한 제재 파트너십이 중국의 대만 침략 시 그대로 활용될 것이며, 이 경우 서방의 대중 제재는 러시아보다 해외 의존도가 더 높은 중국에게 더욱 치명적이 될 것이라는 의견이 있다.[59]

관건은 제재의 충실한 이행이다. 제재 효과를 반감하는 것은 밀수 등 제재회피이다. 제재가 강화될수록 밀수로 얻는 이익은 증가하므로 제3국 기업이나 개인들의 제재회피 동기도 커진다. 이를 막기 위해 2차 제재가 필요하다. 러시아의 경우 특히 우려되는 부분은 중립국 또는 우호국을 통한 제재 우회 및 회피 가능성이다. 이와 관련해 유엔총회에서 러시아를 규탄하는 총회 결의안의 투표 결과는 시사점을 제공한다. 2022년 3월 2일 러시아의 무력 침공을 규탄하고 즉각적인 철군을 요구한 유엔총회 결의에는 5개국(러시아, 벨라루스, 북한, 시리아, 에리트레아)이 반대하고, 35개국(중국, 인도, 이란, 남아공, 파키스탄, 쿠바 등)이 기권했다.

2022년 10월 12일 러시아의 우크라이나 4개 주 불법 병합을 규탄하는 '우크라이나 영토 일체성'에 관한 유엔총회 결의에는 5개국(러시아, 벨라루스, 북한, 시리아, 니카라과)이 반대했고, 35개국(중국, 인도, 파키스탄, 남아공, 사우디아라비아 등)이 기권했다. 러시아가 유엔총회 결의안에 반대하고, 기권한 국가들을 통해 에너지 수출을 확대하고, 제재를 우회할 가능성을 간과할 수 없다.

특히, 중국은 '반외국제재법(Anti-Foreign Sanctions)'을 통해 중국 기업들에게 외국의 제재에 따르지 말도록 규정하고 있으며, 러시아는 컴퓨터, 반도체, 휴대폰 등 전자제품 수입의 약 68%를 중국에 의존하고 있다. 아울러 러시아는 유럽으로의 원유·가스 수출 감소분 중 상당량을 중국으로의 수출 증가로 상쇄 중에 있다. 인도도 러시아로부터 할인된 가

59 Gary Clyde Hufbauer, Megan Hogan, "How effective are sanctions against Russia," *Peterson Institute for International Economics*, March 16, 2022, https://www.piie.com/blogs/realtime-economics/how-effective-are-sanctions-against-russia.

격으로 원유를 수입하고 있는데, 2022년 12월에는 하루 120만 배럴을 수입해 전년 동월 대비 무려 33배가 증가했다는 분석도 있다.[60] 미국 등 일부에서 제재의 효과를 강화하고, 이들 국가가 러시아산 원유와 가스를 수입하지 않도록 2차 제재가 필요하다고 주장하는 이유이다.

60 "India Now Buying 33 Times More Russian Oil Than a Year Earlier," *Bloomberg*, January 16, 2023, https://www.bloomberg.com/news/articles/2023-01-16/india-now-buying-33-times-more-russian-oil-than-a-year-earlier(검색일: 2023.2.8.).

제9장

제재회피

제재를 많이 받을수록 제재를 회피하고 우회하는 기법도 발전하는데, 이란과 북한이 대표적인 사례이다. 특히, 2022년 2월 러시아의 우크라이나 침공으로 촉발된 서방국가들의 러시아제재가 본격화되면서 러시아가 이란과 북한의 제재회피 기법을 활용해 서방의 제재를 우회할 것이라는 우려가 제기되기도 했다. 예를 들어, 미국의 ≪월스트리트저널≫은 이란이 러시아와 공유할 수 있는 유일한 자원은 서방의 제재를 회피할 수 있는 기술이라고 하면서, 이란이 러시아에게 정교한 불법 금융망을 구축하는 노하우를 전수할 수 있고, 러시아를 대신해 은밀한 무역을 수행할 수도 있을 것이라고 보도했다.[1]

영국의 ≪파이낸셜타임스≫도 러시아가 북한의 제재회피 수법을 모방해 서방의 제재를 우회할 수 있을 것이라고 보도했다.[2] 중국 내에는 이란 및 북한과 불법으로 거래하면서 활동이 발각나기 전에 회사를 청산하고 재설립하는 중간 규모 은행들이 다수 존재하는데, 러시아도 이들 은행을 활용할 수 있다는 내용이다.

---

1 Mark Dubowitz and Matthew Zweig, "Iran's Master Class in Evading Sanctions," *Wall Street Journal* , April 5, 2022.

2 Christian Davies, "North Korea's Sanctions Evasion Points Way for Russians to Bypass the West," *Financial Times* , April 21, 2022.

아울러 중국이 러시아로부터 대폭 할인된 가격으로 원유를 수입하기 위해 전략적으로 러시아를 지원할 가능성도 배제할 수 없다고 하면서, 서방국가에 위치한 중국 은행의 지점들은 서방국의 제재를 준수하여야 하므로 러시아와의 금융거래를 거부하겠지만, 상하이에 위치한 중국 금융기관은 전략적 차원에서 러시아와의 금융거래를 처리해 줄 수 있다고 지적했다.

영국의 ≪가디언(The Guardian)≫도 러시아가 지난 6개월 동안 이란과 북한으로부터 제재를 우회하는 방법을 배웠다고 하면서, 2022년 7월 중국 소유 선박 5척이 포르투갈의 먼 해안에서 러시아 석유를 운송하는 등 남대서양에서의 암흑활동이 증가했으며, 카메룬 선적의 유조선은 러시아 원유를 운반하기 위해 선주를 변경해 가면서 최종 목적지인 말레이시아로 향했다고 전했다.[3]

무역 제재를 회피하는 가장 기초적인 방법은 금지된 물품을 밀수하는 것이다. 세계적으로 연간 약 5억 개의 컨테이너가 수송되지만, 실제로는 불과 2% 정도의 컨테이너만 검색이 이루어진다고 하므로,[4] 밀수는 여전히 중요한 부분을 차지한다. 위협평가와 선별적 컨테이너 검사 기법의 지속적인 개발이 필요한 이유이며, 제재를 충실히 이행하기 위해서는 통관 및 세관 운영 노하우와 기술교육, 정보 교환이 긴요한 이유이다.

참고로, 세계관세기구(WCO: World Customs Union)와 유엔 마약범죄 사무소(UNODC: United Nations Office on Drugs and Crime)는 2004년부터 공동으로 컨테이너 관리 프로그램(CCP: Container Control Program)을 운영하고 있는데, 금지된 물품의 밀수를 방지하기 위해 회원국의 위협평가 능력을 향상시키고, 공급망을 교란하는 행위를 억제하며, 육상·항만·공항에서 통관의 효율성을 증가시키려는 목적이다.

---

3 “Dark activities of Russian-linked oil tankers have doubled, analysis shows,” *The Guardian*, December 6, 2022.

4 Mallory, King, “North Korean Sanctions Evasion Techniques”(Santa Monica, CA: RAND Corporation, 2021), p.12, https://www.rand.org/pubs/research_reports/RRA 1537-1.html. Also available in print form.

한편, 육로를 통한 밀수를 방지하기 위해서는 무엇보다 해당국 세관 당국의 역할이 중요한데, 전략적 이해관계가 얽혀 있을 때에는 육로를 통한 밀수 시도를 고의적으로 눈감아 주는 경우가 많다. 앞서 제1장의 '유엔 안보리의 북한제재' 편에서 다루었듯이 중국과 북한 간 국경 지역에서의 밀수가 가장 대표적인 사례이다.

밀수 다음으로 시도할 수 있는 것은 상대국과의 직거래이다. 특히, 같이 제재를 받는 나라들 간 자국 또는 상대국 화폐를 사용해 직접 거래를 할 경우에는 무역 제한은 물론 금융제재도 쉽게 피할 수 있다. 러시아와 중국 등이 속한 브릭스(BRICS) 경제공동체라든지 러시아·벨라루스·카자흐스탄·키르기스스탄·타지키스탄 등이 속한 유라시아경제공동체 등이 서방의 제재를 우회해 무역을 활성화할 수 있다는 분석도 있다.

이와 관련해서 2022년 12월 21일, 미국 블룸버그(Bloomberg) 통신은 매우 흥미로운 기사를 게재했는데, 핵심 내용은 러시아와 이란이 서방의 제재를 받지 않는 유럽 동쪽 끝부분인 러시아 상트페테르부르크에서 모스크바와 카스피해를 거쳐 이란과 인도양의 뭄바이까지 이르는 별도의 교통로와 공급망을 구축하고 있다는 내용이다.[5] 이를 위해 러시아는 약 10억 달러를 투자해 이란까지의 해로와 운하를 정비하고, 이란은 역내 철도망을 정비하고 있다는 내용이다. 이미 러시아와 이란의 제재 대상 선박들이 해당 무역로 내 해로와 운하를 항행하고 있다는 정보도 곁들였다.

세 번째는 금융제재 자체를 회피하기 위한 방법인데, 대표적인 것이 자금세탁이다. 불법행위를 통해 조성된 자금을 여러 국가의 다양한 은행을 통해 입출금과 송금, 환전을 거듭하면서 자금의 출처를 숨기는 것이 가장 보편적인 돈세탁 방식이다. 또한, 사전 주의의무 등 제재를 충실히 이행할 능력이 부족한 중소 규모의 은행에 가명 또는 위장 회사 명의로 은행 계좌를 개설해 여러 명이 동시에 이용하도록 하는 방식도 가능하다. 이 경우에도 자금의 출처와 구체 흐름을 파악할 수 없다.

---

5 J. Tirone, G. Motevalli, "Russia and Iran Are Building a Trade Route That Defies Sanctions," *Bloomberg*, December 21, 2022, https://www.bloomberg.com/graphics/2022-russia-iran-trade-corridor/ (검색일: 2023.1.10.).

더 나아가 여러 개인이나 법인이 공동으로 소규모 외국 금융기관의 지분을 매입해 아예 은행을 소유하거나, 외국 회사와 합작회사를 설립해 계좌를 개설하는 방법도 있다. 해당 계좌에서 타방 합작 파트너의 명의로 자금을 이전하면 자금 출처를 은폐할 수 있다. 따라서 계좌 개설 시 차명이나 거짓 주소를 적는 경우, 같은 이름으로 주거래 은행 없이 다수의 은행에 여러 개의 계좌를 운용할 경우, 여러 개인 및 법인의 명의로 하나의 계좌만 만들어서 공동으로 사용할 경우, 또는 한 번의 금융거래로 충분한 거래를 여러 차례 나누어 거래할 경우 등에는 돈 세탁을 의심해볼 수 있다.

무역 금수와 금융제재를 가장 많이 받고 있는 이란과 북한의 사례를 살펴보자.

1. 이란

서방이 그간 이란을 대하면서 얻은 교훈은 이란 중앙은행 등 핵심 금융기관이 이란의 불법 활동을 지원하는 데 핵심적인 역할을 한다는 것인데, 예를 들어 이란 중앙은행은 하마스와 헤즈볼라 등 해외의 군사 조직들에게 불법으로 자금을 지원하는 역할을 수행하는 것으로 알려졌다. 이에 따라 미국과 EU의 이란 중앙은행에 대한 제재가 강화되었다. 미국 트럼프 행정부는 이란 혁명수비대와 그 하부 조직인 쿠드스군과 헤즈볼라 등에게 비밀리에 수십억 달러를 제공했다는 이유로 테러활동에 연루된 개인과 단체에 대해 제재를 부과하는 행정명령 13224호[6]에 따라 이란 중앙은행을 '글로벌 테러지원기관'으로 지정했다.

이란 중앙은행 등 주요 금융기관들은 외국에서 활동하는 위장 회사(front company)와 폭넓게 연결된 비밀 금융망을 운영하고 있는데, 이란의 원유 수입은 대부분 이러한 경로

---

6 E.O. 13224(2001.9.23.), "Blocking Property and Prohibiting Transactions with Persons Who Commit, Threaten to Commit, or Support Terrorism."

를 통해 이란에 전달되며 그 규모는 연간 수십억 달러에 달하는 것으로 추정된다.[7] 대표적인 사례로 이란의 원유 수출 대금을 관리하던 튀르키예 은행의 간부와 중개인이 공모해 해당 자금으로 금괴를 구입한 후 이란에 위장 반입한 사건을 소개한다.[8]

2018년 1월 튀르키예 '할크 은행(Halk Bank)'의 부행장과 금괴를 이란에 밀수출한 중개인이 미국에서 이란제재 위반 및 금융범죄로 유죄를 선고받았다. 튀르키예의 '할크 은행'은 이란의 에스크로 계좌(escrow account)를 운영하는 은행 중 하나였는데,[9] 이 은행의 부사장이 에스크로 운영 규칙을 어기고 이란의 원유 수출 대금을 무단으로 인출해 미국 금융기관을 통해 수차례의 돈세탁을 거쳐 금괴를 구입한 후 이란으로 반입했다. 피고인은 서류를 위조해 해당 금괴를 이란에 대한 인도주의 지원 품목으로 포장했으며, 2013년부터 2014년까지 이러한 수법으로 이란에 약 130억 달러 규모의 금괴를 밀수출했다.

이 과정에서 자금세탁에 대한 고전적인 수법이 모두 동원되었는데, 물품 대금을 실제보다 높여 기입하거나(over-invoicing), 같은 상품을 여러 차례, 중복으로 거래해 자금 출처를 숨기는 방식(circular invoicing) 등이 동원되었다. 또한, 거래 과정에서 튀르키예의 고위 관리들에게도 막대한 뇌물을 제공했다.

이란은 수많은 제재회피 기법을 발전시켜 왔는데, 특히 원유를 밀수출하는 데 다음과 같은 세 가지 기법을 주로 사용하고 있는 것으로 알려졌다.[10] 첫째, 공해상에서 선박 간 원유를 환적하는 방식이다. 여기에는 보통 대용량 선박이 동원된다. 여기에는 원유를 선적한 선박의 관련 서류를 위조하거나, 선박자동식별시스템(AIS: Automatic Identification

---

7 M. Karnitschnig, "Iran teaches Russia its tricks on beating oil sanctions," *Politico*, November 9, 2022.

8 Jonathan Schanzer, "The biggest sanctions-evasion scheme in recent history and the swashbuckling gold trader at its center," *the Atlantic*, January 5, 2018.

9 '에스크로 계좌'는 2012년 이란위협감소 및 시리아인권법(ITRA)에서 도입되어 이란의 원유 수출 대금을 관리했다.

10 Brett Sudetic, Omid Shokri, "Iran sanctions evasion and the gulf's complex oil trade," *Middle East Institute*, May 11, 2021, https://www.mei.edu/publications/iranian-sanctions-evasion-and-gulfs-complex-oil-trade.

System)을 끄고 항행하는 방식 등이 동원된다. 이는 북한이 원유와 정제유를 밀수입할 때 동원하는 방식이기도 하다.

둘째, 적법한 타국의 원유와 혼합(blending)해 전혀 다른 제3국의 원유로 탈바꿈시키는 것이다. 대부분 지리적으로 가까운 UAE 등지에서 이라크산 원유와 혼합해 수출하는데, 주요 수입국은 시리아, 이라크, 중국 등인 것으로 알려져 있다.

셋째, 원유를 최종 소비국에 직접 수출하는 것이 아니라 위장 회사 간 거래를 통해 수출하는 방식이다. 이 과정에서 원산지 증명 등 각종 서류가 위조된다. 시장 가격보다 대폭 할인된 가격으로 원유를 수출함에도 불구하고 이런 방식으로 2021년 한 해에만 이란의 원유 수출액이 190억 달러에 달했는데, 대부분 중국으로의 간접 수출 물량으로 추정된다.[11]

2012년 공개된 안보리 이란제재위원회의의 전문가 패널 보고서에서는 안보리 제재 대상인 이란 국영선박회사(IRISL)가 소유한 선박의 소유권 이전, 개명, 기국 변경 등을 통해 제재 우회를 시도하고 있다고 기술하고 있다. 특히, 130척 이상의 이란 국영선박회사 소유 및 임차 선박이 전 세계 약 75개 회사에 의해 운영되고 있으며, 특정 선박의 경우에는 결의 1929호 채택 이후에만 110번 이상 소유권이 변경되었다.

관건은 이런 방식으로 밀수출한 원유의 판매 대금을 확보하는 것이다. 이란의 금융망은 이란 내에 단 1달러도 들어오지 않게 하면서도 필요한 물품을 수입할 수 있도록 진화했다. 원유를 밀수출해 확보한 자금은 이란에 반입하지 않고, 수많은 위장 회사에 의해 역외에서 보관되고 관리되며, 필요한 물품을 수입하는 데 사용된다. 이란 내에는 이란 당국의 통제하에 운영되는 환전거래소(money exchange houses) 수십 개가 있는데, 이들은 중국, UAE, 튀르키예 내 위장 회사와 연결되어 원유 밀수출 자금을 관리하면서 사실상 수입 대금의 결제기관으로도 기능하는 것으로 알려져 있다. 해외에 주재하는 이란 기업들은 해외 위장 회사를 통해 이중, 삼중의 거래를 거쳐 이란 내 환전거래소와 연결되는 방식으로 금수물품의 수출입 계약을 체결하며 제재를 회피하는 것으로 알려졌다.

---

11 M. Karnitschnig, *Iran teaches Russia its tricks on beating oil sanctions*.

이렇게 축적된 이란의 금융 및 무역활동이 러시아의 경제활동과 결합하면 서방의 러시아에 대한 제재가 무력화될 것이라는 시각이 많으며, 실제 러시아-이란 관계는 제재회피를 상호 지원하면서 더욱 긴밀히 강화될 것이라는 분석이 증가하고 있다. 예를 들어, 대표적인 제재회피 수법 중 하나인 위장 회사 또는 차명계좌를 통해 자금을 세탁할 수 있고, 원유 등의 밀수출 시에도 암시장을 활용하거나 이른바 '유령활동(ghosting)'이라고 불리는 선박자동식별장치를 조작하거나 끄고 운항하는 방식 등이 그것이다.

전 세계 대용량 원유선적 선박의 약 8%는 금수 대상인 이란 및 베네수엘라 원유를 밀수입하는 데 사용되는 것으로 추정되는데, 예를 들어 말레이시아의 외딴섬에서 이란산 원유를 타국 원유와 혼합한(blend) 후에 다른 원유 상표로 탈바꿈시켜 수출하는 방식이다. 이른바 말레이시아산 원유라고 불리는 이런 혼합유를 사들이는 제일 큰손도 역시 중국으로 알려져 있다.[12]

러시아 역시 마찬가지 수법으로 이른바 라트비아유(油)를 이용하는데, 러시아 유조선이 라트비아 항구로 원유를 싣고 오면 러시아산 원유 49.99%를 다른 원유와 섞은 후 라트비아산으로 탈바꿈시켜 재판매하는 것으로 알려져 있다. 이러한 혼합유는 러시아산 비중이 50% 미만이라 제재 대상에서 제외되는데, 최대 수입처는 인도와 중국으로 알려져 있으며,[13] 심지어는 국제 메이저 원유회사인 쉘(Shell)에게까지 판매한 것으로 드러났다.

이란은 무기 금수를 어기고 재래식 무기를 비밀리에 판매하기도 하는데 보통 이란과 인접한 시리아나 아프가니스탄에 자국 항공기나 트럭을 이용해 무기들을 운반하고 있다. 예를 들어, 2012년 6월에 공개된 유엔 안보리 이란제재위원회의 전문가 패널 연례보고서에 따르면 이란발 시리아행 이란 화물기 및 화물 트럭에서 소총 및 박격폭탄이 적발되었으며, 이란에서 육로를 통해 아프가니스탄으로 운행하던 화물 트럭에서 로켓포 등 무기

---

12 Nadeen Ebrahim, "If Russia wants to evade sanctions, it could learn from Iran's playbook," *CNN*, April 15, 2022.

13 "러시아제재의 역설", ≪조선일보≫, 2022년 4월 23일 자.

류를 적발하기도 했다.[14]

2. 북한[15]

북한에 대한 유엔 안보리 및 미국의 제재가 본격화하기 전인 2016년까지 북한은 연간 약 5억 달러에서 10억 달러 규모의 무역적자를 기록하고 있었다. 이러한 적자는 어떤 방법으로든지 메꾸어야 하는데, 바로 이곳이 북한의 불법 외화벌이가 생기는 지점이다. 북한의 제재회피 수법은 제1장에서 소개했듯이 유엔 북한제재 전문가 패널의 중간보고서와 연례보고서에 상세히 기록되어 있다.

여러 개인과 단체들이 북한의 제재회피에 동원되는데, 해외 주재 북한대사관, 해외 파견 노동자, 위장 회사(front company) 및 유령 회사(shell company) 그리고 제3국의 중간거래인(intermediary) 등이 대표적이다. 위장 회사는 회사 자체는 존재하고 정식으로 등록되었지만, 불법행위와 은폐에 활용되는 회사이다. 예를 들어, 여행사로 등록되었지만, 직원이 한두 명에 불과하고, 회사 비품도 팩스 정도 밖에 갖추고 있지 않은데 실제로는 불법 무기를 중개하는 회사 등을 말한다. 유령 회사는 자본과 종업원은 물론 물리적인 사무실도 없이 단지 서류상으로만 존재하는 회사를 의미한다.

예를 들어, 2017년에 적발된 말레이시아 회사인 '말레이시아-코리아 파트너스(MKP)' 사건이 있다. MKP는 북한 무역상이 말레이시아인과 함께 설립한 현지 합작 기업으로 북한 해외근로자를 동원한 건설사업 및 북한산 석탄 밀수 등으로 수천만 달러를 벌어들였으며, 중국과 홍콩 내 북한 은행의 위장 회사로 이체하는 방식으로 북한에 자금을 송금했다.[16] 두

---

14 Security Council Report, 2016년 이란 전문가 패널 보고서(2012.6), https://www.securitycouncilreport.org/un_documents_type/sanctions-committee-documents/?ctype=Iran&cbtype=iran.

15 유엔 안보리 북한제재위원회의 전문가 패널 보고서 내용을 주로 참고했다. 패널 보고서는 유엔 안보리 홈페이지에 공개되어 있다. https://www.un.org/securitycouncil/sanctions/1718/panel_experts/reports.

번째 사례는 역시 말레이시아에 소재한 북한정찰총국의 위장 회사와 연관된 것이다. 2016년 7월 북한의 군사용 통신 장비가 중국에서 아프리카 에리트레아로 운송되던 도중 차단되었는데, 이들 장비는 북한의 정찰총국이 운영하는 위장 회사로 말레이시아에 본사를 둔 '글로콤'이 판매한 것으로 드러났다.[17]

상기 사건을 통해 볼 때 북한이 주로 현금을 확보하는 수법은 다음과 같이 요약할 수 있다. 첫째, 감시가 느슨한 개도국 국가의 현지 기업이나 은행과 합작회사를 설립해 운영하는 방식이다. 둘째, 외국에 소재하는 위장 회사 또는 유령 회사의 계좌를 통해 대금을 지급받고, 이를 인출해 현금 다발이나 금괴, 여타 보석류로 환전해 북한으로 운반하는 방식이다. 셋째, 석탄이나 광물 등 수출이 금지된 금수 품목의 경우에는 무등록 기업이나 유령 회사를 통해 거래한다. 이 과정에서 최종 사용자 증명서(end-user certificate)와 같은 수출입 서류를 조작하거나, 북한이 원산지임을 표시하는 표식을 제거하는 등 원산지 증명서를 위조한다.

북한은 수입이 금지된 이중 용도 물자도 은밀히 조달하고 있는데, 주로 위장 및 유령 회사를 통해 계약을 하거나, 중국인이나 한국인으로 위장해 외국인 중개자를 이용하는 방식을 동원하는 것으로 알려졌다. 이 과정에서 최종 사용자 증명서 등 서류를 위조하고, 무역 대금은 현금으로 지급하며, 해당 물품을 확보하면 최종 사용자를 은폐하기 위해 동남아와 중국 등 여러 나라를 복잡하게 경유해 운반하는 것으로 알려졌다.[18]

수출입이 금지된 석탄 및 원유·정제유 등의 경우에는 공해상이나 북한 해역에서 불법적인 '선박 간 환적'을 통해 밀무역을 계속하고 있는 것으로 알려져 있다. 이란 사례와 마찬가지로 석탄, 원유 및 정제유 등 무게가 나가는 물품은 선박 간 환적을 통해 이루어지는데 보통 서해 연근해나, 중국 및 북한 영해 또는 동해 공해상에서 야간에 선적되며, 중국이나 러시아 선박에서 북한 선박으로의 환적이 이루어진다.[19] 2021년 3월 안보리 북한

---

16 "말레이시아 기업 MKP, 20년 넘게 北 정권 자금줄 노릇", ≪세계일보≫, 2017년 4월 10일 자.

17 Mallory, King, "North Korean Sanctions Evasion Techniques"(Santa Monica, CA: RAND Corporation, 2021), pp.26~27.

18 같은 글, p.29.

제재위 전문가 패널의 연간보고서는 인공위성 사진, 선박 사진, 그래프까지 보여주면서 북한의 불법적인 선박 간 환적 활동을 상세하게 묘사하고 있다. 이 보고서는 세이셸군도, 사모아, 중국, 홍콩 등에 소재한 수많은 위장 회사를 통해 선박 간 환적에 관여하고 있는 선박들의 소유주를 이전하고 있다고 기록했다. 북한은 2020년 한 해에만 중국 영해에서 400여 건의 선박 간 환적을 통해 약 250만 톤의 석탄을 불법 수출한 것으로 추정된다.[20]

선박 간 환적 시 북한 선박임을 은닉하기 위해 위장 회사에 등록된 외국 선박을 동원하거나, 배의 외부 표식을 제거하고, 또는 자동선박식별장치 등을 위조하거나 끄고 운항하는 방법을 쓴다. 안보리 북한제재 결의 2397호(2017) 13항은 북한 국적 또는 연계 선박의 제재회피를 위한 자동선박식별장치 차단 행위에 우려를 표명하고, 이들 선박에 대한 감시를 강화할 것을 촉구하고 있다.

2022년 9월 안보리 북한제재위 전문가 패널의 중간보고서는 북한의 선박 간 불법환적을 방지하기 위해 회원국 내 선박 수리시설이나 선박중개인 등에 대한 정보를 상호 공유하기를 권고하고 있다.[21] 북한의 불법적인 선박 간 환적 활동에 대응하기 위해 한국과 미국, 캐나다, 호주 등도 공해상에서의 선박 단속 활동 또한 강화하고 있다. 2020년 12월에는 미국 재무부가 북한 석탄 수송에 관여한 해운업체 6곳을 제재 대상에 추가했는데, 이들 회사 소속 선박들은 유엔 안보리 결의에도 불구하고 불법적으로 북한산 석탄의 밀수출에 관여했다.[22] 신규 제재 대상으로 지정된 6개 해운업체는 북한뿐만 아니라 중국, 영국, 홍콩, 베트남 등에 본부를 두고 있는 것으로 알려졌다.

미국은 이러한 불법행위에 대응하기 위해 북한에 선박 등록 금지, 북한 선적으로의 등록 금지, 북한 선적 선박에 대한 소유·임차·운항 및 보험 제공 등을 금지하고 있다. 특히,

---

19 "러시아도 바다에서 최소 3차례 몰래 북한에 석유공급", ≪연합뉴스≫, 2017년 12월 30일 자.

20 S/2021/211(2021.3.4.).

21 S/2022/668(2022.9.7.).

22 "미 재무부, '북한 석탄 수송' 해운업체 6곳 제재 … 중국, 안보리 결의 준수해야", *Voice of America*, December 9, 2020.

북한 항구에 정박했거나, 북한 항구에 정박했던 선박과 선박 간 환적에 연루된 선박들에 대해서는 180일간 미국 입항을 금지하고 있다. 미국 재무부는 선박 운송회사 및 금융기관들에게 정기적으로 북한의 회피 행동을 알려주고 주의를 촉구하는, 일종의 주의보(advisory)를 발간하는데, 최근 북한의 선박 간 환적 등 화물운송 관련 주의보 내용을 보면 다음과 같다.[23]

선박표식 위조

화물운송은 북한이 제재를 회피하는 데 사용하는 주요 기법이다. 예를 들어, 북한은 선박표시를 물리적으로 변경한다. 일정 톤 이상 규모의 선박들은 선박명과 IMO 번호(일곱 자리 숫자)를 선박 외부에 표시하도록 규정하고 있는데, IMO 번호는 항구적인 것으로 선주나 선박 이름이 바뀌어도 고정되어 있다. 그러나 북한은 기존 선박명과 IMO 번호를 지우거나 다른 위장번호로 교체하고 있다.

선박 간 환적

화물 원산지를 숨기기 위해 항구에 정박할 때가 아니라 공해상에서 다른 선박으로 화물을 이송한다. 북한은 주로 이 방법을 통해 정유 제품을 밀수한다. 보통 선박 간 환적은 제주도 남방 서해 남쪽에서 이루어진다(해당 선박 24척의 영문 이름과 IMO 번호를 공개).

화물 선적서류 위조

선하증권(BL), 원산지 증명, 청구서, 화물목록(packing list), 보험증서, 이전 방문 항구 이력 등 화물 선적 및 운반에 필요한 서류들을 위조하고 있다.

---

23 미국 재무부 North Korea Sanctions Advisory(2019.3.21.): Updated Guidance on Addressing North Korea's Illicit Shipping Practices, https://home.treasury.gov/system/files/126/dprk_vessel_advisory_03212019.pdf.

AIS 미작동

선박자동식별시스템은 해상에서 선박 간 우발적 충돌을 방지하기 위해 고안된 것으로, 선박 정체, 특정 항로 등 운항 정보를 고주파 라디오로 송신하고, 위성 등을 통해 민간 상선 위치 서비스를 제공하는 것이다. 국제 운항을 하는 특정 톤수 이상의 선박들은 AIS를 동작하도록 되어 있는데, 북한은 이를 고의적으로 끄고 운항하고 있다. 또한 북한은 선박 이름 및 IMO 번호 등을 위조해 위조된 정보를 송신하기도 한다. 따라서 한반도 주변 공해에서 AIS를 끄고 운항하는 선박이나 선박명이나 IMO 번호 등을 위조해 송신할 가능성에 유의해야 한다.

한편, 2022년 5월 일본에서 개최된 쿼드(Quad) 정상회의에서는 '해상 영역 파악을 위한 인도·태평양 파트너십(IPMDA)을 구축하기로 합의했는데, 미국은 이를 통해 인공위성 등으로 인도·태평양에서 선박 위치추적 장치를 끈 채 불법 활동에 종사하는 선박들을(원문에서는 'dark shipping'으로 표현) 추적할 수 있다고 강조했다.[24]

아울러 이중 용도 품목 및 기술을 밀수하는 데에는 서류위조 수법이 널리 사용되는데 한 가지 예를 들면 탄도미사일 운반 및 발사 차량인 TEL(transporter, erector, launcher)의 수입 경로이다. 북한은 이를 중국 업체에서 수입할 때 수입 관련 문서를 위조했는데, 특히 최종 사용처(end-use) 증명서를 위조한 것으로 드러났다. 중국 업체는 북한 측 서류상 차량이 목재운반용으로 사용될 것으로 알고 수출했는데, 이후 TV에서 이 차량이 탄도미사일 운반 차량으로 개조되었음을 알았다고 한다. 북한은 일부 특수부품의 경우 북경 공항에서 세관에 신고하지 않고, 개인이 직접 운반하는 것으로 알려져 있다. 부피가 큰 부품의 경우 북·중 열차편이나 선박을 통해 운반하기도 한다.[25]

유럽에서 부피가 큰 금수 물품을 밀수하는 경우에는 북한이 최종 목적지임을 숨기기

---

24 미국 백악관의 QUAD 정상회의 설명 자료(2022.5.23.): FACT SHEET: Quad Leaders' Tokyo Summit 2022, https://www.whitehouse.gov/briefing-room/statements-releases/2022/05/23/fact-sheet-quad-leaders-tokyo-summit-2022/.

25 Mallory, King, "North Korean Sanctions Evasion Techniques," p.29

위해 수입 서류를 위조하고, 여러 나라를 경유해 밀반입한다. 대표적인 사례가 김정은 위원장용 고급 벤츠 밀수 건[26]이다. 밀수 경로를 살펴보면 네덜란드에서 벤츠 차량을 구매한 후 중국 다롄항으로 이동, 이후 다른 선박으로 환적해 일본 오사카항으로 이동한 후 부산으로 운반했다. 이후 부산항에서 토고 국적의 화물선에 적재되었는데, 이 화물선은 선박식별장치를 끄고 항해하다가 러시아 나홋카항에서 발견된다. 이후 북한 고려항공을 이용해 북한에 반입된 것으로 추정된다. 즉, 수입이 금지된 벤츠 고급 차량 한 대를 밀수하는 데 약 5개월에 걸쳐 4개국을 이동했고, 이 과정에서 다른 선박으로의 환적, 선박식별장치 조작, 항공운송 등의 복잡한 절차를 거쳤다.

북한의 금융제재회피 방법도 주목할 사안이다. 밀수출 및 사이버 해킹 등으로 얻은 수익은 북한이 관리하는 금융망 안으로 유입되어야 하는데, 이 과정에서 안보리와 미국의 금융제재를 우회하고 있다. 안보리 북한제재위원회 전문가 패널의 보고서와 미국 재무부의 제재 명단에 등재된 몇 가지 사례를 통해 북한의 금융제재회피 수법을 파악해볼 수 있다.

첫째, 금융제재를 피하기 위한 가장 간단한 방법은 물물교환 방식이다. 유엔 안보리 북한제재위원회의 전문가 패널 보고서에 따르면 쿠바 설탕과 북한의 재래식 무기 간 물물교환이 적발된 적이 있다. 또한, 2020년에는 홍콩에 등록된 선박이 위치 제공 서비스를 차단하고 공해상에서 20만 톤의 북한산 석탄을 밀수입하고, 그 대가로 북한에 비료를 제공하기도 했다.[27]

두 번째는 외교관이나 해외노동자를 통해 직접 현금이나 금괴 등을 운반하는 방식이다. 그러나 운송할 수 있는 현금 분량에 한계가 있다는 문제는 있다. 한 예로 2014년 2월 북한인 3명이 말레이시아 국제공항을 통해 현금 다발 145만 달러를 중국으로 밀반입하려

---

26 "北 김정은 애마 '벤츠' 밀수경로 추적해 보니 중국-일본-한국 거쳐서", ≪동아일보≫, 2019년 7월 17일 자.

27 Christian Davies, "North Korea's Sanctions Evasion Points Way for Russians to Bypass the West," *Financial Times*, April 21, 2022.

다가 적발되었으며, 2015년에는 방글라데시에 주재하는 북한 외교관이 다량의 금괴를 밀수하다가 적발된 적도 있다.[28]

세 번째는 위장 회사, 유령 회사 또는 외국과의 합작회사를 이용하는 방식이다. 이 경우, 자금 흐름을 은폐하기 위해 돈세탁 과정을 거치는데 각 회사별이 아니라 수 개의 위장 회사 및 유령 회사들의 거래를 하나의 장부로 통합해 관리하거나, 수 개의 위장 회사가 하나의 계좌를 공동으로 이용하기도 한다. 또한, 실제 거래가 이루어지는 위장 회사와 실제 자금을 이체하는 위장 회사를 분리함으로써 자금 흐름을 복잡하게 하여 자금 출처를 은폐하는 방법 등을 주로 사용하는 것으로 분석된다.[29] 실제, 북한은 중국 내 중소 규모 은행과 그 위장 회사들을 통해 교역을 하고 외화를 확보하는 것으로 알려져 있다.

조선무역은행은 북한의 대외금융사업을 총괄하고 외국환을 결제하는 북한의 대표적인 특수은행인데, 북한의 WMD 프로그램에 연루된 혐의로 지난 2013년 미국 재무부의 제재 대상에 추가되었다. 조선무역은행의 중국 내 파트너로 활동한 은행이 단둥은행(Bank of Dandong)인데, 북한 조선무역은행과 연계해 제재회피 활동을 지원하는 사실상 거점으로 지난 2017년 미국 재무부의 '돈세탁 우려기관'으로 지정되었다. 단둥은행은 20여 개 이상의 위장 회사와 유령 회사를 거느렸는데, 북한은 이들을 중간 거래자로 활용해 금수물자들을 중국을 통해 재수출하거나 수입해 왔다.[30]

네 번째는 단속이 느슨한 해외 은행과의 합작회사를 설립하고 산하에 위장 회사 또는 유령 회사를 통해 자금을 관리하는 방식이다. 대표적인 사례가 '조선대성은행'과 이의 해외 합작회사인 '대동신용은행'이다. '대동신용은행'은 북한의 조선대성은행과 홍콩의 금융회사가 합작해 설립한 은행인데 영국령 버진제도에 유령 회사인 '대동신용은행 파이낸

---

28 "北 당국자 추정 남녀 3명 145만 달러 中 밀반입 적발", ≪문화일보≫, 2015년 2월 2일 자; "북한 외교관, 방글라데시 공항서 금 27kg 밀반입", KBS 뉴스, 2015년 3월 7일 자.

29 King Mallory, "North Korean Sanctions Evasion Techniques," pp.40~41.

30 C4ADS, Sejong Institute(세종연구소), "The Forex Effect: US Dollars, Overseas Networks, and Illicit North Korean Finance"(C4ADS, 2017), pp.16~18.

스(DCB Finance Limited)'를 두고 주로 중국에서 북한의 자금을 관리해 온 것으로 드러났다. 이들 금융회사는 모두 2013년 6월 미국 재무부의 제재 대상에 추가되었다.[31]

최근에는 사이버머니 절취 및 랜섬웨어 등으로 막대한 금액의 외화벌이를 하고 있다는 여러 조사 결과도 있다. 북한은 2017년 2월 한국 암호화폐 거래소 업체인 빗썸(bithumb)을 해킹하여 700만 달러를 탈취했고, 2018년 1월에는 암호화폐를 채굴하여 본국으로 송금하도록 하는 악성 프로그램을 배포했는데, 북한은 해킹 등 불법 사이버 활동을 외화벌이 수단으로 적극 활용하면서 제재를 우회하고 있다.[32] 북한제재위 전문가 패널은 2021년 3월에 공개한 중간보고서에서 2019년부터 2020년 11월까지 북한이 훔친 가상자산(virtual assets)의 총액이 3억 달러에 이른다고 추정했다.[33]

북한과 연계된 해커들이 2022년 한 해에만 10억 달러 이상의 암호화폐를 훔친 것으로 보인다는 연구 결과도 있는데, 미국 '자유아시아방송(RFA)'은 북한과 연계된 해커 조직인 '라자루스(Lazarus)'와 같은 북한의 해커 조직이 암호화폐 거래소에 대한 공격을 강화하면서 피해액이 급증하고 있다고 보도했다.[34] 대표적인 사례가 2016년 북한 해킹 조직인 라자루스 그룹(Lazarus Group)이 방글라데시 중앙은행 예치금 약 8000만 달러를 탈취한 사건이다.[35] 북한 해커들은 방글라데시 중앙은행을 해킹, 뉴욕 연방은행에 보관 중인 방글라데시 중앙은행의 자산 약 10억 달러를 마닐라의 한 은행으로 이체하라는 35건의 이체 요청을 내려보냈다. 이 과정에서 실수가 생겨 일부 이체가 중단되었지만, 북한 해커들은 8100만 달러를 탈취할 수 있었다.

해당 달러화는 여러 은행 계좌에서 입출금을 반복하고 환전되는 등의 자금세탁 과정을

---

31 미국 재무부 보도자료(2013.6.27): "Treasury Sanctions Bank, Front Company, and Official Linked to North Korean Weapons of Mass Destruction Programs."

32 김보미, 「북한의 암호화폐 공격과 미국의 대응」, 국가안보전략연구원 전략보고 No.191(2022.11), 7~9쪽.

33 S/2021/211(2021.3.4.), p.56.

34 "북, 올해 들어 암호화폐 10억 달러 탈취", *Radio Free Asia*, August 16, 2022.

35 C4ADS, Sejong Institute(세종연구소), "The Forex Effect: US Dollars, Overseas Networks, and Illicit North Korean Finance," p.9.

거쳤다. 우선 해당 금액은 필리핀의 한 중소은행에 예치되었다. 예금주는 위조 서류를 이용해 계좌를 개설했으며, 이후 해당 자금을 전액 인출해 필리핀 페소화로 환전한 후 중국계 필리핀 사업가의 계좌로 다시 이체했다. 이후 고급 카지노에서 고액권 칩을 구입하는 데 사용되었으며, 칩을 다시 현금으로 환전한 이후 사라졌다.

또 다른 조사 결과에 의하면 북한은 2022년 3월 '엑시 인피니티'라는 게임 회사를 해킹해 6억 2000만 달러(약 8300억 원) 상당의 암호화폐를 탈취했다.[36] 특히, 블록체인 기술을 이용하면 거래소 등 중개인의 개입 없이 당사자 간 계약이 자동 실행되므로 금융 당국의 사전 방지 및 사후 적발이 매우 어렵다.

최근에는 북한 IT 인력들이 해외 각지에 체류하면서 자신들의 국적과 신분을 위장해 전 세계 IT 분야 기업들로부터 일감을 수주해 매년 수억 달러에 달하는 외화를 벌어들이고 있는 것으로 파악되어 한국 정부가 주의보를 발표하기도 했다.[37] 정부 발표에 따르면 군수공업부, 국방성 등 안보리 제재 대상 기관에 소속되어 있는 북한 IT 인력 상당수가 외국인으로 신분을 위장하고 IT 분야 프리랜서로 활동하면서, 북미·유럽·동아시아 선진국 소재 기업들로부터 컴퓨터 소프트웨어 및 모바일 어플리케이션 등을 개발하는 일감을 수주하거나, 외국인 프리랜서 프로그래머와 업무협력 관계를 맺어 프로젝트를 함께 수행하며 보수를 나눠 갖는다.

미국과 EU 등에서는 제재 대상 개인 및 단체와 거래할 시 사전 주의의무를 부여하면서 '먼저 거래 상대방을 파악할 것을' 요구하고 있는데, 은행과 기업들은 다수의 거래자가 동시에 참여하여 상호 연결되는 방식으로 다수의 상업 및 금융계약이 체결될 경우 같은 거래에 참여한 모든 당사자를 파악하는 것은 불가능하다는 점을 호소하고 있다.[38]

---

36 "北, 3월에 8,300억 원 암호화폐 탈취, 근절책 마련해야", ≪연합뉴스≫, 2022년 11월 17일 자.

37 외교부 보도자료(2022.12.8.): 「북한 IT 인력에 대한 정부 합동주의보 발표」, https://www.mofa.go.kr/www/brd/m_4080/view.do?seq=373124&page=1(검색일: 2022.12.9.).

38 "Iran Sanctions: A Consultative Discussion with US State Department," International Commerce, HFW(법률회사), November 4, 2010.

제10장

제재 유예·면제·해제

1. 안보리 제재 면제 및 해제

제재 완화 및 해제에는 면제(waiver), 예외(exemption 또는 relief), 유예 또는 중지(waive 또는 suspension), 지정 해제(removal of designation), 해제(lift, terminate) 등의 개념이 있다. 면제는 제재 대상 행위이지만 제재 조치를 취하지 않는 것을 의미하고, 예외는 제재 대상 행위에서 제외되는 것이다. 유예 또는 중지는 제재 대상 행위이며, 제재 조치도 유효하지만 일정 기간 동안 제재 조치를 취하지 않는 것을 의미한다.

안보리가 부과하는 제재를 일시적으로 면제하거나 예외를 부여하는 것은 해당 제재위원회의 만장일치로 결정한다. 그러나 안보리가 부과하는 제재 내용을 수정하거나, 해제하는 것은 새로운 안보리 결의를 통해서만 이루어질 수 있다. 안보리 결의를 통해 제재가 해제된 대표적인 사례로 비교적 최근에 있었던 라이베리아, 리비아 및 이란의 사례를 살펴본다.

1) 라이베리아

2003년 12월, 라이베리아에서는 1990년대 내란의 주범이자, 집권 후에는 폭정과 이웃 시에라리온 반군에 대한 무기 지원으로 악명이 높았던 테일러(Charles Taylor) 대통령이 사임하고, 내전 당사자 간 평화협정이 체결되어 과도정부가 수립되었다. 이런 상황 변화에 따라 유엔 안보리는 라이베리아로의 무기류 수출 및 이전 금지를 완화하면서, 동시에 다이아몬드와 목재 수출로 인한 수입이 내전 재발에 악용되지 않도록 두 물품의 수출을 금지하는 제재 결의 1521호(2003)를 채택했다. 라이베리아에 대한 유엔의 무기 금수는 내전이 한창이던 1992년 11월 결의 788호부터 시작되었으나, 결의 1521호(2003)부터는 라이베리아 군대와 경찰을 훈련하고 지원하는 데 사용된다는 전제하에서만 제재위원회의 승인을 받아 수입하도록 했다.

결의 1521호에는 제재 해제를 위한 조건도 제시되었다. 결의 7항과 8항에는 라이베리아 과도정부가 라이베리아산 다이아몬드 원석이 투명하고 국제적으로 입증된 방식으로 채굴되었다는 점을 증명할 법적 체제를 갖출 경우,[1] 다이아몬드 금수 조치를 해제하겠다고 명시했다. 결의 11항과 12항에는 과도정부가 원목 수출을 통해 벌어들인 재원이 분쟁을 격화하는 데 사용되지 않고, 과도정부의 통제하에 라이베리아 국민들을 위해 쓰인다는 점을 확인하면 수출 금지를 해제하겠다는 조항도 포함되어 있다.

유엔 안보리는 2006년 6월 결의 1689호를 채택해 라이베리아의 원목 및 목재 제품의 수출 금지를 해제했다. 해제 내용은 다음과 같다.

유엔 헌장 제7장에 따라,

1. 결의 1521호(2003)에 의해 회원국들에게 부과된 라이베리아로부터의 원목과 목

1 다이아몬드의 공정거래를 보장하는 킴벌리 프로세스(Kimberley Process)를 의미한다. 이는 분쟁 지역에서 생산된 다이아몬드가 국제시장으로 진입하는 것을 막기 위해 다이아몬드 원산지를 추적할 수 있도록 한 제도이다.

재의 수입을 금지하도록 한 조항을 갱신하지 않기로 결정한다(Decides not to renew the measure …).

또한, 안보리는 2007년 4월 27일 결의 1753호를 채택해, 라이베리아의 다이아몬드 수출 금지 조치도 해제했다.

유엔 헌장 제7장에 따라,

1. 결의 1521호(2003)에 의해 부과되고, 결의 1731호(200603)에 의해 갱신된 다이아몬드와 관련된 조치들을 종료하기로 결정한다(Decides to terminate the measures on diamonds …).

2016년 5월 25일, 유엔 안보리는 라이베리아 정부가 모든 국민을 위한 새로운 라이베리아를 건설하는 데 지속적인 진전이 있었음을 환영하면서, 단 2개의 조항으로만 이루어진 결의 2288호를 채택해 라이베리아에 대한 무기 금수를 해제하고, 제재위원회와 전문가 패널도 해산시켰다.

유엔헌장 7장에 따라,

1. 결의 1521호(2003), 1683호(2006), … 2128호(2013)에 따라 취해진 무기거래 관련 조치를 즉시 종료한다(decides to terminate …).
2. 결의 1521호(2003)에 따라 설치된 제재위원회와 전문가 패널을 즉시 해산한다(… decides further to dissolve).

2) 리비아

과거 유엔 안보리에서 리비아에 대한 제재 해제가 이루어진 사례가 있으나, 이는

WMD에 관련된 것이 아니라 테러리즘과 관련된 제재였다. 첫 번째는 1988년 영국 스코틀랜드 상공에서 발생한 팬암(Pan Am) 항공기 폭파 사건과 1989년 니제르에서 발생한 프랑스 항공사(UTA) 소속 여객기 폭파 사건으로 인해 부과된 제재를 해제한 것이었다.

안보리는 리비아가 1988년 팬암기 폭파 사건 용의자의 신병 인도를 거부하자 1992년 결의 748호를 채택, 무기 금수와 항공기 운항 금지라는 제재를 부과했고, 1993년에는 결의 883호를 채택해 리비아 정부의 해외자산 동결, 원유시추 장비 금수 및 원유·가스 운송 분야에 대한 제재를 부과했다. 리비아가 사건 발생 11년 만에 테러용의자를 유엔 측에 인도하기로 함으로써 유엔 안보리는 결의 1192호(1998)를 채택, 앞선 결의에 따른 제재 조치를 중지(suspend)했다. 해당 결의 원문은 다음과 같다.

> 제8항 유엔 사무총장이 테러용의자 두 명이 재판을 받기 위해 네덜란드의 법정에 도착했음을 안보리에 보고하는 즉시 앞선 제재 조치를 즉각 중지(suspend)하기로 결정한다 ….

미국과 영국은 리비아 정부가 항공기 폭파 테러에 대한 책임을 인정하고 피해자들에게 배상할 경우에만 안보리 제재를 해제하겠다는 입장이었는데, 결국 리비아가 270여 명의 피해자 각 1인당 500만~1000만 달러를 배상하기로 유족들과 합의함에 따라 제재 해제의 길을 텄다. 2003년 9월 12일, 안보리는 대(對)리비아 제재 해제 결의안을 표결에 부쳐 13대 0으로 통과시켰다. 15개 안보리 이사국들 가운데 미국과 프랑스가 표결에 불참한 가운데 제재 해제결의인 1506호가 채택되었다. 이로써 영국에서의 여객기 폭파 사건과 관련해 유엔이 리비아에 취해온 제재가 11년여 만에 해제되었다. 결의 1506호는 다음과 같이 시작된다.

> 유엔헌장 제7장에 따라,
>
> 1. 제재 결의 748호(1992)와 제재 결의 883호(1993)상의 해당 항목의 조치(제재)를 즉시 해

제하기로(lift) 결정한다.

다른 하나는 2011년 '아랍의 봄' 혁명 당시 리비아 정부가 민주화 시위를 폭력적으로 진압하고, 이후 내전으로 비화되는 과정[2]에서 유엔 안보리가 채택한 일련의 제재 결의와 관련된 것이다. 안보리는 시위대를 유혈 진압한 카다피(Gaddafi) 정권에 대한 제재의 일환으로 2011년 2월과 3월 각각 제재 결의 1970호와 1973호를 채택해 무기 금수를 부과하고, 카디피 정권과 관련 개인 및 기관들이 직간접적으로 소유 또는 관리하는 자산을 동결했다. 2011년 8월, 카다피 정부가 전복되고 시민군이 트리폴리를 장악한 이후에 시민군과 민주 정부로의 전환을 지원하기 위해 무기 금수 및 자산 동결 조치를 부분적으로 해제했다. 2011년 9월 16일에 채택된 안보리 결의 2009호는 이전 카다피 정권을 대상으로 한 무기 금수 및 자산 동결 조치를 부분적으로 해제했다.

관련 조항을 소개하면 다음과 같다.

제13항(무기금수) … 제재위원회에 사전 통보한 날로부터 5 근무일 이내에 제재위원회의 반대가 없으면 제재 결의 1970호(2011)에 의해 부과된 무기금수 조치는 리비아 당국의 안전과 리비아 당국의 여타 단체 무장해제 노력을 지원하기 위한 목적에는 적용하지 않기로(shall not apply) 결정한다(decides).

자산 동결 조항

제14항 리비아 국영원유회사와 주웨티나(Zueitina) 원유회사를 결의 1970호 관련 조항 및 1973호 관련 조항상의 자산 동결 대상에서 제외한다(shall no longer subject to the asset freeze) …

---

2 2011년 리비아 사태의 현황과 의미에 대해서는, 인남식, 「최근 리비아 사태의 현황과 의미」, ≪IFANS FOCUS≫, 2011-07에 잘 정리되어 있다.

제15항 안보리 결의 1970호 및 1973호의 관련 조항상 리비아 중앙은행, 리비아 아랍외환 은행, 리비아투자청 … 등에 대한 제한 조치를 수정한다(decides to modify).

위 15항의 원문은 복잡하게 구성되어 있지만, 요점은 이전 카다피 정권과 관련되어 동결된 자산은 계속 동결되지만, 안보리 결의 2009호 채택일인 2011년 9월 16일 이후부터는 유엔 회원국과 이들 금융기관과의 거래를 허용하며, 이날 이후 형성된 새로운 자산은 동결 대상에서 제외한다고 결정한 것이었다. 이후 2011년 12월 유엔 안보리 산하 리비아 제재위원회는 리비아 중앙은행 및 외환은행을 아예 자산 동결 대상에서 제외함으로써 모든 자산 동결을 해제했다.

안보리 제재 면제 과정에서 산하 제재위원회의 역할이 중요하다. 제재위원회는 안보리 결의에 의해 설립되고, 안보리 결의에 따라 운영되므로 제재 해제 등 제재 관련 내용 자체를 변경할 권리는 없다. 다만, 안보리 제재 결의가 허용한 범위 내에서 특정 제재의 면제나 유예를 결정할 수 있다. 안보리 결의가 모법(母法)이며, 제재위원회의 제재 면제 및 유예결정은 시행령에 비유할 수 있겠다.

리비아 제재위원회는 2011년 12월, 리비아 제재 결의 1970호 및 1973호에 의해 자산이 동결된 리비아 중앙은행과 리비아 외환은행의 해외자산 동결을 해제했다. 이는 앞서 소개한 안보리 결의 2009호로 이들 금융기관에 대한 자산 동결 조치를 수정한 이후 제재위원회가 자산 동결 대상 명단에서 리비아 중앙은행과 리비아 외환은행을 제외하는 방식으로 이루어졌다.[3]

EU도 2011년 9월1일 리비아 반군 지도부와 경제복구 노력을 지원하기 위해 리비아 중앙은행과 항만을 포함한 28개 리비아 기업에 대한 자산 동결 조치를 해제했다.[4] 이에 앞

---

3 안보리제재위원회 보도자료: SC/10493(2011.12.16.), “Security Council Committee Concerning Libya Removes Names of Two Entities from Its Travel Ban, Assets Freeze List,” https://press.un.org/en/2011/sc10493.doc.htm.

4 “EU eases Libya asset freezes to boost new government,” *Reuters*, September 23, 2011.

서 미국도 리비아의 과도정부를 지원하기 위해 독자적으로 제재를 부과했던 미국 내 리비아 중앙은행과 외환은행 자산 약 370억 달러의 동결을 해제했다.[5]

3) 이란

최근의 사례로는 앞서 이란제재 편에서 자세하게 살펴보았던 이란 핵합의(JCPOA) 이후 채택된 안보리 결의 2231호(2015)이다. 앞서 살펴보았듯이 유엔 안보리는 이란에 대해 4개의 제재 결의를 채택했다. 그 후 2015년 5월 JCPOA가 타결되고 기존 안보리 제재 결의를 해제하기로 합의함에 따라 2015년 7월 20일 결의 2231호를 채택했다. 이 결의 제7항에서는 국제원자력기구가 이란의 핵 의무 이행을 확인하는 보고서를 제출하면 기존 이란제재 결의상 제재는 종료됨을(terminated) 명시하고 있다.

> 이란 결의 2231(2015년) 제7항
>
> … 유엔헌장 41조에 따라 다음과 같이 결정한다. … IAEA에서 (이란의 초기 핵 의무 이행을 확인하는) 보고서를 접수한 때, 결의 1696(2006), 1737(2006), 1747(2007), 1803(2008), 1835(2008), 1929(2010), 2224(2015)상 조치가 종료된다(terminated).

2. 안보리 제재와 북한

중국과 러시아는 북한을 비핵화로 이끌기 위해 선제적으로 안보리 제재를 해제할 필요가 있다는 이유로 2019년 12월과 2021년 10월 일부 제재를 해제하는 결의안 초안을 제출한 적이 있다.[6] 언론 보도에 따르면 중국과 러시아가 제출한 결의안에는 북한에 비핵화

---

5 "Libya set to get back $37 billion from U.S.," *CNN Money*, October 20, 2011.

의 인센티브를 제공하기 위해 섬유, 해산물, 외국 노동자, 조형물(동상) 수출에 대한 제재를 선제적으로 해제하자는 내용을 담은 것으로 알려졌는데, 이는 2016년 이전 북한의 수출 금액 약 50%에 해당하는 제재를 해제하자는 것이었다.[7]

그러나 북한제재 결의 2397호(2017) 제28항 등 이전 북한제재 결의 모두 제재 중단 및 해제의 조건으로 북한의 모든 안보리 결의 준수를 규정하고 있다. 북한의 핵 및 미사일 개발이 지속되고 있는 상황에서 북한의 실질적이고 구체적인 비핵화 조치와 연계 없이 안보리 제재를 선제적으로 해제하는 데 미국 등 안보리 이사국들이 동의할 리가 없다. 즉, 현행 안보리 제재 결의상 북한의 조치가 선행되지 않는 한 안보리 제재 해제는 불가능하다.

하지만 안보리 북한제재 결의상 인도주의적 면제 등 조항을 활용해 인도주의 활동에 대한 부분적이고 일시적인 제재 면제(exempt)는 가능하다. 결의 2397호 제25조는 "제재위원회가 조선민주주의인민공화국 내의 국제기구 및 비정부기구들의 업무를 촉진하거나 안보리 결의 목표를 이루는 데 면제가 필요하다고 결정하는 경우, 위원회는 사안별로(case-by-case) 면제할 수 있다"고 규정하고 있다. 이와 같은 제재 면제 규정은 결의 2321호 46조, 2371호 26조, 2375호 26조에도 거의 유사한 내용으로 규정되어 있다.

이에 따라 북한제재위원회(1718 위원회)는 북한과의 외교협상을 지원하기 위해 필요한 부분이나, 인도적 사업 등에 대해서는 제한적 범위에서 특정 제재를 면제하고 있다. 북한 대표단의 국제회의 참가, 북한 내 외국 대사관 유지 및 국제기구의 북한 내 인도주의적 사업 추진 등에 필요한 금융거래는 상시적으로 제재가 면제된다. 아울러 구소련에 대한 북한의 채무를 상환하기 위한 목적으로 러시아 은행과 북한 은행 간 금융거래도 허용되고 있다.

---

6 "중·러, '대북제재 완화' 결의안 초안 안보리 회람 …" *VOA*, 2021년 11월 2일 자.

7 Stephan Haggard and Liuya Zhang, "The China-Russia Security Council Resolution Part 1: Sanctions Relief," *The Peninsula*, January 28, 2020.

최근의 사례를 들어보면, 안보리 북한제재위원회는 2018년 북한 대표단의 평창 동계 올림픽 참가, 이산가족 상봉을 위한 금강산 면회소 내 화상 시스템 설치, 남북철도 연결을 위한 사전 조사 및 비무장지대 북한 지역 내 지뢰 제거를 위한 중장비 반입 등에 대해 제재를 면제했다.

북한제재위원회는 2018년 8월 인도주의적 활동과 관련한 제재 면제 가이드라인을 작성한 이후 수시로 상황 변화를 반영해 이를 개정해 왔다. 이 가이드라인에는 면제 신청에 포함되어야 할 내용, 면제 신청 절차, 면제 승인 절차 등을 상세하게 설명하고 있다.[8]

인도주의적 면제를 신청할 경우, 북한에 제공될 품목 및 서비스의 구체 사양, 제공 목적, 최종 사용자 및 전용방지 대책 등이 포함되어야 한다. 예를 들어, 유엔 회원국들과 국제기구 또는 비정부기구가 '북한 주민들을 위한 인도주의적 지원의 성격', '북한 측 수혜자에 대한 상세 설명과 수혜자 선정 기준' 등 10개 항을 담은 면제 신청서를 제출하면 북한제재위원회가 승인 여부를 검토한다.

북한제재위원회는 2020년 12월 코로나 팬데믹으로 인해 북한 내 인도주의적 상황이 악화한 현실을 반영해 가이드라인을 개정, 인도주의 활동을 위한 제재 면제 기간을 기존 6개월에서 9개월로 연장하고, 코로나 지원 등 시급한 지원의 경우 해당 사업 주체가 회원국 정부를 경유하지 않고 직접 제재위원회 사무국에 신청할 수 있도록 했다. 유엔은 2017년 이후 2022년 2월까지 대북제재 면제와 관련한 총 100건의 요청을 받았으며, 이 중 85건을 승인했다고 밝혔다.[9]

안보리는 새로운 결의를 통해서만 특정 제재를 수정(modify)·중단·해제할 수 있다. 북한제재 결의 2397호(2017) 28항도 북한의 결의 준수 여부에 따라 제재 조치들을 강화·수정·중단 또는 해제할 준비가 되어 있음을 확인하고 있다. 이에 따라 북한의 선제적 행동

8 안보리 보도자료 SC/14375(2020년 12월 8일): "SC 1718 Sanctions Committee Approves Updates to Notice on Exemption Procedure for Humanitarian Assistance to DPRK."

9 "대북제재가 인도적 지원 막는다는 중국 주장 사실과 달라", *VOA*, 2022년 2월 10일 자.

을 전제로 다음과 같은 제재 면제 및 해제 방식이 가능할 것이다.

첫 번째는 북한이 완전히, 그리고 불가역적인 방식으로 모든 핵 프로그램을 폐기하기 전까지는 모든 제재를 그대로 유지하는 방안이다. 그러나 이는 북한이 강하게 거부할 것이고, 북한의 결의 준수 여부에 따라 기존 제재 조치들을 강화·수정·중단·해제한다는 안보리 결의의 규정과도 맞지 않다.

둘째, 비핵화와 한반도 평화체제 구축이라는 최종 상태(end-state)나 로드맵 없이 북한의 특정 비핵화 조치와 특정 제재의 중단이나 해제를 연계하는 방식이다. 1994년 제네바 합의와 2012년 2월의 윤달합의 등이 이러한 사례에 속한다. 그러나 이러한 방식은 북한의 핵 프로그램이 초기 단계였으므로 가능했는데, 북한의 핵 프로그램이 고도화된 현 단계에서는 완전한 비핵화라는 최종 목적지에 도달할 가능성이 불투명하고, 부분적 합의에만 머무를 가능성이 있다는 문제가 있다.

셋째, 기존 제재 조치들을 수정하는 방안이다. 예를 들어, 특정 물품의 수출을 허용하되, 수출 상한(cap)을 설정하거나, 특정 기간 동안에만 허용하는 방안이다. 또는 원유를 포함한 민생과 관련된 특정 물품의 수입량을 상향 조정하거나, 특정 기간 내에만 수입하도록 하는 방안이다. 안보리 산하 북한제재위 전문가 패널도 제재 대상인 일부 수출 품목을 선별적으로 면제해 해당 수익금을 인도 지원 자금으로 사용하는 방안을 고려할 것을 권고했다.[10]

네 번째는, 최종 목표(end-state) 및 이에 도달하는 로드맵에 합의한 후 단계적으로 상응하는 행동 대 행동 방식으로 제재를 중단하거나 해제하는 방안이다.

어떤 방식을 채택하더라도 한 가지 분명한 사실은 안보리 북한제재 결의가 지속적으로 확인한 대로, ① 북한의 조치가 우선되어야 하며, ② 제재의 중단이나 해제는 북한의 구체적인 비핵화 조치와 연계해 이루어져야 한다는 점이다. 이 점에서 볼 때, 네 번째 방안이 가장 바람직한 것으로 본다. 다만, 완전한 비핵화 이전에 협상이나 진전이 교착될 수 있

10 S/2023/171(2023년 북한제재위 전문가 패널 연례보고서), p.487.

으며, 북한으로서는 필요한 제재 해제를 이루고 난 뒤에는 더 이상 앞으로 나아가지 않을 가능성이 있다는 점에는 주의해야 한다. 북한으로서는 어느 정도의 제재 해제를 통해 어느 정도의 경제적 수요만 충족시키면 핵무기 포기 공약을 위반할 유인이 있기 때문이다. 이를 막기 위해서는 북한이 가장 필요로 하고 아파하는 제재는 북한의 완전한 비핵화와 연계해 맨 뒤에 해제해야 한다.

유엔 안보리 대북한제재의 중단 또는 해제와 관련해 명심해야 할 점이 두 가지 있다.

첫째, 안보리 제재가 완화 또는 해제된다고 해도 대부분의 안보리 제재 내용이 미국의 독자제재에 강화된 수준으로 포함되어 있으므로 안보리만의 제재 완화와 해제 효과는 제한될 수밖에 없다는 점이다. 유엔 안보리가 제재 결의를 채택할 경우 미국은 '유엔참여법'에 의해 해당 제재를 즉각 국내적으로 이행한다. 그러나 안보리 제재가 해제되었다고 해서 미국의 독자제재까지 자동적으로 해제되는 것은 아니다. 미국은 안보리 제재와는 별도로 독자적으로 제재를 부과하고, 유예하고, 해제한다. 결의 2231호에 의해 무기 금수 등 이란에 대한 안보리 제재가 대부분 해제되었으나, 미국의 이란에 대한 독자제재로 인해 여전히 무기 금수가 유지되고 있고, 이란과의 금융거래도 불가능한 이유이다.

안보리의 북한제재 조치는 보통 미국의 독자제재에 확대·강화되어 반영되어 있는데, 북한을 특정한 제재 법률에서 의무적으로 제재를 부과해야 할 사안으로 규정한 경우에는 안보리 제재가 해제되어도 미국의 해당 법률이 수정되거나 폐기되지 않는다면 안보리 제재 효과는 사실상 없다고 보아야 한다. 안보리 결의로 관련 제재가 해제되어도 해당 분야에서의 미국 독자제재가 유지된다면, 해당 행위는 미국의 독자제재를 위반하게 되기 때문이다. 예를 들어, 안보리 결의 2397호상 금지된 북한 노동자의 해외 송출 관련 행위는 미국의 '오토웜비어법'에 강화되어 반영되어 있는데, 고의로 북한 노동자의 해외 송출 또는 고용에 직간접적으로 관여하거나, 이러한 행위를 지원·촉진할 경우 의무적으로 제재하도록 되어 있다.

마찬가지로 안보리 결의 2397호상 의심 선박을 대상으로 보험 등의 금융서비스 제공을 금지한 내용은 '오토웜비어법'에도 유사하게 반영되어 있는데, 북한이 소유·통제·관리하는 선박을 임대하거나, 등록하거나, 또는 보험 제공 등 직간접적으로 금융서비스 제공 등에 관여할 경우 의무적으로 제재를 부과하도록 되어 있다.

북한으로부터 동, 아연, 니켈 등 광물의 수입을 금지한 안보리 결의 2321호의 규정은 '적성국제재법' 북한 편에 반영되어 있는데, 이 법은 고의로 북한으로부터 상당한 규모의 동, 은, 니켈, 아연 등을 구매 또는 획득할 경우 의무적으로 제재를 부과하도록 하고 있다. 안보리 결의 2397호상 원유 및 정유 수입에 각각 연 400만 배럴, 50만 배럴의 상한을 규정한 내용은 '오토웜비어법'에 반영되어 있는데, 안보리 결의의 상한을 초과하는 원유 및 석유제품의 수출입에 고의로 직간접적으로 관여할 경우 의무적으로 제재를 부과하도록 하고 있다.

북한 금융기관과의 환거래 계좌 설립 및 유지를 금지한 결의 2270호의 내용도 그대로 '오토웜비어법'에 반영되어 제재 대상에게 고의로 금융서비스를 제공할 경우 의무적으로 제재를 부과하도록 하고 있다. 북한의 수산물, 석탄 및 철광석의 수출을 금지한 안보리 결의 2371호와 섬유류의 수출을 금지한 결의 2375호도 '오토웜비어법'에 반영되어 있는데, 고의로 상당한 규모의 북한산 석탄, 섬유, 수산물, 철 및 철광석의 수출입에 관여할 경우 의무적으로 제재를 부과하도록 되어 있다.

다만, '고의적으로(knowingly)'라는 단서를 해석할 때 안보리 제재위원회의 면제를 받은 사안은 고의에 해당하지 않는다고 판단할 수는 있겠다. 예를 들어, 유엔 북한제재위원회는 북한 내 대사관 운영 및 유엔 등 국제기구의 인도적 활동 수행에 필요한 경우에는 북한 은행과 환거래 계좌를 운영할 수 있도록 면제를 부여했는데, 이에 따른 금융거래는 고의적으로 수행한 것이 아니므로 미국의 법률에 저촉되지 않는다고 해석할 수 있다.

반면, 제재 법률에 반영되어 있지만, 의무적 제재가 아니라 행정부의 재량에 맡긴 경우에는 안보리 제재의 면제 또는 해제가 효과를 볼 수 있다. 예를 들어, 결의 2397호는 북한의 조업권 거래를 금지하고 있으며, '적성국제재법'에도 고의로 북한 정부로부터 조업권을 구매하거나 획득하는 것을 금지하고 있다. 그러나 해당 행위자에 대한 제재 부과 여부는 행정부의 재량하에 위임했다.

또한, 행정명령에 의해 부과된 제재는 대통령의 재량 사항이므로 상황에 따라 행정부가 해제할 수 있다. 예를 들어, 안보리 결의 2375호는 북한 선박과의 '선박 간 이전'을 금지하는데, 미국 행정명령 13810호도 북한 선박과 환적 활동을 한 선박은 미국 입항을 금지하고 있다.[11] 이에 따라 해당 안보리 제재가 면제 또는 해제될 경우 이론상 미국 대통령도 재량에 따라 해당 행정명령의 적용을 유예하거나 취소할 수 있다.

둘째, 미국의 북한에 대한 독자제재는 WMD 및 탄도미사일 분야에만 국한된 것이 아니라, 인권·테러리즘·화폐 위조·사이버 해킹 등 이른바 '불법 활동'으로 규정한 행위들에도 중복적으로 부과되고 있다는 점이다. 따라서 유엔 안보리가 북한의 WMD 프로그램과 관련된 제재를 중단 또는 해제하고, 미국도 이에 상응해 핵·탄도미사일 관련 제재를 해제한다고 해도, 같은 내용과 수준의 제재가 북한의 인권·테러리즘 등 여타 불법행위에 대해서도 부과되고 있으므로 해당 제재가 완전히 해제되는 것은 아니다. 이에 대한 내용은 앞서 미국의 북한에 대한 독자제재 편에서 상세히 다룬바 있다. 바로 이러한 두 가지 이유로 인해 안보리 제재보다는 미국의 독자제재상 제재 유예·중단·해제 요건을 면밀히 살펴봐야 한다.

3. 미국의 독자제재 해제

미국의 독자제재에서 제재 유예, 면제 및 해제 방식은 크게 세 가지로 나눌 수 있다. 첫째, 법률에 규정한 대통령의 유예(waive) 권한을 활용해 일시적으로 제재의 적용을 유예하거나 중단하는 방식이다. 다만, 대통령은 해당 법률에서 지정한 제재 자체를 해제할 수는 없다. 특정 국가를 대상으로 하는 제재 법률이 아닌 대부분의 일반 법률은 대통령이 국가안보 및 외교 정책상 필요하다는 이유로 제재를 유예 또는 면제할 수 있는 권한을 폭

11 E.O. 13810(2017.9.20.): Imposing Additional Sanctions With Respect to North Korea, Section 2(b).

넓게 인정하고 있다.

대표적으로 '국제경제긴급권한법'은 대통령에게 WMD 확산 등을 이유로 국가긴급사태를 선포하고 특정 제재를 부과하도록 하고 있는데, 마찬가지로 국가안보에 필요할 경우 대통령 재량에 따라 제재를 유예하거나 중단할 수 있도록 했다. 2018년 '수출통제개혁법'도 대통령이 국가안보상 필요하다고 판단할 경우에는 특정 분야 수출 통제를 유예할 수 있다. 1976년 '무기수출통제법'은 WMD 및 미사일 확산, 농축, 핵분열 물질 및 기폭장치 등의 이전, 테러리즘 지원 및 미국의 반테러 활동에의 비협조 등의 이유로 무기류의 수출입을 통제하고 있는데, 역시 국가안보상 이유로 대통령의 유예 권한을 인정하고 있다. 아울러 대통령이 지정 해제 45일 전에 의회에 통보하는 조건으로 특정 국가를 테러지원 국가 명단에서 제외할 수 있는 권한도 부여한다. 1945년 '수출입은행법'도 마르크스-레닌주의 공산국가에 대한 수출신용 등의 자금 지원을 금지하고 있지만, 재무장관이 유예 또는 면제할 수 있으며, 1974년 '무역법'도 공산주의·비시장경제, 시장교란 행위 및 자국 국민의 이민 통제 등을 이유로 해당국에 대한 최혜국 대우 금지 등 무역을 제한하고 있지만 유예 및 면제에 있어 대통령의 재량권을 인정하고 있다.

둘째, 특정 법률에 의한 제재가 아니라 '국제경제긴급권한법' 등에서 위임받아 행정명령으로 제재를 부과한 경우에는 해당 행정명령을 취소(revoke)하는 방식으로 해당 제재를 해제할 수 있다. 또는 이 행정명령에 기초해 이행되는 재무부의 자산통제 규정을 수정해 제재 일부를 면제하거나 완화할 수 있다.

앞서 이란제재 편에서 설명했듯이 이란과의 잠정핵합의(JPA) 당시 재무부가 이란제재 규정을 일부 개정하고, JPCOA 합의 후에는 특정 행정명령을 폐기(revoke)하는 방식으로 일부 제재를 중단하거나 해제한 사례가 이에 해당한다. 그러나 이러한 제재 완화 방식은 행정부의 권한에 의해 재차 제재가 부과될 수 있으므로 상대국이 제재 해제의 완전성을 신뢰할 수 없다는 한계가 있다.

행정명령에 따라 제재를 부과하고, 행정명령에 따라 제재를 해제한 또 하나의 사례는 국제형사재판소(ICC: International Court of Justice)에 대한 제재 부과 및 해제가 있다. 2019

년 6월 ICC 재판부가 아프가니스탄에서 미군의 반인도적 행위에 대한 수사를 개시하도록 결정하자, 2020년 6월 트럼프 대통령은 ICC 관계자에 대해 미국 내 자산 동결 및 입국 금지 등의 제재를 부과하는 행정명령 139278호[12]를 발령했으며, 이에 따라 재무부가 관련 소추관을 포함해 ICC 인사를 제재 대상으로 지정했다. 바이든 대통령은 2021년 4월 미국을 포함한 ICC 비당사국 국민에 대한 ICC의 관할권 행사에는 반대하지만, 국제기구 인사에 대한 제재는 비효과적이며 적절한 전략이 아니라고 하면서 ICC 관계자에 부과된 제재 조치를 철회했다.[13]

셋째, 북한, 이란 등 특정국을 대상으로 하는 제재 법률의 경우에는 다음 세 가지 방식으로 제재를 완화하거나 해제할 수 있다.

우선은 해당 법률 자체를 개정하거나 폐기하는 방식이다. 이는 법적 안정성을 제공한다는 점에서 최선의 방안인데, 대표적인 사례로 2006년 '이란·리비아 제재법'에서 리비아를 제외한 것이다. 그러나 해제 조건이 충족되었다고 해도 대개의 경우 해당 제재를 일시적으로 유예하는 형태로 잠정 중단하는 것이 그간 미국의 통상적인 관행이었다.[14]

두 번째 방식은 특정 제재 법률이 제재 부과 여부를 행정부의 재량에 맡겨두는 경우가 있는데, 보통 대통령이 행정명령을 통해 제재를 부과한다. 이 경우, 대통령은 해당 행정명령을 수정하거나 폐기함으로써 해당 제재를 유예하거나 면제할 수 있다.

세 번째는 특정 법률에 일몰(sun-set) 조항을 둔 경우이다. 이 경우, 일몰 시한이 도래함에 따라 자동적으로 제재가 해제된다. 그러나 제재 부과 목적이 달성되지 않았을 경우에는 5년 단위로 재차 연장되거나, 일몰 조항 제재를 여타 법률에 반영해 유지하는 것이 일

---

12 E.O. 13928(2020.6.11.): Blocking Property of Certain Persons Associated With the International Criminal Court.

13 미 국무부 보도자료(2021.4.2.): "Ending Sanctions and Visa Restrictions against Personnel of the International Criminal Court," https://www.state.gov/ending-sanctions-and-visa-restrictions-against-personnel-of-the-international-criminal-court/(검색일: 2022.8.20.).

14 김영준, 「미국의 독자제재 완화 및 해제 절차와 대북제재에 대한 시사점」, ≪국가안보전략연구원 이슈브리핑≫ 18-20(2018.7.13), 3쪽.

반적이다. 목적을 달성하지 않았는데도 일몰 조항에 따라 제재를 해제한 사례는 없다. 예를 들어, 1996년 '이란-리비아 제재법'은 당초 5년간의 일몰 조항이 있었으나, 매 5년마다 연장되었으며, 2016년에는 다시 10년간 연장되었다. 물론, 법적으로는 의회가 일몰 시한을 연장하거나, 아니면 일몰 조항 자체를 삭제하기 위해 시도할 경우에는 대통령이 거부권을 행사할 수 있는데, 지금까지 그러한 사례는 없었다.

한편, 의회 차원에서 제재 해제에 대한 대통령의 재량권을 제한하는 경우도 있는데, 예를 들어 러시아제재와 관련해 '적성국제재법'은 의회가 불승인 결의를 채택하면 대통령은 특정 개인에 대한 제재도 해제할 수 없도록 했다.[15]

다른 한편, 제재 완화 및 해제에서 미국 대통령의 전략적·정치적 판단이 중요하다는 점을 강조하고 싶다. 그간 미국의 독자제재 해제는 크게 두 가지 방식으로 이루어졌다. 하나는 큰 틀에서 상대국과의 관계 정상화 차원에서 정치적으로 제재 해제가 이루어진 것이고, 다른 하나는 제재 부과 사유가 해소되었던 경우였다.

미국이 상대국과의 관계 정상화 과정에서 제재를 (부분) 해제한 대표적인 사례가 베트남, 수단, 쿠바이며, 제재 부과 사유가 해소되어 제재가 해제된 대표적 사례가 미얀마, 리비아이다. 리비아의 경우에는 엄밀히 말해 관계 개선과 제재 해제 사유 충족 두 가지가 모두 적용된 사례이다. 베트남과 리비아의 사례는 관계 정상화 과정에서 제재 해제 과정도 수반되며, 관계 정상화가 이루어져야 완전한 제재 해제가 가능하다는 점을 보여준다.

1) 관계 정상화 과정에서 이루어진 제재 해제: 베트남[16]

미국은 베트남 전쟁 유해 발굴 및 전쟁포로 귀환 등의 국내정치적 이유와 베트남 시장

---

15 '적성국제재법' 216조(Sec. 216): Congressional review of certain actions relating to sanctions imposed with respect to the Russian Federation.

16 미국-베트남 관계의 중요 연표 및 내용 등은 아래 자료를 주로 참조했다. Mark Manyin, "The Vietnam-U.S. Normalization Process," *CRS Report*, June 17, 2005, https://sgp.fas.org/crs/row/IB98033.pdf.

진출 및 중국의 영향력 견제 필요성 등을 감안, 대통령 차원에서 베트남과의 관계 정상화를 추진했다. 베트남도 남중국해에서의 중국 견제 및 경제개발 정책〔도이머이(Doi Moi)〕의 성공을 위해서는 미국과의 관계 정상화가 필요한 상황이었으므로 미국의 관계 정상화 제안에 화답했다.[17]

미국은 1964년 '적성국교역법'에 따라 베트남에 대한 무역 제한 조치를 부과했다. 이어 1975년 북베트남이 사이공을 함락한 이후에는 베트남에 대한 전면 금수와 함께 미국인의 베트남 방문과 양자 차원에서의 인도적 지원도 금지했다. 1973년 파리 평화협정 체결 이후 미국은 유해 발굴 및 전쟁포로 송환 등의 이유로 베트남과의 관계 개선을 모색했으나, 1978년 베트남의 캄보디아 침공으로 정상화 노력은 중단되었다.

1991년 4월, 부시 행정부가 베트남과의 관계 정상화의 주요 쟁점들과 이들의 단계적 해결을 구체화한 로드맵을 제시했는데, 이는 베트남이 미국의 요구 사항을 수용할 경우 해당하는 반대급부를 제공한다는 내용이었다. 1991년 말, 미국은 로드맵에 따라 베트남에 대한 제재를 해제했는데, 주요 내용은 미국인 단체여행 허용(1991.12), 인도적 차원의 원조 허용(1992.3), 미국 기업의 대베트남 투자 허용(1993.9), 무역금수 완전해제 선언(1994.2)[18] 등이었다.

이어 1995년 1월에는 양국 수도에 연락사무소를 개설하기로 합의해 본격적인 수교 작업이 시작되었다. 1995년 7월 클린턴 대통령이 베트남과의 외교 관계 정상화를 선언했으며, 이에 대한 화답으로 당시 보 반 키엣(Vo Van Kiet) 베트남 총리는 "미 정부의 결정을 환영하며, 전쟁 당시 실종자 및 유해 발굴에서 협력을 약속"하는 내용의 성명을 발표했다. 이어 한 달 뒤인 1995년 5월 양국 수도에 대사관이 개설되었으며, 2000년 7월에는 미-베트남 양자 무역협정을 체결하고, 같은 해 11월 베트남 전쟁 이후 처음으로 클린턴 대통령이 베트남을

---

17 Hoang Anh Tuan, "Rapprochement Between Vietnam and the United States: A Response," *Contemporary Southeast Asia*, Vol.32, No.3(December 2010), pp.343~349.

18 "Opening to Vietnam; Clinton Drops 19-year Ban on U.S. Trade with Vietnam; Cites Hanoi's Help on M.I.A," *New York Times*, February 4, 1994, p.1.

방문했다.[19] 2006년 12월, 미국은 베트남에 '항구적 정상교역 관계' 지위를 부여했으며, 2007년 1월 미국의 지원으로 베트남은 WTO에 가입했다.

미국과 베트남 간 관계 정상화 과정에서의 시사점은 최고지도자의 정치적 결단으로 이루어졌다는 점인데, 정치적 결단이 가능했던 이유는 미국과 베트남 간 전략적 이해관계가 수렴했기 때문이었다. 즉, 미국은 베트남에 캄보디아에서의 철군과 실종 미군 및 유해 송환을 요구했으며, 베트남 측은 제재 해제 등 양국 간 무역투자 관계의 정상화를 요구했다.

두 번째는 의회에서의 초당적 지지가 있었다는 점인데, 2000년 7월에 체결된 미-베트남 양자무역협정은 미국 의회의 전폭적인 지지를 받아 비준되었다. 의회의 지지가 가능했던 이유로는 미군 실종자 및 유해 송환 문제가 컸는데, 이는 인도적 문제인 동시에 미국 국내 여론과 직결된 정치적 이슈였기 때문이었다.[20]

세 번째는 베트남과의 관계 정상화가 미국 내 정권 교체와 무관하게 일관적으로 이루어졌다는 점이다. 미국 부시 행정부의 정치적 결단으로 관계 정상화가 시작되었으며, 클린턴 행정부는 부시 행정부의 관계 정상화 공약과 로드맵을 계승했다.

이 책의 주제와는 거리가 멀어 자세히 소개하지 않지만, 불과 반세기 전에 전쟁 당사자였던 미국과 베트남이 관계 정상화를 거쳐 현재의 유사 동맹 수준으로까지 발전한 배경에 대해서 전직 주베트남 미국 대사가 기고한 글이 있는데,[21] 요지는 베트남 지도부의 개방 의지와 양국 간 상호 존중을 기초로 꾸준한 과거사 치유 노력과 신뢰 구축이 핵심이었다고 한다.

---

19 많은 언론이 당시의 생생한 장면을 소개했는데, 아래 ≪뉴욕타임스≫ 기사도 그중 하나이다. David E. Sanger, "Clinton in Vietnam: The Overview; Huge Crowd in Hanoi for Clinton, Who Speaks of 'Shared Suffering'," *The New York Times*, November 18, 2000.

20 Eleanor Albert, "The Evolution of U.S.–Vietnam Ties," *Council on Foreign Relations*, March 20, 2019, https://www.cfr.org/backgrounder/evolution-us-vietnam-ties.

21 TeD Osius, "Lessons from America's Reconciliation with Vietnam," *The Wilson Quarterly*, Spring 2022, https://www.wilsonquarterly.com/quarterly/reconcilable-differences/lessons-from-americas-reconciliation-with-vietnam(검색일: 2022.10.8.).

2) 관계 정상화 과정에서 이루어진 제재 해제: 쿠바

미국과 쿠바와의 불편한 관계는 1959년 카스트로(Castro)가 혁명을 통해 미국의 지지를 받던 정부를 전복하고 사회주의 정부를 수립, 미국인의 재산을 몰수하고 친소련 정책을 펼치면서 시작되었다.

1962년 2월, 케네디(Kennedy) 대통령은 '대외원조법'(1961)과 '적성국교역법'(1917)에 근거해 행정명령(3447호)을 발령, 쿠바에 무역 금수(trade embargo) 조치를 부과했다. 이에 따라 쿠바와의 모든 수출입 품목은 원칙적으로 상무부의 허가를 받아야 했으며, 재무부의 '쿠바자산통제 규정(Cuban Asset Control Regulation)'을 통해 금융제재도 부과되었다. 2016년 오바마 행정부때 '적성국교역법'에 의한 제재는 거의 대부분 해제되었지만, 여전히 재무부의 '쿠바자산통제 규정'에 따른 제재는 이행되었다.

쿠바를 특정한 법률도 제정되었는데, 대표적으로는 1992년 '쿠바민주화법'과 앞서 소개한 1996년 '헬름스-버튼법(쿠바자유민주화법)'이 있다. 제재를 부과하는 대표적인 행정명령으로는 '쿠바민주화법'을 이행하기 위한 행정명령 12854호(1993.7)가 있다.[22]

오바마 대통령은 2008년 대선 유세 과정에서 기존 쿠바 봉쇄 정책에서 벗어나 쿠바와의 새로운 외교 관계를 구축하겠다고 밝혔으며, 대통령 취임 후 석 달 뒤인 2009년 4월 쿠바계 미국인의 쿠바에 대한 달러화 송금과 종교 및 교육 목적에 한해 미국인의 쿠바 방문을 허용했다.[23] 2014년 12월 7일, 오바마 대통령은 장기간 제재에 근거한 쿠바 정책에서 벗어나 관여와 관계 정상화 쪽으로 방향을 전환할 것임을 재차 천명했다.[24] 2015년 4월, 오바마 대통령과 쿠바의 라울 카스트로(Raul Castro) 대통령이 역사적인 정상회담을 가

---

22 미국 재무부 홈페이지, 국별 제재 프로그램 중 쿠바 부분에 상세히 설명되어 있다. https://home.treasury.gov/policy-issues/financial-sanctions/sanctions-programs-and-country-information/cuba-sanctions.

23 Council on Foreign Relations. 2022. "U.S.-Cuba Relations."

24 "Charting a New Course on Cuba," 백악관의 오바마 대통령 쿠바 관련 자료집, https://obamawhitehouse.archives.gov/issues/foreign-policy/cuba.

졌으며,[25] 1982년 콜롬비아 반군을 지원한다는 이유로 쿠바를 테러지원국으로 지정한 지 33년 만인 2015년 5월 쿠바를 테러지원국 명단에서 삭제했다.[26] 2015년 7월에는 워싱턴과 하바나에 양국 대사관이 다시 문을 열었다.

다만, △대쿠바 금수 조치 해제, △관타나모 해군기지 반환, △경제제재에 따른 피해 보상 등 쿠바 측이 요구하는 완전한 관계 정상화는 중·장기 과제로 논의하기로 했다. 그 이유는 쿠바에 대한 금수 조치를 해제하고 재무부의 '쿠바자산통제 규정'을 폐기하기 위해서는 1996년 '헬름스-버튼법'에서 규정한 대로 우선 쿠바에 민주적 정부가 들어서야 하기 때문이다. 쿠바 내 민주적으로 선출된 정부가 들어서지 않는 한 쿠바에 대한 엠바고(embargo)는 의회가 이 법을 수정하기 전에는 해제가 불가능하다.

오바마 행정부는 쿠바에 대한 '적성국교역법'을 유지했는데, 그 이유는 '적성국교역법'상 대통령의 유예 권한을 이용해 여행 확대 등 일부 제재를 유예할 수 있었기 때문이었다. 쿠바를 '적성국교역법' 적용 대상에서 제외할 경우 대통령의 유예 권한을 행사하지 못하고, '헬름스-버튼법'상의 엠바고 조항만 남는다.[27] 오바마 대통령은 2015년 1월 연두교서를 통해 의회에 대쿠바 금수 조치 해제를 요청했으나,[28] 공화당 측의 반발 등으로 이루어지지 않았다. 당시 공화당 의원을 중심으로 △주쿠바 미국 대사 인준 거부, △대사관 재개설 예산 승인 거부 등 오바마 대통령의 쿠바 정책에 대한 반대 주장도 제기되었다.

이러한 한계를 감안, 오바마 대통령은 여행, 통상 및 정보 유통을 정상화하는 것을 단

---

25 "Obama Meets Raúl Castro, Making History," *The New York Times*, April 12, 2015, https://www.nytimes.com/2015/04/12/world/americas/obama-cuba-summit-of-the-americas.html(검색일: 2022.9.20.).

26 "Obama removes Cuba from the list of state sponsors of terrorism," *The Washington Post*, April 14, 2015. 오바마 대통령, 의회에 쿠바 테러지원국 해제 결정 통보서 송부, 5.29. 의회 검토기간(45일) 종료, 쿠바 테러지원국 해제 발효.

27 "President Obama Reauthorizes Cuba Listing On 'Trading With the Enemy Act'," *ABC News* September 12, 2015.

28 Remarks by the President in State of the Union Address, January 20, 2015.

기적 정책 전환의 주요 내용으로 삼았다.[29] 이를 위해 재무부와 상무부가 다섯 차례에 걸쳐 '쿠바자산통제 규정'과 '수출관리 규정'을 개정해 여행, 송금 등 제한적인 금융거래, 일반 물자 교역 및 통신 허용 등 민간 생활 분야에서부터 제재 조치를 완화했다.[30]

그러다가 트럼프 행정부 들어 오바마 행정부의 쿠바 정책을 부정하고 제재를 재차 부과하기 시작했다. 트럼프 대통령은 2017년 6월 쿠바 정부가 종교·집회·결사의 자유와 표현의 자유를 지속적으로 억압하는 등 인권과 민주주의를 부정하고 있다고 하면서 국가안보에 관한 대통령 성명(National Security Presidential Memorandum)을 발표하고, 쿠바에 대한 압박 정책을 다시 도입했다.[31] 이에 따라 미국 당국의 허가를 받은 기관이 조직하고 미국 안내인이 동반하는 교육 목적의 단체여행만 허용되고, 미국인들의 개별여행은 금지되었다. 아울러 쿠바 군부 및 정보 당국과 연계된 기업과의 무역과 금융거래를 금지했으며, 쿠바계 미국인의 쿠바 내 가족으로의 송금에도 상한액을 두었다.

2019년에는 그간 대통령들이 정기적으로 유예해 왔던 관례를 깨고, '헬름스-버튼법'상 가장 큰 논란이었던 역외적용 조항, 즉 쿠바가 몰수한 미국인 재산을 거래하거나 그로부터 수익을 얻은 제3국의 개인 및 기업들을 대상으로 미국 법정에서 소송을 제기하는 것을 허용했다.[32] 2021년 1월에는 쿠바가 미국인 범죄자와 콜롬비아 게릴라 반군 지도부의 미국 인도를 거부하고, 베네수엘라 독재 정권과 협력을 지속한다는 이유로 쿠바를 테러지원 국가로 재차 지정했다.[33] 이후 트럼프 대통령은 베네수엘라 원유를 수입한다는 이유로 쿠바 국영원유회사와 관련 운송회사를 제재하는 등 관계 정상화 조치들을 차례로 폐기했

---

29 백악관 보도자료(2016.10.14.): "Presidential Policy Directive, US-Cuba Normalization."

30 서보혁·이무철·서정건 외, 『대북제재 현황과 완화 전망』(서울: 통일연구원, 2019), 126쪽.

31 미국 국무부 자료: Cuba Sanctions, https://www.state.gov › cuba-sanctions.

32 "Trump lifts ban on U.S. lawsuits against foreign firms in Cuba," *Reuters*, April 17, 2019, https://www.reuters.com/article/us-usa-cuba-idUSKCN1RT1NJ.

33 "Trump hits Cuba with new sanctions in waning days," *Associated Press*, January 11, 2021, https://www.pbs.org/newshour/politics/trump-hits-cuba-with-new-terrorism-sanctions-in-waning-days(검색일: 2022.10.21.).

다. 그러나 트럼프 행정부의 이러한 조치는 미국인의 개별여행 금지, 쿠바의 군부 및 정보 당국 산하 기업들과의 금융거래 금지 및 베네수엘라 원유를 수입하는 기관에 대한 제재에 국한되었을 뿐 쿠바와의 국교정상화 자체를 폐기한 것은 아니었고, 명목상 대사급 외교 관계도 유지했다.[34]

이후 2021년 바이든 행정부가 들어서서 다시 쿠바와의 관계를 개선, 미국인의 쿠바 내 가족에 대한 자유로운 송금을 허용했으며, 교육 및 연구 등 목적에서의 개별 방문도 허용했다.[35] 쿠바에 대한 제재 완화의 시사점은 다음과 같다.

첫째, 미국-쿠바 간 관계 정상화 차원에서 추진되었으며, '선 정상 선언, 후 실무 협의'의 방식으로 진행되었다는 점이다. 2015년 4월 역사적인 미국-쿠바 정상회담이 개최되어 정상 차원에서 관계 정상화 추진 의지를 확고히 했으며, 2015년 5월에 쿠바를 테러지원국 명단에서 해제한 후 2015년 7월에는 미-쿠바 외교 관계 재개 및 양국 대사관 상호 개설을 확인하는 양국 정상 간 서한이 교환되었다. 베트남 사례와 마찬가지로 쿠바 사례에서도 미국의 선제적인 정치적 결단이 관계 정상화 협상의 물꼬를 틀었다.

둘째, 의회의 협력과 지지가 긴요하다는 점이다. 특히, 쿠바를 특정한 제재 법률인 '헬름스-버튼법'의 막강한 힘을 재차 확인할 수 있었다. 1996년 '헬름스-버튼법'은 쿠바에 민주 정부가 설립될 경우에만 금수 조치 해제가 가능하다고 규정하고 있으며, 이 경우에도 이에 반대하는 상·하원이 공동 결의(joint resolution)를 채택하면 대통령의 금수 조치 완화 및 해제 결정을 무효로 할 수 있도록 했다.[36] 그 전에 금수 조치를 해제하기 위해서는 의회가 '헬름스-버튼법'을 수정하거나 폐지하는 방법 밖에는 없다. 이러한 이유로 오바마 대통령은 쿠바 정책 대전환을 천명하면서도, 자신에게 금수 조치를 해제할 권한이 없음을

---

34 손혜연, 「트럼프 행정부의 新쿠바 정책과 쿠바의 대응」, ≪IFANS 주요국제문제 분석≫ 2017-66호(2018.1), 7쪽.

35 재무부 쿠바 제재 설명 자료 중 ≪연방관보≫ 수정내용 공지(2022.6): June 2022 Amendments to the Cuban Assets Control Regulations.

36 법 204조(SEC. 204): Termination of the Economic Embargo of Cuba.

인정했다.

3) 관계 정상화 과정에서 이루어진 제재 해제: 수단

미국은 1990년 걸프전 당시 수단의 이라크 지원 및 오사마 빈 라덴에 대한 은신처 제공, 헤즈볼라와 같은 테러단체 지원을 이유로 1993년 수단을 테러지원국으로 지정했다. 이에 따라 수단에 대해 △무기 및 특정 상품 수출 금지, △대외원조 금지, △국제금융기구의 자금 공여 반대, △미국 정부의 신용 공여 금지 등의 제재가 부과되었다.

1997년 11월 클린턴 대통령은 '국제경제긴급권한법'을 인용, 수단 정부의 테러리즘 지원, 심각한 인권침해 등이 미국의 안보와 외교 정책에 특별한 위협을 구성한다고 선포하고, 행정명령 13067호를 발령해 수단에 대한 경제제재를 강화했다.[37] 이에 따라 △미국 내 수단 정부의 자산 동결, △미국-수단 간 무역 금지, △미국인의 수단 내 투자가 금지되었다.

2006년 10월 수단 다르푸르에서의 대학살 문제를 다루기 위한 '다르푸르 평화 및 책임법(Darfur Peace and Accountability Act)'이 제정되었고, 이에 따라 조지 W. 부시 대통령은 수단의 석유 및 석유화학 분야에서의 투자 금지 등 추가 제재를 부과하면서, 다르푸르 사태에 관련된 개인 및 단체의 자산을 동결했다. 2009년 국제형사사법재판소(ICC)는 다르푸르에서의 전쟁범죄 혐의로 수단의 바시르 대통령을 현직 국가원수로는 처음으로 기소했다.

이후 미국 오바마 행정부는 대테러 작전에서의 협력을 확보하고 역내 안정을 모색하기 위해 수단과의 관계 개선을 모색하기 시작했다. 이는 △역내 점증하는 테러리즘 대처 및 남수단의 평화·안정을 위한 수단과의 협력 확대 필요성, △수단 정부 내 친서방파 입지

---

37 E.O. 13067(1997.11.3.), "Blocking Sudanese Government Property and Prohibiting Transactions With Sudan."

강화 도모, △현실적으로 알-바시르 정권의 대안세력 부재 등 요인들을 감안한 것이었다.

수단 정부로서도 경제난 타파를 위해서는 미국의 경제제재 해제가 필요했다. 이에 따라 수단은 △다르푸르에서의 분쟁 완화 조치 및 인도적 지원 허용, △남수단 내 반군 지원 금지, △반란군에 대한 포격 중단 등 유화적인 조치를 취했다. 이에 맞추어 오바마 대통령은 2017년 1월 행정명령 13761호를 발령, 수단 정부가 △분쟁 지역 내 적대 행위 중단, △인도적 지원 접근로 개선, △역내 현안 및 테러리즘 대응 분야에서 미국과 적극 협력해 왔음을 이유로 들어 제한적인 범위에서 제재를 철회(revoked)했다.[38] 이에 따라 수단 정부의 자산 동결을 해제하고, 수단과의 무역 및 미국인의 수단 원유산업에의 투자 등을 허용했다.

2017년 7월 트럼프 행정부는 행정명령 13804호를 발령, 오바마 행정부 때 이루어진 제재 해제 조건이 지속적으로 충족되고 있음을 확인하면서 이전 행정명령들에 의해 부과된 모든 제재를 해제했다. 이에 따라 2018년 6월부로 재무부가 운영하는『연방규정집(Code of Federal Regulations)』에서도 수단제재 규정이 삭제되었다.[39]

그러나 수단은 1998년 케냐 및 탄자니아 주재 미국 대사관 테러, 2000년 미국 구축함 USS Cole호 테러 등으로 인해 계속 테러지원국으로 지정되었고, 별도 행정명령으로 제재가 부과된 수단 다르푸르 지역에 대한 제재도 유지되었다. 이에 따라, 테러지원국 지정과 관련된 대외원조 금지, 방산물자 수출 및 이전 통제 등과 다르푸르 관련 제재 대상자의 미국 내 자산 동결 등은 그대로 유지되었다.

2020년 10월 트럼프 대통령은 수단의 테러로 희생된 피해자들에 대한 배상 문제와 함께 수단-이스라엘 관계 정상화를 기대하며 수단의 테러지원국 해제를 추진했다.[40] 수단

---

38 백악관 보도자료(2017.1.13.): "Executive Order 13761, Recognizing Positive Actions by the Government of Sudan and Providing for the Revocation of Certain Sudan-Related Sanctions."

39 ≪미국 연방관보≫(2018.6.29.): Removal of the Sudanese Sanctions Regulations and Amendment of the Terrorism List Government Sanctions Regulations.

40 Michelle Gavin, "Removing Sudan from the State Sponsors of Terrorism List," *Council on Foreign*

으로서도 극심한 경제위기로 인해 테러지원국 해제 및 이스라엘과의 관계 정상화가 가져올 수 있는 부채 탕감·투자 촉진 및 이스라엘의 지원 등이 시급한 상황이었다. 이후 수단이 에스크로 계좌에 테러 피해 배상금(3.35억 달러 규모)을 예치하고, 수단과 이스라엘 간 관계 정상화에 합의하면서 트럼프 대통령은 의회에 수단의 테러지원국 제외 결정을 통보했다. 이후 의회가 반대 의사를 표명하지 않아 수단은 2020년 12월 14일부로 테러지원국에서 제외되었다.[41] 동시에 이와 관련된 제재도 모두 해제되었다.

4) 제재사유 소멸로 인한 제재 해제: 미얀마[42]

1997년 5월 클린턴 대통령이 미얀마 군정의 반민주화 행위에 대한 대응으로 국가비상 상황을 선포하고, 미국인들의 미얀마에 대한 투자를 금지하는 행정명령 13047호를 발령하면서 미얀마에 대한 제재가 본격화되었다. 이후 미국 정부는 매년 미얀마에 대한 국가비상 상황 선언을 연장하고, 2003년 '버마 자유와 민주화 법(The Burmese Freedom and Democracy Act)', '대외원조법', '국무부 예산지출법' 등 법률과 행정명령을 통해 미얀마에 제재를 부과해 왔다.

미얀마에 대한 제재는 △교역·투자(미국인의 신규 투자 및 미얀마산 물품의 미국 수입 금지), △금융 제재(자산 동결, 미국 금융기관과의 거래 금지) 및 △재무부 제재 대상 명단에 등재된 미얀마 인사들에 대한 스마트 제재가 주된 내용이었다. 이후 미얀마의 민주화가 진전되고, 민주 정부가 수립되자 2016년 9월 오바마 대통령은 아웅산 수치(Aung San Suu Kyi) 국가고문과의 회담에서 미얀마에 대한 국가비상 상황 선포를 종료하고 경제제재를 해제하겠다고

Relations, October 21, 2020, https://www.cfr.org/blog/removing-sudan-state-sponsors-terrorism-list.

41 "United States takes Sudan off terrorism list after 27 years," *Reuters*, November 14, 2020.

42 "Recent Actions Suspending Myanmar Sanctions, International Trade Alert, Akin Gump, July 12, 2012"에 잘 정리되어 있다. https://www.akingump.com/en/insights/alerts/recent-actions-suspending-myanmar-sanctions-and-implications-for-potential-investors.

발표했다.[43]

2016년 10월 오바마 대통령은 행정명령 13742호를 통해 1997년 선포된 미얀마에 대한 국가비상 상황을 종료(terminate)하고, 이에 근거해 취해졌던 6개의 미얀마 제재 관련 행정명령을 일괄 폐지(revoke)했다.[44] 제재 해제 사유로는 미얀마에서의 2015년 11월 자유선거 실시 등 실질적인 민주화 진전, 민주화운동을 이끌던 야당의 승리, 시민 민주주의 정부 수립, 정치범 석방, 표현의 자유와 집회결사 자유 보장 등 인권과 자유 신장 등을 이유로 들었다.

그러나 미얀마 군부와 관련 인사들에 대한 스마트 제재는 해제가 아니라 유예(waive)되었으며, 살상무기 수출은 여전히 금지했다. 상기 행정명령에 따라 미국 재무부도 미얀마 제재프로그램을 종료하고, 제재 대상자 명단에서 미얀마 개인과 기업(군부 운영 기업)을 제외했다.[45]

오바마 행정부의 미얀마에 대한 제재 해제는 2014년 12월 쿠바와의 관계 정상화 조치, 2016년 1월 이란 경제제재 완화 조치에 이어서 나온 것으로, 2016년 3월 신정부 출범 이후 미얀마 민주화에 대한 미국 정부의 긍정적 평가를 반영하는 것이었다.

이후 2021년 2월, 미얀마에서 군사 쿠데타가 발생해 아웅산 수치 여사가 이끄는 민주정부를 전복하자 미국 바이든 대통령은 '국제경제긴급권한법'과 '국가비상사태법'을 원용해 미얀마 사태가 미국의 국가안보와 외교 정책에 비상한 위협을 구성한다고 선포하고, 행정명령 14014호를 발령해 대부분의 제재를 복원했다.[46] 이는 바이든 행정부 들어 첫 번째로 부과한 제재였다.

---

43 "Obama, Meeting with Suu Kyi, says U.S. ready to lift Myanmar sanctions," *Reuters* September 14, 2016.

44 E.O. 13742(2016.10.7.), "Termination of Emergency With Respect to the Actions and Policies of the Government of Burma."

45 A Rule by the Foreign Assets Control Office(2017.6.16.): Removal of Burmese Sanctions Regulations.

46 미국 백악관 보도자료(2021.2.11.): "Executive Order 14014 on Blocking Property with Respect to the Situation in Burma."

5) 제재사유 소멸 및 관계 정상화 과정에서의 제재 해제: 리비아

핵 프로그램으로 인해 미국의 독자제재가 부과되고, 이후 핵개발 프로그램 포기와 함께 관계 정상화와 완전한 제재 해제로 이어진 대표적이고 유일한 사례가 리비아이다. 2003년 12월 리비아 최고지도자 무아마르 카다피(Muammar Gaddafi)는 핵무기를 비롯해 WMD 개발 프로그램을 포기한다고 선언했다.[47] 이후 포괄적 핵실험 금지조약(CTBT)에 가입했고, 미국은 상응 조치로 2004년 2월 미국인의 리비아 여행 금지를 해제[48]했으며, 2004년 6월에는 미국과 리비아 간 연락사무소를 개설하여 부분적인 외교 관계를 구축했다.

2004년 8월 리비아는 핵 프로그램에 관련된 원심분리기 등 핵심 장비와 무기 관련 설계도 등 관련 문서를 모두 미국으로 반출했으며, 국제원자력기구(IAEA)의 사찰도 받았다. 한 달 뒤인 9월 부시 대통령은 1986년 리비아에 대해 선포한 국가비상사태를 해제하고, 경제제재를 부과한 다음 4개의 행정명령을 철회(revoke)했다.[49]

- 행정명령 12543(1986.1.7), 12544(1986.1.8): 비상사태 선언, 미국 내 리비아 자산 동결, 미국인의 리비아 체류 금지, 리비아와의 교역 금지.
- 행정명령 12801(1992.4.15): 미-리비아 간 항공운항 금지.
- 행정명령 12538(1985.11.15): 리비아산 석유 및 석유화학제품 수입 금지.

당시 부시 대통령은 리비아에 대한 국가비상사태를 취소하고, 이에 따른 제재를 해제

---

47 "Chronology of Libya's Disarmament and Relations with the United States," *Arms Control Association*, March 2021.

48 미국 재무부 보도자료(2004.2.26.): "U.S. Lifts Travel Ban on Libya," https://home.treasury.gov/news/press-releases/js1197.

49 미 국무부 보도자료(2004.9.20.): "Terminating the National Emergency with Respect to Libya: Revocation of Executive Order Sanctions," https://2001-2009.state.gov/r/pa/prs/ps/2004/36328.htm.

하는 이유로 다음 사항을 특정했다.

- 미신고 핵 프로그램의 필수 요소들을 제거하고, 핵 관련 기밀문서 제출.
- IAEA와 추가의정서 서명 및 무제한적인 사찰 수용.
- 화학무기금지기구(OPCW) 가입 및 화학무기 제조시설을 민수용으로 전환.
- 사거리 300km 이상의 스커드 탄도미사일 폐기.
- 핵무기급 고농축우라늄 생산시설 폐기 절차 개시.

이에 따라, 경제제재 조치 중 마지막까지 남아 있던 미국 내 리비아 자산 동결과 미국 항공기의 리비아 직항운항 금지 조치도 해제되어, 이중 용도 품목과 군사물품 수출 외에는 양국 간 모든 경제관계가 자유화되었다. 특히, 미국이 13억 달러 규모의 리비아 자산 동결을 해제하고, 리비아 정부가 이 자금으로 팬암기 희생자 유족에게 합의금을 지급함으로써 관련 유엔 안보리 제재 결의도 해제되었다. 그러나 리비아가 여전히 테러지원국으로 지정되어 있어서 이에 따른 제재 조치, 즉 '해외원조법', '무기수출통제법' 및 '수출관리법'에 따른 제재는 계속 유지되었다.

리비아를 특정한 제재 법률도 폐지되었다. 1996년 '이란-리비아 제재법'은 리비아 원유 사업에의 투자를 금지하고, 이를 위반한 개인이나 단체를 제재하도록 하고 있다. 부시 대통령은 2004년 4월 리비아가 제재 해제 요건을 충족했다는 이유로 '이란-리비아 제재법'에서 리비아를 제외했다.[50] '이란-리비아 제재법'은 5년간의 일몰(sun-set) 조항에 따라 2001년 5월에 자동으로 종료될 예정이었으나, 의회에서 재차 5년간 연장했다. 리비아에 대한 제재가 해제되고, 미국과의 관계 정상화에 따라 2006년 9월 '이란-리비아 제재법'은 '이란제재법'으로 변경되었다. 이후 2005년 10월 리비아가 모든 핵 프로그램 폐기를 완료했으며, 리비아의 비핵화에 대한 검증까지 모두 마무리된 이후인 2006년 5월 미국은 미

50 "U.S. Lifts More Sanctions on Libya," Arms Control Today, *Arms Control Association*, April 23, 2004.

국 대사관 설치 등 리비아와 국교정상화 조치를 마무리하고, 1979년부터 지정된 테러지원국 명단에서도 삭제했다.[51]

리비아 사례에서 몇 가지 교훈을 얻을 수 있다. 당시 미 국무부 중동 담당 부차관보로 근무했던 윌리엄 번스(William J. Burns) 전 CIA 국장의 회고록에 흥미로운 내용들이 있다. 이 회고록에 따르면 미국은 1999년부터 리비아 측과 핵 프로그램 폐기 비밀협상을 진행했으며, 협상의 성공 요인으로 다음 네 가지를 든다.[52]

첫째, 미국을 중심으로 한 국제사회의 지속된 경제제재와 이로 인한 카다피 수반이 느낀 경제적·심리적 압박이었다. 당시 리비아 경제는 실업률이 30%에 달하고, 인플레이션은 50%대였다.

둘째, 카다피 수반의 측근과 신뢰할 수 있는 외교 채널을 구축했다는 점이다. 예를 들어, 협상단원이었던 무사 쿠사(Musa Kusa)는 미시간 주립대학에서 유학했으며, 카다피에게 직보가 가능한 보좌관이었다. 카다피의 아들인 알-이슬람(Saif al-Islam)은 런던 유학 중에 영국 정보부(MI5)에 적극 협조했다.

셋째, 정확한 첩보 입수의 중요성이다. 미국의 CIA는 영국 MI5와 긴밀한 협조체계를 구축해 카다피 수반과 리비아의 핵 관련 활동에 관한 정확한 첩보를 입수해 리비아 측을 압박했다. 예를 들어, 미국과 영국은 2003년 가을 파키스탄 핵과학자 칸 박사(A. Q. Khan) 측이 리비아에 불법으로 우라늄 농축기술을 이전하려던 시도를 사전에 차단했는데, 이는 카다피 수반으로 하여금 더 이상 서방을 속일 수 없음을 자각하게 했다.

마지막으로 외교협상이 실패할 경우 무력을 동원할 수밖에 없다는 위협이 작동했다는 점이다. 특히, 미국은 9·11 테러 공격 이후 아프가니스탄과 이라크를 대상으로 전쟁을 일으켰는데, 이는 카다피 수반에게 미국의 무력사용 의지를 실제로 느끼게 했다.

---

51 "U.S. to restore relations with Libya," *CNN*, May 16, 2006.

52 William J. Burns, *The Back Channel: A Memoir of American Diplomacy and the Case for Its Renewal*(New York: Random House, 2019), pp.191~195.

또한, 이 책은 신뢰 구축의 중요성도 강조하고 있다. 예를 들어, 미국은 2003년 9월 록커비(Lockerbie) 항공기 폭파 사건과 관련된 안보리 제재를 해제하는 결의안에 거부권을 행사하지 않았는데, 이로 인해 리비아가 관계 개선에 대한 미국의 의지를 신뢰하게 되었다. 당시, 카다피 수반은 경제침체 등에서 탈출구가 필요했는데, 미국은 카다피 수반이 결단할 수 있도록 미국과의 관계 개선과 이로 인한 경제적 혜택을 신뢰성 있게 지속적으로 설득했다고 적고 있다.

리비아 사례는 핵협상 측면에서도 여러 가지 교훈을 준다. 우선, 핵무기 개발 초기 단계에서 자발적으로 핵 프로그램을 폐기한 최초 사례이다. 남아공은 1990년 이미 만들어진 핵탄두 6기를 자발적으로 폐기했는데, 이는 자체적으로 생산한 핵무기와 관련 핵 프로그램을 모두 폐기한 첫 번째 사례였다. 리비아는 2003년 3월부터 미국·영국과 비밀협상을 가졌는데, 카다피 수반은 그해 12월 핵무기 프로그램과 300km 이상의 탄도미사일 포기, 국제사회의 핵사찰을 수용하겠다고 전격 발표했다.

카다피가 결단한 배경에는 여러 가지 해석이 있다. 2003년 3월 이라크의 WMD 개발을 이유로 미국이 이라크를 공격한 이후 미국의 대리비아 군사조치 가능성을 우려한 카다피의 결단[53]이라는 설명, 경제 정책의 실패와 안보리의 장기 제재에 따른 경기침체 심화로 체제 불안이 가속화되는 가운데 실용주의 노선으로 변경[54]했다는 설명 등이다.

카다피는 록커비 폭탄 테러 용의자들을 유엔에 인도했고, 9·11 테러를 비난하면서 미국민에 애도를 표했으며, 영국·프랑스 등 서방국과 록커비, UTA 항공기 폭파 테러에 대한 배상금 지급에 합의하는 등 꾸준히 서방과의 관계 개선에 노력했는데, 여기에는 미국과의 관계 개선 의지가 작용한 것으로 보인다. 실제로 미국은 리비아와의 협상 과정에서 핵문제

---

53 부시 대통령의 2004년 1월 20일 연두교서 연설 중 이라크 후세인 제거 등 미국의 단호함으로 인해 카다피가 결단을 내렸다고 암시하는 대목이 있다. 전문은 https://georgewbush-whitehouse.archives.gov/stateoftheunion/2004/.

54 Flynt L. Leverett, "Why Libya Gave Up on the Bomb," *Brookings*, January 23, 2004, https://www.brookings.edu/opinions/why-libya-gave-up-on-the-bomb/.

해결 없이는 양국관계 정상화는 불가능하며, 리비아가 우선적으로 WMD를 폐기했다는 것을 검증한 이후에야 관계 정상화가 가능한다는 점을 강조했다.[55] 이 과정에서 정권 교체 등의 의도는 일체 없음을 확인하면서 카다피 수반의 전략적 결정을 촉구했다. 카다피가 WMD 폐기에 대한 보상이 적다는 점에 불만을 표했다는 점을 보면,[56] 경제적 혜택도 염두에 두고 있었다고 본다.

둘째, 제재 해제 및 미국과의 관계 정상화라는 외교적 당근이 통한 유일한 사례였다. 미국과 영국은 리비아의 핵개발 포기 약속의 이행 실적 및 협조 정도에 따라 점진적으로 제재 해제 및 관계를 개선하겠다고 약속했다.

셋째, 이행 과정에서 리비아 측의 조치와 이에 대한 미국의 상응 조치가 긴밀하게 연결되어 매우 신속하게 이행되었다는 점이다. 2003년 12월부터 2004년 6월까지 대부분의 WMD·미사일 프로그램을 제거했으며, 미국과 영국은 2004년 9월 리비아의 핵 폐기 시작 후 불과 10여 개월 만에 핵폐기 완료를 확인했다. 미국의 보상도 신속하게 이루어졌다. 9개월 만에 거의 모든 제재가 해제되었으며, 2년 반 만에 완전한 관계 정상화가 이루어졌다.

넷째, IAEA와 미국·영국의 사찰팀 간 유기적인 업무분담 및 협조가 이루어졌다는 점이다. 리비아의 핵무기 프로그램 폐기 초기에는 미국과 영국의 전문가팀이 리비아의 원심분리기 등 민감 핵장비와 핵무기 설계도 등 민감한 내용의 물질과 자료들을 먼저 수거해 미국으로 이전했으며, 이후 IAEA 사찰팀이 리비아 내 핵 관련 시설을 사찰하고 '핵무기 프로그램의 부재' 여부를 검증했다. 이는 핵비확산조약(NPT)상 "핵무기 및 핵폭발 장치 또는 그 관리의 양도를 금지하고, 핵 비보유국의 핵무기 및 핵폭발 장치의 제조·획득·관리에 대한 원조 및 지원을 금지한 규정"에 따라 취해진 것이다. 즉, 핵무기 보유국만이

---

55 William J. Burns, "The Back Channel: A Memoir of American Diplomacy and the Case for Its Renewal," p.193.

56 "Gaddafi complains not 'rewarded' for renouncing WMD," *Reuters*, June 11, 2009, https://www.reuters.com/article/us-italy-libya-idUSTRE55A3J520090611.

핵무기 및 관련 장비, 문서 등을 다룰 수 있다.

주요 폐기 조치에 따라 편의상 3단계로 구분해 미국과 리비아 간 조치를 정리하면 다음과 같다.[57]

1단계(2003.12~2004.2)

- (폐기 조치) 핵무기 도면, 핵심 부품 및 핵물질 등을 최우선적으로 제거.
  - 미국·영국의 합동사찰 후 핵물질(UF6), 원심분리기 핵심 부품, 핵무기 도면 등을 미국으로 반출(2004.1).
  - 스커드-C(Scud-C) 탄도미사일 불능화(유도장비 제거), 미사일 프로그램 관련 상세 신고 확보, 현장방문 및 관계자 인터뷰(2004.1).
  - CTBT 비준 및 CWC 가입(2004.1).
- (상응 조치) △미국 독자제재 해제(미국인 여행 제한 철회, 미국 기업의 리비아 재진출 허용), △주리비아 미국 이익 대표부 개설(2004.2).

2단계(2004.2~2004.6)

- (폐기 조치) WMD·미사일 프로그램 대부분 제거.
  - IAEA 추가의정서 서명 및 잠정 적용(2004.2).
  - 리비아 핵 연구소 내 고농축우라늄(16kg)의 러시아 반출(2004.3).
  - 핵·미사일 관련 물품·장비(1000여 개 원심분리기 잔여 부품, 스커드-C 미사일 및 발사대) 미국 반출(2004.3).
- (상응 조치)
  - '이란-리비아 제재법(ILSA)'에서 리비아 제외(2004.4).

---

57 미국 군축협회(Arms Control Association) 자료에 구체 조치별 상세한 일정이 정리되어 있다. "Chronology of Libya's Disarmament and Relations with the United States," Arms Control Association (2021.3).

- 리비아와 교역·금융거래 허용(단, 테러지원국 지정에 따른 일부 수출 통제 유지) 및 항공기 운항제한 해제.
- 주리비아 미국 이익 대표부의 연락사무소 격상 및 리비아 외교관의 미국 내 여행규제 해제(2004.6).

3단계(2004.7~2006.10)

- (폐기 조치) WMD·미사일 프로그램 잔여분 제거 및 검증 완료.
  - 민감 부품 조달 내역 확보, WMD·미사일 프로그램 연구자 면담 및 의혹시설 방문 등을 통해 과거·현재 활동 파악.
  - 비확산 우려국들과의 군수품 교역 및 군사협력 중단 선언.
- (상응 조치) △주미국 리비아 이익 대표부의 연락사무소 격상(2004.7), △미국의 경제제재 완전 해제 및 미국 내 리비아 동결자산(13억 달러) 해제(2004.9), △미-리비아 상호 연락사무소의 대사관 격상, 테러지원국 명단 삭제(2006.5).

한때, 북핵 문제 해결에 있어 리비아식의 '모든 WMD, 미사일의 신속한 폐기 및 단계적 보상'이라는 접근법을 원용할 수 있겠다는 낙관적 전망도 있었지만, 북한은 리비아 사례를 무장해제를 통한 체제전환 시도로 간주하고 있으므로 리비아식 해법을 북한에 적용하는 데는 어려움이 있을 것이다.

6) 다자합의에 따른 제재 부분 해제 및 미국의 독자제재 복원: 이란

핵무기 개발 프로그램에 대해 합의하고, 합의 사항에 따라 제재를 부분적으로나마 해제한 또 하나의 사례가 이란이다. 동시에 리비아 사례와는 다르게 핵협상에 대한 참여와 제재 해제 등 보상이 의회의 관여 없이 대통령 권한으로 행정협약 및 행정명령으로만 진행되었는데, 트럼프 대통령이 이를 다시 자신의 행정명령으로 번복했다는 점에서 큰 차이가 있다.

앞서 이란 편에서 살펴보았듯이 미국은 이란을 특정하는 법률, 즉 '이란제재법', '포괄적 이란제재법', '이란위협감소 및 시리아인권법' 등 법률과 다수의 행정명령을 통해 이란에 대해 금융·에너지·운송·조선·항만 등의 분야에서 포괄적인 제재를 부과했다.

이후 2015년 7월 이란 핵합의(JCPOA)가 타결되고, 2016년 1월 16일 IAEA가 JCPOA상 이란의 초기 의무 사항 이행을 확인하는 보고서를 제출함에 따라 JCPOA의 이행일(Implementation Day)이 도래해 유엔 안보리 제재가 해제되고, 미국도 핵 관련 제재의 완화 및 해제 작업에 착수했다.[58] 미국의 이란에 대한 부분적인 제재 중단 및 해제는 기본적으로 △이전 행정명령을 철회(revoke)하는 방식과 △해당 법률의 규정에 따라 관련 제재를 유예(waive)하는 방식으로 이루어졌다.

우선, 오바마 행정부는 기존 행정명령을 철회(revoke)하는 형식으로 에너지, 금융, 보험, 조선, 항만, 자동차, 귀금속 등 분야에서 부분적으로 제재를 완화했는데, 이란과의 일반 무역을 허용하고(이란산 식품과 카펫 수입, 미국산 여객기의 대이란 수출 등), 제3국과 이란 간 금융거래를 허용했으며, 미국 재무부의 제재 대상 명단에서 약 400여 명을 삭제했다. 2016년 1월 16일, 오바마 대통령은 행정명령 13716호를 발령,[59] 기존 이란에 대해 제재를 부과한 3개의 행정명령을 취소하고(revoke), 이란과의 원유·가스 거래 제한 및 투자 규제, 자동차·보험 산업, 해운, 철강, 항만, 소프트웨어 거래 금지 등의 제한 조치를 부분적으로 유예했다.

제재 해제 방식의 두 번째는 대통령의 권한을 활용해 '이란제재법'상의 특정 제재를 유예하는 방식이었는데, 이 경우에도 유예 대상은 재무부 OFAC의 직접 제재 대상이 아닌

---

58 《세계 에너지 현안 인사이트 스페셜》, 16-3호, 에너지경제연구원(2016.4).

59 미국 백악관 보도자료(2016.1.16.): "Executive Order 13716 - Revocation of Executive Orders 13574, 13590, 13622, and 13645 with Respect to Iran, Amendment of Executive Order 13628 with Respect to Iran, and Provision of Implementation Authorities for Aspects of Certain Statutory Sanctions," https://www.govinfo. gov/app/details/CFR-2017-title3-vol1/CFR-2017-title3-vol1-eo13716.

제3국의 개인 및 기관을 대상으로 한 2차적 제재에만 한정되었다. 즉, 1996년 '이란제재법', 2010년 '포괄적 이란제재법', 2012년 '국방수권법'상 이란제재 분야, 2012년 '이란위협감소법', 2012년 '이란 자유 및 반확산법' 등 이란을 직접 겨냥한 제재 법률에서 행정부에 제재 부과 권한을 인정한 특정 행위에 대해서만 제재를 유예했다.

이들 법률이 국가안보와 국익을 위해 필요한 경우 대통령으로 하여금 제재를 유예할 수 있도록 재량권을 인정한 분야는 미국과 직접적 관련이 없는 제3국 개인이나 기업을 대상으로 하는 것이었다.[60] 즉, 제재 대상 이란 기업에 금융서비스를 제공한 제3국인에 대한 제재를 유예하거나, 이란 금융기관과 금융거래를 한 제3국 금융기관에 대한 제재를 유예하는 것 등이다. 아울러 이란의 원유 등 에너지 분야 투자 및 거래에 대해서도 제3국의 개인이나 기업에 대해서만 제재 조치를 유예할 수 있었다.

그러나 미국인 및 미국 기업에 직접 적용되는 1차적 제재(primary sanction)는 대부분 유지할 수밖에 없었으며, 이들 법에서 의무 사항으로 규정되어 있는 사안에 대해서도 유예는 불가능했다. 미국 국적의 개인과 기업(금융기관 포함)이 이란과 거래하기 위해서는 여전히 재무부의 개별 허가를 받아야 하며, 이란과 제3국 간 금융거래도 중개할 수 없고, OFAC의 제재 명단에 등재된 이란 개인과 기업과의 거래는 계속 금지되었다.[61] 아울러 앞서 이란 편에서 설명했듯이 JCPOA 적용 대상이 아닌 탄도미사일·테러지원·역내 불안정 조성·인권침해에 따른 제재와 이와 관련된 2차 제재는 계속 적용되었으며, 이란이 1984년부터 테러지원국으로 지정되어 있으므로 이에 따른 미국의 대외원조 금지, 무기수출입 금지, 이중 용도 품목의 수출 통제 등의 제재도 여전히 유지되었다.[62]

---

60 Sahand Moarefy, "Partially Unwinding Sanctions: The Problematic Construct of Sanctions Relief in the JCPOA," National Security Journal, Harvard Law School, July 15, 2016, https://harvardnsj.org/2016/07/15/partially-unwinding-sanctions-the-problematic-construct-of-sanctions-relief-in-the-jcpoa/.

61 Dianne E. Rennack, "Iran: U.S. Economic Sanctions and the Authority to Lift Restrictions," *CRS report*, November 21, 2019, https://sgp.fas.org/crs/mideast/R43311.pdf.

62 Zachary Laub, *International Sanctions on Iran*.

위와 같이 제재가 부분적으로 해제됨에 따라 제3국의 개인이나 단체는 이란산 원유를 수입할 수 있게 되었고, 이란산 원유 운송에 사용되는 선박의 소유·운영·관리 및 해당 선박에 대한 보험도 제공할 수 있게 되었다. 아울러 이란 중앙은행을 비롯한 금융기관과의 거래도 재개되었으며, 이란은 해외에 동결되었던 자산 일부를 회수할 수 있었다. 다만, 테러지원기관으로 지정된 이란 혁명수비대와 산하 쿠드스군 등이 소유 및 관리하는 이란 기업과의 거래는 계속 금지되었다. 이와 함께 UN과 EU도 이행일, 즉 2016년 1월 16일 자로 무역, 기술, 금융, 에너지 분야에서 이란의 핵 프로그램과 관련된 제재 조치를 일괄 해제했다.

이에 따라 이란산 원유·석유제품 및 천연가스 무역, 석유화학제품의 수출입 및 운송 관련 제재가 해제되었고, 이란의 자원 탐사·생산 및 정제 관련된 기술의 수출 및 기타 기술적 지원을 허용했다, 아울러 이란의 에너지 분야에 대한 금융 대출 및 신용 제공, 합자회사의 설립 및 지분 참여가 허용되었다. 한국도 대이란제재가 법률과 대통령령이 아닌 기획재정부장관 고시와 무역협회 규정에 근거하고 있었기 때문에 UN 결정에 따라 자동으로 제재가 해제되었다.[63]

그러나 오바마 대통령은 법률에 의무적으로 부과해야 하는 제재는 해제할 수 없었는데, 그 이유는 이란을 특정한 법률에는 제재 해제 요건이 명확히 포함되었기 때문이다. 2010년 '포괄적 이란제재법'과 2012년 '이란위협감소법'은 대통령이 제재를 종료하기(terminate) 위해서는 의회에 테러리즘 및 WMD 관련 이란의 행위 두 가지를 증명해야 한다. 즉, 대통령은 의회에 이란이 국제테러리즘을 지원하지 않아 테러지원 국가로 지정될 요건을 더 이상 충족하지 않으며, 이란이 WMD 및 탄도미사일 개발 프로그램을 중단하거나 검증 가능하게 폐기했다는 점을 증명해야 한다.

---

63 외교부 보도자료(2016.1.17.): 「이란에 대한 국제사회의 경제제재가 해제되어 앞으로 이란과의 무역 및 투자가 자유로워져」, https://www.mofa.go.kr/www/brd/m_4080/view.do?seq=358030&srchFr=&srchTo=&srchWord=&srchTp=&multi_itm_seq=0&itm_seq_1=0&itm_seq_2=0&company_cd=&company_nm=.

한편, 미국 국내법적 측면에서 보면 JCPOA는 행정협약(executive agreement)으로 의회의 승인이 필요 없다. 오바마 대통령과 이란의 로하니 대통령이 협정에 서명만 하면 되는 것이었다. 의회는 이런 점에 문제를 제기하고 나섰다. 2015년 3월 공화당 상원의원 47명은 이란 지도부에 공개서한을 보내 핵 협상과 제재 완화의 최종 결정권은 의회에 있다고 주장했다. 또한, 하원의원 300여 명도 오바마 대통령에게 "이란제재 완화는 의회가 제정한 법안을 통해 이루어지는 것"이라며 "협상을 통해 이란이 WMD를 보유할 수 있는 모든 수단을 차단할 것이라는 점을 확신할 수 있어야 한다"고 주장했다.[64]

동시에 이란제재 강화와 합의사항 검토를 의무화하는 법안들이 논의되었다. 당초, 공화당 상원의원 밥 코커(Bob Corker)와 로버트 메넨데스(Robert Menendez)가 추진한 '이란 핵합의 검토법'은 대통령의 거부권 행사도 무효화하는 내용을 담고 있었으나, 대통령의 재량권을 지나치게 제약한다는 비판에 따라 2015년 5월 이를 삭제한 '이란 핵합의 재검토법'이 제정되었다.[65] 이 법은 미국 상·하원 외교위원회가 60일간 이란의 합의 이행 사항을 검토할 수 있도록 하고, 검토 기간 중에는 대통령이 제재를 완화하지 못하도록 하고 있다.

2006년 9월 리비아가 제외된 '이란제재법'도 2011년에 5년간 연장되었다가 2016년에는 10년간 재연장되었다. 당시 백악관은 1년 전에 타결된 JCPOA를 감안해 이 법의 연장에 부정적인 입장이었으나 적극적인 반대는 하지 않았다. 이란은 이 제재법의 연장을 강력히 비판했다.[66]

2018년 5월 18일 트럼프 대통령은 JCPOA에서의 탈퇴를 공식 선언했다. 이에 따라 재무부와 국무부는 일방제재 및 교역 관련 거래의 경우 90일, 금융제재 등 포함 2차 제재의 경우에는 180일간의 유예기간을 거쳐 2018년 11월 5일부로 그간 유예되었거나 해제되었

---

64 최강 외, 「이란 핵 협상과 북핵 해결 모멘텀」, ≪아산정책연구원 이슈 브리프≫, 2015년 5월 28일 자.

65 미국 의회 홈페이지, H.R.1191 - Iran Nuclear Agreement Review Act of 2015, https://www.congress.gov/bill/114th-congress/house-bill/1191.

66 "Extension of Iran Sanctions Act passes U.S. Congress," *Reuters*, December 2, 2016.

던 제재들을 거의 대부분 복원했다.[67]

이란제재 초기였던 1990년대 초반, 당시 미국 행정부는 행정명령으로 '국제경제긴급권한법' 및 '국가비상사태법'상 국가비상사태를 선포한 후 이란에 대한 제재를 부과해 왔다. 예를 들어, 1995년 3월, 당시 클린턴 대통령은 이란의 WMD 확산 활동이 국가비상사태 및 안보위협을 구성한다고 선언하고,[68] 일련의 행정명령을 통해 이란에 대해 제재를 부과해 왔다.

역설적이게도 트럼프 대통령이 2차 제재까지 포함한 제재를 완전히 복원하기 위해 발령한 행정명령 13846호(2018.8)는 이란에 대한 제재를 복원하는 근거 중 하나로 1995년 클린턴 대통령의 행정명령을 인용하고 있다. 트럼프 대통령은 2019년 5월, 행정명령 13871호를 통해 이란 광물 분야에서의 거래를 금지했으며, 2019년 6월에는 행정명령 13876호를 통해 이란 최고지도부를 포함한 고위직의 자산을 동결하고 금융거래를 금지했다. 2019년 11월에는 재무부가 이란을 자금세탁 우려국으로 지정해 이란 금융기관과의 거래를 금지했다.

이란 사례에서 매우 중요한 교훈을 얻을 수 있다.

첫째, 미국과 EU, 유엔의 지속적이고 강력한 제재가 이란을 협상장으로 이끌었다는 점에서는 대부분 분석가들이 동의한다.[69]

둘째, 법적 안정성의 결여 문제이다. 오바마 대통령은 의회의 비준이 필요 없는 행정협약 형식으로 JCPOA에 서명했으며, 이후 행정명령을 통해 이란에 대한 제재를 부분적으로 해제했다. 트럼프 대통령은 대통령 선언(Presidential Memorandum)으로 JCPOA에서 탈퇴했으며, 행정명령을 통해 이란에 대한 제재를 대부분 복권했다. 즉, 트럼프 대통령의

67 재무부 홈페이지 내 이란 부분, "FAQs Regarding the Re-Imposition of Sanctions Pursuant to the May 8, 2018 National Security Presidential Memorandum Relating to the JCPOA," https://www.treasury.gov/resource-center/sanctions/Programs/Documents/jcpoa_wi nddown_faqs.pdf.

68 행정명령 12957호(1995.3.15.).

69 "Iran Sanctions," *CRS Report*, February 2, 2022.

행정명령 13846호(2018)가 오바마 대통령의 행정명령 13716호(2016)를 뒤엎은 것이다.

이란 사례는 행정협정에 기반한 합의와 행정명령을 통한 제재 유예 등 합의 이행은 언제든 번복이 가능하고, 그에 따라 합의 및 이행의 지속성을 현저하게 저해한다는 점을 보여준다. 따라서 △ 협상의 레버리지로 활용하기 위해서라도 우선은 제재를 철저히 이행하여야 하며, △ 법적 구속력을 지닌 합의와 함께 법률에 의해 제재를 완화·해제하는 것만이 합의 도출 및 이행에서 법적·정치적 안정성과 지속성을 확보할 수 있는 최선의 방안이다. 이를 위해서는 의회의 관여와 협력이 필수적임을 이란 사례가 확인해 주고 있다.

셋째, 앞의 한계에도 불구하고. 이란 핵합의를 도출해 낼 수 있었던 요인이다. 앞서 리비아 사례에서 소개했던 번스 전 CIA 국장의 회고록에는 이란 핵협상 관련해 더욱 흥미로운 내용들이 기술되어 있는데 요지는 다음과 같다.[70]

- 초기 이란과의 핵협상 목표는 추가 협상을 진행할 공간을 확보하기 위해 우선 이란의 핵 활동 동결(freeze)과 상응 조치로 유엔 안보리 제재 중 일부를 유예하는(reciprocal freeze) 것이었음. 이를 기반으로 포괄적인 협상에 나선다는 것이었음.
- 안보리 결의 1929호가 채택되고, 연이어 강화된 EU와 미국의 독자제재가 부과되어 이란에 대한 경제적 압박을 가중했음. 불과 몇 개월 뒤에 이란의 원유 수출은 50% 감소했음.
- 오바마 대통령의 지시로 2013년 2월 기존 P5+1과는 별도 채널의 비밀협상에 착수했는데, 오만이 이를 지원했음.
- 오바마 대통령은 비밀협상의 4대 원칙으로 △ 기존 P5+1 협상의 대체가 아닌 보완, △ 비밀엄수, △ 협상 의제는 핵문제에 국한, △ 이란 측이 비핵화 조건을 수용할 경우 포괄적 합의의 틀 안에서 제한적으로 우라늄 농축 허용을 검토할 수 있다는(explore) 점을 제시하는 것이었음.

---

70 William J. Burns, "The Back Channel: A Memoir of American Diplomacy and the Case for Its Renewal," pp.337~387.

- 이란과의 비밀 양자 협상에서 핵문제로 의제를 국한한 이유는 이란의 핵 프로그램이 가장 시급한 과제였으며, EU 등 국제사회의 결집을 불러온 사안이었기 때문임. 핵 문제는 포괄적인 대이란 전략의 일부였으며, 이란과의 관계 정상화는 하루아침에 이루어질 수 없으므로 우선은 가장 시급한 핵문제에 중점을 두기 위한 것이었음.
- 동시에 군사력 사용 가능성도 배제하지 않았는데, 미국은 이란의 지하 농축시설을 파괴하기 위한 벙커버스터(bunker-buster) 등 무기개발도 지속했음.
- 미국-이란 간 직접 협상은 기존 P5+1 국가와의 협상을 보완하기 위한 것으로, 설령 직접 협상이 실패하더라도 미국에는 해가 되지 않고, 오히려 이란에 대한 국제사회의 압박이 증가할 것으로 믿었음.
- 비밀을 지키기 위해 2013년 상반기에 오만의 모 휴양지에서 이란과 협상을 개시했는데 협상은 양측에서 각 5명이 참가했음. 수석대표 포함 소인수 협의에서는 큰 틀을 협의했고, 별도 실무 협의를 병행해 검증과 제재 해제 등 매우 세부적이고 기술적인 내용에 대해 협상했음.
- 협상의 돌파구가 마련된 것은 2013년 6월 대선에서 개혁파인 로하니가 대통령으로 당선된 것이었으며, 당시 오바마 대통령은 축하메시지를 보냈는데 로하니 대통령은 즉각 우호적인 답장을 보내왔음.
- 협상의 대원칙은 이란이 먼저 구체적인 비핵화 조치를 취해 국제사회의 신뢰를 얻어야 한다는 것이었음. 당시 미국은 유엔 안보리, 미국, EU의 강력한 협상 도구가 있었으며, 이란은 원유 수출을 통한 외화 확보에 큰 어려움을 겪었음.
- 협상의 가장 큰 장애물은 이란의 요구, 즉 잠정 합의 기간 중 미국 의회가 새로운 독자제재를 부과하지 않는다는 점을 보장해 달라는 것이었는데, 미국은 의회 등 국내정치의 특수성을 상세하게 설명하고, 최대한 구체적이고 단단한(solid) 합의를 만들어 이를 충실히 이행하는 것만이 최선의 방법임을 강조했음(물론, 이는 후에 트럼프 대통령이 JCPOA를 파기함으로써 물거품이 되었음).
- 이후 2013년 9월 뉴욕 유엔총회를 계기로 추가 협상을 통해 합의에 근접하고, 이후 11월

제네바에서 잠정 합의인 '공동행동계획(JPA: Joint Plan of Action)'을 도출했음. 이 과정에서 뉴욕 유엔총회를 계기로 삼아 미국-이란 외교장관 회담과 오바마-로하니의 정상 간 15분 동안의 전화통화 등을 통해 정치적으로 신뢰를 구축했음(로하니 대통령은 통화 말미에 영어로 인사를 했음).

- JPA 합의를 통해 이란은 핵 활동 일부를 일시 동결하고, 서방측은 경제제재를 일부 완화하면서 신뢰를 쌓아가면서 포괄적인 합의를 위해 계속 협상하기로 했음. JCPOA의 전 단계인 JPA에 따라 '제한적이고, 일시적이며, 다시 복원 가능하다'는 전제하에 일부 제재가 유예 및 해제되었음.
- 당시 이란의 외교장관인 자리프(Zarif)는 케나다 덴버 대학교에서 박사학위를 취득했고, 이란 측 협상단인 마지드(Majid Takht-Ravanchi) 차관과 압바스(Abbas Araghchi) 차관은 각각 미국과 영국 대학에서 공부해 서양문화와 협상 방식에 익숙한 인사들이었으므로 개인적으로도 좋은 관계를 맺을 수 있었음. 협상은 영어로 진행되었음.

4. 북한제재 해제 문제

북한에 부과된 제재를 해제하는 문제를 다루기에 앞서 제6장에서 설명한 대북한제재의 특징을 아래 세 가지로 재차 요약한다.

첫째, 미국의 북한제재는 중첩적이다. 즉, 특정 행위에 대한 제재에 다수의 법률과 행정명령이 중첩적으로 결부되어 있다. "국제경제긴급권한법", '국제기구참여법', '수출관리법', '무기수출통제법', '대외원조법', '북한제재강화법', '적성국제재법', '오토웜비어법' 등 다양한 법률과 행정명령이 그것이다. 따라서 특정 법률에서 규정한 특정 제재를 해제하더라도 동일 제재를 명시한 다른 법률이 개정되지 않으면 해당 제재의 유예나 해제가 어려운 구조이다.

둘째, '북한제재강화법', '적성국제재법', '오토웜비어법' 등 북한을 특정한 제재 법률 상당수가 제재의 유예 및 해제 조건을 직접 규정하고 있기 때문에 대통령의 재량으로 제재를 유예하거나 해제하기가 불가능하다. 행정부가 법률상 요건을 갖추어 제재를 유예할 경우에도 건별(case-by-case)로만 적용되며, 유예 기간도 최대 1년~1년 6개월에 불과해 실질적인 측면에서 효과가 제한적이다.

셋째, 유엔 안보리 제재가 북한의 핵·탄도미사일 개발을 이유로 제재를 부과하고 있으나, 미국의 독자제재는 이를 넘어 테러리즘 지원, 화폐 위조, 자금세탁, 사이버 해킹 및 강제수용소 운영 등 인권과 비시장경제라는 체제 문제까지 결부하고 있다. 핵심은 북한에 대한 제재는 비단 핵무기와 탄도미사일 개발 문제에만 관련된 것이 아니라는 점이다. 핵무기 개발 프로그램과 직접 연계된 일부 제재는 대통령 권한으로 유예 또는 중단할 수 있겠지만, 북한 정권의 속성과 관련된 정치개혁이나 인권 개선 등과 관련된 제재들은 계속 남을 수밖에 없다.

앞서 설명했듯이 미국이 제재를 부과하는 방식은 두 가지인데, 이는 제재 면제 및 해제 문제와도 직접 관련된다.

하나는 제재 법률에 따라 제재를 부과하는 것인데, 여기에도 법률상 의무적으로 제재를 부과해야 하는 사안과 제재 부과 여부를 대통령의 재량에 맡겨 둔 사항이 있다. 예를 들어, '오토웜비어법'은 고의로 북한으로부터 석탄, 섬유, 수산물, 철이나 철광석의 수출입에 직간접적으로 관여하거나 북한 노동자의 해외 송출 또는 고용에 직간접적으로 관여한 행위에 대해서는 의무적으로 제재를 부과하도록 규정하고 있다. 반면, '적성국제재법'상 고의로 북한 정부로부터 상당한 수준의 식료품이나 농산품을 구매하거나 획득하는 행위에 대해서는 행정부 재량으로 제재를 부과할 수 있다.

둘째, 대통령이 특정 법률에 근거하지 않고, 일반법상 규정에 따라 행정명령을 통해 특정 제재를 부과하는 방식이다. 이러한 권한을 부여한 대표적인 법률이 '국가비상사태법'과 '국제경제긴급권한법'으로 대통령이 행정명령을 통해 국가비상사태를 선포한 후 특정 제재를 부과한다. 이 경우에는 대통령이 비상사태를 해제하면서 해당 제재를 해제하거나, 또는 비상사태를 해제하지 않고 해당 제재를 유예하거나 면제할 수 있다. 예를 들어,

2017년 9월에 발령한 행정명령 13810호[71]는 기존 법률에 따라 부과되었던 제재를 강화함과 동시에 기존 법률과는 별도로 북한을 방문한 항공기와 선박은 180일간 미국 착륙이나 입항을 금지하는 조치를 새로 부과했는데, 이 부분은 대통령 결정으로 즉시 해제될 수 있다. 행정명령 13722호도 법률과 무관한 것이어서 대통령의 행정명령으로 제재 완화가 가능하다.

2016년 이전에 발효된 행정명령 13466호, 13551호, 13570호 및 13687호의 경우 '북한제재강화법'이 발효되기 이전에 시행된 행정명령이므로 '북한제재강화법'의 완화 및 해제 요건을 충족해야 하는 것은 아니다. 그렇지만 해당 제재를 해제한다고 해도 '북한제재강화법'과 같은 강력한 북한제재 법률과 그 법률에 근거한 행정명령은 유효하기 때문에 제재 완화 효과는 실질적이라기보다는 상징적인 수준에 그친다.

의회가 제재부과법을 제정할 때는 보통 국가안보 및 외교 정책상의 필요성을 이유로 행정부에 제재유예 권한을 제한적으로나마 부여하는 것이 일반적인 관례이다.[72] 그러나 제재가 법률에 근거해 부과될 경우, 실제로는 대통령이 제재를 면제하거나 해제할 수 있는 권한에는 많은 제약이 따른다. '국제경제긴급권한법', '적성국교역법', '무역법' 및 '수출통제법' 등은 대통령이 국가안보상 필요하다고 판단할 경우 대통령 재량으로 특정 제재를 한시적으로 유예할 수 있는 권한(discretionary waiver)을 부여하고 있다. 이에 따라 이론적으로는 대통령 재량으로 특정 행정명령을 철회할 수 있으며, 법률에서 규정한 대통령의 재량권을 활용해 특정 제재의 적용을 유예(waiver)할 수 있으나, 유예 시기와 범위가 한정적이며, 언제든지 되돌릴 수 있으므로 법적 안정성에 문제가 있다.

즉, 북한에 대한 제재가 완화 또는 해제되기 위해서는 '북한제재강화법' 등 특정 법률에 규정된 요건이 충족되거나, 미국 의회가 해당 법을 폐기 또는 수정하거나, 아니면 새로운

---

71 E.O. 13810(2017.9.26.), "Imposing Additional Sanctions with Respect to North Korea."

72 김영준, "미국의 독자제재 완화 및 해제 절차와 대북제재에 대한 시사점", ≪국가안보전략연구원 이슈브리핑≫, 18-20(2018.7.13.).

법률을 제정해 앞의 제재 법률을 대체하는 방법 이외에는 없다.

예를 들어, 1974년 '무역법(Trade Act)'은 북한에 정상적인 무역국 지위를 부여하는 것을 제한하고 있는데, 대통령은 국가안보상 필요하다는 이유로 동 조항을 유예할 수 있다. 그러나 대통령은 그러한 제한을 아예 폐기할 수는 없으며, 일정 기간 및 특정 조건하에서 일시적으로 유예만 가능할 뿐이다. '무역법'은 북한에 '정상적 무역 대상국 지위(PNTR: Permanent Normal Trade Relations)'를 부여하기 위해서는 북한이 자국민의 자유로운 이민을 허용해야 하고, 시장경제로 전환해야 하며, 정치체제를 개혁해야 한다는 엄격한 조건을 부과하고 있다.

2018년 '아시아 안심법(The Asia Reassurance Initiative Act)'도 북한의 불법 활동과 연계되어 제재 대상자로 지정된 개인이나 단체에 대한 제재를 종료하기(terminate) 위해서는 국무부 장관이 해당 개인이나 정부가 안보리 결의상 불법행위를 중단했다는 점을 증명하도록 하고 있다.[73]

한편, 상시적으로 예외가 허용되는 행위도 있는데[74] 미국 내 유엔 주재 북한 대표부의 외교활동을 위한 상품 및 금융서비스 제공, 긴급한 의료 서비스 제공, 인도적 활동을 위한 북한 금융기관과의 비상업적인 금융거래(사무소 운영 및 직원 봉급 이체 등) 등이 대표적인 사례이다.

5. 과거 사례

원칙적으로 행정부의 재량 범위 안에서 재무부 OFAC이 '해외자산통제 규정(FACR: Foreign Assets Control Regulations)'을 일부 개정해 특정 분야에서의 제재를 일시적으로 유

---

73 Asia Reassurance Initiative Act, 제210조(Sec. 210).

74 연방규정 재무부 편 31 CFR Part 510, Subpart E에 규정하고 있다.

예하거나 면제할 수 있다. 예를 들어, 1994년 제네바 기본합의(Agreed Framework)에 따라 클린턴 대통령은 1995년 1월 통신, 무역, 금융, 여행 등 분야에서 제한적으로 북한에 대한 제재를 일부 완화했는데, 이는 별도의 행정명령에 따른 것이 아니라 재무부 OFAC이 관리하는 '해외자산통제 규정'을 수정하는 형태로 이루어졌다.

당시 제재 완화의 주요 내용은 △연락사무소 개설을 위한 금융거래를 허용하고, △미국 언론사의 북한 내 지국 설립을 허용하며, △미국인의 제한적인 북한 입국 및 북한에서의 미국 신용카드를 사용하도록 하고, △일반 북한 주민이 소유한 미국 내 금융자산의 동결을 해제하는 내용이었다. 또한, 마그네슘 등 특정 북한산 광물 수입과 농업, 광업, 목재, 관광산업 분야에서의 투자도 허용했다.[75]

1997년에는 제네바 합의를 이행하는 과정에서 미국 항공기의 북한 영공 통과와 북한 내 공항 착륙에 필요한 수수료를 북한에 지불하도록 했는데, 이 역시 '해외자산통제 규정'을 수정하는 형식으로 이루어졌다. 반면, 1996년 4월 클린턴 대통령은 행정명령 12997호를 발령, 한반도에너지개발기구(KEDO)를 국제기구로 인정해 '국제기구면제법'에 따라 특권과 면제를 부여했다.[76] 이에 따라 KEDO와 관련된 북한인에 대해서는 미국 내 출입국 허용 등 부분적인 제재 면제 조치가 추가로 이루어졌다.

2008년 6월 26일, 부시 대통령은 북한이 6자회담에서의 합의를 이행하는 차원에서 핵신고서를 제출함에 따라 북한에 대한 '적성국교역법'의 적용을 종료(termination)했다.[77] 동시에, 북한이 최근 6개월간 국제 테러행위를 지원하지 않는 등 테러지원국 해제 요건을 충족시켰다고 확인하면서 북한을 테러지원 국가에서 해제하기로 했다.[78] 앞서 소개했다

---

75 R. Jeffrey Smith, "Clinton Slightly Lowers Some Bars to U.S. Trade With North Korea," *The Washington Post*, January 21, 1995.

76 "Executive Orders: William Clinton Subjects," Office of the Federal Register, https://www.archives.gov/federal-register/executive-orders/clinton-subjects.html(검색일: 2022.9.20.)

77 Proclamation 8271(2008.6.26.): Termination of the Exercise of Authorities Under the Trading With the Enemy Act With Respect to North Korea.

78 Memorandum on Certification of Rescission of North Korea's Designation as a State Sponsor of

시피, 부시 대통령은 북한을 '적성국교역법' 적용 대상에서 제외하면서 동시에 행정명령 13466호(2008.6)을 발령해 북한 내 핵물질 존재 및 확산 가능성을 국가비상사태로 선포하고, 그간 '적성국교역법'에 따라 부과되었던 자산 동결 조치는 계속 유지했다.

6. 북한제재 법률상 유예 또는 해제 조건

제6장 미국의 북한에 대한 독자제재 편에서 다루었듯이 2016년 이후 제정된 '북한제재강화법', '적성국제재법', '오토웜비어법'은 제재를 면제하거나 해제할 수 있는 구체 조건을 명시하고 있는데, 행정부가 해당 조건이 충족된다는 사실을 의회에 증명한(certify) 이후에야 제재를 면제 또는 해제할 수 있도록 했다.

1) 북한제재강화법

'북한제재강화법'에는 제재의 유예, 면제 및 해제 조건을 상세히 규정하고 있으므로 대통령이 특정 분야 제재를 면제하거나, 해제할 경우에는 의회에 해당 충족 요건을 확인(certify)해야 한다. 즉, 행정명령과 달리 대통령의 재량으로 제재를 면제하거나 해제할 수 없다.

제재 유예 및 면제[79]

대통령이 사안별로(case-by-case) 인도주의적 사유 또는 국가안보에 중요하다는 이유를 명시해 의회에 서한을 제출해야 하는데, 이 경우 30일에서 최장 1년간 제재 유예(waive)

Terrorism(2008.6.26).

79 '북한제재강화법' 208조: Exemptions, Waivers, and Removals of Designation.

가 가능하며, 연장도 가능하다. 인도주의 지원을 이유로 제재를 유예하기 위해서는 북한의 기본적 인권 촉진 및 보호, 난민문제에 대한 인도주의적 해결, 인도주의 원조 제공 시 모니터링·접근성·투명성 보장, 자유로운 정보 유입, 한반도의 민주적·평화적 통일 촉진에의 기여 등 요건을 충족해야 한다.

△미국 정부의 대북 첩보활동에 필요한 행위, △미국과 유엔 간 거주지 협정 및 비엔나 영사협정에 따라 미국이 의무적으로 이행해야 할 사안(예를 들어, 북한 정부 인사의 유엔회의 참석차 뉴욕 방문 등), △북한 내 미군 실종자 및 전사자 유해 식별 및 발굴을 위한 행위 등은 제재에서 면제된다.

제재 중단[80]

대통령이 의회에 아래 사항에 대한 진전이 있었음을 확인(certify)해야 하며, 이 경우 최장 1년간 해당 제재의 적용을 중단(suspension)할 수 있다. 이후 필요 요건을 지속적으로 충족하고 있다고 확인할 경우에 180일 단위로 재연장이 가능하다.

① 미국 달러화 위조의 검증 가능한 중단, ② 돈세탁 방지 조치 이행, ③ 유엔 안보리 결의를 준수하기 위한 조치 이행, ④ 납치자·불법억류자 및 정전협정을 위반해 불법으로 억류하고 있는 포로 송환을 위한 조치 이행, ⑤ 인도주의 지원에 대한 국제적인 분배 및 모니터링 기준 준수, ⑥ 정치범 수용소 내 생활여건 개선 조치 이행.

위 6개 조건 중 미국 달러화 위조는 검증 가능하게 중단해야 하며 이를 위해 위조에 필요한 특수 물질과 장비들을 미국에 인도하거나 파괴해야 한다. 나머지 5개 조건에는 개선에 필요한 조치를 취하는 것이(taking step)이 필요하다.

제재 종료

제재를 종료(terminate)하기 위해서는 대통령이 의회에 북한이 상기 제재 중단 요건을

80 '북한제재강화법' 401조: Suspension of sanctions and other measures.

표 10-1_ 2016 '대북제재강화법'상 제재 중지, 종료, 면제 및 유예 조건

중지	종료	면제	유예
o 북한 정부가 아래 조건에 진척이 있었다는 사실을 대통령이 의회에 증명 o 1년까지 가능하며 추가 180일 갱신 가능	o 북한 정부가 '중지' 조건을 충족하고, 아래 조건에 대해 대통령이 중대한 진척이 있다고 판단하고 의회에 증명	o 미국의 '국가안보법'상 승인된 정보활동 o 국제 협약에 따른 미국의 의무 이행 관련 거래 o 북한 내 미군 유해발굴사업	o 인도적 지원 또는 '북한인권법'상 인도적 목적을 위해 대통령이 서면으로 의회에 통보 o 30일~1년간 유예
① 미국 달러 위조 중단 ② 돈세탁 방지 ③ UN 안보리 결의 준수 ④ 억류자 송환 ⑤ 인도주의에 대한 국제규약 준수 ⑥ 정치범 수용소 생활환경 개선	중지 6개 조건 + ① 완전하고 검증 가능하고 불가역적인 비핵화 ② 모든 정치범 석방 ③ 평화적 정치활동에 대한 검열 중단 ④ 투명하고 열린사회 수립 ⑤ 억류된 미국인 및 유해 송환		o 미국 국가안보에 중요하거나 법 집행을 위해 필요할 경우, 사안에 따라 30일-1년간 유예

충족했고 이에 더해 다음 5개 사항에 대한 실질적인 진전(significant)이 이루어졌음을 증명해야(certify) 한다.[81]

즉, ① WMD와 운반 수단의 완전하고 검증 가능하며 불가역적인 폐기, ② 모든 정치범 석방, ③ 평화적 정치활동에 대한 검열 중단, ④ 개방되고, 투명하며 대의적 사회 건설(open, transparent, and representative society), ⑤ 억류 미국인 및 유해 송환 등이 그것이다.

유의해야 할 점은 대북제재강화법 401조와 402조상 제재 면제 및 해제 조항은 위에 나열된 조건 중 어느 하나만 충족시켜서는 안 되고 모든 조건을 충족시켜야 한다는 점이다. 즉, 모든 조건을 충족시키지 못하면 제재 면제 또는 해제는 없다는 '전부 아니면 전무(All-or-Nothing)' 규정이다.

81 '북한제재강화법' 402조: Termination of sanctions and other measures.

2) 적성국제재법

2017년의 '북한차단 및 제재현대화법(Korean Interdiction and Modernization of Sanctions Act)'은 '북한제재강화법'을 개정한 것으로 독자 입법이 아니라 '적성국제재법' 제3장에 포함되어 발효되었다. 제재 면제 및 해제 조건 등에 대해서는 '북한제재강화법'상 규정을 따르고 있다.

3) 오토웜비어법

제재 면제(waiver) 및 종료(termination)에 대해서는 기존 '북한제재강화법'상의 요건을 계속 적용하고 있다.

제재 중단의 경우에는 이 법에서 새로 도입한 제재, 즉 ① 제재 대상과 고의로 거래한 외국 금융기관에 대한 의무적인 제재 부과, ② 미국 금융기관의 소유 또는 통제하에 있는 해외 단체와 제재 대상과의 직간접적인 거래 금지, ③ 안보리 상한을 초과하는 원유와 정제유 수입 및 북한 노동자의 해외 송출에 관여한 행위 등 의무적으로 제재해야 할 행위에 대해서는 제재 중단 요건을 강화했다. 즉, 다음 사항을 의회에 확인할 경우 최장 180일간 제재 중단이 가능하며, 이후에는 동 요건 충족 확인 시 180일 단위로 재연장이 가능하도록 했다.[82]

- 북한이 WMD와 운반 수단의 개발 및 확산을 검증 가능한 방법으로 중단하겠다는 점을 약속한 경우(committed).
- WMD와 미사일 프로그램의 항구적이고 검증 가능한 방법으로 제한하겠다는(limit) 목표하에 미국 정부를 포함한 다자협상에 참여하기로 합의한 경우.

82 '오토웜비어법' 제7143조(SEC. 7143) (b) Suspension.

• 미국의 국가안보에 필수적인 경우(vital).

4) 여타 조건

자금세탁 우려국가 해제

재무부 소관 금융제재 분야에서 해제가 가장 어려운 부분은 북한을 돈세탁 우려국가로 지정한 부분이다. 이를 위해서는 북한이 정치적 요건보다는 복잡한 금융기술적 요건을 충족시켜야 하기 때문이다. 재무부는 2016년 6월 북한을 '자금세탁 우려 주요국가'로 지정하면서 다음 네 가지를 근거로 들었다.[83]

• 북한은 국가가 운영하는 금융기관과 그 위장 회사들을 이용해 WMD와 운반 수단 개발 프로그램을 추진.
• 북한은 돈세탁이나 테러금융을 점검하고 방지하는 감독기구가 없음.
• 북한은 미국과 외교 관계가 없어 테러방지 분야에서 상호 사법협력을 위한 조약이 없으므로 북한에서 유래하거나 경유하는 금융거래의 정보 교환 등 협력이 존재하지 않음.
• 북한은 고위직들의 불법적이고 부패한 행동에 의해 정권을 유지하고 있음.

따라서 이론적으로는 위의 네 가지 조건을 충족하지 않는 이상 미국이 북한을 자금세탁 우려 주요국가 명단에서 제외할 수는 없을 것이다. 즉, 북한이 돈세탁을 방지하고, 테러 자금으로의 전용을 방지하기 위한 새로운 금융기법과 통제 장치를 마련했다는 확신이 들지 않는 이상 돈세탁 우려국가로 계속 남을 수밖에 없다.[84] 물론, '북한제재강화법'상

83 미국 재무부 보도자료(2016.6.1.): "Treasury Takes Action to Further Restrict North Korea's Access to the U.S. Financial System."

84 Troy Stangarone, *Removing Sanctions on North Korea: Challenges and Potential Pathways*, p.18.

미국 대통령이 '애국법' 311조의 돈세탁 방지 규정을 1년간 유예할 수는 있겠지만, 각국의 금융회사들은 북한이 '자금세탁 우려 주요국가'에서 제외되기 전까지는 북한과의 금융거래를 회피할 것이다.

테러지원 국가 지정

상대적으로 해제가 수월한 편인데, 실제로 미국은 2008년에 북한을 테러지원국에서 제외한 적이 있다. 그러나 이러한 부분적 해제는 실질적으로 경제적 인센티브를 준 것이 아니라 신뢰 구축을 위한 것이었다.[85]

'무기수출통제법' 규정상 특정국을 테러지원 국가 명단에서 제외하는 것은 대통령의 권한 사항에 속한다. 제외하는 데에는 두 가지 방식이 있다.

하나는 해당 국가의 정권이 교체되었을 경우인데, 의회에 정권이 바뀌었다는 점을 확인하면서(certify) 해제하는 방식이다. 둘째는 정권이 바뀌지 않았다고 해도, 대통령은 해당국이 지난 6개월 동안 국제테러리즘을 지원하지 않았으며, 향후에도 테러리즘을 지원하지 않겠다고 확약했음을(assure) 의회에 통보한 이후 45일 뒤에 테러지원 국가에서 해제할 수 있다.[86] 의회는 통보받은 후 45일 안에 상·하원 공동 결의(a joint resolution)를 채택해 대통령의 테러지원국 해제 결정을 막을 수 있다. 물론, 대통령은 이를 다시 거부할 수 있다.

인도주의와 제재 면제

제재 면제 대상이나 범위는 해당 제재의 목적과 연계되지만, 인도주의 측면에서는 제재 면제나 예외를 인정하는 것이 일반적이다. 예를 들어, '국제경제긴급권한법'은 인도주

---

85 Daniel Wertz, "Converting Maximum pressure to Maximum Leverage: The role of sanctions relief in negotiating with North Korea," *Korea Economic Institute of America*, April 8, 2019, p.4.

86 '무기수출통제법' SEC. 40.: Transactions with Countries Supporting Acts of International Terrorism / (f) Rescission.

의적 활동에 대한 제재 면제를 규정하고 있는데, 인도주의 차원에서 식료품, 의약품, 의류 등을 제공하는 행위, 정보 유입이나 확대를 위한 목적으로 이루어지는 상품의 수출입, 우편 및 전화통신 등 개인적 소통을 위한 기기의 수출입 등은 제재 면제가 가능하다.

'시리아제재법'은 시리아 아사드(Assad) 독재정권의 자국민 대상 폭정을 감소시킬 목적이었으므로 아사드 정권과 관련된 금융거래를 금지했으나, 외국 거주 시리아 국민의 시리아 내 친척 등에 대한 개인적 송금이나 인도주의적 물품 기여 및 제공은 제재의 예외사항으로 규정하고 있다. 반면, 9·11 테러사태 직후 테러리스트와 테러집단에 금융제재를 부과한 행정명령 EO 13324호(2001.9)는 인도주의적인 목적이라고 해도 제재 면제나 중단을 허용하지 않고 있다.

5) 여타 법률상 의무 사항으로 지정된 행위

법률상 강제 조항으로 규정되면 행정부의 재량에 따른 제재유예가 적용되지 않거나, 아예 행정부의 재량을 허용하지 않는 법률도 있다. 다음은 그러한 법률들이다.

1961년 대외원조법

북한에 자금을 지원하는 국제기구에 대해서는 미국의 분담금 납부를 제약하도록 되어 있으며, 예외 규정이 없다. 다만, IAEA의 사찰 및 검증 프로그램에 따른 북한 지원액의 경우에는 예외가 적용된다.

테러리즘을 이유로 한 제재 부과

'무기수출법', '대외원조법', '국제안보 및 개발협력법(International Security and Development Cooperation Act of 1985)' 등에서는 테러지원국으로 지정된 국가에 대해 수입 및 개발원조 공여를 금지하고 있으며, '수출입은행법'과 '국제금융기구법(International Financial Institution Act)'에서는 국제금융기구의 해당 국가에 대한 자금지원 제안에 반대를 해야 한다. 별도의 유예 규정은 없다. 따라서 테러지원국으로 남아 있으면서 예외를 인정받을 수는 없고, 테러지원국 명단에서 제외되는 것이 유일한 방법이다.

국무부 및 국방부 세입세출법(appropriations Act)

일종의 예산부수 법안으로 차년도 예산안 확정 시 자동적으로 채택된다. 이 법에는 북한에 대한 양자원조를 금지하고 있으며, 유예 규정은 없다.

7. 대북한제재 완화 및 해제 문제

특정 법률에서 규정한 제재를 해제할 경우에는 미국 의회의 협조와 동의가 반드시 필요하다. 북한과 WMD 및 탄도미사일 프로그램에서 포괄적인 합의가 이루어졌다고 해도 인권이나 사이버 범죄, 납치문제 등 특정 분야에서의 진전이 없을 경우, 이를 이유로 일부 의원들이 동 합의를 비준하지 않을 가능성이 크기 때문이다.

물론 행정부가 이란 핵합의(JCPOA) 같이 의회의 승인이 필요 없는 행정협정(executive agreement)을 통해 합의를 도출할 수는 있다. 사실 행정협정은 의회의 승인이 필요 없기 때문에 그간 미국 행정부는 조약 대신 협약을 선호해 왔다. 예를 들어, 1977년부터 1996년 사이 미국이 체결한 조약은 300건 정도인데, 행정협약은 4000여 개나 된다. 국제협상의 93%가 행정협정 방식으로 이루어졌다.[87]

하지만 행정협정의 경우에도 의회와의 사전조율이 필요한 경우가 대부분이며, 의회가 별도 입법을 통해 이행 과정에 개입할 수도 있다. 예를 들어, 2015년 오바마 행정부 당시 의회는 이란 핵협상 과정에서 의회의 입장을 반영하기 위해 '이란 핵합의 검토법'을 제정해 의회가 상·하원 공동으로 불승인 결의를 채택하면 대통령이 단독으로 이란에 대한 제

87 최강 외, 「이란 핵 협상과 북핵 해결 모멘텀」, ≪아산정책연구원 이슈 브리프≫, 2015년 5월 28일 자, 6쪽.

재를 해제할 수 없도록 했다.

이란 JCPOA 사례에서 보듯이, 행정협정을 통해서만 합의를 이룰 때 행정부가 교체되면 파기될 수 있다는 점에서 법적 안정성이 크게 결여된다. 오바마 행정부 때 쿠바와 이란에 대한 제재 중 일부를 해제했으나, 이후 트럼프 행정부가 JCPOA에서 탈퇴하고 이란의 최고지도자에 대해서 제재를 부과하고 이란의 혁명수비대를 테러 조직으로 지정했다.

법적 안정성 문제뿐만 아니라 합의 이행 과정에서 재원이 필요할 경우 의회가 이를 거부할 가능성도 존재한다. 의회는 제재 해제의 혜택이 북한에게 돌아가지 않도록 예산배정 거부 등으로 사실상의(de facto) 비토권을 행사할 수 있기 때문이다. 1994년 제네바 합의도 상원의 비준을 피하기 위해 행정협정 방식으로 체결되었다. 비록 제네바 합의에는 제재 해제 문제가 포함되지 않았으나 매년 중유 50만 톤을 제공하는 내용이 포함되어 있다. 그런데 중유를 제공하기 위한 예산은 의회의 승인이 필요하다. 당시 공화당 측은 초기에는 예산을 할당했지만, 추가적인 재원이 필요했을 때에는 추가예산 배정을 거부했다.[88]

위 사례에서 볼 수 있듯이 의회와의 긴밀한 조율 및 초당적인 지지를 확보하지 않으면 제재 완화 및 해제 결정은 언제든지 뒤집힐 수 있다. 한편, EU의 대북한제재는 대부분 WMD 프로그램과 연계되어 있으므로 북한의 비핵화 진전에 따른 제재 해제가 미국보다는 상대적으로 수월할 것으로 본다.

1) 의회의 참여 및 지지 확보

앞서 살펴보았듯이 행정명령에 의한 제재는 대통령의 결정으로 유예 또는 해제가 가능하지만, 의회가 제정한 법률에 따라 제재를 부과하는 경우에는 제재의 면제나 해제 절차가 복잡하며, 의회의 협조가 필수적이다. 이러한 문제를 해결하기 위한 가장 좋은 방법은

88 "North Korea-US Nuclear Pact Threatened," *Washington Post*, July 6, 1998.

새로운 법을 제정해 제재를 완화 또는 해제하는 것이다. 즉, 안보리가 새로운 결의를 채택해 기존의 제재를 해제하듯이 미국 의회가 북한을 특정한 특별법 형식으로 제재 해제 법안을 제정하는 것이다.

기존 제재를 해제하는 신규법안을 마련할 경우, 두 가지 장점이 있다. 우선, 논의 과정에서부터 의회의 개입 및 주도가 가능하며 자연스럽게 정치적 지지를 확보할 수 있다는 장점이 있다. 행정협정의 한계, 즉 법적 불안정성을 해소할 수 있고, 합의 이행에 필요한 재원을 의회가 승인하는 데에도 훨씬 수월하다는 장점도 있다. 둘째, 거미줄처럼 얽혀 있는 복잡한 제재망을 한 번에 풀 수 있다. '북한제재강화법'이 제재 해제를 위한 특정 조건을 명시하고 있지만, 제재 해제 요건이 여러 법률에 중복적으로 명시되어 있어 매우 복잡하다.

이론적으로는 새로운 법을 제정하여 특정 제재의 해제 요건을 북한의 특정한 행동 변화와 직접 연계할 수 있을 것이다. 예를 들어, 인권 및 북한의 정치체제와 연계된 제재는 유지하면서 WMD와 연계된 제재는 구체적으로 북한의 행동과 일대일로 연계해 해제가 가능하도록 새로운 법률을 제정할 수 있을 것이다.[89]

그러나 협상 초기부터 의회가 개입할 경우 북한에 대한 요구 사항이 WMD뿐만 아니라 인권, 자금세탁, 납치자 문제 등으로 확대되어 협상이 더욱 복잡해지면서 북한의 참여 유인이 하락할 가능성이 있다는 점에는 유의해야 할 것이다.

2) 법률상 면제 또는 유예 규정

미국 의회가 북한에 대한 제재를 완화 또는 해제하는 법률을 제정하는 것은 현실적으로 불가능하다. 대안은 기존 법률상 유예 또는 면제 규정을 활용하는 것이다.

미국의 독자제재는 미국 재무부 OFAC의 특별허가 또는 일반허가를 받으면 사안에 따

89 Troy Stangarone, *Removing Sanctions on North Korea: Challenges and Potential Pathways*, p.19.

라 면제될 수 있다. 특별허가(Special Licence)는 각 사안별로 북한과 거래하는 개인과 기업에 부여하는 것이고, 일반허가(General Licence)는 북한과 특정 분야에서의 거래에 대해 포괄적으로 제재를 면제하는 것으로 별도의 면제 신청이 불필요하다.

현재 북한과 관련해 부여된 일반허가는 △유엔 관련 북한 내 인도적 사업 및 NGO의 북한 내 활동 지원, △자문, 소송, 중재 등 특정 법률서비스 제공, △비상업적인 개인적 송금, △미국 금융기관 내 동결된 계좌 간 지불이나 송금, △통신, 인터넷, 전화요금, 우편, 보험 등의 일반 서비스 요금 지불 및 부채 상환을 위한 동결계좌 활용, △특허, 상표 및 저작권 관련 거래, △긴급의료서비스 제공, △조난 선박의 미국 내 기항 허용 등이 있다.[90]

상무부 역시 제한적인 범위에서 제재 면제를 부여하고 있는데, '수출관리 규정'은 허가 예외 대상으로 다음 여섯 가지를 명시하고 있다.[91]

- 뉴스 미디어 관련 장비의 일시적 수출 및 재수출.
- 미국, 협력국 및 국제기구(IAEA 등) 근무 직원들의 개인적·공적 사용 품목.
- 개인 간 또는 종교·인도주의·교육기관 간 선물, 기부 물품(한 달에 1회에 한해 통상 800달러 이하 규모).
- 합법적으로 수출된 상품의 운영 소프트웨어.
- 일시적으로 미국을 떠나는 개인(유엔의 북한 대표부 직원 등)의 수화물.
- 합법적으로 수출된 민간 항공기의 재수출.

북한 비핵화가 진전된다는 전제하에, 특정 사업이나 인프라 투자에 대한 특별허가를 취득함으로써 미국의 독자제재가 부분적으로 유예되거나 면제될 가능성은 있다.[92] 아울

---

90 『연방규정집』 북한 부분(31 CFR Part 510) 중 Subpart E - Licenses, Authorizations, and Statements of Licensing Policy / § 510.501 General and specific licensing procedures; § 510.504~§ 510.519.

91 『연방규정집』 북한 부분(31 CFR Part 746.4).

92 손현진, 『대북제재와 해제에 관한 법적 문제』(서울: 한국법제연구원, 2018), 95쪽.

러 '의무적 제재 대상'이 아닌 행정부의 '재량적 제재 대상'에 대해서는 OFAC의 정책적 판단에 따라 제재 면제를 받을 수도 있으므로, 특정 사안에 대해서는 OFAC에 제재 면제를 신청해 '특별허가' 형식으로 제재를 면제받을 수도 있다.

최근의 사례로는 2018년 평창 동계올림픽 때 제재 대상 북한 고위 간부의 올림픽 참가, 그리고 북한을 갔다 온 항공기의 미국 내 기항 허용 등의 특별허가 사례가 있다. 아울러 금강산 이산가족 상봉장에 화상회의 시스템을 설치하고, 월드컵 평양 예선전을 위한 장비 반입 등에 대해서도 OFAC의 '특별허가'를 받았다.

미국 재무부 OFAC 홈페이지에는 북한 주민을 위한 인도주의 활동, 민주주의 증진 활동, 비상업적 개발사업, 환경보호 등과 관련된 금융거래를 허용할 수 있다고 밝히고 있다. 이에 따라, 인도주의 품목, 담요, 난방유 등 기본적 생활에 필요한 물품, 유엔의 인도주의 구호 활동에 필요한 물품, 기초 의약품, 민간항공기 정비 등 안전에 필수적인 물품 등은 일반적으로 이전이 승인된다.

따라서 미국의 대북한제재가 완전히 해제되기를 기다리는 것보다는 특정 제재를 일시적으로 유예하거나 중단할 수 있는 인도주의사업부터 시작해 제재 면제의 범위를 점진적으로 넓혀가는 것이 현실적이다. 이에 더해 '북한제재강화법' 등의 제재 유예 또는 면제 요건에 맞추어 미국의 국가이익에 필요하다든지, 화폐 위조 중단, 자금세탁 중단, 안보리 결의 이행, 납치자 송환, 인도적 지원 관련 등에 진전이 있을 경우 이를 활용해 특정 분야 제재를 유예 또는 중단해 나가는 방식도 가능할 것이다.

아울러 북한 주민을 위해 식량이나 의료품 등을 수입하기 위해 일부 금지 품목의 수출을 허용하거나 유엔이 관리하는 에스크로 계좌 또는 1990년대 이라크 제재 레짐에서 활용되었던 '원유-식량 교환(Oil for Food Relief)' 방식을 활용해 볼 수도 있겠다.[93] 한국 정부도 비핵화 협상이 진행된다는 전제하에 초기 조치 중 하나로 '한반도 자원·식량 교환 프

93 Peter Harrell, "This Is What North Korea Sanctions Relief Should Look Like," *Foreign Policy*, June 10, 2018, https://foreignpolicy.com/2018/06/10/this-is-what-north-korea-sanctions-relief-should-look-like-singapore-summit/

로그램'을 시행할 것을 상정하고 있다.[94]

에스크로 계좌를 활용하는 방안은 현 단계에서 가장 현실적인 방안 중 하나로 보인다. 에스크로는 계약 당사자 간 신뢰가 높지 않을 경우 제3자를 중개인으로 하는 일종의 거래 보호 서비스로 위험 부담과 법적 하자를 최소화 한다는 장점이 있다.[95] 예를 들어, 갑과 을이 기업을 매매할 경우 제3자인 변호사나 은행을 에스크로로 지정해 매매 대금을 직접 을에게 지급하기보다는 에스크로 계좌에 보관한 후에 을의 신용, 법적 하자 등을 검토한 뒤 하자가 없으면 매매 대금을 을에게 전달하는 방식이다. 만약 계약상 하자가 발견되면 에스크로 계좌에 있던 갑의 대금은 갑에게 되돌아가고, 계약은 무효가 된다.

에스크로 제도를 제재 측면에서 활용한 사례도 있다. 앞서 소개했듯이 수단의 테러지원국 해제 과정에서 수단이 테러 피해자에 대한 배상금을 에스크로 계좌에 예치해 약속 이행에 대한 신뢰도를 높였으며, 이란의 경우에는 원유 수출 대금을 수입국의 에스크로 계좌에 축적하도록 한 사례가 있다. 북한과의 협상 과정에서도 에스크로 이용 방안이 아이디어 차원에서 제기된 적이 있다. 스티븐 비건(Stephen Biegun) 전 미 국무부 대북 특별대표는 한국, 일본, EU 등이 미국과 협의해 현금 수십억 달러를 제3국 계좌에 예치하고, 북한이 실질적 비핵화 조치를 이행할 때마다 상응 조치와 보상으로 돈을 인출해 지급하는 방식을 구상한 것으로 알려졌다.[96]

하지만 현금지급 방식보다는 이란의 사례를 원용해 북한에 일부 금수 품목의 수출을 허가하되, 이를 통해 벌어들이는 금액을 에스크로 계좌에 입금토록 하고, 인도주의 활동이나 사회 인프라 건설 등 특정 목적하에서만 인출하도록 허용하는 방안이 현실적일 것

94 외교부 홈페이지, "담대한 구상", https://www.mofa.go.kr/www/wpge/m_25492/con tents.do(검색일: 2022.10.24.).

95 "북핵, 실용적 합의 필요하다", ≪중앙일보≫, 2003년 10월 17일 자, https://www.joongang.co.kr/article/243784#home(검색일: 2022.10.24.).

96 "비건, 북 비핵화 살라미에 인센티브 살라미 맞불", ≪중앙일보≫, 2019년 1월 31일 자, https://www.joongang.co.kr/article/23338852#home(검색일: 2022.10.24.).

이다. 앞서 설명했듯이 안보리 산하 북한제재위 전문가 패널도 제재 대상인 일부 수출 품목을 선별적으로 면제해 해당 수익금을 인도지원 자금으로 사용하는 방안을 고려하도록 권고했다.

이러한 접근 방식의 대전제는 북한으로부터 먼저 구체적인 비핵화 의지 및 행동을 확보해야 한다는 것이다. 안보리 결의에 명시되어 있듯이 북한의 안보리 결의 준수 행위를 먼저 확보하지 않으면 유엔 안보리나 미국이 선제적으로 북한에 대한 제재를 중단하거나 해제할 가능성은 없다. 현실적인 어려움을 떠나 이론적인 차원에서 북한에 대한 안보리 및 미국의 제재를 중단 또는 해제하는 과정에서 지켜야 할 원칙을 짚어보면 다음과 같다.

첫째, 현존 제재를 충실히 이행해야 한다. 제재를 철저히 이행할수록 제재의 레버리지가 커지고, 협상에도 도움이 된다. 동시에 특정 조건이 충족되면 제재 완화 및 해제가 가능하다는 신호도 지속 발신할 필요가 있다.

둘째, 북한의 안보리 결의 준수 등 구체적인 행동 또는 최소한 협상 복귀 등의 의지라도 먼저 확보해야 한다는 점이다. 현 상황에서 북한이 먼저 구체적인 비핵화 조치를 취할 가능성은 낮지만, 최소한 대화에 복귀하는 등 외교적 해결에 대한 의지는 확보해야 한다. 북한의 비핵화를 유도하기 위해 선제적으로 제재를 먼저 해제해야 한다는 러시아나 중국의 주장은 기존 안보리 결의에도 위배되고, 특정 행위의 불승인·추가 행위 억지·유사 행위자에 대한 억지 및 전시효과 등 제재의 목적과도 맞지 않다.

앞서 소개했듯이 미국의 '오토웜비어법'은 북한이 WMD와 운반 수단의 개발 및 확산을 검증 가능한 방법으로 중단하겠다는 점을 약속한 경우, 또는 WMD와 미사일 프로그램의 항구적이고 검증 가능한 방법으로 제한하겠다는(limit) 목표하에 미국 정부를 포함한 다자협상에 참여하기로 합의한 경우에는 180일 단위로 제재 중단이 가능하도록 하고 있다. 우리 정부도 북한이 비핵화에 대한 진정성을 가지고 협상에 나올 경우에는 적극적인 초기 조치로 지원할 것이라는 입장이다.

셋째, 북한의 구체적 비핵화 조치와 연계해 제재를 완화 또는 해제한다고 해도 제재 해제는 일시적이어야 하며, 복원하기 쉬운 것부터 시작해야 하고, '스냅백'은 항상 준비되어야 한다.[97] 그렇게 해야만 제재를 북한의 지속적인 의무 이행을 촉진하는 수단과 레버리지로 활용할 수 있다.

넷째, 신뢰 구축 조치를 병행해야 한다. 제재 부과국과 제재 대상국 모두 협상 과정에서 의무 이행의 신뢰성 문제를 안게 된다. 특히, 이란의 JCPOA 이행 과정에서 불거진 트럼프 대통령의 JCPOA 탈퇴 및 제재복원 이후 북한 등 제재 대상국은 미국의 약속 불이행, 회피, 중단 가능성을 더욱 우려할 것이다. 미국이 북한을 불신하는 수준 이상으로 북한도 미국을 불신하고 있으므로, 북한의 비핵화 조치에 맞추어 단계적으로, 제도적으로 특정 제재의 중단 및 해제를 진행함으로써 협상의 지속성을 확보할 필요가 있다.

97 Troy Stangarone, "Sanctions Relief for Pyongyang Should Start Small," *Foreign Policy*, February 27, 2019, https://foreignpolicy.com/2019/02/27/sanctions-relief-for-pyong yang-should-start-small/.

맺 음 말

1. 대외 정책 수단으로서의 제재

제재를 협소하게 정의하면, 특정 행위를 억제하거나 특정 규범을 준수하도록 강제하는 등 상대방의 행동 변화를 유도하기 위한 압박 수단이다. 이런 정의에 따를 경우 제재의 효과성을 둘러싼 논쟁이 발생한다. 제재무용론의 주요 근거는 제재를 통해 얻고자 했던 상대방의 행동 변화가 없었다는 점이다. 일부는 1990년대 인종차별국 남아공에 대한 제재만 성공 사례에 속하며, 그 외에는 성공률이 5%에 불과한 것으로 주장하기도 한다.[1] 제재무용론이 제기되는 이유는 다음과 같이 요약할 수 있겠다.

첫째, 제재는 대상자의 행태 변화에 비효과적이라는 것이다. 앞에서 살펴보았듯이 제재회피 수단이 다양하고, 이른바 '뒷배' 역할을 하는 조력자로 인해 제재가 제대로 작동하지 않거나, 또는 제재 대상국의 정치 시스템, 예를 들어 독재국가일수록 정치적 목적을 위해 단기적인 경제적 손해는 감수하므로 제재가 통하지 않는다는 주장이다.

둘째, 제재는 오히려 대상국 국민들을 결집시키고 독재자의 권력 강화로 이어진다는 주장이다.[2] 더 나아가 제재가 전쟁을 방지하는 것이 아니라 오히려 전쟁으로 이어질 수

---

1 Pape, Robert, "Why Economic Sanctions Do Not Work," *International Security*, Vol.22, No.2(1997), p.90.

도 있다고 주장한다. 예를 들어, 기원전 4세기 아테네가 펠로폰네소스 동맹에 속한 메가라에 대해 경제제재를 부과하면서 펠로폰네소스 전쟁으로 이어졌으며, 1941년 미국의 대일본 원유 금수 및 미국 내 자산 동결 조치가 일본의 진주만 습격을 유발했다는 주장도 있다.

필자가 보기에 이러한 비판의 대상은 대부분 제재 자체의 문제점이라기보다는 제재 이행상의 문제라고 본다. 제재의 효과성을 분석할 때 다음 사항들을 유념해야 한다.

첫째, 제재 부과와 대상자의 행동 변화에는 시차가 존재한다는 점이다. 제재의 효과성에 관한 유명한 말이 있다. '제재가 효과적으로 작동하기 전까지는 효과적이지 않다'는 것이다. 필자가 미국, 영국, 프랑스 등의 제재 담당자와 대화 시 자주 들었던 말 중의 하나인데, 영어로는 'Sanctions is not effective until it gets effective'이다. 즉, 특정 시점을 기준으로 제재의 효과성을 판단할 수는 없다. 일반적으로 독재 또는 권위주의 국가의 경우에는 국내 자원을 동원함으로써 제재의 충격을 흡수하는 데 유리하다.

러시아의 우크라이나 침공 이후 서방이 광범위하게 제재를 부과했는데, 러시아의 환율과 금융시장은 안정되고, 원유 수출 수입은 오히려 증가하는 등 제재 효과가 예상만큼 작동하지 않고 있다는 지적이 있었다. 그러나 금융·주요 산업·첨단 기술에 대한 서방의 제재가 효과를 내기 위해서는 몇 년의 시간이 필요할 것이다. 당장 2025년에는 러시아 운영 민간 항공기의 20%가 부품 등 수급 문제로 운항을 중단할 수도 있고, 첨단 기술 및 부품, 서방 대기업들의 탈러시아로 러시아의 경제는 중·장기적으로 타격을 받을 수밖에 없다.[3]

이란의 경우에도 제재가 효과를 내기까지에는 시간이 소요되었다. 2006년부터 안보리 제재와 미국의 독자제재가 부과되었지만 미국과 EU의 이란에 대한 독자제재가 본격화된

---

2 황태희·서정건·전아영, 「미국 경제제재 분석: 효과성과 특수성을 중심으로」, ≪한국정치학회보≫, 제51집 제4호(2017), 195쪽.

3 "Are Sanctions Working?," *The Economist*, August 27-September 2, 2022, p.7.

것은 2010년부터였다. 이후 이란의 원유 수입이 급격히 줄어들고 경제적 피해가 현실화됨에 따라 협상파인 하산 로하니 대통령으로의 정권 교체가 이루어진 것은 2013년이었다.

북한의 경우에도 2016년 이후에야 본격적인 제재가 부과되었다. 더군다나, 북한은 이란보다 훨씬 폐쇄적인 전체주의 국가로 북한의 체제적 요인, 즉 전체주의적 저항력(totalitarian resilience)이 크다는 점도 감안해야 한다.[4] 따라서 북한에 대한 제재가 효과를 보이는 데는 더 오랜 시간이 걸릴 것이며, 기존의 제재를 충실히 이행하면서 필요시 2차 제재를 포함해 북한의 '후견인' 역할을 하는 중국의 제재 이행을 확보해야 한다는 주장이 힘을 얻고 있다.[5]

둘째, 제재는 다양한 정책 수단 중의 하나이므로 정책 목표 달성 여부를 판단할 때 특정 제재 하나만 따로 떼어내어 인과관계를 설정하는 데 어려움이 있다.[6] 예를 들어, 금융제재는 무역제재, 외교적 관여 및 인센티브 제공, 스마트 제재 등 여타 수단과 연계해 부과되는데, 이 중 금융제재 하나만 떼어 내서 이의 효과성을 판단하는 것은 합리적이지 않다.

셋째, 앞서 강조했다시피 제재는 행동 변화를 압박하는 징벌적 성격 외에도, △상대방의 특정 행위를 용인하지 않는다는 강력한 메시지를 전달하면서 국제 여론을 응집시키고, △대상국의 추가 행위를 억제하며, △미래 잠재적 위반국의 행동을 억지하는 전시효과도 가진다. 따라서 설령 제재가 대상국의 행동 변화를 이끌어내지 못했다고 해도 국제규범을 어긴 위반자를 고립시키고, 불법행위에 대한 국제사회의 인식을 환기해 유사 행위를 방지할 수 있는 전시효과를 무시할 수 없다.

넷째, 이에 더해 제재무용론자들이 상대적으로 간과하는 부분은 제재를 외교협상과 관여

---

4 임수호, 「대북 경제제재와 북한의 적응력」, ≪국가안보전략연구원 이슈 브리프≫, 384호(2022.9).

5 Peter Harrell and Juan Zarate, "How to Successfully Sanction North Korea: A Long-Term Strategy for Washington and Its Allies," *Foreign Affairs*, January 30, 2018, https://www.foreignaffairs.com/articles/north-korea/2018-01-30/how-successfully-sanction-north-korea(검색일: 2023.1.22.).

6 Jill Jermano, Economic and Financial Sanctions in US National Security Strategy, *National Defense University*, PRISM 7, No.4(2018.11.8.), p.70.

의 수단으로 활용할 수 있다는 점이다. 흔히 말하는 '제재 자체가 목적이 아니고 수단'이라는 점인데, 협상을 촉진하고 문제를 해결하는 중요 수단 중 하나로 제재를 활용할 수 있다.

북한에 대한 제재 효과를 평가하는 데에도 같다. 제재의 목적은 북한의 핵개발 속도를 저지하면서 처벌적 신호를 보내고, 동시에 국제사회에 북한의 핵개발은 불법이라는 점을 지속적으로 각인해 다른 잠재적 확산자들에게 경고하는 것이다.[7] 동시에 제재를 협상의 레버리지로 삼아 북한을 협상 테이블로 이끄는 것이다. 2022년 10월 한국 정부가 북한에 대해 독자제재를 부과한 것도 실제 효과성보다는 북한의 핵개발 프로그램을 용인하지 않고 강력히 대응하겠다는 의지를 표현하면서 국제사회의 주의를 재차 환기시키는 효과가 있다.[8]

한편, 제재의 효과성 논쟁과는 무관하게 앞으로 미국, EU 등 주요국들의 독자제재는 계속 증가할 것이다. 미국의 경우 의회가 제정한 법률을 통해 의무적으로 제재를 부과해야 하는 사례가 늘고 있다. 더군다나, 수출 통제와 이를 위반하는 단체 및 개인에 대한 2차적 제재 등 대외경제 및 산업 정책과 연계되어 부과되는 제재도 증가하고 있다.

이처럼 제재가 계속 증가하고 있는 상황에서 제재의 효과성 여부에 대한 논쟁보다는 제재가 효과를 발휘할 수 있는 조건에 대해 논쟁하는 것이 더욱 현실적이라고 본다. 직관적으로 볼 때 다음 조건에서 제재의 효과는 증가한다.

첫째, 유엔 등 다자 차원 또는 EU 등 유사 입장국들의 참여가 높으면 제재 효과가 증가할 가능성이 높다. 국제기구가 관여한 다자 제재는 성공률이 높고, 국제기구가 관여하지 않는 독자제재의 경우에는 성공률이 낮은 편이다.[9] 이는 제재 이행에서 참여자가 많을수록 제재가 효과적이기 때문이다. 아울러 제재에 참여하는 국가들이 많으면 국제정치적으

---

7 Daniel Wertz, "Converting Maximum pressure to Maximum Leverage: The role of sanctions relief in negotiating with North Korea," Academic Paper Series, *Korea Economic Institute of America*, April 8, 2019.

8 외교부 보도자료(2022.10.14.): 「우리 정부 5년 만의 대북 독자제재대상 추가 지정」.

9 황태희·서정건·전아영, 「미국 경제제재 분석: 효과성과 특수성을 중심으로」, 200쪽.

로도 제재의 정당성이 높아져 제재 대상국에 상당한 압박을 가할 수도 있다. 따라서 제재를 부과할 경우에는 우방국들과 조율해 제재를 설계하고 이행하는 것이 제재의 효과성을 높일 수 있다. '글로벌 마그니츠키 인권법'에 따른 제재와 이란의 핵 프로그램에 대한 미국과 EU의 제재가 좋은 예이다.

반면, 제재 대상국의 제3국과의 연대와 협력은 도전 요인이다. 서방의 러시아에 대한 제재도 마찬가지인데, 러시아는 미국과 경제관계가 긴밀하지 않은 국가들과의 교역을 강화하고 있다. 러시아의 우크라이나 침공 이후 전 세계 GDP의 60%를 차지하는 서방 선진국 중심으로 러시아에 대한 제재가 가해지고 있으나, 숫자상으로 보면 100여 개 국가들은 동참하지 않고 있다. 우랄산 원유는 중국, 인도 등으로 흘러 들어가고, 두바이는 러시아 자금으로 넘쳐나며, 에미리트 항공을 타고 하루에 7번이나 러시아로 갈 수 있다.[10] 이러한 점은 앞으로 2차적 제재의 중요성이 더욱 커질 수밖에 없다는 점을 의미한다.

둘째, 당연한 이야기지만, 제재 대상국이 제재 부과국에 대해 무역·금융·재정 지원 등의 경제적 의존도가 높으면 제재 효과가 증가한다.[11] 톰 도닐런(Tom Donilon) 전 미국 백악관 국가안보보좌관은 "국제경제와 단절된 북한과 같은 나라를 상대로는 제재가 효과를 발휘하기 어렵다"고 밝혔다.[12] 이란은 원유 수출 규모가 크고, 이에 따라 국제금융 시스템과도 연계되어 있으나, 북한은 국제사회로부터 고립되어 있으므로 단기간에 제재 효과를 기대하기는 어렵다. 이에 더해 중국의 비협조는 대북제재의 효과성 확보에 큰 장애가 되고 있다.

셋째, 제재는 다양한 대외 정책 수단 중 하나이므로 해당국에 대한 포괄적인 외교 전략의 일부분으로 녹아들어야 한다. 유엔 안보리도 "제재는 무중력 상태에서 홀로 작동하는 것이 아니다. 안보리 제재는 평화 유지, 평화 구축, 평화 창출 등을 아우르는 포괄적인 전

---

10 "Split reality?," *The Economist*, August 27th-September 2nd, 2022, pp.55~58.

11 Jill Jermano, *Economic and Financial Sanctions in US National Security Strategy*, p.67.

12 Tom Donilon and Stephen Haldley, "Treasury Department Financial Tools and National Security," *C-SPAN*, June 2, 2014.

략의 일부로 기능할 때 가장 효과적이다"라고 기술하고 있다.[13]

즉, 제재를 외교적 관여와 협상 등 다른 정책 수단과 연계해 제재 대상으로 하여금 순응과 저항 간 비용-편익 분석을 재구성하도록 해야 한다. 제재가 포괄적인 외교 전략의 일부로 기능하면서 제재 해제 등 구체적 인센티브와 연결될 때 대상국의 순응도는 높아질 수 있다.[14] 인센티브의 중요 부분은 제재 대상국의 행동 변화에 따라 제재 완화 및 해제를 명확히 하는 것이다. 제재를 충실히 이행하면서 동시에 행동 변화에 대한 보상으로서 제재 완화 및 해제가 가능하다는 신호를 꾸준히 발신하면 협상을 촉진할 수 있다.

앞서 9장에서 살펴보았듯이 리비아와 이란 핵 협상 과정에서 비핵화 조치와 연계된 제재 해제 전략이 효과를 가져왔다. 제재 해제 여부를 협상 레버리지로 활용하기 위해서는 제재 부과의 이유, 범위, 목표 및 제재 해제 조건을 명확히 하면서 제재를 강력하게 이행하는 것이 무엇보다 중요하다.

이 부분에서 미국의 독자제재가 가지는 한계가 드러난다. 미국은 지금까지 제재 부과에만 초점을 두었으며, 의회가 제재 법률 제정 등으로 제재 정책에 깊숙이 개입함에 따라 행정부 자체 판단으로 제재를 유예 또는 해제하기가 매우 어려워졌다. 이는 제재 대상국과의 교섭 과정에서 제재 해제를 협상의 레버리지로 삼기가 더욱 어려워졌음을 의미한다. 특히, 미국 트럼프 행정부 때 일방적으로 JCPOA에서 탈퇴해 제재를 부과하고 유럽 동맹국들에게도 2차 제재를 부과하는 등 미국의 제재가 극히 일방적으로 진화해 미국의 신뢰만 추락시켰다는 비판이 있다.[15]

---

13 안보리 제재 홈페이지. 원문은 다음과 같다. Sanctions do not operate, succeed or fail in a vacuum. The measures are most effective at maintaining or restoring international peace and security when applied as part of a comprehensive strategy encompassing peacekeeping, peacebuilding and peacemaking.

14 Daniel Fried, "US Sanctions policy: The Trump administration's record and recommendations for the next administration," p.16.

15 Torrey Taussig, in a "A Harmful U.S. Sanctions Strategy?," *Foreign Affairs*, June 11, 2019, https://www.foreignaffairs.com/ask-the-experts/2019-06-11/harmful-us-sanctions-strategy(검색일:

2. 경제 책략으로서의 제재

한 국가의 안보 및 외교 정책 목표를 이루기 위한 수단으로는 외교, 경제 책략, 군사력 등이 있다. '경제 책략(economic statecraft)'은 안보 및 외교 정책 목표를 달성하기 위해 경제적 수단을 동원하는 것을 의미한다. 예를 들어, 대외원조, 최혜국대우 부여, 부채 탕감, 정부 대출, 투자 보증 등의 유인책(incentives)이 있고, 무역 및 금융제재 등 강압책(disincentive)이 있다. 미국외교협회(Council on Foreign Relations)는 경제제재를 "테러·마약 등 국제 범죄 방지, WMD 확산 금지, 민주주의와 인권 증진, 국제분쟁 해결 등 외교·안보 정책 목표를 달성하기 위해 집행하는 통상(通商) 및 재정(財政) 관계의 제한"이라고 정의한다.[16] 제재가 외교안보 정책의 목표를 달성하기 위한 경제관계의 제한이라고 할 때 제재 역시 경제 책략의 하나이다.

이전에는 제재 해제, 대외원조, 최혜국대우 부여, 부채 탕감, 정부 대출, 투자 보증 등의 유인책(incentives)이 경제 책략의 중요 부분으로 활용되어 왔다. 앞서 소개했듯이 미국의 베트남, 수단, 리비아와의 관계 정상화 과정에서 제재 해제, 최혜국대우 부여, 투자 보증 등의 인센티브가 중요한 역할을 했다. 중국이 아프리카와 아시아, 중남미 등을 대상으로 일대일로 정책을 통해 자국의 외교목표를 달성하고자 하는 것도 경제 책략인데, 중국은 투자, 인프라 건설 등의 유인책을 앞세운다. 예를 들어, 2017년 중남미 국가로는 처음으로 일대일로에 가입한 파나마는 중국의 유인책 제공 대가로 대만과 단교했다.[17]

그러나 최근에는 인센티브보다는 수출 통제 및 금융제재 등의 제재가 경제 책략의 중요 부분으로 부상하고 있고, 대외경제 정책과 제재와의 연계가 강화되는 현상이 두드러지고 있다. 제일 큰 이유는 경제 및 무역관계에서 국가안보와 핵심적 가치를 중요한 기준

2023.3.18.).

16 J. Masters, "What Are Economic Sanctions?," *Council on Foreign Relations*, August 12, 2019.

17 "Panama cuts ties with Taiwan in favour of China," *BBC*, 13 June 2017.

으로 고려하기 시작했다는데 있다. 레이몬도(Gina Raimondo) 미국 상무장관은 2022년 11월 MIT 대학 연설에서 미국의 핵심적 경제적 이익, 국가안보 이익이나 인권 가치를 위협하지 않는 분야에서는 중국과 무역 및 투자를 증진코자 한다고 강조했다. 즉, 무역과 투자관계에서 최우선 고려 요인은 국가안보와 인권 등 기본적인 가치라는 이야기이다.[18]

경제통상과 안보가 중첩되는 현상이 증가함에 따라 무역규제도 증가하고 있는데, 2013년 490여 건이었던 무역규제가 2021년에는 2500건으로 다섯 배 이상 급증했다는 통계도 있다.[19] 특히, 최근 들어 두 가지 현상이 눈에 띄는데, △ 미국과 EU의 중국에 대한 수출 통제 및 투자심사 강화와 △ 러시아에 대한 서방국들의 전방위적인 제재이다. 두 가지 사례 모두 대외경제 정책과 경제제재 간 연계가 강화되고 있고, 수출 통제 등의 제재가 경제 책략의 주요 구성 요소로 기능하고 있다는 점을 보여준다.

세계화 시대에는 생산 비용 절감이 해외투자 및 공급망 조성의 핵심 고려 요인이었지만, 안보를 중시하는 현재 상황에서는 생산비용보다는 장소가 중요해졌고, 이에 따라 세계화보다는 지역화가 점증하고 있다.[20] 과거 글로벌화 시대에는 상대국에 대한 인센티브 제공이 중요했으나, 블록화 시대에는 수출 통제 등의 역인센티브, 즉 제재 요소가 부상할 수밖에 없다.

미국과 EU 모두 중국의 부상을 경계하고, 러시아에 대한 제재를 강화하는 과정에서 수출 통제와 금융제재를 동원하고 있다. 즉, 경제 책략에서 제재의 비중이 더욱 커지고 있

---

18 Remarks by U.S. Secretary of Commerce Gina Raimondo on the U.S. Competitiveness and the China Challenge(2022.11.30.), https://www.commerce.gov/news/speeches/2022/11/remarks-us-secretary-commerce-gina-raimondo-us-competitiveness-and-china?fbclid=IwAR2CkOS0T32UjmU6fLm4BMq1wWcr3rm3BtDpPo1uDkEG2CR9OHZayYBCDAI(검색일: 2023.1.16.).

19 Kristalina Georgieva, "Confronting Fragmentation Where It Matters Most: Trade, Debt, and Climate Action," *IMF Blog*, January 16, 2023, https://www.imf.org/en/Blogs/Articles/2023/01/16/Confronting-fragmentation-where-it-matters-most-trade-debt-and-climate-action.

20 Rana Foroohar, "After Neoliberalism, All Economics Is Local," *Foreign Affairs*, Oct 28, 2022, https://www.foreignaffairs.com/united-states/after-neoliberalism-all-economics -is-local-rana-foroohar.

고, 수출 통제 및 투자규제 등의 금융제재 요소가 전반적인 대외경제 및 산업 정책에 녹아들어 있다. 예를 들어, 미국의 '수출통제개혁법'은 국가안보 차원에서 우려 국가, 특히 중국에 대해 첨단 기술 또는 중요 기반 기술의 이전 통제를 강화하고 중국 기업의 미국 내 투자를 규제하고 있다. '반도체법'과 '인플레이션 감축법'은 유인책(incentive)과 제재 요소(disincentive)를 모두 포함하고 있다. 아울러 행정명령 14083호(2022.9)는 외국인투자심사 기준으로 국가안보 요소를 명확히 하고 있다.[21] 미국 내 외국인투자와 미국 기업의 해외투자에 대한 심사를 강화해 핵심 기술의 대중 수출 통제를 강화하고, 동시에 미국 내 외국인투자와 미국 기업의 해외투자에 대한 심사를 강화했다.

EU 역시 2016년 중국 기업의 독일 로봇 제조 기업 인수에 대한 우려가 제기됨에 따라[22] 2019년부터 투자심사를 강화했으며, 유인책과 제재 요소를 담은 유럽판 '인플레이션감축법'과 '반도체법'을 준비하고 있다. 더 나아가 2021년 9월, 미국과 EU는 반도체 공급망, 첨단 기술 분야의 대중·대러 수출 통제를 조율하기 위해 무역기술위원회(TTC)를 출범시켰다.[23] 이를 통해 반도체 공급망 문제뿐만이 아니라 투자심사, 수출 통제, 비시장 요소와 무역왜곡 관행 등 사안에 대서양 양측이 긴밀하게 협력하기로 합의했다.

현재 중국에 대한 제재 및 여타 경제적 압박 정책은 미국 공화당뿐만 아니라 민주당도 따르는 초당적 외교 어젠다가 되었다. 2017년 '적성국제재법'은 하원(419-3) 및 상원(98-2)에서 초당적 지지로 통과했다. 2018년 '외국인투자위험심사현대화법'도 하원(400-2)과 상원(85-10)에서 초당적 지지를 받았다. 이에 더해 인권 및 부패 등 가치문제와도 연계해 중국에 제재를 부과하는 사례도 늘고 있는데, 미국은 '글로벌 마그니츠키 인권법'뿐만 아니라 '홍콩자치법'(2020)과 '위구르 강제노동방지법'(2021)을 제정해 강제노동에 대한 규제를

---

21 E.O. 14083(2022.9.15.), "Ensuring Robust Consideration of Evolving National Security Risks by the Committee on Foreign Investment in the US."

22 "Germany's Weber: Chinese purchase of Kuka shows we must protect European firms," *Reuters*, January 28, 2019, https://www.reuters.com/article/us-europe-com panies-idUSKCN1PM1DJ.

23 김태황, 「미국·EU, 중국 포위 겨냥한 무역기술위원회(TTC) 출범」, ≪통상≫, Vol.115(2021.12.).

강화하고, 홍콩의 자치권을 저해한 홍콩 및 중국 관리들을 제재했다. EU도 '글로벌 마그니츠키 인권법'뿐만 아니라, '강제노동제품금지' 규정과 뇌물 수수, 횡령 등 부정부패에 연루된 제3국 인사를 제재하는 방안을 추진하고 있다.[24]

한편, 2022년 10월 발표된 미국 국가안보전략(National Security Strategy)의 경제안보, 산업 분야에서는 △중·러와의 지정학적 경쟁 및 글로벌 도전과제에의 대응, △이를 위해 수출 통제 및 투자심사 강화, △민주적 가치와 이익을 공유하는 강력한 동맹 형성(the strongest and broadest coalition)을 강조하고 있다.[25] 여기서 눈에 띄는 것이 가치와 이익을 공유하는 강력한 동맹을 구성한다는 내용인데, 향후 중국 등 권위주의적 국가들을 공급망에서 배제하기 위한 경제동맹체 구성이 가시화될 수 있다.[26] 자유시장이 제대로 작동하기 위해서는 참가국들 간 '공동의 도덕적 관념(shared moral framework)'을 가져야 한다는 18세기 중엽 애덤 스미스(Adam Smith)의 주장이 21세기에 재차 확인되고 있는 셈이다.

앞서가는 얘기일 수는 있으나, 군사안보 측면에서 미국-유럽 간 대서양 관계는 '나토(NATO) 조약 제5조(Article 5)', 즉 특정 회원국에 대한 공격은 회원국 전체에 대한 공격으로 간주된다는 집단적 안전보장이 핵심인데, 앞으로 경제안보 차원에서도 '조약 5조'와 유사한 '경제적 집단 자위권 5조(Economic Article 5)'가 형성될 수 있다. 이런 차원에서 냉전 시기에 구소련과 공산권 국가들을 대상으로 수출을 통제했던 '대공산권 수출통제위원회(COCOM)'의 21세기 버전이 설립될 가능성도 배제할 수 없다.

새로운 형태의 대러시아, 대중국 수출통제체제를 구상할 경우에는 민감 품목 및 기술의 수출 및 이전 통제에 더해 투자 제한 등의 금융제재 요소도 포함될 수 있다.[27] 물품·기

---

24 EU 집행위 보도자료(2023.5.3.): "Anti-corruption: Stronger rules to fight corruption in the EU and worldwide," https://ec.europa.eu/commission/presscorner/detail/en/ip_23_2516(검색일: 2023.5.4.).

25 백악관 설명 자료(2022.10.12.): FACT SHEET on the Biden-Harris Administration's National Security Strategy, https://www.whitehouse.gov/briefing-room/statements-releases/2022/10/12/fact-sheet-the-biden-harris-administrations-national-security-strategy/(검색일: 2023.2.24.).

26 Rana Foroohar, "After Neoliberalism, All Economics Is Local."

27 Chad P. Bown, "The Return of Export Controls, A Risky Tactic That Requires Cooperation From

술의 수출 통제는 독자제재보다는 우방국과 유사 입장국들이 동참할 때 더욱 효과적이므로 새로운 수출통제체제를 만들 경우에는 한국도 초기부터 가입 대상이 될 수 있다.

안보와 경제가 긴밀히 연계되고, 가치와 안보 이익을 공유하는 국가들 간 제재 설계 및 이행에 있어 공조가 강화되는 상황이므로 한국도 제재를 외교안보 및 대외경제 정책의 중요한 부분으로 다루어야 한다고 본다.

Allies," *Foreign Affairs,* January 24, 2023, https://www.foreignaffairs.com/united-states/return- export-controls(검색일: 2023.2.24.).

참 고 문 헌

1. 단행본

김종혁·정재완·장윤희·유광호·김효은. 2018.『미국의 경제제재완화 사례 분석』. 서울: 대외경제정책연구원.

민태은·황태희·정진문 외. 2020.『미국의 대북독자제재, 정치적 배경과 법적 기반 분석』. 서울: 통일연구원.

박영자 외. 2015.『전환기 쿠바와 북한 비교: 정책적 함의』. 서울: 통일연구원.

서보혁·이무철·서정건·임상순·임형철. 2018.『대북제재현황과 완화전망』. 서울: 통일연구원.

손현진. 2018.『대북제재와 해제에 관한 법적 문제』. 서울: 한국법제연구원.

신종호·이기현·박주화·김수암 외. 2016.『대북제재 평가와 향후 정책 방향』. 서울: 통일연구원.

이상숙. 2018.『북한에 대한 경제제재의 효과성 측정: 비핵화 협상과 관계를 중심으로』. 서울: 국립외교원 외교안보연구소.

임갑수·문덕호. 2013.『유엔 안보리 제재의 국제정치학』. 서울: 도서출판 한울.

KOTRA. 2017.『2016 북한대외무역 동향』. 서울: KOTRA.

______. 2018.『2017 북한 대외무역 동향』. 서울: KOTRA.

______. 2019.『2018 북한 대외무역 동향』. 서울: KOTRA.

Baldwin, David Allen. 1985. *Economic Statecraft*. Princeton University Press.

Burns, William J. 2019. *The Back Channel: A Memoir of American Diplomacy and the Case for Its Renewal*. New York: Random House.

Cortright, David and George A. Lopez. 2000. *The Sanctions Decade: Assessing UN Strategies in the 1990s*. Boulder, CO: Lynn Rienner.

Drezner, Daniel W. 1999. *The Sanctions Paradox: Economic Statecraft and International Relations*. Cambridge, London: Cambridge University Press.

Global Investigations Review. 2020. *The Guide to Sanctions*. London: Law Business Research Ltd.

Hufbauer, Gary Clyde, Jeffrey J. Schott, and Kimberly Ann Elliott. 2009. *Economic Sanctions Reconsidered. 3rd Edition*. Washington, D.C.: Institute for International Economics.

2. 논문

강호. 2018. 「미국 수출 통제법의 역외적용에 관한 고찰」. ≪慶熙法學≫, 제53권 제2호, 349~377쪽.

박정준. 2022. 「환경과 경제 사이의 딜레마: 새우-바다거북 분쟁」. ≪월간통상≫, Vol.123. http://tongsangnews.kr/webzine/1692208/sub2_1.html.

변진석. 2016. 「미국의 대북한 금융제재」. ≪국제정치논총≫, 제56권 4호, 49~78 쪽.

임경한·이창현. 2010. 「이란 핵개발 제재와 중국의 대(對)이란 에너지 외교전략」, ≪국제정치연구≫, 제13권 제2호, 133~152쪽.

임수호. 2019. 「미국의 대북제재와 경제적 관계 정상화 전망」. ≪한국과 국제정치≫, 제35권 제1호, 127~156쪽.

황태희·서정건·전아영. 2017. 「미국 경제제재 분석 : 효과성과 특수성을 중심으로」. ≪한국정치학회보≫, 제51집 4호(가을), 191~216쪽.

Adeyemo, Wally. 2022.12.16. "America's New Sanctions Strategy: How Washington Can Stop the Russian War Machine and Strengthen the International Economic Order." *Foreign Affairs*.

Bown, Chad P. 2023.1.24. "The Return of Export Controls, A Risky Tactic That Requires Cooperation From Allies." *Foreign Affairs*.

C4ADS, Sejong Institute(세종연구소). 2017. "The Forex Effect: US Dollars, Overseas Networks, and Illicit North Korean Finance".

Early, Bryan R. and Cilizoglu, Menevis. 2020. "Economic Sanctions in Flux: Enduring Challenges, New Policies, and Defining the Future Research Agenda." *International Studies Perspectives*, Vol. 21, No.4, pp.438~477.

Boulden, J. and A. Charron. 2009. "Evaluating UN sanctions." *International Journal*, Vol.65, No.1, pp.1~11.

Brzoska, Michael. 2003. "From Dumb to Smart? Recent Reforms of UN Sanctions." *Global Governance,* Vol.9, No.4, pp.519~535.

Clark, Harry L. 1999. "Dealing with U.S. Extraterritorial Sanctions and Foreign Countermeasures." *University of Pennsylvania Journal of International Law*, Vol.20, Issue 1, pp.61~96.

Chesterman, Simon and Beartrice Pouligny. 2003. "Are Sanctions Meant to Work? The Politics of Creating and Implementing Sanctions Through the United Nations." *Global Governance,* Vol.9, No.4, pp.503~518.

Cortright, David and Lopez, George A. 2005. "Bombs, Carrots, and Sticks: The Use of Incentives and Sanctions." *Arms Control Today*.

Drezner, D. W. 2021.8.24. "The United State of Sanctions." *Foreign Affairs*. https://www.foreignaffairs.com/articles/united-states/2021-08-24/united-states-sanctions(검색일: 2022.12.20.).

Flowe, Benjamin H, JR and Gold, Ray. 2000. "The legality of US sanctions." *Global Dialogue,* Vol.2, Issue 3, pp.95~109.

Foroohar, Rana. 2022.10.28. "After Neoliberalism, All Economics Is Local." *Foreign Affairs*.

Giumelli, Francesco and Hoffmann, Fabian. 2021. "The when, what, where and why of European Union sanctions." *European Security*, Vol.30, No.1, pp.1~23.

Gudzowska, Justyna and Prendergast. 2022.2.22. "Can Sanctions be Smart?" *Foreign Affairs*. https://www.foreignaffairs.com/articles/world/2022-02-22/can-sanctions-be-smart.

Harrell, Peter. 2018.6.10. "This Is What North Korea Sanctions Relief Should Look Like." *Foreign Policy*. https://foreignpolicy.com/2018/06/10/this-is-what-north-korea-sanctions-relief-should-look-like-singapore-summit/.

Harrell, Peter and Zarate, Juan. 2018.1.30. "How to Successfully Sanction North Korea: A Long-Term Strategy for Washington and Its Allies," *Foreign Affairs*.

Hatipoglu, Emre. 2014. "A Story of Institutional Misfit: Congress and US Economic Sanctions." *Foreign Policy Analysis*, Vol.10, No.4, pp.431~445.

Jermano, Jill. 2018. "Economic and Financial Sanctions in US National Security Strategy." *The Journal of Complex Operations* , PRISM 7, No.4, pp.64~73.

Kwon, Bo Ram. 2016. "The Conditions for Sanctions Success: A Comparison of the Iranian and North Korean Cases." *Korean Journal of Defense Analysis*, Vol.28, No.1, pp.139~161.

Liu, Z. Zoe and Papa, Mihaela. 2022.3.7. "The Anti-Dollar Axis," *Foreign Affairs*.

Lopez, George A. 2007. "Effective sanctions, Incentives and UN-US Dynamics." *Harvard International Review*, Vol.29, Issue 3, pp.50~54.

Mallory, King, 2021. "North Korean Sanctions Evasion Techniques." Santa Monica, CA: RAND Corporation.

Meernik, James and Elizabeth Oldmixon. 2008. "The President, the Senate, and the Costs of Internationalism." *Foreign Policy Analysis*, Vol.4, No.2, pp.187~206.

Meyer, Jeffrey A. 2009. "Second Thoughts on Secondary Sanctions." *30 U. Pa. J. Int'l L*, pp.905~968.

Moarefy, Sahand. 2016. "Partially Unwinding Sanctions: The Problematic Construct of Sanctions Relief in the JCPOA." *Harvard Law School National Security Journal*. https://harvardnsj.org/2016/07/15/partially-unwinding-sanctions-the-problematic-construct-of-sanctions-relief-in-the-jcpoa/.

Norrlöf, Carla. 2023.2.21. "The Dollar Still Dominates: American Financial Power in the Age of Great-Power Competition." *Foreign Affairs*.

Rennack, Dianne E. 2023. "North Korea: Legislative Basis for U.S. Economic Sanctions." *CRS Report*.

Reynolds, Matthew and Goodman, Matthew P. 2023.3.21. "Deny, Deflect, Deter: Countering China's Economic Coercion," *CSIS*.

Robert, Pape. 1997. "Why Economic Sanctions Do Not Work." *International Security*, Vol.22, No.2, pp.90~136.

Seo, Jung-kun. 2015. "Agreements Without Commitments? The US Congress and the US-North Korea Agreed Framework, 1994-2002." *Korean Journal of Defense Analysis*. Vol.27, No.1, pp. 107~112.

Stangarone, Troy. 2019. "Sanctions Relief for Pyongyang Should Start Small." *Foreign Policy*. https://foreignpolicy.com/2019/02/27/sanctions-relief-for-pyongyang-should-start-small/.

Smeets, Maarten. 2000. "Economic Sanctions and the WTO." *Global Dialogue*, Vol.2, Issue.3, pp.119~128.

Smis, Stefaan and der Borght, Kim van. 1999. "The EU-U.S. Compromise on the Helms-Burton and D'Amato Acts." *The American Journal of International Law*, Vol.93, No.1, pp.227~236.

Stangarone, Troy. 2021. "Removing Sanctions on North Korea, Challenges and Potential Pathways." *US Institute of Peace*, Special Report No.504, pp.1~28.

Tama, Jordan. 2020. "Forcing the President's hand: how the US congress shapes foreign policy through sanctions legislation." *Foreign Policy Analysis*, Vol.16, Issue 3, pp.397~416.

Taussig, Torrey. 2019.6.11. "A Harmful U.S. Sanctions Strategy?" *Foreign Affairs.*

Terry, Patrick C. 2020. "Enforcing U.S. Foreign Policy by Imposing Unilateral Secondary Sanctions: Is Might Right in Public International Law?" *Washington International Law Journal*, Vol.30, No.1, pp.1~27.

Tuan, Hoang Anh. 2010. "Rapprochement Between Vietnam and the United States: A Response." *Contemporary Southeast Asia*, Vol.32, No.3, pp.343~349.

"United States Fails to Secure Multilateral Snapback Sanctions Against Iran." 2021. *American Journal of International Law*, Vol.115, Issue 1, pp.140~146.

Weller, Marc. 2020. "The Controversy about the Iranian Nuclear Sanctions Snapback." *American Society of International Laws*, Vol 24, Issue 27. https://www.asil.org/insights/volume/24/issue/27/controversy-about-iranian-nuclear-sanctions-snapback.

3. 기타 자료

김&장 뉴스레터. 2020. "최근 미국의 대북제재 사례 소개 및 시사점".

김경화·신규섭. 2022.「미국, 6.21 위구르 강제노동방지법 시행」. 한국무역협회 ≪통상이슈브리프≫.

김보미. 2022.「북한의 암호화폐 공격과 미국의 대응」. 국가안보전략연구원 전략보고 No.191.

김슬기. 2016.「국제사회의 대북 제재」. ≪KDI 북한경제리뷰≫.

김영준. 2018.「미국의 독자제재 완화 및 해제 절차와 대북제재에 대한 시사점」. ≪국가안보전략연구원 이슈브리핑 18-20≫.

김정한. 2020.「국제 원유거래에서의 위안화 결제 개시와 시사점」. 한국금융연구원 주간 금융브리프.

김종혁·정재완·장윤희·유광호·김효은. 2018.「미국의 경제제재 완화 사례 분석」. KIEP 기초자료 18-26.

김효상 외 3인. 2021.「미국 금융제재의 경제적 영향 연구」. 연구용역 보고서. 전략물자관리원.

류혜정. 2018.「미국의 대러시아 경제제재와 한국 기업의 대응방안」. ≪한국수출입은행 이슈보고서≫,

Vol.2018, 지역이슈-5.
손혜연. 2018.「트럼프 행정부의 新쿠바 정책과 쿠바의 대응」. ≪IFANS 주요국제문제 분석≫, 2017-66호.
신동찬. 2014.「미국의 대(對)이란 제재의 최신 동향」. 법무법인 율촌.
양의석·김아름. 2016.「對이란제재·해제 과정 및 주요국의 에너지 외교활동」. ≪세계 에너지 현안 인사이트 스페셜≫, 16-1호, 에너지경제연구원.
유준구. 2021.「바이든 행정부 신기술 수출 통제정책 동향과 시사점」. ≪주요국제문제분석≫, 2021-42.
이서진·박효민. 2021.「미국의 금융제재 방식 및 활용 검토」. ≪무역안보 Brief≫, Vol.2.
이서항. 2003.「이란 핵문제의 현황과 전망」. ≪주요국제문제 분석≫, 30호.
이승현. 2008.「미국의 대북제재현황과 테러지원국 지정해제의 영향」.국회입법 조사처.
이원석. 2020.「중국 수출 통제법의 주요 내용과 시사점」. ≪한국무역협회 통상이슈 브리프≫, 2020년 11월 5일 자.
인남식. 2011.「최근 리비아 사태의 현황과 의미」. ≪IFANS FOCUS≫, 2011-07.
_______. 2015.「이란 핵협상 타결의 함의와 전망」. ≪주요국제문제분석≫, 2015-19.
_______. 2021.「바이든 정부의 이란 핵합의 복귀 전망」. ≪IFANS FOCUS≫, 2021-02.
임수호. 2022.「대북 경제제재와 북한의 적응력」. ≪국가안보전략연구원 이슈 브리프≫, 384호.
전략물자관리원. 2021.「미국 금융제재 안내가이드」. 서울: 전략물자관리원.
______. 2022.「미국의 독자 대북제재 보고서」. 서울: 전략물자관리원.
전혜원. 2016.「EU 제재 정책의 현황과 시사점」. ≪주요국제문제분석≫, 2016-23.
정구연. 2015.「미국의 대북제재 현황: 행정명령 13687호의 함의」. ≪주요국제문제분석≫ 2015-10.
정용진. 2010.「對이란 제재를 중심으로 한 전략물자관리제도의 최근동향」. 전략물자관리원 브리핑 자료.
최강·장지향·박지영·J. James Kim. 2015.「이란 핵 협상과 북핵 해결 모멘텀」. ≪아산정책연구원 이슈 브리프≫.

Albert, Eleanor. 2019. "The Evolution of U.S. – Vietnam Ties." *Council on Foreign Relations*.
Albright, David and Burkhard, Sarah. 2020. "Alleged Sanctions Violations of UNSC Resolutions on North Korea for 2019/2020: The number is increasing." *Institute for Science and International Security*.
Arms Control Association. 2004. "U.S. Lifts More Sanctions on Libya."
_______. 2021. "Chronology of Libya's Disarmament and Relations with the United States."

_______. 2022. “Implementation of the Joint Plan of Action at a glance.” https://www.armscontrol.org/Implementation-of-the-Joint-Plan-of-Action-At-A-Glance.

Aslund, Anders and Snegovaya, Maria. 2021. “The impact of Western Sanctions on Russia and how they can be made even more effective.” *Atlantic Council.*

Belkin, Paul and Ratner, Michael. 2022. “Russia's Nord Stream 2 Natural Gas Pipeline to Germany Halted.” *CRS Report.*

Casey, Christopher Rennack, A. Dianne E. et al. 2020. “The International Emergency Economic Powers Act: Origins, Evolution, and Use.” *CRS Report.*

Council on Foreign Relations. 2022. “U.S.-Cuba Relations.”

Davenport, Kelsey. 2020. “The Dangerous Consequences of Trump's Plan to Snapback UN Sanctions on Iran.” *Arms Control Association.*

Dubowitz, Mark. 2018. “FDD: SWIFT Sanctions: Frequently Asked Questions.” *Foundation for Defense of Democracies.*

Eichengreen, Barry. 2022. “Sanctions, SWIFT, and China's Cross-Border Interbank Payments System.” *CSIS Briefs.*

Fishman, Edward and Miller, Chris. 2022. “Time for Even Tougher Sanctions on Russia, How the United States and Europe Can Target Energy and Finance.” *Foreign Affairs.*

Freedom House. 2022. “Permanent Global Magnitsky Act Will Ensure Perpetrators Face Consequences.”

Fried, Daniel. 2020. “US Sanctions policy: The Trump administration's record and recommendations for the next administration.” *Atlantic Council.*

Gavin, Michelle. 2020. “Removing Sudan from the State Sponsors of Terrorism List.” *Council on Foreign Relations.*

Gaunt, Kevin. 2022. “Navigating EU sanctions Blocking After Bank Melli vs. Telekom.” *Law 360.*

Georgieva, Kristalina. 2023. “Confronting Fragmentation Where It Matters Most: Trade, Debt, and Climate Action.” *IMF Blog.*

Geranmayeh, Ellie and Batmanghelidj, Esfandyar. 2019. “Trading with Iran via the Special Purpose Vehicle: How it can work.” *European Council on Foreign Relations.*

Hakimian, Hassan. 2019. “Seven key misconceptions about economic sanctions.” *World Economic*

Forum. https://www.weforum.org/agenda/2019/05/seven-fallacies-of-economic-sanctions.

Hufbauer, Gary Clyde and Hogan, Megan. 2022. "How effective are sanctions against Russia." *Peterson Institute for International Economics*.

Hungerford, Jason. Lev, Ori and Soliman, Tamer. 2022. "Issues arising from financial institutions and regulated entities." *Law Business Research*.

Katzman, Kenneth. 2022. "Iran Sanctions." *CRS Report*.

Katzman, Kenneth and Heitshusen, Valerie. 2018. "U.S. Decision to Cease Implementing the Iran Nuclear Agreement." *CRS Report*.

Laub, Zachary. 2015. "International Sanctions on Iran." *Council on Foreign Relations*. https://www.cfr.org/backgrounder/international-sanctions-iran.

Leverett, Flynt L. 2004. "Why Libya Gave Up on the Bomb." *Brookings*.

Manyin, Mark E. 2005. "The Vietnam-U.S. Normalization Process." *CRS Report*.

Masters, J. 2017. "What Are Economic Sanctions?" *Council on Foreign Relations*. https://www.cfr.org/backgrounder/what-are-economic-sanctions.

Nelson, Rebecca M and Sutter, Karen M. 2021. "De-Dollarization Efforts in China and Russia." *CRS Report*.

Nephew, Richard. 2020. "The Implication of An Iran Sanctions Snapback." *Columbia University Center on Global Energy Policy*.

Osius, TeD. 2022. "Lessons from America's Reconciliation with Vietnam." *The Wilson Quarterly*.

Portela, Clara. 2021. "Creativity wanted, countering the extraterritorial effects of US Sanctions." *European Union Institute for Security Studies Brief*.

Rennack, Dianne E. 2019. "Iran: U.S. Economic Sanctions and the Authority to Lift Restrictions." *CRS report*.

Rosenberg, Elizabeth and Colin H. Kahl. 2013. "The Great Unwinding: Iranian Nuclear Negations and Principles for Sanctions Relief." *Center for New American Security*.

Shin, Francis. 2021. "Could Europe's INSTEX Help Save the Iran Nuclear Deal?" *The National Interest*.

Sudetic, Brett and Shokri, Omid. 2021. "Iran sanctions evasion and the gulf's complex oil trade." *Middle East Institute*. https://www.mei.edu/publications/iranian-sanctions-evasion-and-gulfs-complex-oil-trade.

Timofee, Ivan. 2023. "Unprecedented Sanctions? By No Means." *Modern Diplomacy*. https://moderndiplomacy.eu/2023/01/22/unprecedented-sanctions-by-no-means/.

Weber, Michael A and Collins-Chase, Edward J. 2021. "The Global Magnitsky Human Rights Accountability Act." *CRS Report*.

_______. 2021. "State Sponsors of Acts of International Terrorism – Legislative Parameters: In Brief." *CRS Report*.

Welt, Cory. 2022. "Russia's War Against Ukraine: Overview of U.S. Sanctions and Other Responses." *CRS Report*.

Welt, Cory and. Nelson, Rebecca M et al. 2022. "U.S. Sanctions on Russia." *CRS Report*.

Wertz, Daniel. 2019. "Converting Maximum pressure to Maximum Leverage: The role of sanctions relief in negotiating with North Korea." *Korea Economic Institute of America*.

US Office of Foreign Assets Control. 2021. "Sanctions Compliance Guidance for the Virtual Currency Industry."

4. 웹자료

언론

≪국민일보≫. ≪경향신문≫. ≪동아일보≫. ≪중앙일보≫. ≪한겨레≫. ≪매일경제≫. ≪서울경제≫. ≪미국의 소리≫. ≪뉴데일리≫. KBS. SBS. 연합뉴스. AP. *Business Insider*. CNBC. CNN. *Economist*. *Financial Times*. *Global Times*. *Guardian*. *Law 360*. *NBC*. *New York Times*. *NPR*. *Radio Free Asia*. *Reuters*. *Voice of America*. *Washington Post*. *Wall Street Journal*.

정부기관, 의회, 국제기구

외교부. https://www.mofa.go.kr/.

통일부. www.unikorea.go.kr/.

전략물자자관리원. https://www.kosti.or.kr/.

통계청-북한통계. kosis.kr/bukhan/index.jsp.

한국은행. https://www.bok.or.kr.

미국 국무부. https://www.state.gov/.

미국 법률 검색. https://www.govtrack.us/, https://www.congress.gov/.

미국 법무부. https://www.justice.gov/.

미국 상무부. https://www.bis.doc.gov/.

미국 연방규정. https://www.archives.gov/federal-register.

미국 의회 조사보고서. https://crsreports.congress.gov.

미국 재무부. https://home.treasury.gov/.

유엔 안보리. https://www.un.org/securitycouncil/sanctions/.

EU 결정. https://eur-lex.europa.eu/homepage.html.

EU 이사회. https://www.consilium.europa.eu/en/.

EU 제재. https://www.eeas.europa.eu/eeas/european-union-sanctions_en, https://www.sanctionsmap.eu/#/main.

법률회사

김앤장. https://www.kimchang.com/ko/main.kc.

율촌. https://www.yulchon.com/en/main/main.do.

Akin Gump. https://www.akingump.com/en.

Arent Fox Schiff. https://www.afslaw.com/.

Cleary Gottlieb. https://www.clearygottlieb.com/.

Gibson Dunn. www.gibsondunn.com/.

Field Fisher. https://www.fieldfisher.com/en.

Holman Fenwick Willan. https://www.hfw.com/Home.

Stephenson and Harwood. https://www.shlegal.com/.

찾 아 보 기

지 은 이

임 갑 수

중앙고등학교, 서울대학교 정치학과를 졸업하였으며, 런던정경대(LSE)에서 국제정치학 석사학위를 받았다. 1995년 외무고시에 합격한 후 외교부 군축·비확산 부서, 유엔과장, 유엔대표부 참사관, 국제원자력기구(IAEA) 비확산전문관, 국가안보실 행정관을 거쳐 평화외교기획단장을 역임하였다. 현재는 루마니아 주재 대사로 근무하고 있다. 저서로는 『외교현장에서 만나는 군축과 비확산의 세계』(공저, 2005, 평민사), 『유엔 안보리 제재의 국제정치학』(공저, 2013, 한울)이 있다.

한울아카데미 2477
제재의 국제정치학

지은이 임갑수
펴낸이 김종수 | **펴낸곳** 한울엠플러스(주) | **편집책임** 조인순
초판 1쇄 인쇄 2023년 10월 10일 | **초판 1쇄 발행** 2023년 10월 20일
주소 10881 경기도 파주시 광인사길 153 한울시소빌딩 3층
전화 031-955-0655 | **팩스** 031-955-0656 | **홈페이지** www.hanulmplus.kr
등록번호 제406-2015-000143호

Printed in Korea.
ISBN 978-89-460-7478-1 93340 (양장)
978-89-460-8276-2 93340 (무선)
※ 책값은 겉표지에 표시되어 있습니다.
※ 무선제본 책을 교재로 사용하시려면 본사로 연락해 주시기 바랍니다.